인류의위대한지적유산

예루살렘의 아이히만

한나 아렌트 지음 | 김선욱 옮김

한길사

Hannah Arendt
Eichmann in Jerusalem

Translated by Kim Seon-Wook

이 사진을 찍은 1933년에 아렌트는 27세였다.
이해에 아렌트는 독일에서 시온주의자들을 위해 활동하다
체포되어 신문을 받은 뒤 프랑스로 망명했다.
프랑스에서도 아렌트는 유대인들을 위한 활동에 동참했다.

유대인 학살의 주범 아돌프 아이히만은 독일 패망 이후
아르헨티나의 부에노스아이레스 외곽에 숨어 지내다가,
1960년 5월 11일 이스라엘 비밀경찰에게 체포되었다.
아이히만은 1961년 4월 11일, 예루살렘 지방법원에서
독일인 세르바티우스 변호사의 도움을 받아 재판을 준비했다.

아렌트가 프랑스 망명 시절에 만난 두 사람은 1940년에 결혼을 했다.
귄터 슈테른(이후 귄터 앤더스로 개명)과 이혼 후에 이루어진
두 번째 결혼이었다. 블뤼허는 19세에 로자 룩셈부르크가 이끌었던
혁명적 사회주의 단체인 스파르타쿠스에 가담했던 공산주의자였다.
하이데거의 사상에 깊은 존경심을 갖고 있던 그는
아렌트가 다시 하이데거와 만나도록 권유했다.

야스퍼스는 하이데거를 떠나온 아렌트의 박사 논문을 지도했다.
아렌트는 야스퍼스에게서 진정한 세계시민의 모습을 발견하고
자신의 정치적 견해에 깊은 영향을 받았다.
아렌트의 멘토로서 평생 깊은 대화 상대였다.

아렌트는 스승 하이데거의 철학에 매료되어 큰 영향을
받았지만 그와는 지향이 다른 철학을 세웠다.
하이데거는 '죽음'이 현존재의 진정성을 보증한다고 보았다.
반대로 아렌트는 '탄생'이 인간을 자유의 존재,
정치적 존재로 만든다고 보았다.

아이히만이 붙잡혀 예루살렘에서 재판받는다는 소식을 들은
아렌트는 예정되었던 대학의 강의를 취소하고 미국의 교양잡지
『뉴요커』의 재정적 지원을 받아 특파원 자격으로 예루살렘에 가서
재판을 참관했다. 『예루살렘의 아이히만』은 1963년 2월부터
다섯 차례로 나뉘어 『뉴요커』에 기사로 게재되었다.

하우스너는 단순히 아이히만이라는 한 인물이 아니라,
반유대주의 자체를 심판대에 올리는 '큰 그림'을 그리려 했다.
한편 세르바티우스는 "돈을 벌기 위한" 일로 이 재판을 맡았으며
부족한 변호사비 대신 아이히만의 옥중 비망록 판매권을 받아내려 했다.

친위대 제복을 입은 아이히만

1942년 1월 20일 반제에서 열린 회의 이후
유대인 강제이주 전문가였던 아이히만은
최종 해결책을 위한 운송 전문가로 변모했다.

헝가리 부다페스트의 시온주의 조직 부회장이었던
카스트너 박사는 헝가리 유대인 강제이송 기간에
아이히만과 협상했다. 그는 수천 명의 유대인을
팔레스타인으로 탈출시키는 대가로
수용소로 이송된 수십만 유대인이
'질서와 평화'를 유지하게 했다.

검찰 측 증인으로 증언하는 아브너 레스 대위
아브너 레스는 이스라엘로 압송된
아이히만을 심문한 경찰관이다.
공판 중 증언대에 서서
나치 조직도를 가리키며
설명하고 있다.

오스트리아 유대인 이주 센터가 자리 잡은 빈 로트실트 팔래

독일계 유대인 로트실트 가문의 오스트리아 가계가 소유했던 건물이다.
나치 독일의 오스트리아 합병 이후 집주인이 영국으로 망명했고,
압류된 저택은 게슈타포의 빈 본부로 사용되었다.
아이히만 역시 이곳으로 이사해 유대인 이주 센터를 설립했다.

테레지엔슈타트 집단수용소

체코 프라하 북부에 위치한 테레지엔슈타트 수용소에는
유대인 지도층 인사, 저명한 사람, 참전용사, 지체장애인,
나이 든 독일계 유대인 등이 수용되었다. '노인 게토'라고 불린
이 수용소는 전쟁 막바지까지 아이히만의 책임으로 남아 있었다.

테레지엔슈타트 수용소에서 베드르지흐 프리타가 그린 「노인과 장애인」

테레지엔슈타트 수용소는 국제적십자사를 비롯한 외부 세계에
나치 독일의 수용소 환경을 내보이는 전시장으로 사용되었다.
스위스에서 파견된 국제적십자사 대표들에게 이 수용소의
시설물을 보여주는 것은 아이히만의 마지막 직책상 임무였다.

1942년 1월 하이드리히는 베를린 남서쪽 반제 호수에 있는 빌라에서
국가차관회의를 열었다. 아이히만은 참석자들에게 초대장을 보내고
1,100만 명의 유대인이 죽어야 한다는 통계 자료를 준비했다.

1940∼41년 귀르스 수용소 급수탑에서 내려다본 전경

프랑스 남부 스페인 국경 근처에 위치한 귀르스 수용소는
1940년 5월부터 유대인을 수용했다. 프랑스에서 시온주의자의
활동을 돕던 아렌트는 이곳에 수감되었다가 탈출했다.
최종 해결책이 프랑스에 적용되었을 때 이곳의
수감자는 모두 아우슈비츠로 보내졌다.

죽음의 수용소로 이송되는 우치 게토 유대인

1941년 말부터 1944년까지, 폴란드 북부 헤움노 수용소에서
30만 명 이상의 유대인이 학살됐다. 이곳에서는 가스실 대신
희생자들을 이동식 가스 차량에 태워 일산화탄소로 살해했다.

러시아에서 이루어진 절멸 작전은 주로 총살을 통해 진행됐다.
군의 후방에서 유격대와 유대인뿐 아니라 러시아 관료,
반사회분자, 집시, 정신병자도 동시에 처형되었다.

가스실 근처에서 처형 순서를 기다리는 헝가리 유대인

헝가리가 독일에 점령된 1944년 3월부터 해방된 1945년 초까지,
헝가리에서 이송된 47만 6,000명의 유대인이 살해당했다.
아이히만은 이때 부다페스트에서 빙켈만, 베젠마이어, 베허와 경쟁하며
헝가리 유대인을 샅샅이 훑어 아우슈비츠로 이송했다.

네덜란드는 유대인 교수들이 해고됐을 때 학생들이 들고일어난,
또 자국 유대인을 독일 강제수용소로 이주시킨 일에 대해
일련의 파업이 발생한 유럽에서 유일한 국가였다.

네덜란드 파시스트는 유대인 체포와 수색을 충실하게 도왔다.
네덜란드인의 외국계 유대인을 향한 반감은 나치가
유대인위원회를 쉽게 형성하게 도왔다. 그 결과는
폴란드 유대인의 멸절에 견줄 정도의 파국이었다.

나치 친위대는 루마니아에서 일어난 유대인 학살을
마주하고 경악했다. 루마니아는 전쟁 전 유럽에서
반유대주의가 가장 심한 나라였다. 루마니아인은 스스로
유대인 강제수용소를 만들고 운영했으며, 유대인을 화물열차에
발 디딜 틈 없이 태우고 여러 날 동안 달려 질식사시켰다.

1944년 11월, 헝가리 부다페스트 게토로 걸어 이동하는 헝가리 유대인

1944년 4월 아이히만과 그의 부서원들은 부다페스트에 도착했다.
아이히만은 그해 5월부터 유대인 이송을 실행했다.
1944년 가을 힘러가 유대인 도보 이동을 막자 아이히만은
힘러의 '불법적인' 명령에 가능한 만큼 저항했다.

1945년 2월, 부다페스트 게토의 생존자들

헝가리의 유대인 인구 80만 명 가운데 16만 명 정도가
부다페스트 게토에 머물렀다. 그중 수만 명이 학살당했다.
1945년 2월 13일 헝가리는 붉은 군대에 항복했다.

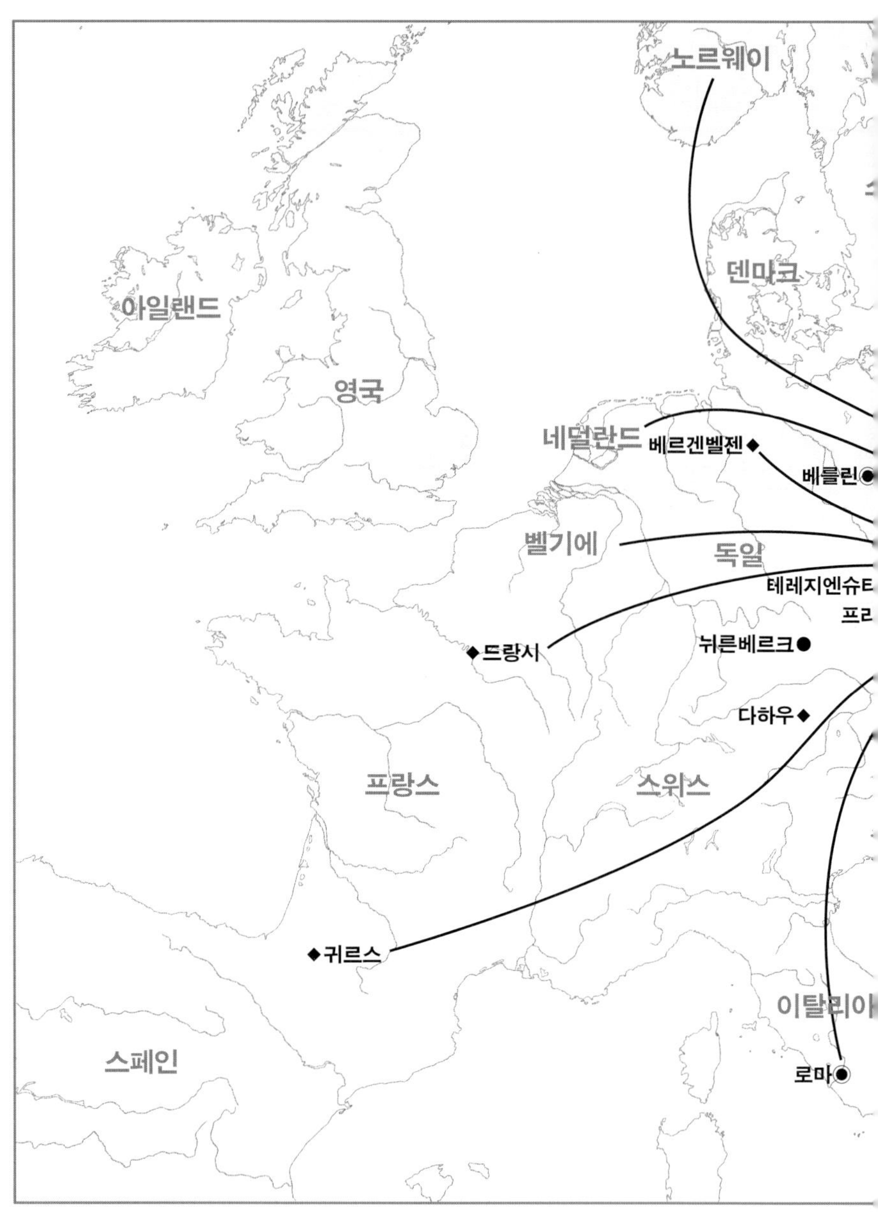
노르웨이
덴마크
아일랜드
영국
네덜란드
베르겐벨젠
베를린
벨기에
독일
테레지엔슈타
프
드랑시
뉘른베르크
다하우
프랑스
스위스
귀르스
이탈리아
스페인
로마
✖ 죽음의 수용소
◆ 강제 수용소
점령지 동부지역

죽음의 수용소로 가는 길

아이히만은 거대한 체계 안에서 가장 중요한 컨베이어 벨트였다. 얼마나 많은 유대인이 어디에서 이송될 수 있고 이송되어야 하는지 늘 그와 부하들이 결정했다. 이송의 최종 목적지를 명확하게 하는 것도 그의 사무실에서 하는 일이었다.

코브너는 증언대에 서서 독일군 부사관 안톤 슈미트를 언급했다.
오스트리아 빈에서 전파상을 운영하다가 징집된 슈미트는
폴란드에서 순찰 임무를 맡았다. 그는 유대인 유격대원들에게
위조 서류와 군 트럭을 제공하다가 체포되어 처형됐다.

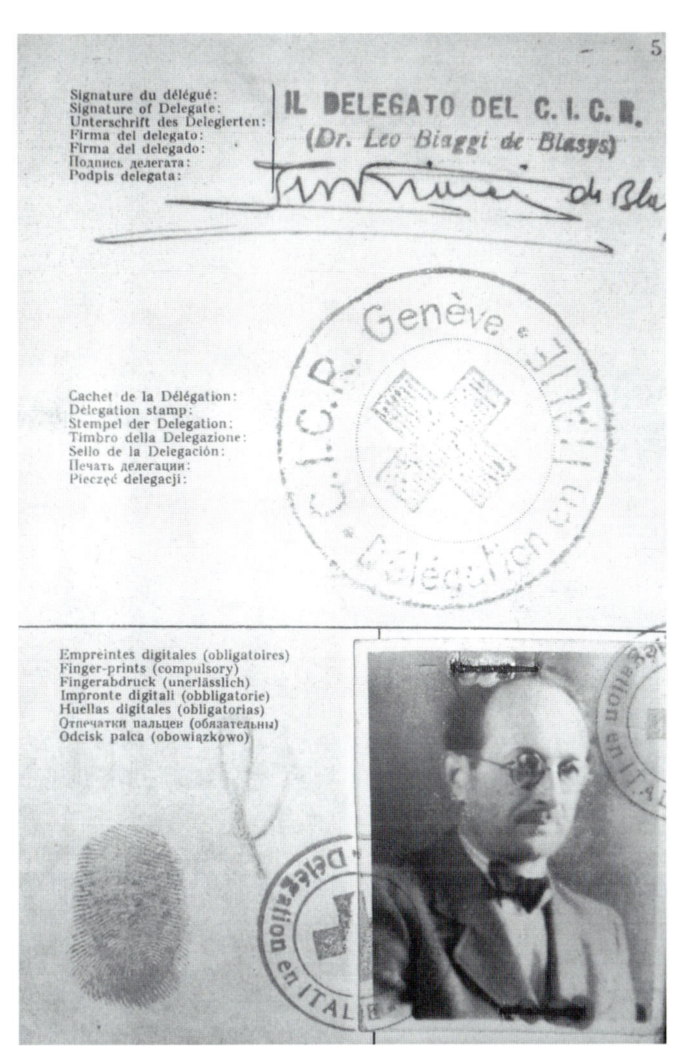

리카르도 클레멘트 명의로 발급된 아이히만의 적십자 신분증

뉘른베르크 재판에서 아이히만의 이름이 언급되기 시작하자
아이히만은 수용소를 탈출했다. 4년간 가명으로 벌채 일을 하던
그는 1950년 5월 오스트리아를 거쳐 이탈리아로 갔고,
망명자 여권을 만들어 부에노스아이레스행 배를 탔다.

1961년 12월 15일, 사형 선고

예루살렘 지방법원은 아이히만에게 사형을 선고했다.
3개월 뒤 열린 항소심은 일주일간 이어졌고, 5월 29일
두 번째 판결문이 낭독되었다. 이틀 후인 5월 31일
아이히만은 교수형에 처해졌다.

HANGIL GREAT BOOKS 81

예루살렘의 아이히만

한나 아렌트 지음 | 김선욱 옮김

한길사

예루살렘의 아이히만

1. 원문의 단락이 긴 경우에는 독자의 이해를 돕기 위해 행을 나눴다. 원문의 단락 끝에는 ˳를 사용하여 원래 단락의 길이를 표시했다.

2. 원문의 문장부호 중 ( )와 [ ]는 그대로 사용했다.

3. 원문의 대시(—)는 사용하지 않았고, 대신 그 내용에 맞게 괄호를 쓰거나 해당 문장에 포함했다.

4. 각주에서 원주는 약물 *로, 옮긴이주는 숫자 1) 2)로 표시했다.

5. 원서에서 이탤릭체로 강조한 부분은 고딕체로 썼다.

생각은 늘 살아 있어야 한다
• 개정 번역판을 내면서

『예루살렘의 아이히만』개정판은 2006년 번역본을 전면 개정한 것이다. 개정의 주안점은 오역의 정정과 가독성을 높이기 위한 여러 장치를 마련한 데 있었다. 원문의 영어는 긴 문장과 긴 단락으로 이루어져 있다. 원문이 쓰인 1960년대에 표준이 되었던 영어 문장 서술이나 단락 구성 방식이 지금과 많이 다르기도 했지만, 모국어가 독일어인 한나 아렌트가 학습하여 저술한 영어 문장이 독일어 구문 방식으로 길고 복잡하기 때문이기도 했다.

아렌트는 미국으로 망명한 후에 영어를 배우기 시작했다. 아렌트의 영어는 세련되기보다는 정교하다. 한 문장이 열 줄을 넘고, 한 단락이 한 쪽을 넘기는 경우가 많다. 번역자로서 나는 처음 출간한 번역본에서 가능한 한 원문과 원래 단락을 살려 번역한다는 원칙을 지키려 했다. 점차 짧은 문장과 짧은 단락에 익숙해져가는 오늘의 경향에 비추어보면 그런 번역은 가독성이 떨어질 수밖에 없어서, 대중성을 지닌 이 책의 가독성을 높이는 개정 작업을 해야 한다고 생각했다.

2년 이상 개정판을 준비했다. 개정판에서는 편집진과 지속적으로 논의하며, 긴 문장은 여러 짧은 문장으로 나누고 단락도 짧게 나누었다. 그래도 원문의 길이를 독자가 파악할 필요는 있으므로 원래 단락 끝에는 통상의 마침표가 아니라 원 마침표(◦)를 사용했다. 어떤 경우에는 단락 중간에 직접화법 성격의 인용문으로 분리해 대화처럼 배치하기도 했다. 원문에는 그런 대화 방식의 서술은 전혀 나오지 않는다. 아렌트도 시대의 변화를 따라 이런 변형을 충분히 이해할 것이라 믿고 있다. 오역도 가능한 한 바로잡았다. 문장과 단어의 선택은 원래 번역의 기조를 유지하면서 한자어는 최대한 줄이고 표현도 최신의 것을 활용했다.

개정판에는 해설을 위한 주를 많이 달았다. 원서가 출간된 1960년대에는 홀로코스트의 기억이 서구 독자들에게 생생하게 남아 있었을 것이다. 국제정치의 지형도 지금과 아주 다르다. 이제 책을 그냥 읽어서는 그 내용을 즉각 이해하기 어려운 부분이 적지 않다. 이런 부분에 대한 해설을 각주로 달았다. 적절한 수준과 숫자를 유지하려고 했지만, 독자에 따라서는 이런 각주가 군더더기처럼 여겨질 수 있을 것이다. 각주를 일일이 읽기 번거로울 경우 무시하고 읽는 것이 독서의 속도와 재미를 높일 수도 있다. 따라서 각주는 독자들의 필요에 따라 활용하면 되겠다.

아이히만이 예루살렘으로 체포되어 온 1960년은 제2차 세계대전 종전 15주년, 이스라엘 독립 12주년이 되는 해였다. 이스라엘은 주위 국가들 및 역내의 팔레스타인 사람들과 지속적인 분쟁 가운데 있었다. 이런 상황에서 이스라엘 정부는 국가의 내적 결속과 국민의 새로운 정신 무장이 필요했다. 그래서 이스라엘 정부가 아이히만 재판에 건 기대는 컸다.

정부는 이 재판을 이용해 유대 민족의 고난의 역사를 전 세계 유대인 디아스포라에게 알리고 또 청소년을 위한 살아 있는 교육의 장을 만들기를 바랐다. 이런 의도는 검찰을 통해 재판에 투영되었고, 그래서 재판이 쇼케이스처럼 운영된 측면이 있다. 그러나 재판관들은 재판의 내용에 집중해 정의의 실현에만 초점을 맞추려고 노력했다. 이런 분위기와 긴장 상황을 우리는 책에서 읽을 수 있다.

당시 이스라엘 정부의 핵심 세력은 동유럽 출신 유대인들이었다. 이들은 19세기 말에 박해를 피해 팔레스타인으로 건너와 정착촌을 만들고 국가 건설에 결정적으로 기여한 개국공신이었다. 그들은 투사였고 정치가였다. 이에 반해 의사나 법조인 등 훈련된 전문가 계층에는 독일 등 서유럽 출신 유대인이 포진했다. 이들 대부분은 나치의 박해가 시작된 이후 혹은 전쟁이 끝난 뒤에 유입되었다. 아렌트는 이 두 집단 사이의 긴장 관계도 재판 과정에서 읽어낸다.

이 책의 곳곳에서 우리는 아렌트의 냉소적인 서술을 만난다. 아렌트가 게르숌 숄렘(Gershom Scholem)이 말한 것처럼 "애국적 관점"에서 독일의 악행을 비난하는 데 집중하기보다는, 재판 당시의 정치적 배경을 염두에 두면서 매우 건조한 언어로 책을 저술한 탓이겠다. 아렌트는 홀로코스트 당시 유대인 지도층의 무력한 협조 및 조직적 지원에 대하여도 주저 없이 서술했다. 이는 이스라엘 정부를 위해 일하는 서유럽 출신 유대인들의 도덕성에 타격을 주며 그들의 정치적 입지를 어렵게 할 수 있었다. 이 때문에 아렌트는 친구이자 동료 학자인 게르숌 숄렘에게 거친 비난성 논평을 받아야 했고, 또 오랫동안 교분을 가진 친구들에게 절교당해야 했다. 그중에 어린 시절부터 가깝게 지낸 어른으로 존경하고 좋아했던 쿠르트 블루멘펠트(Kurt Blumenfeld)와 관계가 단절된 것은 아렌트의 마음을 크게 아프게 했다.

이 책 때문이 아니라도 아렌트는 자신을 싫어하는 이들로부터 '악동'(enfant terrible)으로 불리곤 했다. 아렌트의 신랄한 논평이 그런 악명을 불러일으킨 것이다. 그러나 이는 아렌트의 언사가 거칠어서가 아니라, 폐부를 찌르는 가차 없는 논리 때문이었다. 아렌트는 이스라엘 정부의 중심 논리인 주류 시온주의에 비판적이었고, 팔레스타인의 거친 저항을 예견하며 이스라엘 주권국가의 수립에 대해서도 비판했다. 이런 아렌트의 학문과 정치적 평론은 많은 이의 찬탄과 더불어 강한 배척을 불러일으킬 수밖에 없었다. 그녀를 배척하는 진영은 넓고 권력이 있는 반면, 오늘날 아렌트를 사랑하는 유대인들은 대부분 치열한 비판적 지식인 그룹에 속한다.

악의 평범성에 대한 아렌트의 생각은 아이히만과 만난 뒤에 형성되었다. 그 이전에 쓴 『전체주의의 기원』에는 절대악과 근본악이라는 개념이 사용되었고 평범악 개념은 등장하지 않는다. 절대악이란 크기에서의 절대성을 말한다. 인간의 궁극적인 탈출구인 죽음으로도 극복될 수 없을 정도로 흉악한 악, 편안한 죽음을 허용하지 않는 체제, 도무지 벗어날 수 없는 최악의 지경에서 경험되는 악이다. 근본악은 원래 칸트의 개념인데, 아렌트는 인간을 잉여적으로 만드는 체제와 이개념을 연결했다.

아이히만을 직관한 후 아렌트는 사유의 무능에 기인한 악의 평범성에 대한 통찰을 갖게 되었다. 이 통찰은 아렌트로 하여금 철학의 길로 다시 돌아가게 했다. 아렌트는 나치 전체주의를 경험하면서 철학을 접고 정치 연구로 나아갔다. 언어의 무능, 사유의 무능, 판단의 무능으로 설명되는 악의 평범성은 철학적 사유를 요청하므로, 아렌트는 다시 철학적 사유로 나아가야 했다. 평범악 개념의 중핵인 사유에 대한 아렌트의 성찰은 미완의 유고를 정리한 『정신의 삶』으로 남겨졌지만, 이는 정치적 사유의 정점인 판단의 문제로 나아가는 방향성을 명확히 열어두었다. 『칸트의 정치철학』은 그 길과 지향점을 여실히 보여주는 아렌트의 강의록이다. 결국 철학과 정치의 수렴을 향한 길은 『예루살렘의 아이히만』을 통해 열렸다고 말할 수 있겠다.

번역서에서 사용한 '악의 평범성'이라는 번역은 그동안 가끔 시비의 대상이 되었다. 이 번역은 나름 고민하고 결단한 결과였지만, 독자는 자신의 이해에 따라 '평범성'만이 아니라 '진부성' '범속성' '천박성' 등의 번역어를 사용해도 좋을 것이다. 일본어 번역서에서는 '진부함'(陳腐)으로 번역했고, 학계나 일반에서는 진부와 평용(平庸)을 함께 사용한다. 중국의 경우에는 평용과 평범이 함께 사용되고 있고, 타이완에서는 평용을 주로 쓰지만 용속(庸俗)이라는 말을 쓰기도 한다. 우리에게는 우리의 한자어에 대한 감각과 우리의 일상적 어감에 근거한 선택이 필요할 것이다. 아렌트의 의도를 한국어 감각에 맞게 가장 잘 전달하는 단어는 '평범성'이라고 나는 판단했고, 이번 개정판에서도 그 번역을 그대로 유지했다.

악의 평범성은 독립적으로 사유하지 못하고 지도자의 말을 무비판적으로 따르는 태도의 일상화, 무사유와 남의 입장에서 생각하지 못하는 특징이 평범한 일상의 모습으로 드러나는 것, 그 결과로 드러나는 악은 천인공노할 모습이지만 그 원인이 되는 사람의 모습에는 그 어떤 특이성도 없어 진부한 모습, 평범하고 용렬한 태도, 생각 없이 살아가면 누구나 쉽게 그렇게 될 수 있다는 등을 내용으로 하는 말이다.

이는 누구나 악인이 될 수 있다거나 우리 모두가 잠재적 악인이라는 뜻으로 이해되어서는 안 된다. 악의 평범성은 '평범한 사람 누구나 일상적으로'라는 식의 범위나 빈도를 강조하는 것이 아니라, 생각 없이 살아가는 태도가 일상화된 상태를 표현한다. 그 모습이 너무 뻔해서 진부해 보일 정도의 상태 말이다. 이는 "당신도 상황만 주어지면 악해질 수 있다"는 말이 아니다. 모든 사람에게는 어떤 상황에서도 독립적으로 사유할 수 있고, 비판적 시각으로 자신의 행위의 의미를 살펴볼 능력이 있다는 것이 아렌트가 전제한 생각이다. 생각이라는 정신 기능은 특별한 사람에게만 부여된 것이 아니라 모든 사람에게 주어진 능력이기 때문이다.

악의 평범성 개념이 모든 악행을 설명할 수 있는 개념으로 여겨져서도 안 된다. 이는 아이히만에 대해 이루어진 통찰의 결과다. 이 개념의 적용성이 넓다 해서 모든 악행을 설명하는 보편 개념의 역할을 할 수는 없다. 얼굴 없는 관료주의, 평범한 일상에서 묵과되고 간과되는 사유의 결여가 홀로코스트 같은 참극으로 이어질 수 있다는 점도 이 개념과 함께 생각할 교훈이다.

악의 평범성 개념을 활용할 때 위에서 언급한 여러 다른 번역어도 함께 언급해 활용한다면 더욱 유익할 것이다. 이 개념에 담긴 다양한 의미의 층을 함께 생각해보고 적용해볼 수 있기 때문이다. 특히 2024년에 발생한 12·3 내란 이후 윤석열이 재판정에서 보인 모습에 대해 '진부하다'는 논평이 나오기도 했는데, 이 표현을 접했을 때 악의 '진부성'의 핵심을 논평한 것 같아 전율을 느끼기도 했다.

악의 평범성 개념에 담긴 통찰을 한두 마디로 정리할 수 있을까 하여 생각을 집중했던 적이 있다. 그래서 다음과 같이 써보았다.

성실하게 살아가는 것만으로는 부족하다. 생각 없이 성실하게 살아가면 우리는 성실한 악행자가 될 수 있다. 그렇기에 우리 속에는 늘 생각이 살아 있어야 한다. (김선욱, 『한나 아렌트의 생각』, 56쪽)

처음 번역본이 출간된 2006년은 한나 아렌트 탄생 100주년이 되던 때였다. 개정판을 내는 지금은 그로부터 20년이 지나 아렌트 탄생 120주년을 맞는다. 그사이에 이 번역본을 위해 통찰력 넘치는 글을 써주신 정화열 교수는 돌아가셨다. 또 그분의 소개로 만나 배움을 얻었던 리처드 번스타인 교수도, 또 번스타인 교수의 소개로 알게 되어 아렌트에 관한 많은 생생한 이야기를 듣게 되었던 제롬 콘 교수도 세상을 떠났다. 무엇보다도 나를 아렌트 연구로 이끌어주고 학문 인생의 사표가 되셨던 조가경 교수도 더는 산 자들의 세상에서 만날 수 없게 되었다. 그사이 한국에서 아렌트의 영향력은 더욱 커졌으니, 그만큼 그분들께 빚진 마음이다. 이 개정판의 출간과 더불어 마음으로부터 깊은 감사와 존경을 표한다.

우리나라에 올바른 정신을 세우고 좋은 기운이 흐르도록 독서문화에 평생 헌신해온 김언호 대표님의 노고에 감사를 드린다. 개정판의 방향을 잡는 데 함께 고민하며 오류 없는 좋은 번역을 위해 함께 수고해준 박홍민 선생과 편집진에도 감사한다. 20년 후에 또다시 개정판이 필요할지 모르겠다. 그러나 아렌트의 통찰의 힘은 여전할 것이다.

2026년 1월
김선욱

아렌트가 분석한 아이히만

• 옮긴이의 말

2000년 초, 새로운 밀레니엄에 들어서면서 우리나라의 몇몇 신문들이 새로운 세기, 새로운 밀레니엄에 필요한, 주목해야 할 사상을 꼽을 때 빠지지 않고 등장했던 인물이 한나 아렌트(Hannah Arendt)였다. 그즈음 우리나라에는 아렌트의 사상이 그다지 많이 소개되지 않았다. 하지만 그 이후 지금까지 그녀의 주요 저술이 하나둘씩 번역되었고, 학문 연구에서도 그 수준이 점차 향상되어가고 있다.

아렌트의 저술 가운데 가장 많이 회자되어온 것이 바로 이 책, 『예루살렘의 아이히만』일 것이다. 아렌트를 본격적인 정치사상가로 주목받게 한 『전체주의의 기원』에서부터 사후에 출간된 『칸트의 정치철학』과 『정치의 약속』에 이르는 모든 저술이 학술적 성격을 지니고 있는 데 반해, 『예루살렘의 아이히만』은 유일한 예외로 대중적인 읽을거리를 제공하고 있다. 이 책은, 말하자면 어렵게 읽히는 철학적·정치사상적 저술이 아니라 쉽게 다가갈 수 있는 책이다. 그러면서도 이 책은 오늘의 시대에 아렌트가 주는 메시지를 던지고 있다.

이 책의 저자인 한나 아렌트는 1906년 10월 14일 독일에서 태어나 독일에서 교육받았다. 하이데거(Martin Heidegger)의 실존주의 철학에 깊이 매료되었다가, 1년 만에 그를 떠나 야스퍼스(Karl Jaspers)에게 가서 그의 지도하에 박사학위 논문을 썼다. 아렌트가 스승인 하이데거와 연인관계였다는 것은 유명한 이야기가 되었지만, 그보다 하이데거의 사상이 아렌트에게 지속적으로 영향력을 주었던 점을 더욱 중요하게 고려해야 한다. 하지만 아렌트 정치사상의 핵심이 되는 정치적 행위 개념이나 판단 개념은 야스퍼스의 세계 관찰자 개념에 힘입은 바가 크다.

1933년에 아렌트는 시온주의자들의 활동을 도와주다가 경찰에 체포당해 조사를 받았고, 그 직후 어머니와 함께 나치 치하 독일을 떠났다. 아렌트 자신은 시온주의자가 아니었지만 당시 유대인으로 유일하게 정치활동을 하던 시온주의자들을 돕다가 어려움을 겪었던 것이다. 아렌트가 프랑스로 와서 활동하던 중 비시(Vichy) 정권이 들어서면서 귀르스(Gurs) 강제수용소에 수감되었다가 탈출하여 결국 미국으로 가게 된다. 제2차 세계대전 직후 유대인 학살 소식이 전 세계에 알려졌을 때, 다른 사람들과 마찬가지로 아렌트도 그것이 진실이라고는 믿지 않았지만 결국 그 소식이 사실임을 알게 되었다.

그런데 유대인 학살의 주범이라 할 수 있는 아돌프 아이히만(Adolf Eichmann)이 이스라엘 비밀경찰에 의해 잡혀와 예루살렘에서 재판을 받는다는 소식을 듣게 된다. 아이히만은 독일 패망과 더불어 아르헨티나로 도망가 잠적했던 것이다. 아렌트는 예정되었던 대학의 강의를 취소하고, 미국의 교양잡지『뉴요커』의 재정적 지원을 받아 특파원 자격으로 예루살렘에 가서 재판을 참관하게 된다. 이로써 이 책,『예루살렘의 아이히만』이 탄생한 것이다.

이 책의 내용이 세상에 처음으로 알려진 것은『뉴요커』를 통해서였다. 1963년 2월부터 다섯 차례로 나뉘어 기사로 게재되었던 것이다. 이때의 글 제목은「전반적인 보고: 예루살렘의 아이히만」이라고 되어 있었다. 이후 1965년에 이 보고서가 책의 형태로 간행되었을 때, 아렌트는 여기에 후기(postscript)를 덧붙여 지금과 같은 책을 만들었다. 이처럼 이 책은 학술적인 저술이 아니라 처음부터 대중을 위한 책이 었다. 그럼에도 불구하고 이 책은 엄청난 학술적인 논쟁을 불러일으 켰고 그 논점도 다양하게 전개되었다.

이 책과 더불어 우선 생각해보아야 할 것은 책의 부제에 들어 있는 '악의 평범성'이라는 개념의 의미다.『뉴요커』에 이 글이 게재될 때의 제목은, 앞서 말했던 것처럼「전반적인 보고: 예루살렘의 아이히만」 이라고 되어 있었을 뿐 '악의 평범성'이라는 표현은 제목에서 나타나 지 않았다. 그 본문 중에서도 다만 마지막 글인 다섯 번째의 글 말미 에 오직 한 차례만 등장했을 뿐이다. 그리고 그 맥락은 처형장에서의 아이히만의 모습과 함께였다. 이후 아렌트가 덧붙인 '후기'에서 악의 평범성은 몇 가지 예와 더불어 설명되었다. 아렌트는 이 개념이 셰익 스피어 희곡에 나오는 이아고나 맥베스 그리고 리처드 3세 같은 인물 의 특성과는 거리가 멀다고 분명히 말했다. 특히 리처드 3세는 악을 일상적으로 범하던 자였다. 하지만 아이히만은 "자기가 무엇을 하고 있는지 전혀 깨닫지 못한"(이 책, 468쪽) 자였던 점에 악의 평범성의 특징이 있다.

여기서 '평범성'이라고 번역한 banality는 '진부성'이나 '일상성'이 라고도 번역될 수도 있다. 하지만 번역에 있어서 중요한 것은 어떤 단어가 원문의 의미를 가장 잘 담아낼 수 있는가다. 앞서 언급한 아이 히만의 특성을 생각한다면, 악이 평범한 모습으로 우리와 함께 있을 수 있음을 아렌트가 우리에게 말하려 했다고 생각해볼 수 있다. 그래 서 만일 우리가 banality를 '진부성'이라고 번역한다면 우리는 이 말 을 "평범하고 또 익숙할 정도로 많이 접해서 진부해졌다"는 의미로 이해해야 하며, 결코 "시간적으로 오래되었다"거나 "구식"이라는 의

미로 이해해서는 안 된다. 또한 그 말을 '일상성'이라는 말로 번역한
다면, 그 의미를 "엄청나게 충격적인 일이 일상적일 정도로 자주 일
어나서 그만 그것이 당연하게 느껴지게 되었다"는 의미로 사용되어
서는 안 된다. 악의 평범성을 터무니없는 잔혹상이 일반화된 것을 표
현한 것으로 간주하는 것은 아렌트의 본의와는 거리가 아주 멀기 때
문이다. 이 번역서에서 banality를 '평범성'이라고 옮긴 이유는, 악이
란 평범한 모습을 하고 우리가 쉽게 접할 수 있는 근원에서 나온다는
의미를 담는, 아렌트의 의도에 가장 부합하는 단어라고 생각해서다.

　이 책은 쉽고 평범하게 쓰인 책이지만 격한 논쟁의 대상이 되기도
했다. 이 책과 관련된 첫 번째 논쟁은 아렌트와 유대인과의 관계 또
는 아렌트와 시온주의와의 관계에 대한 것이었다. 1963년에 저명한
시온주의 학자인 게르숌 숄렘은 아렌트가 "유대인에 대한 사랑을 결
여하고 있다"는 비판을 담은 유명한 공개서한을 보낸다. 이는 『예루
살렘의 아이히만』에 대해 유대인의 민족적 관점에서 날린 직격탄이
었다. 아렌트 자신이 유대인이면서도 유대인에 대한 사랑을 결여한
채 마치 유대인이 아닌 것처럼 특히 당시 유대인 지도층 인사에 대해
비판적 관점으로 다루었다는 것이다.
　하지만 아렌트는 사랑이란 개인의 문제지 집단의 문제가 아니라
고 응수했고, 숄렘이 시온주의자였던 점을 의식하여 아렌트는 자신
이 시온주의자들을 도와주었던 독일에서의 이력을 언급하기도 했다.
그때 아렌트가 도움을 주었던 사람 가운데 하나가 바로 숄렘이기도
했다. 나중에 아렌트는 이 논쟁을 "나와 유대인 간의 전쟁"이라고 묘
사하기도 했다. 하지만 이 논쟁의 영향력은 참으로 커서, 2000년에
이르기까지 아렌트의 저술이 단 한 권도 히브리어로 번역되어 이스
라엘에서 출간된 적이 없었을 정도였다. 많은 유대인에게 아렌트는

'적'으로 간주되었던 것이다.

유대인이 아닌 우리의 입장에서 보면, 아렌트가 유대인들에 대한 애정을 가지고 있었느냐 아니냐를 따지는 것은 의미가 없어 보인다. 하지만 이 문제는 오늘의 정치철학의 핵심 문제와 직결되어 있다. 아렌트의 유대인성을 묻는 물음은 곧 정체성에 대한 철학적 또는 정치적 중요성과 연결된다. 특히 이 문제에서 아렌트 주요 저서에 대한 서지학적 연구를 담은 리처드 번스타인(Richard J. Bernstein)의 『한나 아렌트와 유대인 문제』(*Hannah Arendt and the Jewish Question*)가 있기도 하다. 이런 측면의 아렌트의 사상이 오늘의 정체성 정치나 여성주의 철학에 많은 영향을 준 것은 주지의 사실이다.

아렌트의 입장이 보편주의인지 특수주의인지 또는 아렌트의 사상이 자유주의적인지 공동체주의적인지는 아렌트 사상의 특성을 이해하는 흥미로운 질문이다. 아렌트는 이 두 입장의 중간지점에 위치해 있는 것으로 보인다. 2005년 9월에 다산기념철학강좌의 초대로 한국을 방문한 마이클 샌델(Michael J. Sandel)은 『예루살렘의 아이히만』에서 아렌트가 보편주의적 입장을 보여주었다고 언급했다. 하지만 보통 아렌트는 샌델과 함께 시민적 공화주의자(Civil Republicanism)로 분류된다. 이는 샌델의 자유주의적 공동체주의를 포괄하는 것이다. 물론 아렌트가 『예루살렘의 아이히만』을 쓸 때 그 사상적 바탕에는 보편적 인간애와 같은 것이 깔려 있는 것이 사실이다.

아렌트는, 1959년 독일의 함부르크시에서 제정하여 세계 평화에 기여한 사람에게 주는 레싱상의 초대 수상자로 선정되었다. 아렌트는 이 상의 수상을 수락할 것인가의 여부로 상당히 고심했다. 하지만 아렌트는 자신의 답을 그 상의 이름이 된 레싱의 정신에서 발견하고 이를 수상 수락연설에서 밝힌다. 아렌트는 이 연설에서 레싱이 쓴 희곡

『현자 나탄』을 인용하면서 모든 종교와 민족을 넘어서 인간에게는 공통적으로 '인간됨'(humanness)의 원리가 존재한다고 말한다.[1] 『현자 나탄』에서는 유대인인 나탄이 젊은 기독교인을 설득하는 가운데 자기들은 특정한 민족이나 특정한 종교인이기 이전에 먼저 인간이라는 사실을 유념해야 한다고 주장한다. 나탄은 서로가 소통과 공생할 수 있는 근거로서 인간됨의 사실을 제기하고 있는 것이다.

이렇게만 보면 아렌트는 영락없는 보편주의자지만, 아렌트는 여기서 한걸음 더 나아간다. 즉, 앞서 언급한 레싱의 입장을 넘어, 우리가 서로 정치적으로 소통하고 좋은 삶을 나누는 근거로서의 인간됨이라는 것이 있음을 입증하려는 것이다. 아렌트는 인간성이 마치 인간의 본질로서 주어져 있는 것으로 보는 입장을 거부한다. 『인간의 조건』에서 아렌트는 그 책의 제목이 그 같은 고정된 인간성이 있는 것처럼 오해를 불러일으킬까 봐 염려하기도 했다.[2] 뿐만 아니라 긍정적 의미의 인간성이 존재한다는 일상적 믿음이 잘 드러나는 예인 양심의 문제에서도 아렌트는 회의적이었다. 양심에 바탕을 둔 시민 불복종의 경우에도 아렌트는 양심이라는 것이 객관적으로 확증될 수 있는 정도의 보편성을 지닌다는 믿음에 대해 지극히 회의적이었다.

아이히만의 경우는 더욱 분명한 예가 되었다. 유대인의 학살을 나치가 제도적·체계적으로 추구한 '최종 해결책'(the final solution)을 열정적으로 실행에 옮긴 아이히만에 대해 그가 양심의 가책을 받은 적이 없었는가라는 질문이 제기되었다. 아이히만은 자신이 명령받은 일을 하지 않았다면 양심의 가책을 받았을 것이라고 대답했다. 명령받

---

1) Hannah Arendt, "On Humanity in Dark Times: Thoughts about Lessing," *Men in Dark Times*, New York: Harcourt Brace Jovanovich, 1968.

2) Hannah Arendt, *The Human Condition*, Chicago: The Chicago University Press, 1958.

은 일이란 물론 "수백만 명의 남성, 여성, 아이를 엄청난 열정과 더불어 가장 세심한 주의를 기울여 죽음의 장소에 실어 나르는 것"(117쪽)을 말한다. 또한 아이히만은 전쟁이 끝날 무렵 자신의 부하들에게 "500만 명의 유대인의 죽음이 양심에 걸린다는 사실이 나에게 특별한 만족감을 주기 때문에, 나는 웃으며 내 무덤에 뛰어들 것이다"(147쪽)라고 말하기도 했다.

이 말에 대해 아렌트는 전적으로 아이히만의 허풍일 뿐이라고 지적했다. 양심이라는 말에서 아렌트는 아이히만의 허풍을 보았을 뿐 아니라, '일반인'이라면 느꼈을 법한 양심의 가책의 징후를 한 번도 발견한 적이 없었다. 아렌트가 보기에 양심은 인간에게 본연적이고 보편적인 것이 아니라, 환경과 사회적 여건에 이미 제약되어 있는 것일 뿐이다.

뿐만 아니라 보편적 이상에 대해서도 그것이 구체적 삶과 충돌한다면 비난의 대상이 될 수밖에 없다는 것을 아렌트는 분명히 말했다. 아이히만은 주로 저명한 시온주의자였던 유대인 관리들과 가졌던 개인적 접촉에 대단히 만족했고, 그들이 문제삼았던 이른바 유대인 문제에 대해 매혹되었던 이유는 자기 자신이 이상주의자였기 때문이라고 설명했다. 유대인의 정체성을 버리고 동화의 길을 선택한 동화주의자들이나 정통파 유대인들과는 달리, 시온주의자들은 자기와 마찬가지로 이상주의자라고 아이히만은 설명했다.

아이히만에 따르면 이상주의자란 "자신의 이상을 위해 살았던 사람" "자신의 이상을 위해서라면 모든 것, 특히 모든 사람을 희생할 준비가 된 사람"(141쪽)을 의미했다. "필요하다면 자신의 아버지마저도 죽음으로 내몰았을 것이라고 경찰신문에서 말했을 때, 그는 자신이 어느 정도로 강력한 명령을 받고 있었는지만을 말하려 한 것이 아니었다. 그는 자신이 얼마나 '이상주의자'로서 살아왔는지를 보여주려

한 것이다. 완벽한 '이상주의자'는 다른 사람들과 마찬가지로 당연히 개인적인 감정을 지니고 있지만, 만일 그 감정이 그의 '이상'과 충돌한다면 결코 자신의 행동이 방해받도록 내버려두지 않을 것이다"(142쪽). 아이히만이 자신을 시온주의자와 동일시할 수 있었던 이상주의자라는 공통적 근거가 가진 문제는 현실을 전적으로 부정한 채 추구하는 이른바 '보편적' 가치의 위험성이라고 할 수 있을 것이다. 이렇게 볼 때 아렌트를 보편주의자로 몰아붙이는 데는 분명히 무리가 따르며, 아렌트에 대한 부당한 비난이 될 수 있다.

『예루살렘의 아이히만』에서 가장 주목해야 할 부분은 아이히만에 대한 아렌트의 분석이다. 아렌트는 아이히만에게서 서로 긴밀히 연결된 무능함들을 언급하고 있다. 말하기의 무능함, 생각의 무능함 그리고 타인의 입장에서 생각하기의 무능함이 그것이다(151쪽). 그런데 세 번째 무능함은 곧 판단의 무능함(inability to judge)을 의미한다. 그리고 판단 능력이란 옳고 그름을 가리는 능력을 의미한다. 판단이란 사유와 의지와 마찬가지로 모든 사람이 가지고 있는 능력이라고 아렌트는 이해하고 있다.

그렇다면 아이히만이 이러한 판단 능력을 갖고 있지 않다는 사실을 아렌트는 어떻게 설명할 수 있을 것인가? 여기에 답하기 위해 우리는 말하는 능력이 사유 능력과의 연관성뿐만 아니라 그밖의 어떤 특성을 가지고 있음을 보여주어야 한다. 아렌트가 『예루살렘의 아이히만』에서 하고 있는 두 가지 이야기가 여기에 해당된다.

말의 능력과 관련하여 볼 때 『예루살렘의 아이히만』에서 가장 흥미 있는 이야기지만 주목을 별로 받지 못했던 것이 독일 개신교 목사인 그뤼버 감독에 관한 이야기다. 그는 독일인으로 유일하게 예루살렘 법정의 증언대에 서서 검찰 측을 위한 증인이 되었다. 그는 유대인을 구하기 위해 아이히만과 협상을 벌이기도 했고, 또 기독교로 개종한 유대인에게 사태의 위험성을 알리는 등의 일을 했다. 그에 대한 반대 신문에서 아이히만의 변호사인 세르바티우스는 그에게 "당신은 아이히만에게 영향력을 행사해보려 했나요? 성직자로서 당신은 그의 감정에 호소하고 설교하고 그의 행위가 도덕에 어긋난다고 말해보았던가요?"라고 물었다. 여기에 대해 그는 "행동이 말보다 더 효과적입니다" "말해보았자 쓸데없었을 것입니다"라고 대답했다. 이러한 상황에 대해 아렌트는 그뤼버 감독의 대답이 상투어(cliché)를 사용하고 있다고 지적했다. 그리고 아렌트는 단순히 말을 하는 것 자체가 행동일 수 있으며, 또한 목사로서의 그의 임무는 말이 쓸모가 있는지의 여부를 시험해보는 것이었다고 지적한다(267쪽). 말 자체가 행위라는 것을 아렌트는 『인간의 조건』에서 이미 말했다.[3] 그런데 이때 과연 아렌트는 말의 쓸모가 무엇이라고 생각했던 것일까?

　이 질문에 대한 대답을 우리는 이 책에 담긴 다른 이야기에서 찾을 수 있다. 최종 해결책을 추진하면서 나치는 유대인 학살과 관련한 언어규칙을 만들었다. 이 언어규칙이란 학살이나 유대인의 이송 같은 표현을 그대로 사용하지 않고 우회적 표현법을 만들어 대신 사용한 것을 말한다. 예컨대 학살은 최종 해결책, 완전 소개(疏開), 특별취급으로, 유대인 이송작업은 재정착, 동부지역 노동 등으로 불렀다. 이러한 언어규칙을 사용해야만 하는 사람과 사용하지 않아도 되는 사람들은 구별되었다. 후자는 히틀러로부터 유대인 학살에 대한 명령을 직접 들었던 사람들로 이른바 "비밀을 가진 자"라고 불렸던 자들이었다. 그런데 이들은 암호화된 언어를 사용하지 않을 수 있었지만 일상의 업무 수행과정에서는 자신들 간에도 암호화된 언어를 사용했다. 그

---

3) Hannah Arendt, *The Human Condition*, p.178.

효과에 대해 아렌트는 "사람들이 자신들이 무엇을 하고 있는지 모르게 하는 것이 아니라, 그 행위를 살상과 거짓말에 대한 그들의 오래된 '정상적' 지식과 동일시하지 못하도록 막는 것"(203쪽)이라고 보았다. 이렇게 함으로써 그들은 "협력이 필수적이었던 이 문제에서 다양하고 광범위한 업무들의 질서와 제정신 유지에 막대한 도움"(202쪽)을 얻을 수 있었다는 것이다. 여기서 말이 하는 역할은 실재, 즉 현실을 알게 하는 것이다.

말은 우리를 현실과 연결시켜준다. 나치가 언어규칙을 만든 이유는 암호화된 언어를 사용함으로써 사람들의 현실에 대한 감각을 마비시키기 위한 것이었다. 말은 현실의 힘을 우리에게 전달해주는 역할을 한다. 아이히만이 상투어를 사용하고 판사들이 그의 말에서 공허감을 느꼈을 때, 판사들이 그에게서 바란 것은 사실에 충실한 언어였다. 공허하다는 것은 현실의 힘이 결여되었다는 것이다. 아이히만의 의식에 가득 찬 상투어들은 아이히만이 현실의 힘을 느끼지 못하도록 막았던 것이다. 상투어들은 아이히만으로 하여금 심지어 죽음의 힘조차도 느끼지 못하게 만든 것이었다. 그러나 그렇다고 해도 아렌트가 아이히만에게 현실을 느끼고 알 수 있는 능력, 나아가 판단할 수 있는 능력 자체가 결여되었다고 생각하지는 않았던 것을 그뤼버 감독 이야기에서 알 수 있다.

아렌트는 그뤼버 감독이 아이히만에게 말을 했어야 한다고 했다. 말의 유용성은 말이 현실을 알게 하여 생각의 변화를 기대할 수 있게 하는 데 있다고 아렌트는 생각했다고 볼 수 있다. 그래서 아렌트는 목사의 임무가 말이 과연 쓸모가 없는지를 알아보는 것이라고 말했던 것이다. 목사가 영향력 있는 존재라면 그 영향력은 전적으로 말에서 나오는 것이라고 아렌트는 생각한 것이다.

상투어나 관용어, 최종 해결책 수행을 위해 고안된 암호화된 언어도 말이나 일상 언어와 마찬가지로 단어로 이루어져 있다. 그렇다면 이 양자의 차이는 무엇인가? 그 차이는 자연적으로 형성된 자연어와, 의도적으로 만들어져 반복적으로 사용된 인공어의 차이에 있다. 상투어나 관용어 등은 늘 변화하는 현실을 반영하지 못하는 특징을 갖는다. 현실-말-사유의 관계가 유기적이지 못하고, 언어가 고정되어버림으로써 사유와 판단이 현실과 유리되어버리는 결과를 낳은 것이다.

아렌트가 이야기 방식으로 자신의 입장을 풀어낸 이유는, 이야기를 통해서만 우리는 단순히 과거를 기술하고 이해하는 데서 끝나지 않고 미래지향적으로 이해를 활용할 수 있기 때문이다. 벤하비브의 말처럼 "마음을 미래로 향하게 해줄 수 있는 이야기"[4]를 얻기 위해서라는 것이다.

이야기가 중요하다. 이야기는 이론과 달리 현실의 힘을 반영하는 일상 언어를 사용한다. 일상 언어를 사용하기 때문에 이야기는 보편적인 설득력을 가질 자격을 갖춘다. 구체적인 현실의 힘을 반영하면서도 보편적 설득력을 가질 자격을 갖는다는 점에서 이야기는 구체와 보편 양측의 힘을 동시에 반영할 수 있다. 그러므로 이야기는 어떤 사건에 대한 우리의 판단이 정치적으로 수용 가능한지를 검증할 수 있는 통로가 된다. 이야기로 만들기는 타인에 의해 받아들여지기 위한 첫걸음이다. 실제로 수용될 것인지를 가늠하는 보편적 기준은 제시될 수 없다. 자유주의자들은 그런 기준을 제시하려 하지만 이는 가능하지 않다. 수용 여부는 이야기가 사람들의 입에 회자되는가에 달려 있다. 그리고 그것이 사람들에게 어떤 식으로 이야기되는가와 연결

---

4) Seyla Benhabib, "Hannah Arendt and the Redemptive Power of Narrative," L.P. Hinchman et al.(ed.), *Hannah Arendt: Critical Essays*, New York: State University of New York Press, 1994, p.113.

된다. 이때 전제되는 것은 보편적 원리나 준거가 아니라, 현실에 존재하는 구체적인 사람의 존재다. 이를 달리 표현한 것이 『칸트의 정치철학』에서 아렌트가 제시한 공통감(sensus communis) 개념이다.

　여기에는 정화열 교수의 해제가 추가되어 있다. 미국에서 활동해온 저명한 정치사상가인 정화열 교수는 미국 펜실베이니아주 베들레헴에 위치한 모라비언 대학에서 『예루살렘의 아이히만』을 오랫동안 교재로 활용했다. 이 경험을 담아 그는 자신의 입장에서 이 책을 어떻게 읽을 수 있는지, 그리고 이 책이 어떠한 중요한 논점들을 제공하는지를 보여주는 글을 보내왔다. 이 글을 통해 『예루살렘의 아이히만』이 더 넓은 지평에서 이해될 수 있기를 바란다.

　김홍우 교수님과 해제를 써주신 정화열 교수님께 깊은 감사를 드린다. 귀국 후 알게 된 김홍우 교수님은 필자를 잘 이끌어주셨고 또 정화열 교수님과의 뜻하지 않은 만남도 갖게 해주셨다. 미국 버펄로에 계시는 은사 조가경 교수님에 대한 감사는 필설로 다할 수 없다. 이 책을 번역하면서 종종 조가경 교수님의 아렌트 세미나에서 배운 것들을 떠올렸다. 번역 초기에 도움을 준 장미성과 김수영에게도 감사드린다.

　한길사의 김언호 사장님과 멋진 책으로 만들어주신 여러분에게도 진심으로 감사를 드린다.

　끝으로, 시간을 정직하게 잡아먹는 번역 작업 때문에 함께하는 시간을 뺏긴 가족들에게 미안한 마음과 감사 그리고 사랑을 함께 전한다.

2006년 9월
김선욱

악의 평범성과 타자 중심적 윤리[1]

정화열 미국 모라비언 대학 명예교수·정치학

> 몽유병(sleepwalking)이 있는 것처럼
> 몽상병(sleepthinking)도 있다.
> ─호세 오르테가 이 가세트

아렌트와 아이히만 재판

한나 아렌트(1906~75)는 독일에서 태어나 교육을 받았다. 그녀는 독일국가사회주의당(나치) 당원으로 신분증을 지참하고, 스와티카 배지를 달고 다녔던 마르틴 하이데거 밑에서 공부했다. 나치의 이데올로기적 토대는 인종주의, 즉 반유대주의로 600만 명의 유럽 유대인의 학살을 의미하는 홀로코스트라는 비극적인 결과를 낳았다. 아렌트가 자신의 멘토 하이데거와 연인관계였다는 것은 공공연한 이야기다. 이 연애사건은 프랑스 작가인 카트린 클레망(Catherine Clément)에 의해 『마르틴과 한나』(*Martin et Hannah*)라는 소설의 주제가 되기도

---

1) 이 글의 영어 원문은 숭실대 철학과에서 발간한 『사색』 제21집(2005.12)에 수록되어 있다.

했다.

하이데거는 아렌트보다 오래 살았다. 만년에 아렌트는 미국 뉴욕시에 있는 '사회조사를 위한 뉴스쿨'(New School for Social Research)에서 강의를 했는데, 그곳은 유럽에서 온 망명 학자들의 안식처였다. 그들 가운데는 레오 슈트라우스(Leo Strauss)와 한스 요나스(Hans Jonas)가 있었고 이 두 사람도 하이데거에게서 공부했다. 뉴스쿨은 '한나 아렌트 기념 정치철학 심포지엄'을 마련했다. 여기에 라이너 쉬르만(Reiner Schürmann)이라는 이름이 나중에 더해졌는데 이 사람은 하이데거를 연구하는 학자였다. 1995년에 있었던 심포지엄 '한나 아렌트의 유산'에는 엘리자베스 영브륄(Elisabeth Young-Bruehl), 고인이 된 자크 데리다(Jacques Derrida), 마가렛 캐노번(Margaret Canovan), 제롬 콘(Jerome Kohn), 세일라 벤하비브(Seyla Benhabib) 등이 발표자로 참여했다.

아렌트는 카를 야스퍼스의 지도로 박사학위 논문을 성 아우구스티누스에 대해 썼는데, 이 논문의 개정판이 1996년에 『아우구스티누스의 사랑 개념』(*Love and Saint Augustine*)이라는 제목으로 출간(원래의 독일어판은 1929년에 출간)되었다. 학자로서 그리고 정치이론가로서 그녀의 이름은 프랑스에서 있었던 악명 높은 드레퓌스 사건 같은 유럽의 반유대주의에 대한 분석을 담고 있는 『전체주의의 기원』(1951)을 발표하면서 알려지기 시작했다. 20세기에는 두 가지 악명 높은 전체주의의 예가 있는데, 그것은 바로 독일에서 있었던 '인종'에 바탕을 둔 히틀러의 나치즘과 구소련에서 있었던 '계급'에 기초한 스탈린의 공산주의다.

여기서 살펴보려는 아이히만 재판은 특히 20세기의 법과 정치에서 도덕과 비도덕성(악)의 문제뿐만 아니라 반유대주의라는 주제에 속한 것이기도 하다. 아렌트가 자신의 주저인 『인간의 조건』(1958)을 인쇄하기 전에 『혁명론』(1963)의 원고도 썼는데, 이 책은 '존경과 우정과 사랑으로' 야스퍼스 부부에게 헌정되었다. 야스퍼스는 아렌트의 가까운 친구이자 스승이었다. 하이데거와 달리 야스퍼스는 히틀러의 나치즘에 반대했던 몇 안 되는 독일 지성인 가운데 한 사람이었다. 반유대주의와 폭력의 심리학과 철학을 살펴보기 위해 아이히만과 그의 재판에 대한 필자의 논의에 직간접적인 적실성을 갖는 야스퍼스의 두 저술에 대해 언급해야만 하겠다. 그중 한 권은 『일반정신병리학』(이 책의 독일어판은 1923년에 *Allgemeine Psychopathologie*라는 제목으로, 영역본은 1963년에 *General Psychopathology*라는 제목으로 출간)으로 지금 돌아보면 '대중'운동으로서의 전체주의 운동과 그의 정신병리학을 일찌감치 다루고 있었던 것으로 보인다. 다른 책은 『인류의 미래』(*The Future of Mankind*, 독일어판은 1958년에 출간)인데 이 책으로 그는 1958년에 독일 평화상을 받았다. 이 책의 영역본은 아렌트의 독촉으로 출간되었다. 이 책은 인류의 '죽느냐 사느냐'의 문제를 불러일으킨 핵시대에 정치에 대한 철학자의 관심을 보여준다. 이 책에서 야스퍼스는 학자들에게 철학과 정치를 함께 결합할 것을 주장하고 있다.

아렌트의 탁월하고도 폭넓은 저술인 『인간의 조건』은 '정치철학'에 속하는 저술로, 다시 말하면 철학에서의 정치적 연습이자 정치에서의 철학적 연습이라고 할 수 있다. 이 책이 출간됨으로써 비로소 아렌트는 20세기의 위대한 체계적 정치사상가 가운데 한 사람으로서 자신의 명성을 구축하고 또 확고히 하기 시작했으며 그래서 서양의 대(大)정치사상가의 반열에 들어서게 되었다. 많은 사람이 아렌트를 20세기의 가장 위대한 정치사상가로 간주한다. 『인간의 조건』의 내용은 시카고 대학의 찰스 월그린(Charles R. Walgreen) 재단 강좌에서 처음 선을 보였다. 『인간의 조건』과 아렌트의 관계는 『존재와 시간』[2]과 하이데거의 관계와 같다. 내 판단으로는, 이 두 책은 어떤 공통점을 갖고 있다. 이 두 책은 실존현상학이라고 불리는 현상학의 2세대 학파의 저작이라고 할 수 있는데, 이 학파의 창시자는 다름 아닌 하이데거 자신이다. 실존현상학은 덴마크의 실존철학자 쇠렌 키르케고르(Søren Kierkegaard)와 유대계 독일 현상학적 철학자이자 하이데거 자신의 스승으로 그의 『존재와 시간』을 헌정했던 에드문트 후설(Edmund Husserl)의 철학적 통찰들을 결합한 것이다.

아렌트와 하이데거의 차이점

하이데거와 아렌트의 주요 차이점은 아렌트의 전반적인 정치적 이론화 작업, 특히 『예루살렘의 아이히만』을 논의하는 데 중요한 의미를 갖고 있으므로 이를 간략히 살펴보자. 아렌트에게 있어서 정치적·법적·윤리적 이론화 작업의 주요 범주는 '인간의 복수성'(human plurality)[3]이다. 아렌트에 따르면, 인간의 복수성이 없다면 인류 또는 인간성이란 말 자체가 의미를 상실하게 된다. 『인간의 조건』에서 아렌트는 주저 없이 다음과 같이 강조한다.

행위와 말, 이 두 가지의 기본 조건이 되는 인간의 복수성은 평등과 차이라는 이중적 성격을 갖는다. 인간들이 평등하지 않다면 그들은 서로 그리고 자신들에 앞서 왔던 사람들을 이해할 수 없고, 또

2) 독일어판 *Sein und Zeit*는 1927년에 출간되었고, 영역본 *Being and Time*은 1962년에 출간되었다.
3) 김선욱 교수의 박사학위 논문과 그의 저서 『정치와 진리』(책세상, 2001)를 이 개념에서 시작했던 것은 현명했다.

미래를 계획하고 자신들 다음에 올 사람들의 필요를 예견할 수 없을 것이다. 만일 인간들이 다르지 않다면 현재 존재하고 과거에 존재했고 앞으로 존재할 사람들과 구별되는 각 사람들은 자신을 이해시키기 위해 말을 하거나 행위를 할 필요가 없게 될 것이다.[4)]

간단히 말하면, 아렌트에게는 복수성이 인류의 가장 근본적인 실존적 조건이다.

'출생'(탄생성)이란 생물학적 현상으로, 각 사람이 이미 항상 복수적으로 존재하는 세계 속에 자기 자신을 집어넣는 '출산(labor)'(노동인 homo laborans)[5)]의 현상이다. 후자의 '두 번째의 탄생'을 통해 우리는 점점 더 철저하게 사회적으로 된다고 말한다. 첫 번째의 '생물학적' 탄생과 두 번째의 '상징적' 탄생은 동일한 인간적·공적(公的)의 연속이다. 이 둘은 동시에 발생한다. 아렌트는 『뉴욕 서평』에 하이데거의 팔순 생일에 헌정하는 논문, 「80세의 마르틴 하이데거」[6)]를 기고한다. '생일'은 모든 문화권에서 모든 인간 존재를 위해 축하하는 행사다. 아렌트의 '탄생' 개념은 그녀의 정치적 이론화 작업에 특별한 중요성을 갖는다. 탄생이란 생명의 시작이며, 인간을 사회적·정치적 존재로서 인정하는 것이다. 우리가 인간으로 탄생하는 한 우리는 사회적 존재로서 우리의 삶을 시작한다. "어떠한 인간의 삶도, 자연 속 광야에

---

4) Hannah Arendt, *The Human Condition*, Chicago: The Chicago University Press, 1958, pp.175~176.

5) 영어 단어 labor는 노동이라는 의미와 출산이라는 의미로 함께 쓰인다. 따라서 노동하는 인간이라는 homo laborans는 출산하는 인간이라는 의미를 갖는다고 생각할 수도 있다.

6) Hannah Arendt, "Martin Heidegger at Eighty," *Heidegger and Modern Philosophy*, ed. by Michael Murray, New Haven: Yale University Press, 1978, pp.293~303에 수록되어 있다.

서 살아가는 은둔자의 삶조차도, 다른 인간의 현존을 직간접적으로 입증해줄 수 있는 세계가 없다면 가능하지 않다"[7]고 아렌트는 강조한다.

이와는 대조적으로 하이데거에게는 '죽음'이 현존재(Dasein)의 실존의 표지다. 우리는 죽음 자체를 결코 경험할 수 없기에 하이데거는 현존재를 '죽음을 향한 존재'(Sein-zum-Tode)라고 정의했다. 죽음은 현존재의 실존의 표지가 된다. 왜냐하면 나는 내 자신의 죽음을 죽어야 하며, 어떤 다른 사람도 나를 위해 죽을 수 없기 때문이다. 따라서 죽음만이 현존재의 실존의 진정성(Eigentlichkeit)을 입증한다. 죽음, 오직 죽음만이 현존재의 실존을 진정한 것으로 만든다.『존재와 시간』에 나타난 하이데거의 사상—아도르노(Theodor W. Adorno)의 비판적 표현을 빌리자면—은 '진정성이라는 특수용어'로 소모되고 선점되어 있다. 따라서 불행하게도 하이데거는 사회적 사건으로서의 죽음에 대해서는 침묵하고 있다는 것이다.

하이데거와 아렌트의 차이는 한편에는 '죽음'과 '진정성', 다른 한편에는 '탄생'과 '복수성'으로 이루어진 대립항 사이의 차이다. 아렌트의 입장을 요약하면 다음과 같다.

인간을 정치적 존재로 만들어주는 것은 그의 행위의 능력이다. 이것이 인간으로 하여금 자신의 동료들과 어울리게 해주고, 공동의 행위를 하게 해주며, 그 재능—새로운 어떤 일을 착수하는 능력(새로운 것의 시작으로서의 탄생)—이 없었더라면 마음의 욕망은 물론이고 정신이 결코 생각하지 않았을 일과 목표를 위해 나서게 해준다. 철학적으로 말하면, 행위한다는 것은 탄생성의 조건에 대해 인간

---

7) Hannah Arendt, *The Human Condition*, p.22.

적인 응답을 하는 것이다.[8] 우리 모두가 탄생을 통해 신참자로서 또 시작으로서 [본질적으로 복수적으로 존재하는] 이 세상으로 들어오기 때문에, 우리는 새로운 어떤 것을 시작할 수 있는 능력이 있다. 탄생의 사실이 없다면 우리는 새로움이 무엇인지를 알지도 못했을 것이고, 모든 '행위'는 단순한 행태나 도착적 행동에 불과할 것이다.[9]

아렌트의 행위 개념은 한편으로는 정치적 행태주의(political behavioralism)에 대한 비판, 다른 한편으로는 정치적 보수주의에 대한 비판으로 의도된 것이다. 어찌 되었건 각각의 탄생은 단순한 '재생'이 아니라 보다 정확히 말하면 '산출'이다. 라틴아메리카의 소설가인 가브리엘 가르시아 마르케스(Gabriel García Márquez)는 다음과 같은 우아한 글에서 아렌트가 말한 탄생 개념이 새로운 시작을 말하는 것이라고 단언하고 있다.

인간은 어머니가 그에게 생명을 부여하는 날에 단 한 차례 탄생하는 것이 아니라, 그 생명은 그들로 하여금 스스로에게 탄생을 해야 할 의무를 부여한다.[10]

새로운 시작으로서의 각각의 탄생과 더불어 우리는 우리 자신을 출생시키고 세계를 자연적인 동시에 사회적으로 변형시킨다. 더욱이

---

8) 이 글의 고딕체는 정화열 교수가 강조한 것이다.

9) Hannah Arendt, *The Crises of the Republic*, New York: Harcourt Brace Jovanovich, 1972, p.179.

10) Edward W. Said, *Humanism and Democratic Criticism*, New York: Columbia University Press, 2004, p.86에서 재인용.

이러한 산출은 항상 이미 **공동의 프로젝트**다. 왜냐하면 우리는 본질적으로 복수의 세계, 즉 다른 사람들과 함께 살도록 되어 있는 세계에 거주하고 있기 때문이다.

이성만으로는 사회적 실체인 이 세계에서 일어나는 모든 일을 설명할 수 없다. 사르트르(Jean-Paul Sartre)의 표현을 빌리자면 '이성의 '보편성'(catholicity)을 믿었던 헤겔(Georg Wilhelm Friedrich Hegel)은 현실적인 것이 이성적인 것이요, 이성적인 것이 현실적이라는 말을 했을 때 쉽게 모순에 빠지게 될 것이다. 장 프랑수아 리오타르(Jean-François Lyotard)는 홀로코스트가 현실적인 것이었으나 이성적인 것은 아니라고 지적했다.[11] 반유대주의 자체는 열정이었다. 계몽주의적 합리주의는 그것이 헤겔적인 것이건 다른 것이건 간에 이성으로만 모든 것을 판단하려고 하는 한 한계를 지닌다. 이성 외에도 상식(또는 공통감 sensus communis)이라고 불리는 사유의 양식도 존재한다. 그것은 감각에 바탕을 둔 사유일 뿐만 아니라 모든 사람이 공통으로 공유하고 있다는 점에서 공동체적인 것이기도 하다.

아렌트에게는 두 종류의 사유가 있다. 하나는 이성에 기초한 사유로, 이는 그녀가 관조적 삶(vita contemplativa)이라고 부르는 영역에 적절히 속하게 된다. 다른 한편 '판단'은 1973년과 1974년에 스코틀랜드 애버딘 대학에서 그녀가 행한 기포드 강좌에서 나오지만 미완성의 업적으로 남아 있다. 그런데 그녀가 의미한 '판단'의 의미를 알 수 있는 실마리들이 그녀의 저술 속에는 충분히 있다. 판단은 '특수한 상황에 대해' 그의 일반성에서가 아니라 '그의 특수성 안에서' 사유할 것을 요구한다. 아렌트는 두 종류의 책을 썼다. 하나는 어떤 주제나

---

11) Jean-François Lyotard, *The Postmodern Explained*, trans. Don Barry et al. and ed. Julian Pefanis and Morgan Thomas, Minneapolis: University of Minnesota Press, 1993, p.29.

안건에 대해 그의 일반성을 중심으로 사유하는 것과 관련되고(예컨대 『인간의 조건』), 다른 하나는 『예루살렘의 아이히만』과 「정치에서의 거짓말」, 「리틀락에 대한 반성」, 「안식할 집」과 같은 논문과 관련되는데, 이 논문들은 『공화국의 위기』(1972)와 『책임과 판단』(2003)에 포함되어 있다.

아렌트는 판단의 기능—칸트(Immanuel Kant)의 발견물—이 사유의 기능은 아니라고 강조했다. 판단은 항상 '특수자들과 아주 가까이 있는 일들'[예컨대 시사적인 일들]과 관계한다.[12] 물론 좋은 판단뿐만 아니라 나쁜 판단도 있다는 것과 위대한 철학자라도 나쁜 판단을 하지 않는 것은 아니라는 것에 주목해야 한다는 것은 흥미롭다. 헤겔과 칸트뿐만 아니라 하이데거와 슈트라우스도—정치나 다른 일에 대해—크거나 작은 실수를 저질렀다. 위대한 사상가들이 '어리석은' 사람들은 아니지만 그렇다고 항상 좋은 판단을 한다고 보증할 수는 없다.

보편적 유대인의 초상

예루살렘에서 있었던 아이히만 재판은 홀로코스트와 반유대주의에 대한 계속되는 내러티브 가운데 하나였다. 아시아라고 해서 반유대주의가 없었던 것은 아니다. 내가 제2차 세계대전 기간 중 일제강점기하에서 학교에 다닐 때, 유대인들은 '고국'을 갖지 못하고 국가 없는 민족이라는 말을 듣고 또 읽었다. 이 말은 맞는 말이지만, 그들

---

12) Hannah Arendt, *Responsibility and Judgment*, ed. Jerome Kohn, New York: Schocken Books, 2003, p.189.

은 전 세계의 부의 대부분을 소유하고 있다고도 했다. 하지만 이 말은 편견에다 신화가 덧붙여진 것이었다. 내가 가졌던 생각은 어떠한 경험적이고 사실적인 기초를 갖지 않은 '추상적' 믿음이었던 것이다. 나는 그런 유대인을 보거나 만난 적이 없었으니, 부유한 유대인은 말할 것도 없었다. 내가 알고 있다고 생각했던 유대인이란 인간의 편견에서 양분을 흡수하고 있는 순수한 추상적 사고 속에서의 유대인이었다.

일본 정부는 수천 명의 유대인을 당시 자신의 관할하에 있었던 만주로 이송하려는 계획을 갖고 있었다. 이것은 물론 박애정신의 발로에서가 아니라 그들을 이용해 일본이 수행하는 전쟁에 도움을 얻으려는 목적에서였다. 흥미롭게도 그 계획의 이름은 '푸구'(Fugu) 계획이었다. 실로 영악한 명명이었다. '푸구'란 복어의 일본어로, 일본 고급 요리에 사용된다. 복어는 치명적인 독을 가지고 있다. 그래서 그 독을 조금만 먹어도 죽을 수 있다. 지적이라는 (추상적인) 명성을 갖고 있는 유대인은 '유독하기 때문에' 복어에 비유되었다. 하지만 일본이 그들을 조심스럽게 또는 적절하게 요리한다면 유대인은 '맛난 음식'이 될 것이다.

사르트르가 그의 『반유대주의와 유대인』에서 만일 단 한 사람의 유대인도 존재하지 않는다 해도 반유대주의는 유대인을 창조해내거나 만들어낼 것이라고 말한 것[13]은 통찰력 있는 말이었다. 인색하고 이익만 밝히는 장사치는 대체로 (추상적인) 보편적 유대인일 것이다. 아마도 이러한 종류의 보편적 유대인에 대한 초상은 '가난한 사람의 속물근성'일 것이다. 이것이 바로 우리가 유대인은 태어나는 것이 아니

13) Jean-Paul Sartre, *Anti-Semite and Jew*, trans. George J. Becker, New York: Schocken Books, 1965, p.13.

라 만들어지는 것이라고 말하는 이유다. 따라서 사르트르에 따르면 유대인은 유대인으로 존재하지 않을 수 없다.[14] 실로 그들에게는 사회적 탈출구가 존재하지 않는다. 이러한 무서운 난점이 패리아(pariah, 주변으로 밀려난 사람들) 또는 '불가촉천민'인 유대인들에게 새로운 의미를 더해준다.

이제 고인이 된 나의 아내와 내가 1980년대와 1990년대에 방문했던 예루살렘에 있는 야드 바셈(Yad Vashem, 홀로코스트 박물관)과 워싱턴 D.C.에 있는 홀로코스트 박물관은 인류에 대한 인간의 비인간성―뉘른베르크 재판에서 이름 붙였듯이 단지 유대인에 대한 범죄가 아니라 '인류에 대한 범죄'―의 예증이 되는 홀로코스트에 대해 준엄하게 상기시켜주었다. 홀로코스트 때 유대인을 구해준 비유대인들에게 감사하기 위해 야드 바셈 주위에 이스라엘인들이 심어놓은 나무들은, 비인간성의 한가운데 있는 인간성의 작은 횃불을 상징한다. 그러나 이 두 박물관에 전시된 죽은 자들이 남겨놓은, 말하자면 그들의 혼령이 깃들어 있는 다 떨어진 신발 한 무더기는 그 상징성으로 인해 마음이 몹시 사무쳤고 또 깊은 인상을 주었다. 『생존자: 죽음의 수용소에서의 삶에 대한 해부』에 나오는 '배설물 같은 공격'에서 테렌스 데 프레는 인간의 영성과 상징성이 한낱 무의미한 읊조림으로 전락해버린 나치의 죽음의 수용소의 형용할 수 없는, 추악한 현실을 다음과 같이 묘사한다.

집단수용소에서 그러했던 것처럼 문명이 붕괴될 때 그 '상징의 흔적'은 글자 그대로 신성모독의 조건이 되었다. 그리고 악은 '한 사람의 존재의 인격적 핵심의 진정한 상실'을 일으키는 것이 되었

---

14) 같은 책, p.89.

다. 극단 속에서 인간은 자신의 확장된 영적 정체성의 벗김을 당하게 된다. 현실적 삶과 현실적 죽음, 현실적 고통과 현실적 모독 같은 실존의 구체적 형식만 남아 있다. 그리고 이러한 것들이 이제 도덕적·영적 존재의 매개를 구성한다. 승화가 실패할 때에도 영혼은 간단히 소멸하지는 않는다. 영혼은 그의 대부분의 자유를 대가로 하고서 의미의 근거와 원천 ─ 즉 육체의 물리적 경험 ─ 에 의존한다. 다른 식으로 말하자면 극단 속에서 상징은 [순수한 신체성 속에서, 즉 순수한 육체의 문제로] 현실화되는 경향이 있다.[15]

이런 식으로 홀로코스트도 역시 내가 (복수의) '몸의 정치'라고 부르는 것의 탈근대적 장치에 속하거나 또는 그 예가 된다.

지금까지 쓴 것은 1961년에 아렌트가 『뉴요커』를 위해 쓴 예루살렘에서 있었던 아이히만 재판에 대한 많은 논쟁을 불러일으킨 보고에 대한 논의를 위해 살펴본 개괄적 배경이다. 『뉴요커』는 식자층, 특히 교육받은 뉴욕 사람들을 위한 대중잡지다. 이 보고와 더불어 아렌트는 어엿한 '공공 지식인' ─ 일반 대중을 위해 중요한 의미를 지닌 공적 사건들에 대해 '판단하는' 지식인 ─ 이 되었다.

악의 평범성과 인간의 복수성

아렌트의 『예루살렘의 아이히만』은 유대인 공동체에 소동과 분노를 불러일으켰다. 이 책은 아렌트 자신의 가까운 친구들을 포함한 유

15) Terrence des Pres, *The Survivor: An Anatomy of Life in the Death Camps*, Oxford: Oxford University Press, 1976, p.69.

대인 인사들로부터 엄청나게 비판받았다. 그중 한 가지는 수많은 사실적 오류에 대한 비판이었다. 아렌트는 즉각적으로 패리아 중에서도 패리아가 되었다. 논쟁에서 가장 초점이 되었던 것은 '악의 평범성'이라는 개념이었다. 아렌트의 보고에서는 아이히만이 저지른 흉악한 악행이 고의거나 사전에 고안된 것, 즉 범죄의 의도를 미리 갖고 있거나 고려했던 것이 아니었다. 이러한 생각은 유럽과 영미의 법학의 기본 성향에 반대되는 것이었다. 그에게는 어떠한 '특별한' 것도 존재하지 않았다. 그는 '정상적'이었거나 '평범'했다. 미국법에서 예컨대 음주운전을 하다 살인한 것은 계획된 살인에 비해서 훨씬 덜 심각한 범죄다.

어쩌다 보니 나는 이 책을 『공화국의 위기』에 실린 논문들(특히 「정치에서의 거짓말」─이 논문은 정치 전반에서의 기만과 미국의 베트남 참전과 관련된 기만에 대한 것으로, 후자는 우연히 빠져든 '수렁'이 아니라 미리 계획되고 계산된 기만이었다)과 더불어 '정치적 사유 입문'이라는 학부 강의 교재로 사용해왔다. 나의 많은 학생은 아마도 아이히만이 사악했다기보다는 '평범'했기 때문에 그리고 시온주의의 동기에 대해 그가 공감을 표했던 것을 고려했기 때문에 아이히만이 처했던 곤경에 공감하기도 했다. 아주 흥미로운 것은 몇몇 학생이 이 책을 '소설', 즉 허구라고 생각했다는 점이다. 이 책에 대한 참으로 흥미롭고도 수수께끼 같은 묘사가 아닌가!

유대 민족에 대해 자행된 그의 범죄의 엄청난 규모에도 불구하고 아이히만은 어떠한 후회도, 또 어떠한 가책의 감정도 표하지 않았다. 이것이 아렌트에 대한 비판가들 사이에 있었던 도덕적 분노에 기름을 끼얹음으로써 상황을 더욱 악화시켰다. 아렌트에 따르면 아이히만─그리고 그와 유사한 많은 사람─은 "도착적이거나 가학적이지" 않았다. 따라서 아이히만은 "잘못을 저지르려는 의도가 범죄 성립에 필수적이라는, 모든 현대 법체계에서 통용되는 가정”(456쪽)을 무시했다. 아이히만에 대해 이스라엘 경찰의 신문 기록은 아이히만의 ‘악의 평범성’에 대한 아렌트의 보고를 지지한다. 아렌트가 최초의 보고를 한 지 10년이 지나 『사회 연구』(*Social Research*)에 게재된 아이히만의 ‘악의 평범성’에 대한 다음과 같은 꽤 긴 생각에 주목할 가치가 있다.

수년 전 예루살렘에서 있었던 아이히만의 재판에 대해 보고하면서 나는 ‘악의 평범성’에 대해 언급했는데, 이는 어떠한 이론이나 사상을 의도한 것이 아니라 단지 아주 사실적인 어떤 것, 엄청난 규모로 자행된 악행의 현상을 나타내려고 한 것이었다. 이 악행은 악행자의 어떤 특정한 약점이나 병리학적 측면 또는 이데올로기적 확신으로 그 근원을 따질 수 없는 것으로, 그 악행자의 유일한 인격적 특징은 아마도 특별한 정도의 천박성이라고 할 수 있을 것이다. 그 행위가 아무리 괴물 같다고 해도 그 행위자는 괴물 같지도 또 악마적이지도 않았다. 그리고 재판 과정에서 또 그에 앞서 있었던 경찰 신문에서 보인 그의 행동뿐만 아니라 그의 과거에서 사람들이 탐지할 수 있었던 유일한 특징은 전적으로 부정적인 어떤 것이었다. 그것은 어리석음이 아니라 흥미로운, 사유의 진정한 무능함이었다.

아이히만은 한때 자기가 의무로 여겼던 것이 이제는 범죄로 불리게 되었다는 것을 알았고, 그래서 그는 이러한 새로운 판단의 규칙을 마치 단지 또 다른 하나의 언어규칙에 불과한 것처럼 받아들였다. 그는 자신의 다소 제한된 양의 관용구에다 몇 가지 새로운 것을 추가했고, 따라서 그가 그 관용구 가운데 어떤 것도 적용될 수 없는 상황에 직면했을 때 그는 전혀 어찌할 수 없었다.

가장 기괴한 순간은 그가 교수대에 서서 말을 하게 되었던 때로, 그는 장례식 연설에서 사용하는 상투어에 의존할 수밖에 없었는데 이것은 자기가 살아남아 있을 자가 아니기 때문에 이 경우에는 적절하지 않았다. 그가 줄곧 예상했을 사형 순간에 그의 마지막 말이 무엇이어야 했는지를 고려해보건대, 이 단순한 사실을 그는 떠올리지 못했다. 마치 재판 때 신문과 반대신문에서 드러난 불일치와 심각한 모순들로 인해 그가 괴로워하지 않았던 것과 마찬가지로 말이다. 상투어, 관용구, 관습적이고 표준화된 표현과 행위 규칙의 고수 등은 우리를 현실로부터 차단하는, 즉 모든 사건과 사실이 발생함으로써 일으키게 되는 우리 생각의 집중에 대한 요구를 막는 사회적으로 인정된 기능을 갖고 있다.

우리가 이 요구에 대해 항상 반응한다면 우리는 곧 지쳐버리게 될 것이다. 아이히만의 경우에 달랐던 점은 분명히 그는 어떠한 그같은 주의에 대해 전혀 알지 못했던 것뿐이다.[16]

다른 말로 하면 아이히만은 거의 초현실주의적(현실 초월적)인 것처럼 보인다. 그는 극단적으로 '몽상하는' 사람이거나 또는 아렌트가 위에서 언급한 인용문에서 묘사한 그의 모든 특성을 다 더해본다면 그는 '몽상하는' 것보다 더 심각한 상태에 있었다. 특별할 정도로 '천박'하지만 '악마적'이지도 또 '어리석지도' 않은 아이히만의 '사유의 진정한 불능성' 또는 '사유의 전적인 부재'는 인간적 실존성을 결여하고 있고 또 그것을 초월해 있다. 그는 정신병으로 무죄를 요구할 수 있을 정도로 이데올로기적이거나 병리적이지 않았다. 아렌트에 따르면 그의 '인류에 대한 범죄'에도 불구하고 그것은 '근본악'이 아니었다. 왜냐하면 그것은 아무것에도 뿌리를 내리지 않고 있기 때문이다.

---

16) 이 글은 나중에 다음의 유고집으로 재출간되었다. Hannah Arendt, *Responsibility and Judgment*, ed. Jerome Kohn, pp.159~160.

그것이 근본적이 되기 위해서는 어떤 구체적이고 확실한 것에 뿌리를 내리고 있어야 한다.

수전 네이먼은 잘 알려진 저서 『근대적 사유에서의 악: 철학의 대안적 역사』에서 아렌트의 『예루살렘의 아이히만』을 "악의 문제에 대한 20세기의 가장 중요한 철학적 기여"[17]로 간주했다. 첫째, 이 책은 20세기에 쓰였지만 그의 윤리적 함축은 20세기보다 훨씬 더 거슬러 올라간다. 둘째, 이 책은 악이라는 주제에만 관련된 것이 아니라 미래를 위한 윤리적인 것의 전 영역과 관련된 것이라고 나는 생각한다.

아렌트가 아이히만에 대해 사유할 능력이 없는 일반적이고 정상적인 사람이라고 규정했을 때 그녀가 의미한 것은 진정 무엇이었을까? 아렌트는 아이히만이 '타인의 관점에서 생각'할 능력이 없는 사람이라는 것을 의미했다(151쪽). 이것은 아렌트가 인간의 복수성에 있어서 '평등'(정체성 또는 동일성)의 다른 측면 또는 다른 고리인 '차이'라고 불렀던 것에 대한 문제다. 인간의 복수성의 우선성은 활동적 삶(행위와 작업과 노동)과 관조적 삶(사유) 양자를 연결시키는 조직이다. 이 양자에 대해서 아렌트는 기포드 강의에서 — '사유'에 대해서뿐만 아니라 '의지'와 '판단'에 대해서도 — 폭넓게 논의한 바 있다. '특별히 천박했던' 아이히만은 '사유'도 '의지'도 '판단'도 할 수 없었다.

'차이'가 없으면 소통의 필요가 없다는 아렌트의 생각은 옳았다. 그렇다면 '말'과 '행위'도 필요 없게 된다. 다른 말로 만일 우리 모두가 똑같다면 우리는 서로를 완벽하게 이해하게 된다. 차이가 없다면 결국 인간의 복수성 자체가 무의미하고 불필요한 개념이 될 것이다. 미국의 정치철학자 마이클 월처(Michael Walzer)가 차이란 인간관계에

---

17) Susan Neiman, *Evil in Modern Thought: An Alternative History of Philosophy*, Princeton, NJ: Princeton University, 2002, p.271.

서 관용을 필수적으로 만드는 반면, 관용은 차이를 가능하게 만든다고 말한 것은 논박의 여지가 없다. 여기서 하이데거가 차이(Differenz)를 구별(Unterschied)이라고 말놀이한 것은 '차이'를 '관계적인 것'과 연결했다는 점에서 시사적이다. 차이는 실로 구별인 것이다.

타자 중심의 윤리를 향하여

모든 관계는 자아와 타자의 비대칭적 차이와 더불어 시작한다. 윤리적·도덕적인 것은 서로에 대한 적절한 질서 지음 또는 서열 매김에 기초한다. 이제 아렌트가 『예루살렘의 아이히만』에서 제기한 윤리 또는 도덕의 문제, 즉 아이히만의 '악의 평범성'의 문제를 살펴보자.

20세기는 철학이 '윤리적 전회'를 한 세기라고도 불린다. 나는 이 윤리적 전회—책임을 향한 코페르니쿠스적 전회—에 집중해보겠다. 여기서 말하는 코페르니쿠스적 전회란 프톨레마이오스의 지구 중심주의에서 코페르니쿠스적인 태양 중심주의로의 패러다임 전환을 말한다. 코페르니쿠스적 전회를 통해서 자기중심성은 타자중심성(또는 타율성)에 의해 대체되거나 능가된다.[18] 도덕의 미래 계보학뿐만 아니라, 아이히만의 '악의 평범성'에 대한 우리의 논의 및 이것이 갖는 정치와 법의 미래 연대기를 위한 함축에 대한 논의에 있어서 지

---

18) Hwa Yol, Jung, "Taking Responsibility Seriously," in *Phenomenology of the Political*, ed. by Kevin Thompson and Lester Embree, Dordrecht, The Netherlands: Kluwer, 2000; "John Macmurray and the Postmodern Condition: From Egocentricism to Heterocentricism," in *Idealistic Studies*, 31, 2001, pp.105~123; "Responsibility as First Ethics: Macmurray and Levinas," in *John Macmurray: Critical Perspectives*, ed. by David Fergusson and Nigel Power, New York: Peter Lang, 2002, pp.178~188 참조.

금은 고인이 된 유대계 프랑스 철학자 에마뉘엘 레비나스(Emmanuel Levinas)는 적절할 뿐만 아니라 필수 불가결한 학자다. '악의 평범성'에 대한 아렌트의 담론의 중요성 및 우리가 오늘 하고 있고 또 내일 하게 될 모든 일의 윤리적 문제에 대한 아렌트의 가장 중요한 기여가 여기에 놓여 있다.

아이히만은 타인 또는 타자의 관점에서 '사유'할 능력이 없기 때문에 그는 또한 '행위'할 능력, 더 정확히 말하자면 도덕행위를 '수행'할 능력도 없다. 예컨대 그에게 어떤 것을 '말하기'란 언어놀이를 하는 것과 동일했다. 그는 수행행위로서의 말하기에 대한 이해, 즉 필연적으로 윤리적인 발화행위에 대한 이해가 전혀 없었다. 아이히만의 문제는 그가 본질적으로 혼돈에 빠진(함께 뒤섞여버린) '동일주의자' — 인간관계에서 차이를 알지 못하거나 차이에 대해 생각할 능력이 없는 사람—라는 점이다. 예컨대 아렌트에 따르면 아이히만은 교수대 아래에서 자신의 사형선고를 '회피'하는 것을 죽음의 수용소에서 가까스로 '생존'한 것과 부적절하게 동일시했다. 아이히만은 또한 자신의 '복종'과 칸트의 '의무' 또는 '책무'를 구별하지도 못했다. 그는 자신이 『유대인의 국가』(*Der Judenstaat*)를 쓴 테오도어 헤르츨(Theodor Herzl)과 같은 '이상주의자'라고 잘못 생각했다. 왜냐하면 그에게 '이상주의자'란 단지 '자신의 이상을 위해 살았던 사람'이었기 때문이다. 요약하면 아이히만은 타자의 관점에서 '생각'할 수 없었기 때문에 자신의 책임을 회피했던 것이다.

레비나스에게는 윤리학이 '제일철학'(philosophie première)이다. 그에게는 인간의 대화가 윤리적이지 않을 수 없다.[19] 윤리적이라는 것

---

19) Emmanuel Levinas, *Alterity and Transcendence*, trans. by Michael B. Smith, New York: Columbia University Press, 1999, p.97.

은 그에게 타자중심적이거나 타자정향적인 것이다. 윤리적인 것에 있어서 타자는 인간관계의 또는 인간의 복수성의 성소('보다 높은 자리')에 위치한다. 홀로코스트를 일으킨 나치 치하에서 비유대인이 유대인을 구한 것 같은 이타주의는 책임 윤리의 모범이 된다. 레비나스에서 단서를 얻어 나는 타자정향적 윤리를 '타율적 책임윤리'라고 부른다. 이는 철학의 미래에 대한 논의에 나오는 '너'(Thou)에 대한 루드비히 포이어바흐의 발견에 철학적 뿌리를 둔 것이다. 너에 대한 그의 발견은 타자를 인간관계의 성소에 놓고 있다. 그것은 인간의 대화에서 자기중심성을 타자중심성으로 탈중심화하기 때문에 정치적·윤리적·사회적 사상에 있어 윤리적 전회라 불릴 수 있다.

아이히만은 타자의 관점에서 사유할 수 없었기 때문에 책임의 윤리를 실천할 수 없었다. 그의 '인류에 대한 범죄'에 대한 아렌트의 판결은 칸트적인 윤리적 의도의 원리에 기초한 것이 아니다. 오히려 그것은 단일한 개인이 단독적으로 책임 있게 되는 결과의 원리에서 도출된 것이다. 따라서 아렌트는 "비록 8,000만 독일인이 피고처럼 행동했다 하더라도, 그것이 피고의 변명이 될 수 없을 것"(458쪽)이라고 선언했다. 게다가 아렌트는 "피고가 행한 일의 현실성과 다른 사람들이 했을지도 모르는 일의 잠재성 사이에는 심연이 존재합니다. 우리는 여기서 오직 피고가 한 일에만 관심을 둘 뿐, 피고의 내면적 삶의 동기의 비범죄적 본질 도는 주변 인물들의 잠재적 범죄 가능성에는 관여하지 않습니다"(458쪽)라고 주장했다.

또 그녀는 "모두 또는 거의 모두가 유죄인 곳에서는 아무도 유죄가 아니"(457쪽)라고 주장했다. 유치원에서가 아니라 정치에는 "복종과 지지가 동일"하다. 그래서 아렌트는 "인류 구성원 어느 누구도 피고와 이 지구를 공유하기를 원하리라고 기대할 수 없음을 확인합니다. 이것이 바로 당신이 교수형에 처해져야 하는 유일한 이유입니다"

(458쪽)라고 말한다.

'끔찍하게도 또 전율스럽게도 정상적인' 아이히만에 의해 자행된 '인류에 대한 범죄'는 폭력행위(즉 홀로코스트)를 포함한다. 폭력은 차이를 지우려 할 때 우리가 지불해야 하는 값비싼 대가다. 인종차별주의인 나치즘의 경우가 그러했다. 나치즘의 반유대주의의 목표는 어떠한 수단을 동원해서라도 유대 인종을 이 지구상에서 쓸어내려는, 절멸시키려는 것이었다. 전쟁도 또한 '전율스럽게도 정상적'으로 되었다. 전쟁은 정치만큼이나 필수 불가결한 것이 되었다. 카를 클라우제비츠(Karl Clausewitz)에 따르면 전쟁은 폭력적 형태의 정치다. 전쟁은 '다른 수단을 사용한 정치의 연장'이라고 했던 것이다. 그의 말은 20세기의 국제정치에서 당연시되었고 으레 그런 문제로 받아들였다.

로버트 리 장군(General Robert E. Lee)은 우리가 전쟁을 너무 좋아하게 되는 것을 두려워했다. 퀸시 라이트(Quincy Wright)는 전쟁에 관한 그의 기념비적 저술에서 인류의 문명 즉 인류의 야만의 연대기에서 매 2년마다 한 차례씩 중요한 전쟁이 있었음을 오래전에 발견했다. 우리는 전쟁에 마취되어버렸거나 그것을 정상적인 것으로 여기게 되었다. 간단히 말해 전쟁을 일상적인 인간의 삶의 한 측면으로 '아무 생각 없이'(무사유적으로) 받아들임으로써 우리는 평범하게 되어버렸다. 아렌트가 주장한 것처럼, "우리 모두의 안에 아이히만"이 존재하고 있는 것이다. 기술, 특히 미디어 기술이 우리를 점점 더 일차원적으로, 심지어 전체주의적으로 만들고 있다. 미디어(매체)가 메시지가 되어감에 따라, 간단히 말해, 미디어는 우리를 더욱더 평범하게, 획일적으로, 생각 없이 만든다. 내가 주장하고자 하는 것은, 이것이 점점 더 일차원적으로 그리고 전체주의적으로 되어왔고, 또 그렇게 되어갈 이 지구상의 인류를 위해 아이히만의 '악의 평범성'에 대한 아렌트의 담론에서 우리가 배울 수 있는—가장 궁극적이지는 않다고 하더라도—두 번째로 궁극적인 메시지라는 것이다. 여기서 벗어나는 길은 없어 보인다. 지구상의 인류뿐만 아니라 자연에 대해서도 불필요한 잔인함, 죽음, 고통을 끼치는 데 이를 것이라고 내가 생각하는 '무사유'는 우리 모두의 모습이 될 것이다.[20] 바로 이때 인류의 역사—아무도 생각하지 못했던 제임스 조이스(James Joyce)의 표현을 사용하자면—는 깨어날 길이 없는 악몽이 될 것이다.

20) 아렌트는 인류가 지구, 즉 인간과 무관한 세계에 의존하고 있다고 확언한다. 아렌트는 『인간의 조건』에서 다음과 같이 쓰고 있다. "지구는 인간 조건에 있어 핵심적 본질이며, 우리 모두가 알고 있듯이 지구의 자연은 인류에게 노력하지 않고도 또 도구가 없이도 움직이고 숨쉴 수 있는 주거지를 제공하고 있다는 점에서 우주에서도 독특한 곳이라고 할 수 있다. 인간이 인위적으로 만든 세계는 인간 실존을 모든 단순한 동물적 환경으로부터 분리시키지만, 생명 자체는 이러한 인위적 세계의 바깥에 존재하며, 인간은 생명을 통해 모든 다른 살아 있는 유기체와 관계를 맺고 있다." Hannah Arendt, *The Human Condition*, p.2.

독자들께 드리는 말씀

이 책은 1963년 5월에 처음 출간된 책의 개정 및 증보판이다. 1961년에 나는 잡지 『뉴요커』(*The New Yorker*)를 위해 예루살렘에서 열린 아이히만 재판을 취재했다. 그 기사는 약간 축약된 형태로 1963년 2월과 3월에 걸쳐 『뉴요커』에 처음 게재되었다. 이 책은 1962년 여름과 가을에 집필되었고, 웨슬리언 대학교의 고등연구센터 펠로우로 재직했던 그해 11월에 완성되었다.

이번 개정판에 대략 열두 개의 기술적 오류를 수정했을 뿐, 원문 분석이나 주장 내용에는 어떠한 영향도 미치지 않는다. 이 책이 다루는 시기에 해당하는 사실 기록은 아직 모든 세부 사항이 확정되지 않았다. 그리고 충분한 정보에 기반한 추측이 완전히 신뢰할 수 있는 정보로 대체되지 않은 문제도 있다. 따라서 최종 해결책의 유대인 희생자 총 숫자(450만 명 내지는 600만 명)는 검증되지 않은 추측에 불과하다. 관련국 각각의 희생자 총 숫자도 마찬가지다. 새로운 몇몇 자료, 특히 네덜란드에 관한 자료는 이 책 출간 이후에 나왔지만, 그중 어떤 것도 사안 전체에 비추어볼 때 중요한 것은 아니었다.

추가된 내용 대부분도 기술적 성격의 것으로, 특정 부분을 명확히 하거나, 새로운 사실을 소개하거나 혹은 어떤 경우에는 다른 자료에서 인용한 것이다. 이 새로운 자료들은 참고문헌에 수록했고, 또 새로 쓴 후기(이 책, 459쪽)에서는 최초 출간된 이후에 발생한 논란을 다루었다. 후기 외에 유일하게 기술적인 문제와 관련되지 않은 추가사항은 1944년 7월 20일에 있었던 독일의 반히틀러 음모에 대한 것이다. 최초의 글에서는 이를 단지 부수적으로만 언급했다. 이 책의 전체적인 성격은 전혀 달라지지 않았다.

이 수정판의 후기 원고를 준비하는 데 도움을 준 리처드 윈스턴과 클라라 윈스턴께 감사드린다.

1964년 6월
한나 아렌트

오, 독일이여…
그대의 집에서 울려 퍼지는 연설을 들으며,
사람들은 비웃는다.
그러나 그대를 보는 자마다
자기의 칼을 찾는다.
• 베르톨트 브레히트

제1장

정의의 집

"베스 하미쉬파스"(Beth Hamishpath, 정의의 집).

법정 경위가 큰 목소리로 이 말을 외치며 세 명의 재판관이 도착했음을 알리자 우리는 벌떡 일어났다. 재판관들은 머리에 아무것도 쓰지 않고 검은 법복을 입은 채, 옆문을 통해 법정에 들어와 높이 솟은 단상의 가장 높은 층에 있는 자리에 앉았다. 곧 수많은 책과 1,500편 이상의 기록 문서로 가득 덮이게 될 긴 탁자 양 끝에는 법원 속기사들이 자리 잡고 있다.

재판관 바로 아래에 통역사들이 있는데, 이들은 피고인이나 변호인과 법정 간의 직접적 소통을 돕는다. 그외 경우에는, 독일어를 쓰는 피고인 측은 방청객 대다수와 마찬가지로 무선 동시통역을 통해 히브리어로 진행되는 재판을 따라가고 있다. 프랑스어 통역은 탁월하고 영어 통역은 들을 만했지만, 독일어 통역은 종종 이해하기 어려울 정도로 완전히 코미디 수준이었다.

(재판을 위한 모든 기술적 준비가 철저히 공정하게 이루어졌던 점을 고려하면, 피고인과 그의 변호인이 이해하는 유일한 언어인 독일어 통역을 적절히 해낼 사람을 구할 수 없었던 것은 의문스러운 일이다. 더구나 독일 태생 이주민 비율이 높은 새로운 국가 이스라엘에서 말이다. 한때 이스라엘에 널리 퍼져 있던, 독일계 유대인에 대한 오랜 편견도 더는 그 이유를 설명할 만

큼 강력하지 않다. 그렇다면 남는 설명은 오래되고 여전히 강력한 '비타민 P'
다. 이 말은 이스라엘 사람들이 정부 조직과 관료 사회 내의 보호책을 일컫는
말이다.)

서로 얼굴을 마주 보고 앉아 있는 통역사들의 자리 한 층 아래에는,
방청객에게 옆모습을 보여주는 피고인의 유리 부스와 증인석이 있다.
끝으로 가장 아래층에는 담당 검사와 네 명의 보조 검사 직원 그리고
처음 몇 주간은 보조인을 동반한 변호인이 방청객을 등진 채 자리하
고 있다.

재판관들은 단 한 번도 연기하는 듯한 행동을 한 적이 없었다. 그들
의 걸음걸이는 꾸밈이 없었다. 고통스러운 이야기를 들을 때 슬픔의
충격으로 눈에 띄게 경직되면서도 진지하고 강력하게 집중하는 모습
은 자연스러웠다. 심리를 끝없이 끌고 가려는 검사의 시도에 대해 재
판관들이 보인 조급함은 꾸밈없었고 신선하게 느껴졌다. 또 "세르바
티우스(Dr. Servatius)는 이 같은 낯선 환경에서 힘든 싸움을 벌이며 거
의 홀로 서 있다"라는 말을 염두에 두기라도 하듯이 재판관들의 태도
가 좀 지나치게 공손한 듯했지만, 피고인에 대한 그들의 태도는 언제
나 흠잡을 데가 없었다.

이 세 명의 재판관은 모두 착하고 정직한 사람임이 분명했다. 그래
서 독일에서 태어나 교육받은 이 세 사람 중 누구도 이런 환경에서 연
극하고 싶은 유혹, 즉 히브리어 통역을 기다려야만 하는 척하는 유혹
에 넘어가지 않은 것은 놀랄 일이 아니었다.

재판장 모셰 란다우(Moshe Landau)는 통역사가 통역을 마칠 때까
지 기다렸다가 대답한 적이 거의 없었다. 그는 종종 통역에 끼어들어
수정하고 지적해주기도 했다. 그는 이렇게 해서 엄중한 업무에서 잠
시 벗어나 주의를 돌릴 수 있었던 것에 감사했을지도 모른다. 수개월
후 그가 피고인 대질신문을 할 때, 심지어는 동료 재판관이 아이히만

과 말할 때 그는 아이히만의 모국어인 독일어를 사용하도록 이끌기도 했다. 굳이 증거가 더 필요할지는 모르겠지만, 이는 그가 당시 이스라엘의 여론으로부터 얼마나 현저히 독립적이었던지를 보여주는 증거이기도 했다.

재판 전체의 분위기를 주도한 사람은 란다우 판사였다. 쇼맨십을 아주 좋아하는 검사 때문에 재판이 '쇼 재판'으로 변질되는 것을 막기 위해 란다우 판사가 최선을 다했음은 처음부터 의심할 여지가 없었다. 이러한 노력이 항상 성공적이지는 않았다. 그 이유 중 하나는 재판이 방청객 앞에 설치된 무대에서 열린 데다, 공판이 시작할 때마다 법정 경위가 멋들어진 고함을 지른 것이 마치 쇼의 개막을 알리는 것과 같은 효과를 낳았기 때문이다.

새로 지어진 민중의 전당(Beth Ha'am)에다 이 강당을 만들기로 계획한 사람이 누구였는지는 모르겠다. (지금 여기에는 높은 담장이 쳐져 있고, 지붕에서 지하실까지 중무장한 경찰이 경계를 서고 있으며, 건물 앞 광장에는 모든 방문객이 철저한 검색을 받도록 초소가 일렬로 서 있다). 어쨌든 그 설계자는 오케스트라와 회랑, 무대 앞 장치와 무대 그리고 배우가 입장할 수 있는 옆문만 갖추면 이 강당이 극장으로 완벽하게 변모하리라 생각했을 것이다.

아이히만을 아르헨티나에서 납치해 '유대인 문제 최종 해결책'[1]과 관련한 그의 역할을 심판하도록 예루살렘 지방법원으로 송치했을

---

1) 최종 해결책(the final solution)은 나치 독일이 점령지 유럽에서 유대인을 조직적으로 학살함으로써, 이른바 유대인 문제를 최종적으로 해결하려 했던 계획을 의미한다. 유대인 문제(the Jewish Question)란 오랫동안 국가 없는 민족으로 생존을 도모해온 유대인들이 자신이 거주하는 지역에서 받아들여지거나 추방되거나 수난을 당하는 일들을 반복해서 겪게 되는데, 이 유대인들을 대하는 국가나 권력자의 관점에서 그들을 어떻게 다룰 것인가의 문제를 가리키는 말이다.

때, 이스라엘 총리 다비드 벤구리온[2]은 재판을 쇼처럼 만들려 했다. 그 목적을 위해서라면 이 법정은 분명히 나쁘지 않은 장소였다.

'국가의 설계사'라는 칭호가 어울렸던 벤구리온은 이 재판 절차의 보이지 않는 무대 매니저로 남아 있다. 그는 단 한 번도 재판을 참관하지 않았다. 법정에서 그는 정부를 대표하여 자기 주군에게 최선을 다해 복종하는 검찰총장 기드온 하우스너(Gideon Hausner)의 목소리로 말한다. 그런데 검찰총장 하우스너의 최선에도 불구하고, 다행히도 만족스럽지 않은 결과가 종종 나왔다. 이는 하우스너가 이스라엘 국가를 위해 바쳤던 만큼의 충성심을 정의에 기울인 사람이 이 재판을 주재했기 때문이다.

정의가 실현되려면 피고인이 기소되고, 변호되고, 심판받아야 한다. 또 "어떻게 그런 일이 일어났는가?" "왜 그 일이 일어났는가?" "왜 유대인인가?" "왜 독일인인가?" "다른 나라는 어떤 역할을 했는가?" "동맹국의 공통 책임 범위는 어디까지인가?" "도대체 어떻게 유대인은 자신의 지도자를 통해 스스로의 파멸에 협력했는가?" "그들은 왜 도살장에 가는 양처럼 죽음을 향해 걸어갔는가?" 등과 같이 더 중요해 보이는 다른 모든 질문은 중지되어야 한다.

정의는 신변 보호를 위해 유리 부스 안에 앉아 있는, 카를 아돌프 아이히만의 아들 아돌프 아이히만(Adolf Eichmann)의 중요성을 주장

---

2) 다비드 벤구리온(David Ben-Gurion)은 1886년 폴란드 플론스크에서 태어났으며, 1906년 아버지와 함께 팔레스타인으로 이주했다. 그는 노동당(Mapai)을 이끌었고 1948년 5월 4일 유엔에서 이스라엘 독립 선언이 이루어지도록 했다. 1948년 5월에 이스라엘 첫 총리가 되어 이스라엘을 이끌다가 1953년에 잠시 정치 활동을 중지했다. 이후 1955년에 다시 총리가 되어 1963년까지 총리직을 수행했다. 이 기간에 아이히만의 체포 및 재판이 이루어졌다. 그는 1970년에 정계에서 은퇴하고 1973년에 사망했다. 텔아비브 인근에 위치한 이스라엘 최대의 국제공항은 그의 이름을 따 '벤구리온 국제공항'이라 불린다.

한다. 아이히만은 중간 정도 체격에 호리호리한 중년으로, 근시에다 이마가 벗겨지고 치아가 고르지 않았다. 재판정에서 그는 줄곧 앙상한 목을 길게 빼고 법관석을 향해 몸을 숙인 채 앉아 있었다. (그는 한 번도 방청객 쪽으로 얼굴을 돌리지 않았다.) 이 재판이 시작하기 오래전부터 있었던 것으로 보이는 입가의 신경성 경련이 계속되었지만, 아이히만은 이를 자제하려고 필사적으로 애썼고 대체로 성공했다. 심판대에 오른 것은 그의 행위이지, 유대인의 고통이나 독일 민족 또는 인류, 심지어는 반유대주의나 인종차별주의가 아니었다.

벤구리온처럼 생각하는 이들에게 정의란 어쩌면 '추상적인 것'에 불과할지도 모르지만, 결국 정의는 모든 권력을 가진 총리보다 더 엄격한 주인임이 증명되었다. 총리의 규칙은 유연했고, 이를 하우스너는 신속히 입증해 보였다. 검찰 측에는 재판 기간 내내 기자회견과 TV 인터뷰가 허용되었다(글리크먼 주식회사가 후원한 이 미국 프로그램은, 비즈니스가 늘 그렇듯, 부동산 광고로 계속 끊어졌다).

심지어 검사가 법원 건물 안에서 기자들에게 '즉흥적인' 감정을 분출하는 일도 있었다. 모든 질문에 거짓말로 대답하는 아이히만을 반대신문하는 데 신물이 났던 것이다. 검사가 법정에서 자주 방청객을 힐끔거리거나, 일상적 허세를 넘어서는 연극적인 행동을 하는 것도 허용되었다. 이로 인해 그는 결국 백악관의 인정을 받아 미국 대통령으로부터 "업무를 잘 수행했다"는 칭찬을 받았다.

정의는 이런 것을 허용하지 않는다. 정의는 은둔을 요구하고, 분노보다는 슬픔을 허용하며, 주목받는 자리에서 얻는 모든 즐거움을 가장 신중하게 자제할 것을 규정한다. 재판 직후 란다우 판사가 미국을 방문한 사실은 이 방문을 담당한 유대인 단체 외에는 어디에도 공개되지 않았다.

그러나 재판관들이 아무리 일관되게 사람들의 주목을 외면했어도,

그들은 마치 연극 무대 위에서 관객을 바라보듯 높은 단상 제일 위에 앉아 방청객을 마주하고 있었다. 방청석에는 전 세계를 대표하는 사람들이 앉아 있었고, 실제로 처음 몇 주간은 세계 각지에서 예루살렘으로 모여든 신문기자와 잡지 작가들이 주를 이뤘다. 그들은 뉘른베르크 재판3)만큼이나 충격적인 광경을 지켜볼 수 있겠지만, 이번에는 "유대인 전체의 비극이 주요 관심사가 될 것"이다. 왜냐하면 "우리가 [아이히만에게] 비유대인에 대한 범죄 혐의를 적용한다면, … 이는" 그가 그런 범죄를 저질러서가 아니라, 놀랍게도 "우리는 민족을 구별하지 않기 때문이다."

검사가 모두진술에서 한 이 말은 확실히 주목할 만한 문장이었다. 이 문장은 이번 기소의 핵심으로 드러났다. 왜냐하면 이 기소는 아이히만의 행위가 아니라, 유대인이 겪은 고통을 바탕으로 이루어졌기 때문이다. 그런데 하우스너에게 이 구분은 하찮은 것이었다.

"유대인 문제를 거의 전담한 사람, 유대인의 파멸이 업무였던 사람, 이 사악한 정권의 확립에 있어서 역할이 유대인에게만 국한되었던 사람은 오직 한 사람이었다. 그가 바로 아돌프 아이히만이다."

유대인이 고통받은 (물론 논쟁할 여지가 없는) 모든 사실을 법정에 제출하고, 어떤 방식으로든 아이히만을 그 사건과 연결할 수 있는 증거를 찾는 것이 논리적이지 않았을까? 뉘른베르크 재판에서는 피고인들이 "여러 민족에 대한 범죄" 때문에 기소되었지만, 유대인의 비

---

3) 제2차 세계대전 후 연합국(미국, 영국, 프랑스, 소련)이 국제법 및 전시법에 따라 독일의 뉘른베르크에서 거행한 국제군사재판. 거기서 나치 지도부를 전범으로 기소하여 홀로코스트와 여러 전쟁범죄에 관해 재판을 받게 했다. 뉘른베르크가 재판을 위한 도시로 선택된 이유는 그곳에서 나치 전당대회가 여러 차례 열렸고 또 1935년 '뉘른베르크 법'(반유대주의 법률)이 이 도시에서 선포되었기 때문이다. 또한 미국 점령지역이었고 재판소와 교도소 등의 시설이 이미 갖춰져 있었다는 실무적인 이유도 있었다.

극은 아이히만이 그 자리에 없었다는 단순한 이유로 다루어지지 않았다。

아이히만이 뉘른베르크의 심판대에 섰더라면 유대인의 운명이 더 큰 주목을 받았을 거라고, 하우스너는 과연 정말로 믿었을까? 그러지 않았을 것이다. 이스라엘의 거의 모든 사람처럼, 하우스너는 유대인 법원만이 유대인에게 정의를 실현해줄 수 있으며, 유대인의 적을 심판하는 일은 유대인이 할 일이라고 믿었다. 따라서 아이히만을 "유대인에 대한" 범죄가 아닌, 유대인의 몸에 자행된 인류에 대한 범죄로 기소할 수 있었을 국제재판소를 언급하기만 해도 이스라엘에서는 거의 보편적인 적대감이 일었다.

이런 이유로 "우리는 민족을 구분하지 않는다"라는 이상한 자랑이 나왔다. 이는 이스라엘에서는 그리 이상하게 들리지 않았다. 이스라엘에서는 랍비의 법이 유대인 시민의 신분 관계를 규정하여 어떤 유대인도 비유대인과 결혼할 수 없음에도 말이다. 해외에서 이뤄진 결혼은 인정하지만, 타민족과의 결혼에서 태어난 자녀는 법적으로 사생아다. (결혼하지 않은 상태에서 태어난 유대인 부모의 자녀는 합법적 지위를 갖는다.) 어머니가 비유대인이면 결혼할 수 없고 장례를 치를 수도 없다.

이런 상황에 대한 분노는 1953년 가족법 관할권의 상당 부분이 세속 법원으로 넘어간 후 더욱 심해졌다. 지금은 여성이 재산을 상속받을 수 있고 일반적으로 남성과 동등한 지위를 누린다. 따라서 이스라엘 정부가 결혼과 이혼 문제에 대해 랍비의 법 대신 세속적 관할권을 도입하지 못하도록 막는 이유를 단순히 신앙에 대한 존중심이나 맹목적인 종교적 소수의 신앙과 권력 때문이라고 볼 수는 없다. 이스라엘 시민은 종교적이든지 비종교적이든지 상관없이 민족 간 결혼을 금지하는 법이 바람직하다는 데 동의하는 것으로 보인다. 또 법정 밖에서 이스라엘 관료들이 기꺼이 인정했듯이, 주로 그런 이유 때문에 그런 법이 낱낱이 명시되는 성문 헌법이 바람직하지 않다는 데도 동의하는 것이다. ("민법에 따른 결혼을 반대하는 논거는, 그것이 이스라엘의 가문을 분열시키고, 이 나라의 유대인과 디아스포라 유대인[4]을 분열시킬 것이라는 점이다"라고 필립 길런이 최근 『유대인의 전선』*Jewish Frontier*지에 썼다.)

이유야 어떻든 간에, 1935년에 입법화된 타민족 간의 결혼과 유대인-독일인 간의 성관계를 금지한 악명 높은 뉘른베르크 법[5]을 비난한 검찰의 순진함에는 정말로 숨 막히는 면이 있었다. 특파원 가운데 정보에 밝은 이들은 이런 아이러니를 잘 알고 있었지만, 그것을 기사에서 언급하지 않았다. 그들이 판단하기에 지금은 유대인들에게 당신들 나라의 법과 제도에서 무엇이 잘못되었는지를 말할 때가 아니었다.

만일 재판의 방청객을 세계라고 하고 유대인의 고통에 대한 거대한 파노라마를 연극이라고 한다면, 실제는 기대와 목표에 미치지 못했다. 기자들은 2주 남짓한 시간 동안만 충실히 자리를 지켰고, 그후 방청객은 급격히 변했다. 이제 방청객은 너무 어려서 그 이야기를 알지 못하거나, 오리엔탈 유대인(동방 유대인)처럼 그 이야기를 전혀 들어본 적이 없는 이들로 구성될 예정이었다. 이 재판은 그들에게 비유

---

4) 디아스포라 유대인은 고대 유대 왕국이 멸망한 이후, 정치적·종교적 박해와 전쟁 등으로 인해 팔레스타인을 떠나 세계 여러 지역에 흩어져 살아온 유대인을 일컫는다.

5) 뉘른베르크 법은 히틀러가 1935년 9월 15일 뉘른베르크 나치당 전당대회에서 발표한 반유대주의 법률로, 그 도시에서 제정되었기 때문에 '뉘른베르크 법'이라는 별칭이 붙었다. 이 법은 유대인의 독일 시민권을 박탈하고, 유대인과 독일인의 결혼 및 성관계를 금지했으며, 유대인의 공무담임권과 정치적 권리를 제한하는 내용을 담고 있다.

대인 사이에서 살아가는 것이 무엇을 의미하는지 보여주어야 했고, 오직 이스라엘에서만 유대인은 안전하고 명예로운 삶을 영위할 수 있다는 것을 확신시켜야 했다.

(특파원들을 위해 이 교훈은 이스라엘의 법체계에 대한 소책자에 낱낱이 기록되어 언론에 전달되었다. 그 저자인 도리스 랜킨은, "자녀들을 납치해 이스라엘로 데리고 온" 두 명의 아버지에 대한 대법원의 판결을 인용하고 있다. 그 판결은 해외에 거주하며 양육권을 가진 어머니에게 자녀들을 돌려보내라는 것이었다. 게다가 저자는 하우스너가 비유대인 희생자들의 살인 사건까지 기꺼이 기소한 것에 대해 자부심을 느꼈던 것과 마찬가지로 이러한 엄격한 합법성에 자부심을 느끼며 덧붙였다. "아이들을 어머니의 양육권 아래 돌려보내는 것은 디아스포라의 적대적 요소에 맞서 불평등한 투쟁을 벌이게 하는 것임에도 불구하고" 그처럼 했다고 말이다.)

방청객 중에는 젊은이가 거의 없었고, '이스라엘인'보다는 '유대인'으로 구성되어 있었다. 그곳을 가득 채우고 있는 사람들은 나처럼 유럽에서 이주한 중년과 노년의 '생존자'들이었다. 그들은 알아야 할 모든 것을 기억했으며, 어떤 교훈을 얻을 기분도 아니었으며, 그들 나름의 결론을 내리기 위해 이 재판이 필요하지도 않았다. 증인에 증인이 뒤따르고 공포 위에 공포가 쌓여갈 때, 이야기꾼과 사석에서 마주하여 이야기를 들어야 했다면 견딜 수 없었을 이야기를 그들은 거기에 앉아 공개적으로 듣고 있었다. 그리고 '이 세대에 닥친 유대인의 재앙'이 펼쳐질수록 그리고 하우스너의 수사가 웅장해질수록 유리 부스 안의 인물은 점점 더 창백해지고 유령처럼 변해갔다. 그를 손가락질하며 "저기에 이 모든 일을 책임져야 할 괴물이 앉아 있습니다"라고 소리친다 한들, 그를 되살려낼 수 없을 것 같았다.

머리카락이 쭈뼛 서는 잔혹상의 무게에 무너진 것은 바로 재판의 연극적 측면이었다. 재판은 희생자가 아니라 행위자와 함께 시작되고 끝난다는 점에서 연극과 흡사하다. 일반 재판보다도 쇼를 위한 재판은 무슨 일이 어떻게 일어났는지에 대한 제한된 분량의 잘 정의된 개요를 더 긴급하게 필요로 한다.

재판의 중심에는 행위자만이 존재할 수 있다. 이런 점에서 그는 연극의 주인공과 같다. 따라서 그가 고통받는다면 자신이 저지른 일로 인해 고통받아야지, 타인에게 고통을 가했기 때문이어서는 안 된다. 이런 점을 가장 잘 알고 있었던 사람은 재판장이었다. 그가 보기에 이 재판은 피투성이의 쇼로 전락하기 시작해서, "파도에 휩쓸린 방향타 없는 배"가 되었다. 이를 막으려는 그의 노력이 자주 좌절한 것은, 이상하게 들리겠지만 피고 측에도 일부 책임이 있다. 피고 측은 그 어떤 증언에 대해서도 이의를 제기하기 위해 일어선 적이 없었다. 그것이 아무리 부적절하고 하찮은 증언이었어도 말이다.

모두가 한결같이 '세르바티우스 박사'라고 불렀던 그는 증거자료 제출에 있어서는 좀더 대담했다. 그가 개입한 경우는 드물었지만 그 중 가장 인상적인 순간은 검찰이 뉘른베르크에서 교수형에 처해진 전 폴란드 총독이자 주요 전쟁범죄자 한스 프랑크(Hans Frank)의 일기를 증거로 제출했을 때였다.

"단 하나의 질문이 있습니다. 피고인의 이름, 아돌프 아이히만이 저 29권[실제로는 38권]에 언급되어 있습니까? … 아돌프 아이히만이라는 이름은 저 29권 어디에도 언급되어 있지 않습니다. … 더 이상 질문이 없습니다. 감사합니다."

이 재판은 연극이 되지는 않았다. 그러나 벤구리온이 처음부터 염두에 두었던 쇼는 벌어졌다. 아니, 그가 유대인과 비유대인, 이스라엘인과 아랍인, 간단히 말해 전 세계에 가르쳐주어야 한다고 생각한 '교훈'이 실제로 전달되었다. 동일한 쇼에서 얻을 수 있는 이 교훈은 수혜자에 따라 다르게 의도되었다. 벤구리온은 재판 시작 전에 이스라엘이 피고인을 납치한 이유를 설명하는 여러 기사에서 이 교훈을 개괄했다.

비유대인의 세계에 주는 교훈은, "수백만 명의 사람이 단지 유대인이라는 이유로, 백만 명의 아기가 단지 유대인의 아기라는 이유로 나치에 의해 어떻게 살해되었는지를 우리는 세계 국가들에 밝히고자 한다"라는 것이었다. 벤구리온의 마파이당[6] 기관지인 『다바르』(Davar)에는 "유럽의 600만 유대인 학살에 나치 독일만이 책임 있는 것이 아님을 세계 여론이 알아야 한다"라고 쓰여 있었다.

벤구리온 자신의 말로 하자면 이렇다.

"따라서 우리는 세계 국가들이 … 알기를 원하며, 그들은 부끄러워해야 한다."

디아스포라 유대인은 "영적 업적과 윤리적 노력과 메시아적 열망을 가지고 4,000년을 내려온" 유대교가 항상 '적대적 세계'를 어떻게 직면했는지, 유대인이 얼마나 퇴보했기에 양처럼 죽음으로 내몰렸는지 그리고 독립전쟁[7]에서, 수에즈 운하 사건에서, 또 불안정한 이스라엘 국경에서 일어나는 거의 매일의 사건에서 이스라엘인이 했던 것처럼 유대인 국가 수립이 어떻게 유대인의 반격을 가능하게 했는지

---

6) 마파이(Mapai)당은 지금의 이스라엘 노동당의 전신이다. 마파이당은 1930년에 창립되어 1963년까지 다비드 벤구리온이 주도했다. 1968년, 이 당은 아흐두트 하아보다당과 라피당과 합당하여 이스라엘 노동당을 창설했는데, 초기에는 레비 에쉬콜(Levi Eshkol)이 당을 주도했고, 1969년부터는 골다 메이르(Golda Meir)가 당수로서 이끌었다.

7) 이 전쟁은 이스라엘에서는 독립전쟁이라 부르며, 아랍권에서는 1948년 전쟁 혹은 팔레스타인 전쟁이라고 부른다. 국제적으로는 제1차 중동전쟁이라는 명칭이 널리 사용된다. 이 전쟁은 1948년 5월 14일 이스라엘 총리 벤구리온이 이스라엘 건국을 선언한 직후 주변 아랍 국가들이 침공하면서 시작되었다. 이 전쟁은 1949년 3월 10일 이스라엘군이 홍해 연안의 도시 에일라트를 점령하면서 이스라엘의 승리로 끝났다.

기억하게 될 것이다.

또 이스라엘 밖의 유대인에게 이스라엘적 영웅주의와 유대인의 복종적 순응성 사이의 차이를 보여야 했다면, 이스라엘 안의 유대인에게도 교훈이 필요했다. "홀로코스트 이후 성장한 이스라엘의 세대는" 유대 민족과의 연대를 잃을 위험에 처해 있으며, 나아가 그들 자신의 역사와의 끈을 잃을 위험에 처해 있다는 교훈 말이다.

"우리의 젊은이들은 유대 민족에게 일어난 일을 기억할 필요가 있다. 우리는 그들이 우리 역사에서 가장 비극적인 사실에 대해 알기를 원한다."

끝으로, 아이히만을 법원에 데려온 동기 중 하나는 "다른 나치를 색출하는 것, 예컨대 나치와 일부 아랍 통치자 사이의 관계를 밝히는 것"이었다.

만일 이것이 아돌프 아이히만을 예루살렘 지방법원으로 데려온 유일한 명분이었다면, 이 재판은 대체로 실패라고 할 수 있었을 것이다. 어떤 점에서 교훈들은 과잉이었고, 또 다른 점에서는 분명히 오도하는 것이었다. 반유대주의는 히틀러 덕분에 영원히는 아니겠지만 적어도 당분간은 불신을 받게 되었다. 이는 유대인이 갑자기 아주 유명해져서가 아니라, 벤구리온 자신의 말에 따르면 사람들 대부분이 "우리 시대에는 반유대주의가 가스실과 비누공장[8]으로 이어질 수 있음을 깨달았기" 때문이라는 것이다. 마찬가지로 디아스포라 유대인에게 주는 교훈 역시 불필요했다. 그들이 세계의 적대성을 확인하기 위해 민족의 3분의 1이 몰살당하는 대재앙을 겪을 필요는 없었다.

반유대주의가 영원하고 어디에나 존재한다는 그들의 확신은 드레

---

8) 나치 독일이 살해될 유대인의 몸을 녹여 비누를 만들었다는 수용소 내의 공장을 말한다. 그러나 현대 역사학계는 이것이 실제로 존재하지 않았던 것으로 판단하고 있다.

퓌스 사건[9] 이후 시온주의 운동에서 가장 강력한 이데올로기적 요소였을 뿐만 아니라 달리 설명되지 않는, 독일 유대인 공동체가 정권 초기 나치 당국과 협상하려 한 원인이기도 했다.

(말할 필요도 없이, 이 협상은 이후 유덴라트[10]가 취한 협조와는 엄청난 차이로 구분된다. 아직은 그 어떤 도덕적 문제도 개입되지 않았고, 단지 그 정치적 결단의 '현실성'만이 논란의 여지가 있었다. '구체적인' 도움이 '추상적인' 비난보다는 낫다는 논쟁이 이루어졌다. 이는 마키아벨리적 함축이 없는 현실정치였다. 그 위험성이 드러나게 된 것은 수년 후 즉 전쟁이 발발한 이후, 유대인 단체들과 나치 관료 사이의 이러한 일상적 접촉 때문에 유대인 관계자들이 유대인 탈출을 돕는 일과 나치의 유대인 강제이송을 돕는 일 사이의 엄청난 간극을 너무나 쉽게 넘나들게 되었을 때였다.)

이런 신념 때문에 유대인은 친구와 적을 구별하지 못할 정도로 위험한 무능에 빠졌다. 모든 이방인이 다 같다는 생각 때문에 적을 과소평가한 사람은 독일계 유대인만이 아니었다. 실질적으로 모든 점에서 유대인 국가의 수장이라고 할 수 있는 벤구리온 수상이 이런 종류의 '유대인 의식'을 강화할 의도를 가졌다면 그는 잘못된 조언을 받은 것이다. 왜냐하면 이런 사고방식을 변화시키는 것은 실제로 이스라엘 국가 형성을 위해 필수 불가결한 선결 조건 중 하나이기 때문

---

9) 프랑스군 장교였던 유대인 알프레드 드레퓌스는 1894년 독일의 스파이 활동 혐의로 기소되어 유죄판결을 받고 유배되었다. 이후 진범이 밝혀졌음에도 군부와 극우 세력은 사건을 은폐하고 증거를 조작했으며, 드레퓌스는 1899년 재심에서도 유죄판결을 받았다. 그러나 1906년 대법원에서 무죄가 공식적으로 인정되며 복권되었다. 이 사건은 반유대주의와 군국주의, 왕당파의 결합으로 공화정의 기능이 마비된 대표적인 정치적 스캔들로 프랑스 사회를 깊이 분열시켰다. 아렌트의 『전체주의의 기원』 참조.
10) 유덴라트(Judenrat)는 나치 점령하에 강제로 설치된 특수한 형태의 유대인위원회를 말한다.

이다. 이스라엘 국가의 존재는 유대인을 명실상부한 민족 중의 민족, 국민 중의 국민, 국가 중의 국가로 만들었다. 이것은 이제는 종교에 뿌리를 둔 유대인과 이방인이라는 낡고 불행한 이분법을 더는 허용하지 않는 복수성[11])에 의존한다.

이스라엘의 영웅주의와 유대인이 죽음으로 향하며 보였던 순종적 온순함을 대비시키는 것은 정교한 지적으로 보였다. 유대인은 정시에 이송 지점에 도착해서, 제 발로 처형장까지 걸어가고, 스스로 무덤을 파고, 옷을 벗어 가지런히 쌓아놓고, 나란히 누워 총살당하는 등의 모습으로 죽음을 맞았던 것이다. 검사는 증인마다 "당신은 왜 저항하지 않았습니까?" "당신은 왜 기차에 탔습니까?" "1만 5,000명의 사람이 거기 서 있었고 수백의 간수만 당신을 마주하고 있는데, 당신은 왜 폭동을 일으키고 덤벼들고 공격하지 않았습니까?"라고 질문하며 전력을 다해 이 점을 상세히 추궁했다. 그러나 이 문제의 슬픈 진실은 초점이 잘못 잡혔다는 것이다. 왜냐하면 그 어떤 비유대인 집단이나 민족도 이와 다르게 행동하지 않았기 때문이다.

16년 전, 아직도 그 사건의 직접적 영향 아래 있었던 당시 부헨발트 수용소 수감자 다비드 루세는, 모든 강제수용소에서 일어났던 일을 이렇게 묘사했다.

나치 친위대(SS)의 승리는 고문당한 희생자가 저항 없이 교수대로 끌려가고, 자신의 정체성을 긍정하는 것마저 멈출 정도로 스스로를 부정하고 포기하도록 요구한다. 여기에는 이유가 있다. 친위대가 희생자의 패배를 원한 것은 무의미하고 단순한 가학성 때문

---

11) 복수성(plurality)은 다원성, 다수성으로 번역되기도 한다. 이 개념은 한나 아렌트가 정치의 핵심적 근원이라 여겼던, 모든 인간은 서로 다르다는 사실을 표현한다.

이 아니다. 그들이 알고 있는, 형장에 오르기 전에 희생자를 파괴하는 데 성공한 체제는 … 한 민족 전체를 노예 상태로, 곧 굴종 상태로 유지하는 데 비할 바 없이 최고다. 자기의 죽음을 향해 마네킹처럼 걸어가는 이런 인간 행렬보다 더 끔찍한 것은 없다.*

법원은 이 잔인하고도 어리석은 질문에 어떤 대답도 얻지 못했다. 하지만 1941년 암스테르담 구(舊) 유대인 구역에서 독일 보안경찰 분대를 공격한 네덜란드계 유대인들의 운명을 잠시 생각해보았더라면, 쉽게 답을 찾을 수 있었을 것이다. 430명의 유대인은 그 보복으로 체포되었고 처음에는 부헨발트에서 나중에는 오스트리아의 마우트하우젠 수용소에서, 말 그대로 고문받다가 죽었다. 몇 달 동안 그들은 수천 번의 죽음을 경험했다. 그들 한 사람 한 사람은 아우슈비츠에 있는, 심지어는 리가와 민스크에 있는 동포를 부러워했을 것이다.

죽음보다 훨씬 더 나쁜 것이 많이 있다. 친위대는 그런 끔찍한 것들이 희생자의 마음과 상상 속에서 결코 멀어지지 않도록 했다. 이런 면에서 다른 어떤 점보다 더 중요한 점은, 재판에서 유대인의 관점으로만 이야기하려 했던 고의적인 시도가 진실, 심지어 '유대인의 진실'마저 왜곡시켰다는 사실이다. 바르샤바 게토[12]에서의 영광스러운 봉기와 저항적 소수의 영웅적 행위는 나치가 그들에게 제공했던 비교적 쉬운 죽음, 즉 총살형이나 가스실에서의 죽음을 거절했다는 바로 그

---

* David Rousset, *Les Jours de notre mort*, 1947. (다비드 루셋은 1912년에 태어나 1997년에 사망한 프랑스의 저술가이자 정치활동가다. 그는 노이엔감메와 부헨발트 나치 강제수용소에 수감되었다가 생존했다. 그는 강제수용소의 실상을 고발하는 여러 저작을 남겼다. 여기에 언급된 책『우리의 죽음의 날들』은 부헨발트를 포함한 여러 강제수용소의 일상과 생존, 저항, 인간관계 등을 생생하게 기록한 작품이다―옮긴이.)

12) 게토(ghetto)는 유대인 강제 거주지역을 말한다.

사실에 의미가 있다. 그리고 저항과 봉기, 즉 "홀로코스트의 역사에서 [저항이 차지했던] 그 작은 위치"에 대해 증언한 예루살렘의 증인들은, 아주 젊은 사람들만이 "우리는 양처럼 가서 도살될 수는 없다고 결심"할 수 있었다는 사실을 한 번 더 확인시켜주었다.

한 가지 점에서, 이 재판에 대한 벤구리온의 기대가 전부 허물어지는 않았다. 이 재판은 다른 나치와 전범을 색출하는 중요한 도구가 되었다. 그러나 그들 수백 명에게 공공연히 피난처를 제공한 아랍 국가들에서는 그렇지 못했다. 전쟁 중 나치와 대(大)무프티[13]의 관계는 비밀이 아니었다. 대무프티는 나치가 근동 지역에서 자신들 나름의 '최종 해결책'을 실행하는 데 도움을 주기를 바랐다. 그래서 다마스쿠스와 베이루트, 카이로와 요르단의 신문들은 아이히만에 대한 공감 혹은 그가 '일을 끝내지 못했다'는 것에 대한 유감을 감추지 않았다.

재판이 열리던 날 카이로의 한 방송은 심지어 "지난 세계대전을 치르는 동안 단 한 대의 독일 비행기도 유대인 정착지로 날아와 폭탄을 투하하지 않았다"고 불평하는, 다소 반독일적인 언급을 논평에 끼워 넣었다. 아랍 민족주의자들의 나치즘 동조는 악명 높은 사실이고 그 이유도 명확했기 때문에, 벤구리온이나 이 재판에서 "그들을 색출할" 필요는 없었다. 그들은 결코 숨어 있지 않았다. 이 재판에서 밝혀진 것은, 아이히만과 예루살렘의 전 무프티 하지 아민 알 후세이니[14]의

<hr>

13) 대무프티(the Grand Mufti)는 이슬람 수니파 혹은 아바디파 이슬람 국가에서 종교법상 가장 높은 직책을 말한다. 무프티는 종교법상의 지도자다.

14) 하지 아민 알 후세이니(Haj Amin al Husseini)는 1895년 예루살렘 출생 팔레스타인인으로, 영국 위임통치 당시 팔레스타인 지역의 아랍 민족주의자이자 무슬림 지도자였다. 1921년에서 1948년까지 예루살렘 대무프티를 지냈다. 아렌트는 여기서 이 사람을 대무프티가 아니라 무프티라고 불렀고, 이름 가운데 알(al)도 엘(el)로 표기했다.

유착에 대한 모든 소문이 사실무근이라는 것뿐이었다. (아이히만은 공식 환영식장에서 다른 모든 부서장과 더불어 대무프티에게 소개되었을 뿐이다.) 그 무프티는 독일 외무부 및 힘러와 긴밀히 접촉했지만 이는 새로운 사실이 아니었다.

'나치와 몇몇 아랍 통치자 사이의 유착관계'에 대한 벤구리온의 언급이 무의미했던 한편 이 맥락에서 그가 현재의 서독[15]을 언급하지 못한 것은 놀라웠다. 물론 이스라엘은 "아데나워에게 히틀러에 대한 책임이 있다고 여기지 않는다"는 말과 "그가 비록 20년 전 수백만의 유대인을 학살하는 데 협력한 바로 그 민족에 속하지만, 우리에게 한 명의 올바른 독일인은 한 명의 올바른 인간이다"는 말을 듣는 것은 안심이 되었다. (올바른 아랍인에 대한 언급은 없었다.)

독일연방공화국은 비록 아직 이스라엘 국가를 아직 인정하진 않았지만 (아마도 아랍 국가들이 울브리히트의 독일[16]을 인정할까 봐 걱정했기 때문인 것 같다), 지난 10년간 이스라엘에 배상금으로 7억 3,700만 달러를 지급했다. 이 지불은 곧 완료되는데, 이제 이스라엘은 서독으로부터 장기차관을 받기 위한 협상을 시도하고 있다. 따라서 이 두 나라 간의 관계, 특히 벤구리온과 아데나워 간의 개인적 관계는 아주 좋았다. 만일 이 재판의 여파로 이스라엘 국회에서 몇몇 의원이 서독과의 문화 교환 프로그램에 몇 가지 제재를 가하는 데 성공했다면 이는 분명 벤구리온이 예견하거나 바란 것이 아니었을 것이다.

아이히만의 체포로 인해 독일이 적어도 학살에 직접 연루된 자들을

---

15) 재판 당시 독일은 통일되기 이전이었고, 자유 진영인 서독과 공산 진영인 동독으로 분단되어 있었다. 서독은 독일연방공화국을 줄여서 표현한 말이다. 아이히만 재판 당시 서독 대통령은 콘라트 헤르만 요제프 아데나워였다.

16) 당시 동독을 지칭하는 표현이다. 발터 울브리히트는 동서독 분리 이후 동독의 서기장이었다.

재판에 넘기는 데 진지한 노력을 기울이게 되었음을 벤구리온이 예견하지 못했거나 혹은 언급하고 싶어 하지 않았다는 점은 더욱 주목할 만하다. 뒤늦게 1958년에 서독이 창설하고 에르빈 쉴레(Erwin Schüle) 검사가 이끌었던 나치범죄중앙수사국은 독일인 증인들이 협조를 꺼리기도 했고 또 지방법원이 중앙수사국의 자료를 기초로 기소하기를 거부하면서 온갖 어려움에 부딪혔다. 예루살렘 재판이 아이히만의 협력자들을 찾는 데 필요한 새롭고 중요한 증거를 제공하지는 않았지만, 세상을 놀라게 한 아이히만의 체포 소식과 임박한 재판 소식은 지방법원이 쉴레의 자료를 사용하도록, 또 잘 알려진 범죄자 체포에 현상금을 거는 유서 깊은 방법을 통해 "우리 가운데의 살인자들"에 대해 조치를 취하는 본래의 주저함을 극복하도록 만들었다.

그 결과는 놀라웠다. 아이히만을 예루살렘에 데려온 지 7개월 후 (재판 시작 4개월 전), 루돌프 회스에 뒤이어 아우슈비츠 수용소 소장이 된 리하르트 베어[17]가 마침내 체포되었다. 그에 이어서 곧바로, 이른바 아이히만 특공대의 구성원 대부분도 체포되었다. 이들은 오스트리아에서 인쇄업자로 살던 프란츠 노박, 서독에 변호사로 정착한 오토 훈셰 박사, 약사가 된 헤르만 크루마이, 루마니아의 전 '유대인 문제 자문위원'이었던 구스타프 리히터 그리고 암스테르담에서 같은 지위에 있었던 빌리 쵸프 등이다. 그들의 범죄 증거가 독일에서 수년 전에 책이나 잡지 기사로 알려졌지만, 누구도 가명으로 살 필요를 느끼지 않았다.

---

17) 리하르트 베어(Richard Baer, 1911. 9. 9~1963. 6. 17)는 1944년 11월부터 1945년 1월까지 아우슈비츠 수용소의 마지막 소장으로 재직했다. 전임자 루돌프 회스(Rudolf Höss)는 1940년 5월 4일부터 1943년 11월까지 초대 소장으로 재직했고, 이후 1944년 5월부터 1945년 1월까지는 특별 임무 수행자로서 다시 아우슈비츠에서 활동했다. 회스는 아우슈비츠 역사상 최장기간 동안 핵심 역할을 수행한 인물로 평가된다.

종전 이후 처음으로 모든 독일 신문이 나치 전범의 재판 기사로 가득 찼는데, 그들 모두는 대량학살범이었다. (아이히만이 체포된 달인 1960년 5월 이후에는 일급 살인죄만 기소될 수 있었다. 다른 모든 범죄는 공소시효가 지나 무효가 되었다. 살인죄는 시효가 20년이다.) 그리고 이들 범죄를 기소하기를 꺼리는 지방법원의 태도는 피고들에게 선고된 터무니없이 관대한 형량에서만 드러났다. (동부지역의 나치 친위대 이동학살부대Einsatzgruppen의 오토 브라트피슈 박사는 유대인 1만 5,000명을 학살한 죄로 중노동 10년 형에 처해졌다. 대략 1,200명의 헝가리계 유대인을 마지막 순간에 강제이송하여 그중 적어도 600여 명을 죽인 일에 개인적으로 책임이 있는 아이히만의 법률 자문인 오토 훈세 박사는 중노동 5년 형을 선고받았다. 러시아의 슬루츠크와 스몰레비치에서 유대인 거주자를 '정리'해버린 요제프 레흐탈러에게는 3년 6개월 형이 선고되었다.)

새롭게 체포된 사람들 가운데는 나치 정권에서 아주 유명했던 인물도 포함되어 있었다. 이들 대부분은 독일 법원에서 이미 탈나치화 심사[18]를 거쳤다. 그중 한 사람인 힘러의 수석 개인비서이자 나치 친위대 장군 카를 볼프는, 1946년에 뉘른베르크에서 제출된 자료에 따르면, 바르샤바에서 동부 학살 중심지 트레블링카로 "지금까지 2주일 동안 매일 5,000명의 선민을 이송해왔다"는 소식을 "각별하게 기뻐하며" 반겼다. 또 다른 사람은 빌헬름 코페[19]다. 그는 처음에는 폴

---

18) 탈나치화(denazification)는 전후 독일에서 이루어진 나치 잔재 청산 과정의 일환으로, 나치 정권에 협력했던 인물들의 과거를 조사하고 그들의 사회적 지위나 권리를 제한하는 과정을 의미한다.

19) 빌헬름 코페(Wilhelm Koppe, 1896. 6. 15~1975. 7. 2)는 제2차 세계대전 후 가명을 사용하며 본에 있는 초콜릿 공장의 감독으로 숨어 지냈다. 1960년에 체포되어 1962년에 보석으로 석방되었고, 1964년에 본에서 14만 5,000명 살해의 종범 혐의로 기소되었으나 건강 문제로 재판이 지연되었다. 1966년 본 법원은 건강을 이유로 그를 기소하지 않기로 결정했다.

란드 헤움노(Chelmno)에서 가스 학살을 지휘했고, 후에는 폴란드에서 프리드리히빌헬름 크뤼거의 후임이 되었다. 폴란드에서 유대인 청소(judenrein) 임무를 맡은 가장 유명한 친위대 고위지도자 가운데 한 사람이었던 코페는 전후 독일에서 초콜릿 공장의 감독이 되었다.

혹독한 형도 이따금 선고되었지만, 친위대 및 경찰 고위지도자[20] 군단의 전직 장군이었던 에리히 폰 뎀 바흐첼레프스키[21]와 같은 범죄자들에게 내려진 것은 기대에 훨씬 못 미치는 조치였다. 그는 1934년에 룀 반란[22]에 가담한 혐의로 1961년에 재판을 받아 3년 6개월 형을 선고받았다. 그는 1933년 6명의 독일 공산주의자를 살해한 혐의로 1962년에 다시 기소되어 뉘른베르크에서 배심원 판결로 종신형을 선고받았다. 이 두 재판 어디에서도 바흐첼레브스키가 동부전선에서 반(反) 빨치산 부대 수장이었다는 사실이나 민스크와 백러시아 모길레프에서 유대인 학살에 가담했다는 언급이 없다.

독일 법원은 전쟁 중에 저질러진 범죄는 범죄가 아니라는 평계로 '인종적 구분'을 한 것인가? 아니면, 적어도 전후 독일 법원에서는

---

20) 독일 및 점령국에서 친위대 및 국가경찰의 다양한 구성요소를 지휘한 고위 관리를 말한다.

21) 폰 뎀 바흐첼레프스키(Von dem Bach-Zelewski, 1899. 3. 1~1972. 3. 8)는 나치 친위대 상급집단지도자(SS-Obergruppenführer)로, 동부 점령지에서 반 파르티잔 작전과 민간인 학살을 지휘한 전범이었다. 그는 뉘른베르크 전범재판에서 피고가 아닌 증인으로 출석해 벨라루스 초토화작전에 대해 학살 책임을 국방군에 전가하는 진술을 했다. 이후 서독에서는 정치적 살인 혐의로 유죄판결을 받았고, 복역 중 1972년에 사망했다.

22) 룀 반란은 나치 돌격대(SA)의 수장 에른스트 룀(Ernst Röhm)이 정규군을 돌격대에 합병해 인민군을 창설하려는 시도에서 비롯되었다. 이러한 움직임은 군부와 보수 세력에게 위협으로 간주되었고, 결국 1934년 6월 30일에 발생한 '장검의 밤'(Nacht der langen Messer) 사건으로 이어졌다. 히틀러는 이 사건에서 룀과 SA 지도부를 재판 없이 숙청했으며, 이를 계기로 독일 군부는 히틀러에게 전폭적인 충성을 맹세하게 되었다.

이례적으로 가혹했던 그 선고가, 바흐첼레브스키가 대량학살 후 실제로 신경쇠약을 겪었고 이동학살부대로부터 유대인을 보호하려 했으며 뉘른베르크에서 검찰 측 증인으로 섰던 극소수 중 한 명이었기 때문에 내려졌을 가능성도 있다. 그는 1952년에 대량학살에 대해 공개적으로 자수한 유일한 사람이기도 했지만, 그 일로 기소된 적이 없었다.

이제는 사태가 달라질 희망이 거의 없다. 비록 아데나워 행정부가 압력을 받고 사법부에서 140여 명의 판사와 검사를 솎아내었으며, 전과가 심각한 많은 경찰관을 해고했으며, 서독 연방 대법원 검사장 볼프강 임머바르 프렝켈을 그의 중간 이름의 의미와는 달리[23] 나치 전력에 관한 질문에 솔직하지 못했다는 이유로 해임했음에도 말이다. 서독의 판사 1만 1,500여 명 가운데 5,000명 정도가 히틀러 치하의 법원에서 활동했다고 추정된다.

1962년 11월, 사법부의 숙청이 이루어진 직후 그리고 아이히만이 뉴스에서 사라진 지 6개월 만에 오랫동안 기다려왔던 마르틴 펠렌츠의 재판이 플렌스부르크의 거의 텅 빈 법정에서 이루어졌다. 아데나워 독일에서 자유민주당의 유력한 당원이자 전 친위대 및 경찰 고위 지도자였던 그는 아이히만이 납치된 지 몇 주 후인 1960년 6월에 체포되었다. 그는 폴란드에서 이루어진 유대인 4만 명 학살에 대한 가담 및 부분적 책임이 인정되어 기소되었다. 6주간에 걸친 상세한 신문 끝에 검사는 최고 형량인 종신 중노동 형을 구형했다. 재판부는 펠렌츠에게 4년 형을 선고했는데, 이중 2년 6개월은 그가 감옥에서 재판 대기 중 이미 복역했다.

상황이 이렇긴 해도 아이히만 재판이 독일에 큰 영향을 주었음은

---

23) 그의 중간 이름 Immerwahr는 '항상 진실한'이라는 의미를 갖고 있다.

의심할 여지가 없다. 모든 독일 문제 전문가가 지난 15년간 고심했던 독일 민족의 과거에 대한 태도가 이때보다 더 명확하게 드러날 수는 없을 것이다. 독일인 스스로는 이러저러한 이유로 별로 관심을 보이지 않았고, 살인자들이 자국 내에서 활보하는 것에 대해서도 크게 개의치 않았다. 왜냐하면 그들 중 누구도 자신의 자유의지로 살인을 저지를 것 같지는 않았기 때문이었다. 그러나 만일 세계(독일인이 자국 외 모든 국가를 통칭하는 외국das Ausland이라는 단수 명사로 불렸던 그것)의 여론이 끈질기게 이런 사람들을 처벌하라고 요구한다면, 그들은 어느 정도까지는 전적으로 기꺼이 의무감을 가지고 전범을 처벌했을 것이다.

아데나워 수상은 당혹스러운 일이 생길 것이라고 예견하며, 이 재판이 "모든 공포를 다시금 불러일으킬" 것이며 전 세계에 반독일 감정의 새로운 물결을 만들어낼 것이라는 우려를 표명했는데, 실제로 그렇게 되었다. 이스라엘이 재판을 준비한 10개월 동안 독일은 자국 내의 나치 전범을 색출하고 기소하는 데 전례 없는 열정을 보임으로써 재판이 가져올 예상 가능한 결과에 대비하느라 바빴다.

그러나 독일 당국이나 주요 여론 대부분은 아이히만의 인도를 요구하지 않았다. 아이히만의 인도 요구는 모든 주권국가가 자국 범죄자에 대한 재판권을 고수하려 한다는 점에서 명백한 수순으로 보였다.

(이스라엘과 독일 사이에는 범죄인 인도조약이 체결되어 있지 않아서 그것이 불가능하다는 아데나워 정부의 공식 입장은 타당하지 않다. 그것은 단지 독일이 이스라엘에게 인도를 강요할 수 없다는 것을 의미할 뿐이다. 헤센 주의 검찰총장 프리츠 바우어는 이 점을 간파하고 본의 연방정부에 범죄인 인도 절차를 시작해달라고 요청했다. 이 문제에 대한 바우어의 감정은 독일계 유대인의 감정이었고, 독일의 여론은 이 감정을 공유하지 않았다. 그의 신

청은 본에서 거부됐을 뿐만 아니라 거의 알려지지도 또 전혀 지지받지도 못했다. 서독 정부가 예루살렘에 파견한 참관인들이 제시한 범죄인 인도 반대의 또 다른 논거는, 독일이 사형제도를 폐지했으므로 아이히만이 마땅히 받아야 할 형량을 선고할 수 없다는 것이었다. 독일 법원이 나치의 대량학살범들에게 보였던 관대함에 비추어 볼 때, 이러한 반대에 불순한 의도가 있다고 의심하지 않을 수 없다. 물론, 독일에서 아이히만 재판이 열렸다면 발생할 가장 큰 정치적 위험은 **범죄 의도**mens rea가 부족하다는 이유로 무죄를 선고받을 수 있다는 점일 것이다. 이 점은 J.J. 얀센이 지적했다。*)

이 문제에는 또 다른, 더 미묘한, 그러나 더 정치적인 측면이 존재한다. 전범들과 살인자들을 그들의 은신처에서 색출하는 모습과, 그들이 공적 영역에서 주요 위치에 있으면서 잘나가는 것을 발견하는 것은 별개의 문제라는 것이다. 히틀러 정권 아래에서 경력을 꽃피운 연방 및 주 행정부의 수많은 공무원과 일반적으로 공직에 있는 수많은 사람을 마주해야 한다는 것을 의미했다. 그렇다. 실제로 아데나워 행정부가 나치와 타협한 이력을 가진 관리를 채용하는 데 지나치게 민감했더라면 행정부는 아예 존재할 수 없었을 것이다. 왜냐하면 독일인 중 오직 "상대적으로 적은 비율"만이 나치였으며 "대다수는 할 수만 있었다면 유대인 동료 시민을 기쁘게 도왔을 것"이라는 아데나워 박사의 주장이 사실과 정반대였기 때문이다.

(적어도 독일 신문 『프랑크푸르터 룬트샤우』Frankfurter Rundschau는 오랫동안 하지 않은 명백한 질문, 예를 들어 그토록 많은 사람이 검찰총장의 이력을 분명히 알고 있었으면서도 왜 침묵을 지켜왔는지 질문을 제기했다. 그러고는 "왜냐하면 그들 자신도 죄가 있다고 느꼈기 때문이다"라는 더욱 명백한 답을 제시했다.)

---

* *Rheinischer Merkur*, 1961.8.11.

벤구리온이 구상한 아이히만 재판의 논리는, 법적인 세부 사항들을 희생시키면서까지 일반적 문제들에 중점을 둠으로써, 최종 해결책에 있어 모든 독일 관청과 당국의 공범성을 드러내는 것이었다. 주 정부의 모든 공무원과 총참모부를 포함한 정규군, 사법부, 재계의 공범성을 말이다. 그런데 하우스너가 이끄는 검찰 측은, 끔찍하면서도 진실한 내용이기는 하지만 피고인의 행위와 무관하거나 단지 미미한 연관성만을 가진 일에 대해 증언할 증인들을 차례로 증인대에 세울 만큼 방향이 벗어났음에도 불구하고, 이런 고도로 폭발적인 문제, 즉 당원의 범위를 넘어 거의 모든 곳에 만연했던 공범성에 대해서는 조심스럽게 다루지 않았다.

(재판 전에 아이히만이 '자신의 공범자로 서독 연방 공화국의 저명한 인사 수백 명'을 지목했다는 소문이 폭넓게 퍼졌다. 그러나 이 소문은 사실이 아니었다. 하우스너 검찰총장은 모두진술에서 "폭력배나 지하세계의 사람이 아닌" 아이히만의 "범죄 공모자"에 대해 언급했다. 그리고 그는 우리가 "유대인의 절멸을 결의한 위원회에 있던 그들, 즉 의사와 변호사, 학자, 은행가, 경제학자들을" 만나게 되리라고 약속했다. 이 약속은 지켜지지 않았다. 그리고 그런 형태로는 결코 지켜질 수 없었을 것이다. 무엇을 "결의한 위원회"란 존재하지 않았고, "학사모를 쓴 고위 인사들이" 유대인의 멸절을 결정한 적도 없었기 때문이다. 그들은 단지 히틀러가 내린 명령을 수행하는 데 필요한 단계들을 계획하러 모였을 뿐이었다.)

하지만 단 한 번의 그런 경우가 법원의 주목을 받았다. 그것은 아데나워의 최측근 자문 가운데 한 명인 한스 글롭케 박사(Dr. Hans Globke)의 경우였다. 그는 25년도 더 전에 뉘른베르크 법에 관한 악명 높은 주석의 공저자였고, 또 얼마 뒤에는 모든 독일계 유대인에게 강제로 '이스라엘'이나 '사라'를 중간 이름으로 쓰도록 의무화하자는 교활한 아이디어를 고안한 자이기도 했다. 그런데 글롭케의 이름, 단지 그의 이름만이 피고인에 의해 지방법원 법정 기록에 삽입되었는데, 이는 아마도 아데나워 정부를 '설득해서' 범죄인 인도 절차를 시작하게 하려는 희망에서였을 것이다. 여하튼 아데나워 수상실의 전 내무부 장관급 고문이자 현 국무장관이었던 그는 나치로부터 유대인들이 실제로 겪었던 고통의 역사에 전 예루살렘 대무프티보다 더 큰 비중으로 기록될 권리가 있었다.

왜냐하면 기소의 관점에서 볼 때, 재판의 중심에 놓인 것은 바로 역사였기 때문이다.

"이 역사적 재판의 심판대에 오른 것은 한 개인이 아니고 나치 정부만도 아니며, 바로 역사 전체에 나타난 반유대주의다."

이것은 벤구리온 수상이 설정한 기조였고, 이를 하우스너 검찰총장은 충실히 따랐다. 검찰총장은 (세 회기에 걸쳐 이루어졌던) 자신의 모두진술을 이집트의 파라오와 "그들을 파괴하고 학살하여 파멸시켜야 한다"는 하만의 포고령[24]을 인용하면서 시작했다. 그는 이어서 "내[여호와]가 네 곁을 지나갈 때에 네가 피투성이가 되어 발짓하는 것을 보고 네게 이르기를 너는 피투성이라도 살아 있으라"라는 「에제키엘」[25]의 구절을 인용했다. 이 말은 "이 민족이 역사의 무대에 처음 등장한 이래 줄곧 직면해온 절대적 명령"으로 이해되어야 한다고 설명했다. 이것은 잘못된 역사이자 값싼 수사법이었다.

---

24) 하만의 포고령은 구약성서 혹은 토라의 「에스더」에 등장하는 사건으로, 페르시아제국의 아하수에로왕 시절 총리대신이던 하만이 왕비 에스더와 그녀의 민족인 유대인을 몰살하려는 계획에서 비롯되었다. 그는 왕의 인장을 받아 "그들을 파괴하고 학살하여 파멸시키라"는 내용의 조서를 제국 전역에 공포했다. 그러나 에스더와 모르드개의 지혜로운 대응으로 이 계획은 좌절되었고, 하만은 처형되며 유대인의 지위는 오히려 강화되었다. 이 사건은 유대인의 명절인 부림절(Purim)의 기원이 되었다.
25) 구약성서에 나오는 책이다.

더욱 나쁜 점은 그것이 아이히만을 재판에 세운 목적과 명백히 어긋난다는 점이었다. 이는 마치 아이히만이 어떤 신비롭게 예정된 운명 혹은 이 문제에서는 심지어는 이 민족의 운명을 완수하기 위해 "피로 물든 길을 개척하는 데" 필요했던 반유대주의의 순진한 집행자에 불과했을 수 있다는 암시를 주었기 때문이다.[26]

몇 차례의 공판이 진행된 후, 컬럼비아 대학의 살로 W. 바론[27] 교수가 동유럽 유대인들의 현대사에 대해 증언했다. 이때 세르바티우스는 더는 유혹을 참지 못하고 뻔한 질문들을 던졌다.

"왜 이런 모든 불행이 유대 민족에게 일어났습니까?"

"비합리적인 동기가 이 민족의 운명의 바탕에 존재한다고 생각하지 않습니까? 인간의 이해력을 넘어서는 것 말이죠."

"혹시 '인간의 영향을 받지 않고서 … 역사를 추진해가는 역사의 정신'과 같은 어떤 것이 있는 것은 아닐까요? 하우스너 검찰총장은 기본적으로 헤겔을 암시하는 '역사법 학파'에 동의하는 것은 아닌가요? 그리고 아이히만은 '지도자들이 하는 일이 항상 그들이 원했던 목표와 목적지에 도달하지는 않는다'는 것을 보여준 게 아닙니까? … 여

---

26) 여기서 아렌트는 시온주의가 종종 사용해온 영구적 반유대주의(the eternal antisemitism) 이론을 비판한다. 영구적 반유대주의 이론은 반유대주의가 역사적으로 지속되어왔다는 관점을 설명하지만, 이는 유대인 박해의 복잡한 역사적·사회적 맥락을 단순화할 위험이 있다. 특히 이 이론에 따라 유대인은 항상 박해받는 운명으로, 박해자는 단지 역사의 도구로 간주되기도 하는데, 이는 도덕적 책임을 흐릴 수 있다. 예를 들어 아이히만도 역사의 도구였다고 볼 수 있어서, 책임을 면할 수 있는 존재로 평가될 수 있다.

27) 살로 바론(Salo W. Baron, 1895~1989)은 오스트리아 태생의 유대인 역사학자로, 1930년부터 1963년까지 미국 콜럼비아대학교에서 유대사 교수로 재직했다. 그는 서구의 세속 대학에서 최초로 유대사 전공 교수직(Miller Chair)을 맡았으며, 방대한 저술과 독창적인 역사 해석을 통해 20세기 가장 영향력 있는 유대 역사학자로 평가받는다.

기서 그 의도란 유대 민족의 파괴였고 그 목표는 달성되지 않았으며, 발전하는 새로운 국가가 탄생했습니다."

피고 측의 주장은 이제 몇 주 전 이집트 국회에서 외무부 차관 후사인 줄피카 사브리가 진지하게 제시했던, 시온의 장로들[28]에 대한 최신의 반유대주의적 개념에 위험할 정도로 근접했다. 이 입장은 히틀러가 유대인 학살에 대해 무고하며, 그는 시온주의자의 희생자였고, 시온주의자들이 "결국 자신들의 목표, 즉 이스라엘 국가 창설을 달성하게 해줄 범죄를 히틀러가 저지르도록 강요했다"는 것이었다. 다만 세르바티우스는 검찰 측이 설명한 역사철학을 따라가며, 시온의 장로들을 위해 통상적으로 비워두었던 자리에 역사를 대신 집어넣었다는 점이 달랐다.

벤구리온의 의도 그리고 원고 측의 모든 노력에도 불구하고, 심판대 위에는 한 개인, 살과 피를 가진 한 인간이 앉아 있었다. 그리고 벤구리온이 "아이히만에 대해 어떤 판결이 내려지든 개의치 않는다"고 했더라도, 그 판결을 내리는 것은 명백히 예루살렘 법원의 유일한 책무였다.

---

28) 시온의 장로들이란 유대인이 경제력, 언론, 문화 등을 통해 세계를 지배하려 한다는 반유대주의 음모론에서 등장하는 가공의 집단으로, 20세기 초 러시아에서 제작된 위조 문서 『시온 장로 의정서』에 기반한 개념이다. 이들은 그 음모론에서는 세계 지배를 꾀하는 주체로 묘사되지만, 실제로는 존재하지 않는 허구의 인물들이다.

제2장
피고인

오토 아돌프 아이히만은 카를 아돌프 아이히만과 마리아 셰펄링(결혼 전의 성)의 아들로, 1960년 5월 11일 저녁 부에노스아이레스 교외에서 체포되었고 9일 후에 이스라엘로 압송되었다. 그는 1961년 4월 11일에 예루살렘 지방법원에서 열다섯 가지 죄목으로 기소되어 재판을 받았다. 혐의는 "다른 사람과 함께" 나치 통치의 전 기간 특히 제2차 세계대전 기간에 걸쳐 이루어진 유대 민족에 대한 범죄, 인류에 대한 범죄(the crime against humanity) 및 전쟁범죄를 저질렀다는 것이었다. 그에 대한 재판의 근거가 된 1950년 나치 및 부역자 (처벌)법은 "이 … 가운데 하나라도 위반한 자는 … 사형에 해당한다"라고 규정하고 있다. 각 혐의에 대해 아이히만은 "기소장이 의미하는 바대로는 무죄"라고 주장했다.

그렇다면 아이히만은 어떤 의미에서 자신이 유죄라고 생각했을까? 피고인 자신의 말로 "지금까지 알려진 가장 긴" 반대신문에서 변호인 측도 검찰 측도, 심지어 세 사람의 재판관 중 누구도 그에게 이 당연한 질문을 굳이 하지 않았다. 아이히만이 고용하고 (피고인 변호를 맡은 모든 변호사의 비용을 승전국 법원이 지급하도록 한 뉘른베르크 재판의 전례를 따라서) 이스라엘 정부가 비용을 지급한 쾰른 출신의 변호사 로베르트 세르바티우스(Robert Servatius) 박사는 기자회견에서

"

그 질문에 "아이히만은 법 앞에서가 아니라 신 앞에서 유죄라고 느낀다"라고 답했다. 그러나 이 대답이 피고인 자신의 것인지는 확인되지 않았다.

변호인 측은 그가 무죄를 주장하기를 원했던 것으로 보이며, 그 근거는 피고인이 당시의 나치 법체계 아래서는 아무런 잘못도 저지르지 않았다는 점, 그가 기소된 내용이 범죄행위가 아니라 타국이 재판권을 행사할 수 없는 "국가행위"[1]였다는 점(par in parem imperium non habet), 복종이 그의 의무였다는 점 그리고 세르바티우스의 표현에 따르면 그는 "이기면 훈장을 받고 패배하면 교수형에 처해질" 행위를 했을 뿐이라는 점 등이었다. (그래서 괴벨스는 1943년에 "우리는 역사에 길이 남을 위대한 정치가가 되거나, 아니면 가장 흉악한 범죄자로 기록될 것이다"라고 선언했다.)

이스라엘 밖에서(『라이니셔 메르쿠어』[2]가 "형사재판을 통해 역사적·정치적 범죄를 다루는 데 있어 가능성과 한계"라는 "까다로운 문제"를 다룬다고 했던 바이에른 가톨릭 아카데미 모임에서) 세르바티우스는 한 걸음 더

---

1) 국가행위론(Act of state doctrine)은 국내 법원이 다른 주권국가가 자국의 영토 내에서 행한 공적 행위의 합법성을 심사하지 않는다는 사법 자제 원칙을 말한다. 이는 주로 외국의 재산 몰수나 입법 조치와 같은 행위에 대해 타국 법원이 그 효력을 문제 삼지 않는다는 의미를 가진다. 아렌트가 본문에서 인용한 라틴어 법언 "par in parem imperium non habet"은 "동등한 자는 동등한 자에게 지배권을 갖지 못한다"는 의미로, 이는 일반적으로 국제법에서 말하는 '국가면제'(國家免除)의 철학적 근거로 이해된다. 이 개념들은 아이히만 재판에서 피고 측의 핵심 변론이었다. 뉘른베르크 재판과 예루살렘 재판의 판사들은 반인도적 범죄와 같은 극단적인 경우에는 국가행위라는 주장이 면책 사유가 될 수 없다고 판단하여 이 변론을 기각했다.

2) 『라이니셔 메르쿠어』(*Rheinischer Merkur*)는 독일 라인란트 지역 본(Bonn)에서 발행되던 보수적 성향의 주간지로, 특히 가톨릭적 보수주의와 기독교 민주주의 관점을 반영한 매체였다. 2010년 이후에는 『그리스도의 세계』(*Christ und Welt*)에 통합되어 독립 발행이 중단되었다.

나아갔다. 그는 "아이히만 재판에서 유일하게 적법한 형사법 문제는 그를 체포한 이스라엘인들에게 판결을 내리는 데 있지만, 이는 아직 이루어지지 않았다"고 선언한 것이다. 그런데 이 발언은 이스라엘에서 언론을 통해 널리 보도된 그의 반복적인 발언과는 앞뒤가 잘 맞지 않는다. 왜냐하면 그는 이 재판 진행 방식을 뉘른베르크 재판과 긍정적으로 비교하며 "위대한 정신적 업적"이라고 불렀기 때문이다.

아이히만 자신의 태도는 달랐다. 무엇보다도 살인 혐의로 기소된 것은 잘못이라는 것이다. 그는 이렇게 말했다.

"유대인을 죽이는 일과 나는 아무런 관련이 없습니다. 나는 유대인이든 비유대인이든 죽인 적이 없습니다. 어떠한 인간도 죽인 적이 없습니다. 유대인이든 비유대인이든 죽이라는 명령을 내린 적도 없습니다. 저는 그저 그런 일을 하지 않았을 뿐입니다."

아이히만은 나중에 이 진술을 "우연히도 … 제가 그런 일을 할 필요가 없었을 뿐입니다"라고 고쳐 말했다. 그는 명령을 받았다면 자신의 아버지라도 죽였을 것이라는 데 아무런 의심의 여지도 남기지 않았다. 따라서 아이히만은 아르헨티나에서 1955년, 자기와 마찬가지로 도피 중이던 전 친위대 요원이자 네덜란드 언론인이었던 자센과의 인터뷰, 즉 이른바 자센 문서에 이미 진술했던 내용을 계속 반복하며, 자신은 유대인 절멸을 '교사' 했다는 이유에서만 기소될 수 있다고 말했다. (자센 문서는 아이히만 체포 후 미국에서는 『라이프』에, 독일에서는 『슈테른』에 그 일부가 수록되었다.) 그는 예루살렘에서 이것이 "인류 역사상 가장 큰 범죄 중 하나"였다고 선언했다.

변호인 측은 아이히만의 이론에 아무런 관심을 기울이지 않았지만, 검찰 측은 아이히만이 적어도 한 번은 자신의 손으로 (헝가리에서 한 유대인 소년을) 살해했다는 사실을 입증하려는 헛된 노력에 많은 시간을 낭비했다. 또한 검찰 측은 독일 외무부의 유대인 전문가였던 프란츠 라데마허(Franz Rademacher)가 전화 통화 중 유고슬라비아 관련 문서에 휘갈겨 쓴 "아이히만이 총살을 제안하다"라는 메모에 더 많은 시간을 할애했고, 이것은 더 성공적이었다. 이것이 유일한 '살해 명령'으로 밝혀진 것으로, 작은 증거라도 존재하는 유일한 사례였다.

그 증거는 재판 중에 제시되었을 때보다 더욱 의문스러웠다. 재판 때 재판관들은 검찰이 아이히만의 단호한 부인에도 불구하고 검찰의 주장을 받아들였다. 아이히만의 부인은 그다지 효과적이지 못했다. 왜냐하면 그는 세르바티우스의 표현대로 "그다지 충격적이지 않은 (겨우 8,000명에 불과한) 작은 사건"을 잊고 있었기 때문이다. 그 사건은 독일이 유고슬라비아의 세르비아 지역을 점령한 지 6개월 뒤인 1941년 가을에 일어났다. 육군은 그 이후로 계속 유격전에 시달려왔다. 그래서 군 당국은 이 두 문제를 한 번에 해결하기 위해 독일 병사 한 명이 죽을 때마다 볼모로 잡은 유대인과 집시 100명을 총살하기로 결정했다. 물론 유대인이나 집시가 유격대원은 아니었다. 그러나 군사정부 내 책임 있는 민간인 관료였던 하랄트 투르너는 이렇게 말했다.

"어쨌든 유대인은 우리가 이미 수용소에 가두고 있다. 그들도 세르비아 국적자이며, 게다가 사라져야만 한다."*

그 수용소는 지역 군사령관 프란츠 뵈메 장군이 설립해서 유대인 남자만을 수용했다. 뵈메 장군과 국가평의원 터너 중 누구도 유대인과 집시 수천 명을 사살하기 전에 아이히만의 승낙을 기다리지 않았다. 문제는 뵈메가 관련 경찰 및 친위대 당국과 상의 없이 자신이 담당하던 모든 유대인을 강제이송하기로 결정했을 때 시작되었다. 이는 아마도 세르비아를 유대인 없는 지역으로 만드는 데 다른 지휘 체계하의 특수부대가 필요하지 않음을 보여주려 했던 것 같다.

---

* Raul Hilberg, *The Destruction of the European Jews*, 1961.

아이히만은 이 강제이송 문제를 통보받았지만, 그 이동 계획이 다른 계획에 장애가 되었기 때문에 승낙하지 않았다. 뵈메 장군에게 "다른 지역[러시아]에서 다른 사령관들은 훨씬 더 많은 숫자의 유대인을 아무 말 없이 처리했다"는 점을 상기시킨 사람은 아이히만이 아니라 외무부의 마르틴 루터였다. 아이히만이 실제로 "총살을 제안"했다 하더라도, 그는 그동안 군대가 해왔던 대로 계속하라고 말했을 뿐이다. 그는 인질 문제는 전적으로 군의 소관이라고 말했다. 그것은 당연히 군대의 문제였다. 남자만 관련되었기 때문이다.

세르비아에서 최종 해결책은 대략 6개월 후에 시작되었다. 이때 여자와 아이들은 모아 이동식 가스 차량 안에서 처리했다. 교차신문에서 아이히만은 늘 그랬듯이 가장 복잡하고 신빙성이 낮은 설명을 내놓았다. 라데마허는 외무부에서 이 문제에 대한 자신의 입지를 강화하기 위해 아이히만의 부서인 국가보안본부의 지원이 필요했고, 그래서 그 문서를 위조했다는 것이다. (라데마허 자신은 1952년 서독 법정에서 열린 자신의 재판에서 이 사건을 훨씬 더 합리적으로 설명했다. 그는 "군은 세르비아의 질서를 책임지고 있었고, 저항하는 유대인들을 사살해야 했습니다"라고 말했다. 이 설명은 더 그럴듯하게 들리긴 해도 거짓말이었다. 우리는 나치 자료를 통해 유대인들이 "저항"하지 않았다는 것을 알고 있기 때문이다.) 전화 통화 중에 오간 말 한마디를 명령으로 해석하기 힘들고, 아이히만이 육군 장성들에게 명령을 내리는 위치에 있었다는 것은 더욱더 믿기 어렵다.

그렇다면 아이히만은 자신이 살인방조죄로 기소되었다면 유죄라고 인정했을까? 아마도 그랬을 것이다. 그러나 중요한 단서들을 달았을 것이다. 그는 자신이 한 일은 돌이켜 볼 때만 범죄일 뿐, 자기는 항상 법을 준수하는 시민이었다고 주장했을 것이다. 왜냐하면 그는 자신이 최선을 다해 수행했던 히틀러의 명령은 제3제국에서 '법적 효력'을 지니고 있었다고 말했을 것이기 때문이다. (피고 측은 아이히만의 주장을 뒷받침하기 위해 제3제국에서 가장 잘 알려진 헌법 전문가 중 한 사람이자 현재 바이에른주 교육문화부 장관인 테오도어 마운츠의 증언을 인용할 것이다. 그는 1943년에 "총통의 명령은 … 현재 법질서의 절대적인 중심이다"*라고 서술했다.)

오늘날 아이히만에게 그가 다르게 행동할 수 있었다고 말하는 사람들은 그 당시 상황이 어땠는지를 단순히 알지 못했거나 잊어버린 것이다. 아이히만은 이제 와서 "우리는 언제나 반대"한 척하는 사람들 중 하나가 되고 싶지 않았을 것이다. 반대로 사실상 그는 자신이 명령받은 일을 실행하는 데 매우 열심이었다. 하지만 시대는 변했고, 그도 마운츠 교수처럼 "다른 통찰을 갖게 되었다"고 주장했다.

아이히만은 일어난 일은 일어난 것이고, 그것을 부정하고 싶어 하지 않았다. 오히려 그는 "이 지구상의 모든 반유대주의자에게 경고하는 본보기로 공개적인 교수형을 당하겠다"고 제안했다. 이 말은 그가 무엇을 후회한다는 의미가 아니었다. 그는 말했다.

"후회는 어린아이들이나 하는 짓이다."

그는 자신의 변호인에게서 상당한 압력을 받았으나 생각을 바꾸지 않았다. 1944년에 있었던 100만 명의 유대인을 1만 대의 트럭과 교환하자는 힘러의 제안과, 이 계획에서 자신의 역할에 대한 논의 중 아이히만은 "증인은 상관들과의 협의 중에 유대인에게 어떤 동정심을 표하거나 그들을 도울 여지가 있다고 말한 적이 있습니까?"라는 질문을 받았다. 그는 "저는 지금 법정 선서를 했기 때문에 진실만을 말해야 합니다. 이 거래를 시작한 것은 자비심 때문이 아니었습니다"라고 대답했다.

---

* Theodor Maunz, *Gestalt und Recht der Polizei*, 1943.

그 거래를 '시작한' 사람이 아이히만이 아니었다는 점을 제외하면 그 대답은 괜찮았다. 그런데 아이히만이 꽤 솔직하게 "그 이유는 오늘 아침에 설명했습니다"라며 말한 이유는 다음과 같았다. 힘러가 유대인 이주 문제를 처리하기 위해 자기 사람을 부다페스트로 보냈다. (덧붙여 말하면, 이것은 번창하는 사업이 되었다. 엄청난 돈을 내고서 유대인이 탈출할 수 있었기 때문이다. 하지만 아이히만은 이 점을 언급하지 않았다). 아이히만을 분개하게 만든 것은 "경찰 소속이 아닌 사람이 이주 문제를 처리했다"는 사실이었다. 그는 설명했다.

"왜냐하면 강제이송을 돕고 실행해야 할 사람은 나였고, 내 전문 분야라고 생각했던 이주 문제가 부서에 새로 온 사람에게 맡겨졌기 때문입니다. … 정말 지긋지긋했습니다. … 나는 이주 문제를 내 손으로 직접 처리하기 위해 무엇인가 해야겠다고 결심했습니다."

재판 내내 아이히만은 "기소장의 의미대로는 무죄"라는 그의 답변에서 이 두 번째 논점을 해명하려고 노력했지만 대부분 실패했다. 기소장이 암시한 것은, 스스로 부인하지 않았듯이 아이히만의 행위가 의도적이었다는 점과, 비열한 동기에서 비롯된 자기 행위의 범죄적 본질을 충분히 인지한 채로 행위했다는 점이었다. 비열한 동기에 관한 한, 아이히만은 스스로가 '마음 깊은 곳에서부터 더러운 후레자식' (innerer Schweinehund)은 아님을 완전히 확신하고 있었다. 자기의 양심에 관해서 그는 만일 자기에게 주어진 명령을 수행하지 않았다면 바로 그때 양심의 가책을 받았을 것이라고 아주 분명히 기억했다. 그 명령이란 수백만 명의 남성, 여성, 아이를 엄청난 열정과 더불어 가장 세심한 주의를 기울여 죽음의 장소에 실어 나르는 것이었다. 솔직히 말해서, 이것은 받아들이기 어려웠다.

여섯 명의 정신과 의사가 그를 "정상"으로 판정했다. 그들 중 한 명은 아이히만의 상태가 "그를 검진한 후의 나보다 더 정상"이라고 탄식했다고 한다. 다른 한 명은 아이히만의 전반적인 심리 상태, 즉 아내와 자녀, 부모, 형제자매, 친구들에 대한 태도가 "정상일 뿐만 아니라 매우 바람직하다"고 판단했다. 끝으로, 대법원의 항소심 청취가 끝난 후 그를 정기적으로 수감시설에서 방문했던 성직자는 아이히만이 "매우 긍정적 사고방식을 가진 사람"이라고 선언하며 모두를 안심시켰다.

이 영혼 전문가들의 희극 뒤에는, 아이히만이 도덕적 광기는 물론 법적 광기 상태에도 빠지지 않았다는 엄연한 사실이 놓여 있었다. (하우스너가 최근 『새터데이 이브닝포스트』에서 자신이 "재판에서 밝힐 수 없었던" 사실들을 폭로한 것은 예루살렘에서 비공식적으로 제공되었던 정보와 모순된다. 이제 우리는 아이히만이 정신과 의사들에 의해 "위험하고 만족할 줄 모르는 살인 충동에 사로잡힌 남자"이며, "도착적이고 가학적인 성격"의 소유자라고 주장했다고 전해들었다. 만일 그렇다면 그는 정신병원에 수감되어야 했을 것이다.)

더 나쁜 점은, 아이히만이 광적인 유대인 증오나 광신적 반유대주의 또는 그 어떤 유형의 사상 주입과도 관련이 없었다는 점 또한 분명하다는 것이다. 그는 '개인적으로' 유대인에 대한 어떤 반감도 없었다. 오히려 그는 유대인 혐오자가 아닐 수많은 '개인적인 이유'를 갖고 있었다. 물론 그의 가까운 친구들 가운데는 광신적인 반유대주의자들이 있었다. 예컨대 1946년에 부다페스트에서 교수형에 처해졌던 헝가리 정치(유대인) 담당 차관 엔드레 라슬로가 있었다. 그러나 아이히만에 따르면 이는 "내 가장 친한 친구들 중 일부는 반유대주의자다"라는 수준의 말에 불과하다.

아, 그러나 아무도 아이히만을 믿지 않았다. 검사는 그를 믿는 것이 자신의 역할이 아니라서 그를 믿지 않았다. 변호인이 아무런 주의를 기울이지 않은 것은 그가 아이히만과는 달리 양심 문제에 전혀 관심이 없었기 때문이었다. 그리고 재판관들이 그를 믿지 않은 것은, 그들이 너무나 선했고 또 아마도 그들 직업의 기본에 너무나 충실했기에, '정상적인' 사람, 정신박약이지도 세뇌되지도 냉소적이지도 않은 평균적인 사람이 옳고 그름의 구분에 완벽하게 무능하다는 점을 인정할 수 없었기 때문이다. 재판관들은 이따금 하는 거짓말을 근거로 그가 거짓말쟁이라는 결론을 내리고 싶어 했다.

그리고 그들은 사건 전체의 가장 큰 도덕적, 심지어 법적 도전까지 놓쳤다. 그들의 주장은 피고인이 모든 '정상적인 사람' 처럼 자신이 저지르는 행위의 범죄적 본질을 알고 있었을 것이라는 가정에 근거했다. 그리고 아이히만은 '나치 정권 내에서 예외가 아니었다' 는 점에서 실제로 정상이었다. 그러나 제3제국의 상황에서는 오직 '예외적인 사람' 만 '정상적' 으로 반응할 것이라고 예상할 수 있다. 이 문제의 단순한 진실은 재판관들이 해결할 수도, 벗어날 수도 없는 딜레마를 만들어냈다.

아이히만은 1906년 3월 19일, 칼과 가위, 의료 도구로 유명한 독일 라인란트의 한 마을인 졸링겐에서 태어났다. 54년 뒤 그는 자기가 가장 좋아하는 소일거리인 회고록을 쓰면서 이 기념비적인 사건을 이렇게 묘사했다.

"오늘, 1945년 5월 8일로부터 15년 하고도 하루가 지난 날, 나는 1906년 3월 19일 새벽 5시에 인간의 모습으로 이 세상에 태어났던 그때로 내 생각을 되돌려본다."

(이스라엘 당국은 이 원본을 공개하지 않았다. 하리 멀리스는 이 자서전을 '30분 동안' 살펴보는 데 성공했고, 독일계 유대인 주간지 『아우프바우』*Der Aufbau*에 짧은 발췌본을 게재할 수 있었다.)

나치 시대 이후로 변하지 않았던 그의 종교적 신념에 따르면 (예루살렘에서 아이히만은 자신을 신을 믿는 자Gottgläubiger라고 했는데, 이는 기독교와 결별한 사람을 지칭하는 나치 용어다. 그는 성경에 맹세하기를 거부했다) 자신의 출생이라는 사건은 '더 높은 의미 전달자'에게 귀속되어야 했다. 이 존재는 '우주의 운행'과 어찌 되었든 동일하며, 그 자체로는 '더 높은 의미'를 결여한 인간의 삶은 이 존재에 종속된다고 보았다.

(이 용어는 상당히 시사적이다. 신을 더 높은 의미 전달자Höheren Sinnesträger라고 부르는 것은 언어적으로 군 계급 내에서 신에게 어떤 지위를 부여하는 것을 의미한다. 왜냐하면 나치당은 군대의 명령 수령자Befehlsempfänger를 명령의 운반자Befehlsträger로 바꾸어놓기 때문이다. 이는 고대의 '나쁜 소식의 운반자'처럼, 명령을 실행해야 하는 자들에게 지워진 책임과 중요성의 부담을 시사했다. 더욱이 아이히만은 최종 해결책과 관련된 모든 사람과 마찬가지로 공식적으로 비밀의 운반자Geheimnisträger[3]이기도 했으며, 이는 자존심의 측면에서 결코 무시할 수 없는 것이었다.)

형이상학에 별로 관심이 없었던 아이히만은 의미 전달자와 명령 전달자 사이의 더 밀접한 관계에 대해서는 유독 침묵을 지켰다. 그리고 그는 자신의 존재에 대한 또 다른 가능한 원인, 즉 부모에 대한 생각으로 넘어갔다.

"내가 태어난 순간부터 불행의 여신이 행운의 여신을 훼방하며 어떻게 내 인생에 슬픔과 비탄의 실을 엮었는지를 그들이 볼 수 있었더라면, 그들은 장남의 탄생에 그렇게 기뻐하지 않았을 것이다. 하지만 친절하고 불투명한 장막 때문에 내 부모는 미래를 내다보지 못

---

3) 여기서 말하는 '운반자'(bearer, Träger)에는 단순한 전달자라는 의미가 아니라, 비밀을 몸에 지니고 그 무게를 계속해서 감당하는 존재라는 함축을 가진다. 즉, '비밀을 짊어진 자'라는 특수한 신분과 그에 따르는 심리적 부담을 안고 있는 상태를 나타낸다.

했다." "

불행은 아주 일찍, 학교에서부터 시작되었다. 아이히만의 아버지는 처음에는 졸링겐에 있는 전철 및 전기회사의 회계직에 있었고, 1913년 이후에는 오스트리아 린츠에 있는 같은 법인에서 임원으로 일했다. 그에게는 4남 1녀로 다섯 명의 자녀가 있었는데, 이들 중 맏아들인 아돌프 아이히만만 고등학교를 마치지 못했고, 심지어 나중에 입학한 기술직 직업학교도 졸업하지 못한 것으로 보인다.

아이히만은 평생 어린 시절의 '불행'을 그보다는 좀더 명예로웠던 아버지의 재정적 어려움 뒤에 숨겨서 사람들을 속였다. 하지만 이스라엘에서는, 그와 약 35일을 함께 보내며 76개의 녹음 테이프에서 3,564장의 타이프된 기록을 작성했던 경찰 조사관 아브너 레스[4] 대위와의 첫 신문에서, 아이히만은 "내가 아는 … 모든 것을 쏟아부을" 그래서 가장 협조적인 피고인으로 발돋움할 이 특별한 기회에 활기와 열정이 넘쳐 흘렀다. 논박할 수 없는 문서에 근거한 구체적인 질문을 받자 그의 열정은 이내 수그러들었지만 완전히 사그라들지는 않았다.

아이히만이 처음에 보였던 그의 한없는 자신감은 (하리 밀리스에게 "나는 아이히만의 고해신부였다"고 말했던) 레스 대위에게는 분명 쓸모없었지만, 그 자신감의 가장 확실한 증거는 바로 그가 평생 처음으로 자신의 어린 시절의 불운을 인정한 점이었다. 물론 그는 그렇게 함으로써 자신의 모든 공식적 나치 기록에 있는 몇 가지 중요한 내용과 모순에 빠진다는 사실을 분명히 알고 있었을 것이다.

아이히만의 불운은 평범한 것이었다. 그는 '딱히 가장 열심히 공부

----

4) 아브너 레스(Avner Wener Less, 1916~87)는 아이히만을 신문한 독일 태생 유대인 경찰관이다. 1951년에 경찰에 들어가 경제범죄와 밀수 사건을 담당했다.

하는' 학생도 아니었고, 가장 재능 있는 학생도 아니었다. 그래서 그의 아버지는 졸업을 한참이나 남겨놓고 처음에는 고등학교에서, 다음에는 직업학교에서 그를 빼냈다. 따라서 그의 모든 공식 문서에 등장하는 직업인 건설 기사는 마치 자기가 팔레스타인에서 태어나 히브리어와 이디시어[5)에 능숙하다고 말한 것만큼이나 현실과는 거리가 멀었다. 이 또한 아이히만이 자신의 친위대 동료들과 유대인 희생자들에게 즐겨 늘어놓던 노골적인 거짓말이었다.

자신이 나치당원이어서 오스트리아 감압정유회사의 영업사원 자리에서 해고당한 척했던 것도 이와 결을 같이한다. 아이히만이 레스 대위에게 털어놓은 이야기는 덜 극적이었지만, 이 역시 진실은 아니었을 것이다. 그는 실업률이 높던 시기에 미혼 직원들이 가장 먼저 해고되었기 때문에 일자리를 잃었다고 주장했다. (이는 얼핏 그럴듯해 보이지만 그다지 만족스러운 설명이 아니었다. 그가 1933년 봄에 직장을 잃었을 때, 그는 나중에 아내가 된 베로니카, 즉 베라 리블과 이미 2년이나 약혼한 상태였기 때문이다. 좋은 직장에 다닐 때 그는 왜 결혼하지 않았을까? 그는 마침내 1935년 3월에 결혼했는데, 아마도 감압정유회사에서처럼 친위대에서도 총각들은 자신의 일자리를 확신할 수 없었고 승진할 수도 없었기 때문이었을 것이다.) 분명히 허풍은 언제나 그의 가장 큰 악덕 중 하나였다.

어린 아이히만이 학교에서 형편없는 성적을 내고 있을 때, 그의 아버지는 전철 및 전기회사를 그만두고 직접 사업을 시작했다. 그는 작은 광산업체를 인수하여 장래성 없어 보이는 아들을 평범한 광부로 일하게 했다. 하지만 이는 아이히만이 새로운 일자리를 찾을 때까지만이었다. 아이히만은 북오스트리아 전기설비회사 판매부에 취직하

---

5) 중세 이래 독일과 동유럽 등지에서 유대인이 사용하던 독일어 계통 언어다.

여 2년 넘게 근무했다. 그는 당시 약 22세로 출세할 가망이 전혀 없었다. 그가 배운 것이라고는 판매 기술뿐이었다.

이때 일어난 일은 아이히만이 자신의 첫 번째 전환점이라고 불렀던 것인데, 여기에 대해서는 두 개의 다소 다른 이야기가 존재한다. 1939년 친위대에서 승진을 위해 제출한 자필 전기 기록에서 그는 다음과 같이 서술했다.

"저는 1925년부터 1927년까지 오스트리아 전기설비 회사에서 영업사원으로 일했습니다. 저는 빈의 감압정유회사가 상부 오스트리아 대표 자리를 제안했기 때문에 자유의지에 따라 그 일을 그만두었습니다."

여기서 핵심 단어는 "제안"이다. 왜냐하면 이스라엘에서 레스 대위에게 털어놓은 이야기에 따르면, 그에게 아무도 어떤 제안도 한 적이 없었기 때문이다.

아이히만의 생모는 그가 열 살 때 사망했고 그의 아버지는 재혼했다. 그가 "삼촌"이라고 불렀던 계모의 사촌은 오스트리아 자동차 클럽 회장이었고, 체코슬로바키아의 한 유대인 사업가의 딸과 결혼한 사람이었다. 이 사람이 오스트리아 감압정유회사의 총지배인인 유대인 바이스 씨와의 연줄을 이용해 불행한 친척이었던 아이히만에게 외판원 자리를 구해주었다. 아이히만은 여기에 합당하게 감사해했다. 그의 집안에 유대인 친척이 있었다는 점은 그가 유대인을 미워하지 않은 '개인적인 이유' 중 하나였다. 심지어 최종 해결책이 절정에 달했던 1943년이나 1944년에도 그는 이를 잊지 않았다.

"이 결혼으로 낳은 딸은 뉘른베르크 법에 따르면 반쪽 유대인으로 분류되었는데 … 스위스로 이민 허가를 받기 위해 저를 만나러 왔습니다. 당연히 저는 이 요청을 승낙했습니다. 그 삼촌 또한 빈의 몇몇 유대인 부부를 위해 개입해달라고 부탁하러 저를 찾아왔습니다. 제가 이 이야기를 하는 것은 제 자신이 유대인에게 증오심을 품지 않았다는 것을 보여주기 위해서입니다. 저의 어머니와 아버지를 통해 받은 모든 교육은 엄격히 기독교적이었습니다. 저의 어머니는 유대인 친척들 때문에 친위대 내에서 통용되던 견해와는 다른 생각을 갖고 계셨습니다.”

아이히만은 자신의 주장을 증명하기 위해 상당한 공을 들였다. 그는 희생자들에게 어떠한 악감정을 품은 적이 없었고, 게다가 그 사실을 결코 비밀로 하지 않았다는 것이다.

“저는 이 사실을 뢰벤헤르츠 박사[빈 유대인 공동체 대표]에게 설명했듯이 카스트너 박사[부다페스트의 시온주의 조직 부회장]에게도 설명했습니다. 제 생각에 저는 이 사실을 모두에게 말했고, 제 부하들 모두 알고 있었습니다. 그들은 언젠가 제게서 그 얘기를 들었을 것입니다. 초등학교 때 쉬는 시간을 함께 보내던 급우가 있었고, 그 아이는 우리 집으로 놀러 오기도 했어요. 린츠에 사는 제바라는 성을 가진 가족이었죠. 우리가 마지막으로 만났을 때 린츠 거리를 함께 걸었는데, 저는 이미 단춧구멍에 나치당 문장을 달고 있었지만, 그는 전혀 개의치 않았습니다.”

만약 아이히만이 좀 덜 깐깐했거나, 경찰신문(그의 협조를 확보하기 위해 교차신문을 자제했다)이 좀 덜 신중했더라면, 그의 ‘무편견’은 또 다른 측면에서 드러났을 수도 있다. 그가 유대인의 ‘강제이주’를 아주 성공적으로 조정한 빈에서 그는 린츠 출신 유대인인 ‘옛 연인’을 정부로 두고 있었던 것 같다. 유대인과의 성관계를 의미하는 라센샨데(Rassenschande, 인종적 불명예)는 친위대원이 저지를 수 있는 가장 큰 범죄였을 것이다. 전쟁 중에 유대인 소녀를 성폭행하는 일이 전선에서 흔한 소일거리가 되었음에도 불구하고, 친위대 고위 장교가 유대인 여성과 관계를 맺는 것은 결코 흔한 일이 아니었다. 따라서 아이히만이 『데어 슈튀르머』(*Der Stürmer*)의 광적이고 외설적인 편집자 율리우스 슈트라이허[6]와 그의 음란한 반유대주의를 반복해서 격렬히 비난했던 것은 아마도 개인적인 동기에서 비롯되었을 것이다. 이는 '계몽된' 친위대원이 하급 당 인사들의 저속한 광분에 대해 보여야 할 일상적인 경멸 그 이상의 표현이었을 것이다.

감압정유회사에서 보낸 5년 반은 아이히만의 인생에서 가장 행복했던 시기 중 하나였을 것이다. 그는 극심한 실업 속에서도 좋은 수입을 올렸고, 출장 중일 때를 제외하고는 부모와 함께 살았다. 이런 목가적 생활이 끝난 시점, 즉 1933년 오순절은 그가 항상 기억한 몇 안 되는 날 중 하나였다. 사실은 상황은 그보다 다소 일찍 악화하기 시작했다. 1932년 말, 그는 자신의 의사에 아주 반하여 갑작스럽게 린츠에서 잘츠부르크로 예기치 않게 전출되었던 것이다.

"저는 일에 대한 즐거움을 모두 잃어버렸고 더는 물건을 팔거나 전화를 거는 것을 좋아하지 않게 되었습니다."

이러한 **노동의 즐거움**(Arbeitsfreude)의 갑작스러운 상실로 인해 아이히만은 평생 고통을 겪었다. 이러한 상실감 중 최악은 총통이 "유대인의 물리적인 절멸"을 명령했을 때 찾아왔다. 그는 그 명령에서 아주 중요한 역할을 맡게 되었던 것이다. 이것 역시 예기치 않게 찾아왔다. 그 자신은 "폭력을 통한 이런 해결책을 … 전혀 생각해 본 적이 없었다"고 말하며, 자신의 반응을 같은 말로 설명했다.

"저는 이제 모든 것을 잃었습니다. 일에 대한 모든 즐거움, 모든 주

---

6) 율리우스 슈트라이허(Julius Streicher)는 나치당 소속의 독일 언론인이자 정치가로, 반유대주의 선전지 『데어 슈튀르머』의 창간자이자 발행인이었다. 그는 유대인을 역겹게 묘사한 캐리커처, 폭력적이고 선정적인 언어를 사용하여 유대인이 성적 타락을 일으킨다고 주장하는 등 유대인에 대해 왜곡되고 혐오스러운 이미지로 받아들이게 했다. 제2차 세계대전 후 뉘른베르크 전범재판에서 '인류에 대한 죄'로 유죄판결을 받고 1946년 교수형에 처해졌다.

도성, 모든 흥미를 말이죠. 말하자면 저는 완전히 소진된 것입니다."

1932년 잘츠부르크에서도 이와 비슷한 소진 현상이 일어났던 것 같다. 그의 설명에 따르면 그는 해고당했을 때 크게 놀라지 않았던 것이 분명하지만, 해고에 대해 "매우 행복했다"고 한 그의 말은 믿을 필요가 없다.

이유가 무엇이든 1932년은 아이히만의 인생에 있어 전환점이었다. 그해 4월, 그는 린츠 출신의 젊은 변호사 에른스트 칼텐브루너(Ernst Kaltenbrunner)의 권고로 나치당에 가입하고 친위대에 들어갔다. 칼텐브루너는 훗날 국가보안본부[7]의 본부장이 된다. 국가보안본부의 여섯 개 주요 부서 가운데 아이히만은 마침내 하인리히 뮐러가 지휘하는 제IV국 B과 4계 책임자로 근무하게 된다.

법정에서 아이히만은 전형적인 하위 중산층의 일원이라는 인상을 주었으며, 이러한 인상은 그가 감옥에서 말하거나 쓴 모든 문장에서 여실히 드러났다. 그러나 이러한 인상은 오해를 불러일으켰다. 그는 사실 탄탄한 중산층 가정 출신의 몰락한 아들이었다. 아이히만의 아버지가 역시 린츠 변호사였던 칼텐브루너의 아버지와 절친한 친구였지만, 두 아들 사이는 다소 냉랭했다는 사실은 아이히만의 사회적 지위가 얼마나 하락했는지를 보여주는 증거였다. 칼텐브루너는 아이히만을 명백히 자신보다 사회적으로 열등한 존재로 취급했다.

아이히만은 나치당과 친위대에 들어가기 전부터 자신이 조직에 속하

---

7) Reichssicherheitshauptamt로 RSHA로 줄여 말한다. 나치 독일 친위대 산하 조직으로, 나치 독일과 독일 점령지의 정치적 반대자, 유대인, 점령지 주민 등을 감시하고 탄압하는 역할을 한 정보기관, 선전기관, 학살 실행기관이었다. 1939년 9월 27일 하인리히 힘러의 지시로 나치당 소속의 보안국(SD)과 내무부 소속 보안경찰(SiPo)을 통합해 창설되었다. 초대 본부장은 라인하르트 하이드리히가 맡았고 1942년 체코에서 암살당할 때까지 재직했다. 1943년 1월에 에른스트 칼텐브루너가 후임 본부장으로 임명되어 전쟁이 끝날 때까지 직을 유지했다.

기를 좋아하는 사람임을 입증했다. 독일의 공식적인 패전일인 1945년 5월 8일은 그에게 매우 중요한 의미가 있다. 그때부터 그는 더 이상 어떤 조직의 구성원도 되지 않고 살아가야 한다는 사실을 깨달았기 때문이다.

"저는 지도자 없이 힘겹고 고독한 삶을 살아야 하며, 누구에게서도 지시를 받지 않고, 더 이상 명령이나 지휘도 내려지지 않으며, 참고할 만한 관련 법규도 없을 것임을 예감했습니다. 간단히 말해, 한 번도 경험하지 못한 삶이 제 앞에 놓여 있음을 느낀 것이죠."

그가 어렸을 때 정치에 무관심했던 부모는 그를 기독교청년회(YMCA)에 가입시켰고, 이후 그는 거기서 독일 청년운동 단체인 반더포겔(Wandervogel)로 옮겨갔다. 고등학교에서 보낸 성공적이지 못한 4년 동안, 그는 독일-오스트리아 참전군인회의 청년조직인 청년전사동맹(Jungfrontkämpfeverband)에 가입했다. 이 조직은 강력하게 친독일적이며 반공화주의적이었지만 오스트리아 정부는 이를 용인했다.

칼텐브루너가 아이히만에게 친위대 가입을 권유했을 때, 그는 전혀 다른 성격의 단체, 즉 프리메이슨의 슐라라피아(Schlaraffia) 지부 회원이 되기 일보직전이었다.

"이 단체는 사업가, 의사, 배우, 공무원 등이 함께 모여 즐거움과 유쾌함을 함양하는 모임이었고 … 각 회원은 때때로 강연을 하게 되어 있었는데, 그 내용은 유머, 그것도 세련된 유머여야 했습니다."

칼텐브루너는 아이히만에게 나치 당원은 프리메이슨(당시 그는 이 단어를 몰랐다)이 될 수 없으므로 이 유쾌한 모임을 포기해야 한다고 설명해주었다. 친위대와 슐라라피아(이 이름은 독일 동화에 나오는 대식가들의 '구름뻐꾸기의 땅' 슐라라펜란트에서 유래했다) 사이의 선택이 어려웠을 수도 있지만, 그는 어차피 슐라라피아에서 '쫓겨났다'. 그는 이스라엘 감옥에서 자신이 저지른 죄에 대해 이야기하던 때에도 부끄러움에 얼굴을 붉혔다. 그가 지은 죄는 다음과 같았다.

"제가 받은 교육과는 달리, 제가 가장 어렸음에도 동료들을 술자리로 초대하려고 했던 것이죠."

아이히만은 시간의 회오리바람에 휩쓸린 이파리처럼 마법으로 차려진 식탁과 저절로 입으로 날아드는 통닭이 있는 환상의 세계인 슐라라피아에서 날려갔다. 더 정확히 말하자면 학위와 보장된 직업, '세련된 유머'를 가진, 최악의 악덕이래봤자 기껏 농담 섞인 장난을 참지 못하는 것이 전부였던 존경받는 속물들의 모임에서 떨어져 나와, 정확히 12년 3개월 동안 이어진 천년제국의 행렬로 들어선 것이다. 어쨌든 그는 신념을 가지고 당에 가입한 것도 아니었고, 또 어떤 신념에 의해 설득된 적도 없었다. 당에 가입한 이유를 말해달라고 하면 그는 언제나 베르사유 조약과 실업 같은 똑같은 당황스럽고 진부한 상투어(cliché)만을 반복했다. 오히려 그가 법정에서 강조했듯이, "어떤 기대나 사전 결심 없이 그냥 당에 의해 삼켜진 것과 같았습니다. 너무도 빠르고 갑작스럽게 일어난 일이었습니다."

아이히만은 제대로 정보를 얻을 시간도 부족했고, 알고자 하는 욕구는 더더욱 없었다. 그는 당의 프로그램조차 몰랐고, 『나의 투쟁』은 한 번도 읽은 적이 없었다. 칼텐브루너가 그에게 "친위대에 가입하는 게 어때?"라고 묻자, 그는 "그러지 뭐"라고 답했다. 일이 그렇게 진행된 것이고, 그게 거의 전부였다.

물론 그게 전부는 아니었다. 아이히만이 교차신문에서 재판장에게 말하지 않은 것은, 감압정유회사가 그를 해고하기 전부터 그는 이미 영업사원이라는 일에 싫증이 난 야심찬 젊은이였다는 점이다. 의미 없고 하찮은 평범한 삶에서, 바람은 그를 역사 속으로 날려 보냈다. 그가 이해한 방식대로 말하자면, 끊임없이 움직이는 운동 속으로 말이다. 그 운동 안에서는 그처럼 자신의 사회 계급과 가족의 눈에, 나아가 자기 자신의 눈에도 이미 실패자였던 사람이 처음부터 다시 시작하여 경력을 쌓을 수 있었다.

해야 할 일(예를 들어 사람들을 강제이주시키는 대신 기차에 실어 죽음으로 보내는 일)이 늘 마음에 들지 않았더라도, 독일이 전쟁에 패하면서 모든 일이 나쁜 결말을 맞을 것임을 비교적 일찍 짐작했을지라도, 가장 소중히 여겼던 모든 계획(유럽 유대인을 마다가스카르로 소개하는 것, 폴란드 니스코 지역에 유대인 지구를 설정하는 것, 러시아 탱크를 막기 위해 베를린 사무실 주변에 정교하게 구축한 방어 시설을 실험하는 것)이 무위로 끝났더라도, 그리고 가장 '슬픔과 비통'이었던 것처럼 친위대 상급돌격대지도자 계급(중령에 해당하는 계급) 이상으로 진급하지 못했을지라도, 요컨대 빈에서 지낸 한 해를 제외하고는 그의 삶이 좌절의 연속이었다 하더라도, 그는 이 일을 하지 않았을 때 어떤 모습으로 살았을지를 결코 잊지 않았다. 도망자로 불행한 삶을 살았던 아르헨티나에서뿐만 아니라, 생명이 사실상 몰수된 예루살렘의 법정에서도, 그는 만일 누가 물어봤다면 감압정유회사의 영업사원으로 조용하고 평범하게 생을 마감하기보다는, 퇴역한 상급돌격대지도자로 교수형에 처해지는 편을 여전히 선호했을 것이다.

아이히만의 새로운 경력은 시작부터 전망이 그리 밝지 않았다. 그가 실직 상태였던 1933년 봄, 히틀러의 집권으로 나치당과 그 모든 관련 단체는 오스트리아에서 활동이 정지되었다. 그러나 이 새로운 재앙이 없었더라도 오스트리아에서 나치당원으로 경력을 쌓는 것은 불가능했을 것이다. 심지어 친위대 가입자는 모두 본업에서 여전히 일하고 있었다. 칼텐브루너도 아직 자기 아버지의 로펌에서 일하고 있었다. 그래서 아이히만은 독일로 가기로 결심했다. 그의 가족이 독일 시민권을 포기한 적이 없다는 점에서 이는 자연스러운 선택이었다. (이 사실은 재판과 연관이 있는 내용이었다. 세르바티우스는 서독 정부에 피고인 인도를 요청했고, 이 요청을 받아들일 수 없다면 서독 정부가 변호인 비용을 지급해달라고 요청했다. 서독 정부는 아이히만이 독일 국민이 아니라는 이유로 이를 거부했는데 이는 명백히 사실이 아니다.)

독일 국경 지역인 파사우에서 아이히만은 갑자기 다시 영업사원이 되었다. 그는 지역 책임자에게 보고할 일이 있었을 때 "바이에른 감압정유회사와 연줄이 없느냐"고 간절히 물어봤다. 자, 이것은 그의 삶 가운데 한 시기에서 다른 시기로 넘어가면서 드물지 않게 나타났던 퇴보 중 하나였다. 그는 아르헨티나에서의 삶, 심지어 예루살렘 감옥에서 생활하면서도 개과천선하지 못한 나치적인 사고의 징후를 보일 때마다 "또 시작이군, 똑같은 레퍼토리지[die alte Tour]"라고 변명하곤 했다. 하지만 파사우에서의 퇴보는 재빨리 회복되었다. 그는 군사훈련소에 입대하는 게 좋겠다는 말을 들었고, "나야 괜찮지. 군인이 되지 뭐"라고 생각했다.

아이히만은 이어서 레흐펠트와 다하우에 있던 두 바이에른 친위대 훈련소(그는 이곳의 강제수용소와는 관계가 없었다)로 연달아 보내졌다. 거기에서는 '망명 중인 오스트리아 군단'이 훈련받고 있었다. 그는 독일 여권을 소지하고 있음에도 불구하고 그럭저럭 오스트리아인이 되었다. 그는 1933년 8월부터 1934년 9월까지 이 군사훈련소에 머물며 분대지도자[8]로 승진했고, 군인으로서 경력을 계속할 것인지 다시 생각할 시간을 충분히 가졌다. 그의 말에 따르면 이 14개월 동안 그가 두각을 나타낸 것은 단 한 가지뿐이었는데, 그것은 바로 벌칙 훈련이었다.

"내 손이 얼면 아빠는 꼴 좋을 거야. 왜 내게 장갑을 사주지 않는 거냐고."

---

8) 분대지도자(Scharführer)는 중사에 해당하는 지위다.

분노에 찬 마음으로, 아이히만은 벌칙 훈련을 아주 고집스레 수행했다. 하지만 그가 처음으로 승진해서 맛본 다소 모호한 즐거움과는 별개로, 그는 끔찍한 시간을 보냈다.

"군 복무의 지루함을 견딜 수 없었어요. 매일 항상 똑같은 일, 끝없이 반복되는 똑같은 일이었죠."

이처럼 극심한 지루함을 견디지 못한 아이히만은 친위대 국가지도자 휘하 보안국에 자리가 생겼다는 소식을 듣고 즉시 지원했다.

제3장
유대인 문제 전문가

아이히만이 이직에 성공했던 1934년, 친위대 보안국(SD)은 친위대 내에서 비교적 새로운 조직이었다. 2년 전 하인리히 힘러(Heinrich Himmler)가 나치당의 정보기관 역할을 하도록 설립했으며, 당시는 해군 정보장교 출신 라인하르트 하이드리히(Reinhard Heydrich)가 수장을 맡고 있었다. 그는 제럴드 라이트링거의 말처럼 "최종 해결책의 진정한 설계자"*가 될 인물이었다. 이 조직의 초기 임무는 당원을 감시하여 친위대가 정규 나치당 조직보다 우위를 점하게 하는 것이었다. 한편 보안국은 추가적인 임무를 맡아 비밀국가경찰, 즉 게슈타포[1]의 정보 및 연구 센터가 되었다. 이는 친위대와 경찰의 통합을 향한 첫걸음이었다. 1936년부터 힘러가 친위대 국가지도자[2]와 독일 경찰청장

---

* Gerald Reitlinger, *The Final Solution*, 1961.

1) 게슈타포(Gestapo)는 나치 독일의 비밀국가경찰(Geheim Staatspolizei)이다. 1933년 프로이센주의 내무장관이던 헤르만 괴링이 프로이센 정치경찰을 바탕으로 창설했다. 1934년에 하인리히 힘러가 이를 인수했고, 이후 친위대 산하 보안국의 일부로 통합되었다. 조직의 체계화는 힘러와 하이드리히에 의해 완성되었다. 하이드리히는 1934년에서 1936년까지 조직 개편과 기능 정비를 주도했고, 그 이후 종전까지 하인리히 뮐러가 책임자로 이끌었다.

2) 친위대 국가지도자(Reichsführer SS)는 나치 친위대의 특별 계급으로 SS장관이라고도 한다. 1925년부터 1933년까지는 단순한 직책을 나타내는 칭호였으며, 1934년 이후에는 친위대의 최상위 계급으로 자리 잡았다.

을 겸직했지만, 이 둘의 통합은 1939년 9월에 와서야 이루어졌다.

물론 아이히만은 이런 미래를 알 수 없었겠지만, 그가 보안국에 들어갔을 때도 보안국의 본질에 대해 전혀 몰랐던 것 같다. 이는 보안국 운영이 언제나 극비 사항이었기 때문에 충분히 일어날 수 있는 일이었다. 그가 생각하기에 이 모든 것은 착오였고, 처음에는 '큰 실망'이었다.

"나는 이 일이 『뮌헨 일러스트리어텐 차이퉁』에서 읽었던 내용과 같다고 생각했습니다. 고위 당 간부들이 차를 타고 이동할 때 특수 경호원들이 함께 있었고, 그들은 달리는 차의 발판에 서 있었습니다. … 요컨대, 나는 친위대 국가지도자 보안국을 국가보안국[3]으로 착각했는데 … 아무도 내 생각을 고쳐주지 않았고, 아무도 내게 어떤 말도 해주지 않았습니다. 지금 제가 알게 된 것을 당시에는 털끝만큼도 몰랐습니다."

아이히만이 진실을 말하고 있는지 아닌지에 대한 질문은 재판에 어느 정도 영향을 미쳤다. 그가 그 자리에 자발적으로 지원한 것인지 아니면 징발된 것인지를 재판에서 확정해야 했기 때문이다. 그의 오해가 사실이었다 해도, 그것이 설명 불가능한 것은 아니었다. 친위대란 원래 나치당 지도자들을 보호하기 위해 창설된 특수부대였기 때문이다.

하지만 아이히만이 가장 실망한 것은 전부 다시 시작해야 했다는 점 그리고 바닥으로 되돌아갔다는 점이었다. 그나마 위로가 된 것은 자신과 같은 실수를 저지른 다른 사람들도 있었다는 점이다. 그는 정보 부서에 배정되었는데, 그의 첫 임무는 프리메이슨(초기 나치의 뒤

---

3) 국가보안국(Reichssicherheitsdienst)은 RSD로 줄여 불렀으며, 나치 친위대의 산하조직이었다. 원래는 아돌프 히틀러의 개인 경호를 담당하기 위해 설립되었는데, 이후에는 나치 정권의 주요 인사의 경호를 담당했다.

죽박죽 상태의 이데올로기 속에서 프리메이슨은 유대교, 가톨릭, 공산주의와 어째서인지 한데 묶였다)에 관한 모든 정보를 정리하고 프리메이슨 박물관 건립을 돕는 일이었다. 그는 이제 칼텐브루너가 슐라라피아에 대해 논할 때 자신에게 던졌던 이 이상한 단어의 뜻을 충분히 배울 기회를 얻게 되었다. (참고로, 적을 기념하는 박물관을 세우는 열정은 나치의 매우 특징적인 면이었다. 전시에는 여러 기관이 반유대주의 박물관과 도서관을 건립하는 영광을 차지하기 위해 치열하게 경쟁했다. 우리가 유럽 유대인의 위대한 문화유산을 많이 보존할 수 있었던 것은 바로 이 기이한 열정 덕분이다.)

문제는 일들이 또다시 아주, 아주 지겨워졌다는 점이었다. 4~5개월간 프리메이슨 관련한 업무를 하던 그는 유대인과 관련된 신생 부서로 발령받자 크게 안도했다. 이것이 예루살렘 법원에서 끝을 맺을 그의 경력의 진정한 시작이었다.

1935년은 독일이 베르사유 조약 규정을 위반하여 징병제를 도입하고, 공군과 해군 창설을 포함하는 재무장 계획을 공개적으로 발표한 해였다. 또한 그해는 1933년 국제연맹을 탈퇴한 독일이 조용하지도 비밀스럽지도 않게 라인란트 비무장지대의 점령을 준비하던 해였다. 그리고 히틀러가 "독일은 평화가 필요하며 평화를 원한다" "우리는 폴란드를 위대하고 민족적 의식이 강한 국민의 고향으로 인정한다" "독일은 오스트리아의 내정을 간섭하거나, 오스트리아와 합병하거나, 합방을 실행하려는 의도도 소망도 전혀 없다"라는 평화 연설을 하던 시기였다.

무엇보다도 그해는 나치 정권이 독일 내부와 해외에서 일반적으로 또 불행하게도 진정한 인정을 받았던 때였다. 히틀러는 모든 곳에서 위대한 국가적 정치가로 칭송받았다. 독일 자체로는 그때가 전환기였다. 엄청난 재무장 프로그램 덕분에 실업이 해소되었고, 노동계급의 초기 저항도 꺾였다. 또한 처음에는 주로 "반파시스트", 즉 공산주의자, 사회주의자, 좌파 지식인 그리고 높은 지위의 유대인을 향했던 정권의 적대감이 아직 유대인에 대한 박해로 완전히 전환되지 않은 시기였다.

1933년으로 돌아가보면, 나치 정부의 첫 조치 중 하나는 공직에서 유대인을 배제하는 것이었다. (독일에서는 초등학교부터 대학까지의 모든 교직 그리고 라디오, 극장, 오페라, 콘서트를 포함한 대부분의 연예 산업 분야가 공직에 포함됐다.) 유대인은 일반적으로 공직에서 추방당했지만 1938년까지 개인 사업은 거의 손대지 않은 채로 있었다. 법률 및 의료 전문직조차 점진적으로 금지되었다. 유대인 학생은 대부분의 대학에서 배제되었고, 어느 대학에서도 졸업은 허용되지 않았다.

이 시기 유대인의 이주는 지나치게 가속화되지 않았고, 대체로 질서정연하게 이루어졌다. 현금 제한 조치가 있어서 유대인이 돈을 해외로 가지고 나가는 것, 적어도 가진 돈 대부분을 가지고 가는 것은 불가능하지는 않았어도 어려웠는데, 이는 비유대인에게도 똑같이 적용되었다. 이는 바이마르 공화국 시절부터 시작된 조치였다. 유대인에게 재산을 형편없이 낮은 가격에 팔도록 압박하는 일부 '개별 행동 4)이 있었는데, 이러한 것은 보통 작은 마을에서 일어났다. 사실 이런 일은 일부 의욕적인 돌격대원, 즉 장교단을 제외하면 대부분 하층 계급에서 모집된 이른바 SA5) 대원들의 자발적인 '개인적' 주도로 이루

---

4) 이런 일을 '개별 행동'(Einzelaktionen)이라고 불렀는데, 이것은 개인의 일탈 행동처럼 여기게 하는 표현이다.

5) SA는 Sturmabteilung의 약자로, 돌격대를 의미하며 나치당의 준군사조직이었다. 나치당이 주최하는 행사의 경비, 반대자 대응, 당 간부의 신변 보호 등의 업무를 맡았다. 이들은 갈색 제복을 입었기 때문에 '갈색 셔츠단'으로 불렸는데, 나중에 생긴 친위대(SS)는 검은색 제복을 입었기 때문에 제복 색으로 구분되었다.

어진 것이었다. 경찰은 이런 '과잉 행동'을 결코 중지시키지 않았다. 그러나 나치 당국은 이런 행위가 전국 부동산 가치에 영향을 주었기 때문에 그렇게 좋아하지 않았다.

이민자들은 정치적 난민이 아닌 이상, 독일에서는 자신들의 미래가 없다는 사실을 깨달은 젊은이들이었다. 그들은 곧 다른 유럽 국가에서도 미래가 거의 없다는 것을 깨달았기 때문에 일부 유대인 이민자는 이 시기에 실제로 귀국하기도 했다. 아이히만에게 유대인에 대한 개인적인 감정과 그가 가입한 당의 노골적이고 폭력적인 반유대주의를 어떻게 조화시켰는지를 묻자, 그는 "아무리 뜨거운 음식도 요리될 때만큼 뜨겁지는 않다"[6]는 속담으로 대답했다. 이는 당시 많은 유대인의 입에 오르내리던 속담이었다.

유대인들은 어리석은 자의 낙원에서 살았다. 이때는 슈트라이허조차도 수년 동안 유대인 문제에 대한 '법적 해결책'을 언급하던 때였다. 1938년 11월의 조직적 집단학살, 즉 7,500곳의 유대인 상점 유리창이 깨지고 모든 회당이 불타올랐으며 2만 명의 유대인 남성들이 강제수용소로 끌려간 이른바 크리스탈나흐트[7]가 일어났을 때야 그들은 비로소 그 꿈에서 깨어났다.

이 문제에서 종종 간과되는 점은 1935년 가을에 발표된 뉘른베르크 법이 의도했던 효과를 거두지 못했다는 것이다. 전쟁 발발 직전에 독일을 떠난 시온주의 조직의 전직 고위 간부였던 세 명의 증언은 나치 정권 첫 5년간의 실제 상황을 아주 조금이나마 엿볼 수 있게 해주

---

6) 일이 한창 시작되는 동안에는 과열돼 보이지만, 결과는 그만큼 심각하지 않을 수 있다는 뜻이다.

7) 크리스탈나흐트(Kristallnacht)는 1938년 11월 9일 밤부터 10일 새벽까지 나치 독일에서 발생한 대규모 반유대주의 폭동으로, 깨진 유리의 밤 혹은 수정의 밤으로 번역된다.

었다.

뉘른베르크 법에 따라 유대인들은 정치적 권리를 박탈당했으나 시민적 권리까지 박탈당한 것은 아니었다. 유대인은 더는 시민(Reichsbürger)이 아니었지만, 독일 국가의 **구성원**(Staatsangehörige)으로는 남아 있었다. 심지어 이민을 가더라도 자동으로 무국적자가 되지는 않았다. 유대인과 독일인 사이의 성관계 및 혼혈 결혼은 금지되었다. 또한 45세 미만의 독일 여성은 유대인 가정에 고용될 수 없었다.

이 규정 가운데 마지막 조항만이 실질적으로 중요했다. 나머지는 당시의 상황을 법제화했을 뿐이다. 따라서 뉘른베르크 법이 독일제국 내 유대인들이 처한 새로운 상황을 안정시킨 것처럼 여겨졌다. 1933년 1월 30일 이후로 그들은 온건하게 말해도 이미 2등 시민이었다. 이들이 나머지 인구로부터 완전히 분리되는 데는 몇 주 또는 몇 개월밖에 걸리지 않았다. 이는 공포뿐만 아니라 주위 사람들의 보통 이상의 묵인을 통해서 달성된 것이었다. 베를린의 베노 콘 박사는 이렇게 증언했다.

"이방인과 유대인 사이에는 벽이 있었습니다. 독일 전역을 여행하는 동안 기독교인과 대화한 기억이 없습니다."

이제 유대인들은 자신들만의 법을 부여받았으므로 더는 법의 보호를 받지 못하는 법외자가 아니라고 느꼈다. 그동안 그들이 강요받았던 대로 그들끼리만 지내면 공격받지 않고 살 수 있으리라 생각한 것이다. 독일 유대인 전국 대표부의 말에 의하면, 뉘른베르크 법령의 의도는 "독일인과 유대인 사이에 견딜만한 관계를 수립하는 기준을 만드는 것"이었다. 이 단체는 1933년 9월에 베를린 공동체의 주도로 창설된 모든 유대인 공동체와 조직의 전국 연합으로, 나치가 임명한 기관이 결코 아니었다. 이에 대해 베를린 공동체의 한 근본적 시온주의자는 다음과 같이 덧붙였다.

"모든 법 아래에서 삶은 가능하다. 하지만 무엇이 허용되고 무엇이 허용되지 않는지를 완전히 모르는 상태에서 사람은 살 수 없다. 유능하고 존경받는 시민은 위대한 국민 가운데 소수자의 일원으로서도 존재할 수 있다."*

히틀러는 1934년 룀 숙청을 통해 돌격대, 즉 초기의 학살과 잔혹 행위에 거의 전적인 책임이 있었던 갈색 셔츠단의 권력을 무너뜨렸다. 검은 셔츠의 친위대는 평소 아이히만이 경멸적으로 '돌격대 방식'이라고 불렀던 일들을 삼갔던 탓에 유대인은 그 세력이 점점 커지고 있는 것을 깨닫지 못하고 행복한 가운데 있었다. 그래서 그들은 일반적으로 잠정 협정(modus vivendi)이 가능할 것이라고 생각했고, 심지어 '유대인 문제의 해결'에 협력하겠다는 제안까지 했다.

요컨대, 아이히만이 유대인 문제에 대한 수습 과정을 시작해서 4년 후 '전문가'로 인정받게 되었을 때 그리고 그가 유대인 관계자들과 처음 접촉했을 때, 시온주의자와 동화주의자 모두 위대한 '유대인 부흥' '독일계 유대인의 위대한 건설 운동'에 대해 이야기했다. 그들은 여전히 유대인의 이민이 바람직한지에 대한 이념적 논쟁을 벌였다. 마치 그것이 자신들의 결정에 달린 것처럼 말이다.

아이히만이 어떻게 그 부서로 배치되었는지에 대해 경찰신문에서 했던 설명은 물론 왜곡되었지만, 진실에서 완전히 벗어난 것은 아니다. 이 설명은 이상하게도 바보들의 낙원을 떠올리게 했다. 처음 일어난 일은 그의 새로운 상관인 폰 밀덴슈타인이 그에게 시온주의 고전인 테오도어 헤르츨의 『유대인의 국가』(*Der Judenstaat*)를 읽게 한 것이다. 이 책으로 아이히만은 곧바로 그리고 영원히 시온주의자로 개

---

* Hans Lamm, *Über die Entwicklung des deutschen Judentums*, 1951.

종했다. 밀덴슈타인은 곧 알베르트 슈페어[8]가 이끈 오르가니자치온 토트[9]로 옮겨 그곳에서 고속도로 건설을 맡게 되었다. (그는 아이히만이 흉내 내던 직업인 엔지니어였다.) 헤르츨의 책은 아이히만이 진지하게 읽은 첫 번째 책이었는데, 그에게 지속적인 인상을 남겼다.

이후 그는 '정치적 해결책'(추방을 의미하는데, 이는 나중에 사용한 절멸을 의미하는 '물리적 해결'과 대비된다)과 "유대인의 발밑에 확고한 기반을 마련하는" 방법에 대해서만 생각했다고 거듭 말했다. (1939년까지도 그는 빈에 있는 헤르츨의 무덤을 모독한 자들에게 항의했던 것으로 보이며, 헤르츨 사망 35주년 기념행사에 그가 사복을 입고 참석했다는 보고가 있다는 점은 언급할 만하다. 이상하게도 예루살렘에서 이러한 사실들에 대해 이야기하지 않았지만, 그곳에서 유대인 관계자들과 좋은 관계를 유지했다고 계속해서 자랑했다.)

이 사업을 돕기 위해 아이히만은 친위대 동료들에게 강의하고 팸플릿을 쓰면서 그런 복음을 전파하기 시작했다. 그후 그는 약간의 히브리어를 수박 겉 핥기식으로 익혔는데, 이로 인해 그는 이디시어 신문을 더듬거리며 읽을 수 있는 정도가 되었다. 이것은 별로 힘든 일이 아니었다. 이디시어는 기본적으로 히브리어로 쓴 오래된 독일어 방언이어서, 독일어를 할 수 있는 사람은 히브리어 단어 몇십 개만 익히면 누구나 이해할 수 있기 때문이다.

아이히만은 심지어 또 한 권의 책, 아돌프 뵘의 『시온주의의 역사』

---

8) 알베르트 슈페어(Albert Speer)는 히틀러의 측근으로 정치가이자 건축가였고, 나치 독일의 군수장관을 지냈다. 뉘른베르크 국제군사재판에서 20년을 언도받고 복역 후 석방되었다.

9) 오르가니자치온 토트(Organisation Todt)는 기술자이자 나치당 고위 간부였던 프리츠 토트(Fritz Todt)가 창설한 나치 독일의 민간 및 군 기술 조직으로, 그의 이름을 따라 명명되었다. 1938년에 창설되어 나치 독일의 대규모 기술 프로젝트를 수행했고 나중에는 모든 강제수용소 건축을 담당했다.

(*History of Zionism*)를 읽었다(그는 재판 중에 이 책과 헤르츨의『유대인의 국가』를 계속 혼동했다). 그 자신의 설명에 의하면 신문 이외는 뭐든 읽기를 아주 싫어했고 또 집안 서재의 책들을 전혀 읽지 않아 아버지를 낙담시킨 그에게 이 일은 상당한 성취로 느껴졌을 것이다. 그는 뵘의 연구를 계속해서 시온주의 운동 조직의 편제와 더불어 모든 정당, 청소년 단체 그리고 다양한 프로그램을 연구했다. 이것만으로 그가 '권위자'가 된 것은 아니지만, 시온주의 사무소와 그들의 회의에 대한 공식 정보원 임무를 맡기에는 충분했다. 유대인 문제에 관한 그의 학습이 거의 전적으로 시온주의에 초점을 맞추고 있었다는 점은 주목할 만하다。

모두 오랫동안 활동해온 저명한 시온주의자인 유대인 관계자들과 아이히만의 첫 개인적인 접촉은 매우 만족스러웠다. 그가 '유대인 문제'에 그렇게 매혹된 이유는 그 자신의 '이상주의' 때문이었다고 그는 설명했다. 그가 늘 경멸했던 동화주의자들과 그를 지루하게 만든 정통파 유대인들과는 달리, 이 유대인들은 그와 같은 '이상주의자'였다.

아이히만의 생각에 따르면 '이상주의자'란 단지 어떤 '이상'을 신봉하거나 또는 도둑질하거나 뇌물을 받지 않는 사람만을 의미하는 것이 아니었다. 물론 이러한 조건도 필수적이기는 했다. '이상주의자'란 자신의 이상을 위해 살았던 사람, 즉 사업가는 될 수 없는 사람이었으며, 또 자신의 이상을 위해서라면 모든 것, 특히 모든 사람을 희생할 준비가 된 사람이었다.

아이히만이 경찰신문에서 필요하다면 자신의 아버지마저도 죽음으로 내몰았을 것이라고 말했을 때, 그는 단지 자신이 어느 정도로 명령을 받고 있고 또 그것에 복종할 준비가 되어 있는지를 강조하려 한 것만이 아니었다. 그는 자신이 항상 어떤 '이상주의자'인지를 보여주려 한 것이기도 했다. 완벽한 '이상주의자'는 다른 모든 사람과 마찬가지로 당연히 개인적인 감정을 지니고 있지만, 만일 그 감정이 자신의 '이상'과 충돌한다면 결코 자신의 행동이 방해받도록 내버려두지 않을 것이다.

아이히만이 유대인들 가운데 만난 가장 위대한 '이상주의자'는 루돌프 카스트너(Rudolf Kastner) 박사였다. 아이히만은 헝가리에서 유대인들을 강제이송하는 기간에 그와 협상을 했고, 수십만 명의 유대인을 아우슈비츠로 이송하던 여러 수용소에서 '안정과 질서'를 유지하는 대가로, 수천 명의 유대인이 팔레스타인으로 '불법적으로' 떠나는 것을 허용하기로 합의에 이르렀다(실제로 열차들은 독일 경찰의 호위를 받았다).

이 합의로 구출된 수천 명의 저명한 유대인과 시온주의 청년단 조직원은 아이히만의 말에 의하면 '최고의 생물학적 재료'였다. 아이히만이 이해한 바에 따르면, 카스트너 박사는 자신의 '이상'을 위해 동료 유대인들을 희생시켰는데 이는 마땅히 해야 할 일이었다. 아이히만 재판의 세 재판관 중 한 명인 베냐민 할레비(Benjamin Halevi) 판사는 이스라엘에서 열렸던 카스트너 재판을 담당했는데, 그때 카스트너는 아이히만과 다른 나치 고위 인사들과의 협력에 대해 자신을 변호해야 했다. 할레비의 의견으로는 카스트너가 "자신의 영혼을 악마에게 팔았다"고 했다. 이제 피고석에 선 그 악마가 '이상주의자'임이 드러났는데, 믿기 어려울 수도 있겠지만 영혼을 판 사람 또한 '이상주의자'였을 가능성이 아주 크다.

이 모든 일이 일어나기 훨씬 전에, 아이히만은 수습 기간 동안 배운 것을 실제로 적용할 첫 번째 기회를 얻었다. 1938년 3월 안슐루스(Anschluss, 오스트리아가 독일에 합병된 사건) 이후 아이히만은 빈으로 파견되어 독일에서는 전혀 알려지지 않았던 종류의 이민을 조직하게 되었다. 당시 독일에서는 1938년 가을까지만 해도 유대인이 원한다면 출국이 허용되지만 강요되지는 않는다는 거짓말이 유지되고 있었다. 독일계 유대인이 이 거짓말을 믿은 이유 중 하나는 1920년에 수립된 국가사회주의독일노동당(나치당)의 강령 때문인데, 이 강령은 바이마르 헌법과 마찬가지로 결코 공식적으로 폐지되지 않는 기묘한 운명을 공유하고 있었다. 히틀러는 그 25개 조항이 "변경 불가"하다고 선언하기까지 했다.

나중에 일어난 사건들에 비추어볼 때 그 반유대주의적 조항들은 사실상 해가 없는 것이었다. 유대인은 완전한 시민이 될 수 없었고, 공무원직을 맡을 수 없었으며, 언론에서 배제되었고, 제1차 세계대전이 발발한 1914년 8월 2일 이후로 독일 시민권을 획득한 사람들은 시민권을 박탈당했는데, 이는 그들이 추방 대상이 된다는 의미였다. (시민권은 즉시 박탈됐지만, 약 1만 5,000명의 유대인에 대한 전면적인 추방은 이런 일이 일어나리라고 더는 아무도 생각하지 않게 된 5년 후에 일어나, 그들은 하루아침에 폴란드 국경 너머 즈봉신으로 넘겨져 즉시 수용소에 수용되었다.)

나치 관리들은 당 강령을 결코 진지하게 여기지 않았다. 그들은 당과는 구별되는 운동에 소속되어 있다는 자부심이 있었으며, 운동은 강령에 구속받을 수 없다고 생각했다. 심지어 나치가 권력을 잡기 전에도 이 25개 조항은 정당 체제와 자신이 합류할 당의 강령이 무엇인지 물어볼 만큼 구식이었던 잠재적 유권자들에 대한 일종의 양보에 불과했다. 우리가 보았듯이 아이히만은 그런 유감스러운 습관이 없었기 때문에 그가 예루살렘 법정에서 히틀러의 강령을 몰랐다고 말했을 때 그는 십중팔구 진실을 말한 것이다.

아이히만은 "당의 강령은 중요하지 않았어요. 자신이 어디에 합류하는지는 알고 있었으니까요"라고 말했다. 반면에 유대인들은 이 25개

조항을 암기하고 믿을 만큼 시대에 뒤떨어져 있었다. 그들은 당 강령의 합법적 시행과 모순되는 모든 것을 일탈하는 일부의 행동이나 집단의 일시적인 '혁명적 과잉'으로 치부하는 경향이 있었다.

하지만 1938년 3월 빈에서 일어난 일은 완전히 달랐다. 아이히만의 임무는 '강제이주'로 규정되어 있었고, 그 말은 문자 그대로의 의미를 담고 있었다. 즉 모든 유대인은 자신의 의지나 시민권과 상관없이 강제로 이주해야 했으며, 이는 통상적인 말로는 추방을 의미한다. 아이히만은 자신의 인생 가운데 이 12년을 되돌아볼 때마다 오스트리아 유대인 이주 센터의 책임자로 빈에서 보냈던 이 한 해를 가장 행복하고 성공적인 시기로 꼽았다. 그 직전에 그는 장교로 승진해서 소위인 하급돌격지도자[10]가 되었다. 그리고 '유대인의 조직과 이데올로기에 대한 포괄적인 지식'을 갖추었다고 칭찬받았다.

빈에서의 임무는 아이히만이 담당한 첫 번째 중요한 임무였고, 다소 더디게 진행되던 경력 전체의 성패가 여기에 달려 있었다. 그는 분명 좋은 성과를 내기 위해 열성적이었을 것이고, 그의 성공은 눈부셨다. 8개월 만에 4만 5,000명의 유대인이 오스트리아를 떠났는데, 같은 기간 독일을 떠난 유대인은 1만 9,000명에 불과했다. 18개월도 채 되지 않아 오스트리아에서는 유대인 인구의 약 60퍼센트에 해당하는 15만 명에 가까운 사람이 '청소'되었는데, 이들은 모두 다 '합법적으로' 이 나라를 떠났다. 심지어 전쟁이 터진 후에도 대략 6만 명의 유대인이 탈출할 수 있었다.

아이히만은 어떻게 이 모든 일을 해냈을까? 이 모든 것을 가능케

---

10) 하급돌격지도자(Untersturmführer)는 나치 독일의 무장 친위대 및 친위대에서 사용된 장교 계급으로 준군사적 성격을 반영한 명칭이다. 장교 중에서 가장 낮은 계급이며, 바로 위 계급은 중위에 해당하는 상급돌격지도자(Obersturmführer)다.

한 기본적인 아이디어는 물론 그의 머리에서 나온 것이 아니라, 그를 애초에 빈으로 보냈던 하이드리히의 구체적인 지시에 따른 것이었다. (아이히만은 이 아이디어가 원래 누구의 것인지에 대해서 모호하게 말했지만, 자신의 생각이라는 암시를 주었다. 반면에 야드 바셈의 공보에 따르면 "아돌프 아이히만의 전적인 책임"이라는 환상적인 '주장'과 "한 사람, 즉 아이히만의 정신이 이 모든 일의 배후에 있었다"는 더 환상적인 가설에 얽매여, 이스라엘 당국은 아이히만이 자신을 빌린 깃털로 장식하려는 노력에 상당한 도움을 주었다. 어쨌든 그는 그러한 성향이 강했다.) 크리스탈나흐트 당일 아침에 하이드리히가 괴링과의 회의에서 설명한 것처럼, 그 아이디어는 아주 간단하고 기발했다.

"우리는 유대인 공동체를 통해 이주를 원하는 부유한 유대인에게서 일정 금액을 뜯어냈다. 이 금액과 추가적인 외화를 지불함으로써 가난한 유대인이 떠날 수 있게 했다. 문제는 부유한 유대인을 떠나게 하는 게 아니라 유대인 폭민(the mob)을 제거하는 것이었다."

그런데 이 '문제'는 아이히만이 해결한 것이 아니었다. 재판이 끝난 후에야 네덜란드 국립전쟁문서연구소로부터, 에리히 라야코비치라는 '뛰어난 변호사'가 '이주 기금' 아이디어를 고안해냈다는 사실을 밝혀냈다. 아이히만의 증언에 의하면 자신이 라야코비치를 "빈, 프라하, 베를린에 있는 유대인 이민 센터의 법률 문제 처리를 위해 고용"했다. 그로부터 얼마 후인 1941년 4월 하이드리히는 라야코비치를 네덜란드로 파견해서 "유럽의 모든 점령국에서 '유대인 문제 해결'에 대한 모범이 될 중앙사무소를 설립"하게 했다.

하지만 실행 과정에서만 해결할 수 있는 문제가 충분히 남아 있었고, 여기서 아이히만은 생전 처음으로 자신의 특별한 자질을 발견했다. 그는 남들보다 두 가지를 잘할 수 있었다. 그 두 가지는 조직화와 협상이었다. 그는 도착하자마자 유대인 공동체 대표들과 협상을 시작했는데, 아이히만은 그들을 감옥과 강제수용소에서 풀어주어야 했다. 오스트리아에서는 '혁명적 열의'가 독일의 초기 '과잉'을 훨씬 능가 했기 때문에 실질적으로 모든 저명한 유대인이 투옥되었기 때문이다. 이 경험이 있고 난 후 아이히만은 유대인 관계자들에게 이민이 바람 직하다고 설득할 필요가 없어졌다. 오히려 그들은 아이히만에게 앞으 로 닥쳐올 엄청난 어려움이 무엇인지 알려주었다.

이미 '해결된' 재정 문제 외에 가장 큰 어려움은 모든 이민자가 출 국 전에 취득해야 하는 수많은 서류였다. 서류마다 일정 기간만 유효 했기 때문에, 마지막 서류를 취득하기 훨씬 전에 첫째 서류는 이미 무효가 되었다. 아이히만은 이 모든 일이 어떻게 돌아가는지, 아니 왜 제대로 안 돌아가는지를 이해하자마자, "혼자 고민해서" "양쪽 입장 모두에 부합하는 생각을" 해냈다.

아이히만은 "시작점에서 첫째 서류가 제출되고 이어서 다른 서류 가 처리되며, 마지막에는 최종 결과물로 여권이 나오는 조립 라인"을 구상했다. 이것은 재무부, 국세 당국, 경찰, 유대인 공동체 등 관련 기 관의 관계자들이 한 지붕 아래에 모여 신청자가 보는 앞에서 바로 업 무를 처리하게 함으로써 실현할 수 있었다. 이제 신청자는 더는 이곳 저곳으로 뛰어다닐 필요가 없었고, 굴욕적인 괴롭힘이나 뇌물 비용 에서도 벗어날 수 있을 것이었다. 모든 것이 잘 준비되고 조립 라인 에서 일이 매끄럽고 신속하게 진행되자 아이히만은 베를린의 유대인 관계자들을 '초대'하여 이를 점검하게 했다. 그들은 경악했다.

"이건 마치 제빵소와 제분소가 연결된 자동화 공장 같네요. 한쪽 끝 에 재산, 공장, 상점 또는 은행 계좌를 가진 유대인을 투입하면, 그는 건물 안에서 이 창구에서 저 창구, 이 사무실에서 저 사무실로 옮겨다 니고, 다른 쪽 끝에서는 돈과 권리 없이 '귀하는 2주 이내에 출국해야 함. 그렇지 않을 시 강제수용소에 수용됨'이라고 쓰인 여권만을 들고 나오게 되는군요.”

물론 이것은 본질적으로 그 절차에 대한 진실이기는 해도 완전한 진실은 아니었다. 왜냐하면 그 당시 어느 나라에서도 돈 없는 유대인을 받아들이지 않았을 것이기에 ‘돈 한 푼 없이’ 떠날 수는 없었기 때문이다. 유대인이 수용 국가에서 비자를 받고 이민국을 통과하기 위해 보여야 할 금액인 ‘지참금’(Vorzeigegeld)이 필요했기에, 그만큼의 금액은 그들에게 주어졌다. 이 금액을 지급하려면 그만큼의 외화가 필요했는데 제국은 유대인에게 돈을 낭비할 생각이 없었다. 필요한 금액을 외국에 있는 유대인 계좌를 통해 감당할 수도 없었다. 애초에 그 계좌들은 오랫동안 불법이었기 때문에 접근하기가 어려웠다.

그래서 아이히만은 유대인 관계자들을 해외로 보내 대규모 유대인 단체에 자금을 요청하도록 했고, 유대인 공동체는 이 자금을 예비 이민자들에게 상당한 이익을 남기고 판매했다. 예컨대 시장가 4.20마르크인 1달러를 10마르크 또는 20마르크에 팔았다. 주로 이런 방식으로 유대인 공동체는 가난한 유대인이나 해외 계좌가 없는 사람들에게 필요한 돈뿐만 아니라, 공동체 활동을 대규모로 확장하는 데 필요한 자금을 자체적으로 확보했다. 아이히만이 독일 금융 당국, 재무부와 국고국의 저항 없이 이 거래를 이루어낼 수는 없었다. 무엇보다도 이 거래가 마르크화의 평가절하로 이어진다는 사실을 당국이 모를 리 없었기 때문이다.

허풍은 아이히만을 파멸로 이끈 악덕이었다. 그는 전쟁 막바지에 부하들에게 이렇게 허풍을 떨었다.

“500만 명의 유대인[또는 그가 항상 주장했던 대로, ‘제국의 적’]의 죽음이 양심에 걸린다는 사실이 나에게 특별한 만족감을 주기 때문에, 나는 웃으며 내 무덤에 뛰어들 것이다.”

아이히만은 투신하지 않았다. 그의 양심에 걸리는 것이 있었다면 그것은 살인이 아니라, 나중에 밝혀진 것처럼, 그가 가장 좋아한 유대인 가운데 한 명인 빈 유대인 공동체의 수장 요제프 뢰벤헤르츠 박사의 따귀를 때린 일이었다. (당시 그는 직원들 앞에서 사과하긴 했지만, 이 사건은 계속 그를 괴롭혔다.)

모든 나치 기관과 당국의 공동 노력으로 발생한 대략적인 총 희생자 수인 500만 유대인의 죽음이 자신의 책임이라고 주장한 것은 터무니없었으며, 아이히만 자신도 이를 아주 잘 알고 있었다. 그러나 그는 자기 말을 듣는 모든 이에게 이 저주받을 말을 **역겹도록** 반복했다. 심지어 12년 후 아르헨티나에서도 계속했는데, 이는 "[자신이] 이런 식으로 무대에서 퇴장하고 있다는 생각에서 엄청난 심리적 고양감을 느꼈기 때문"이었다. (헝가리에서 아이히만을 알고 지낸 피고 측 증인인 전 참사관 호르스트 그렐은 아이히만이 허풍을 떨었다고 생각한다고 증언했다. 이 점은 그의 터무니없는 주장을 들은 모든 사람에게 명백했을 것이다.)

아이히만이 게토 제도를 '발명했다'든가, 모든 유럽 유대인을 마다가스카르로 보내는 '발상을 했던' 척한 것은 순전히 허풍이었다. 아이히만이 '창안자'라고 주장한 테레지엔슈타트 게토[11]는 동쪽의 점령지역에 게토 시스템이 도입된 지 몇 년이나 지나서야 설립되었다. 그리고 특정 특권 계층을 위한 특별 게토를 설치하는 것은 게토 시스템과 마찬가지로 하이드리히의 '아이디어'였다.

마다가스카르 계획은 독일 외무부에서 '탄생한' 것 같다. 그리고 이 계획에 대한 아이히만의 기여는 그가 아꼈던 뢰벤헤르츠 박사에게 크게 빚지고 있음이 밝혀졌다. 아이히만은 그에게 초안을 써주며 약

---

11) 체코 프라하 북부에 위치한 도시. 원래 주민들을 옮기고 강제수용소를 만들었다. 약 14만 4,000명의 유대인이 수용되었고 그중 3만 3,000명이 여기서 죽었으며, 8만 8,000명은 아우슈비츠 강제수용소 등으로 이송되었다. 전쟁이 끝났을 때 1만 9,000명만 생존해 있었다. 체코 지명은 테레진이다.

400만 명의 유대인을 전쟁 후 유럽에서 어떻게 이송할 것인지에 대한 '몇 가지 기본적인 생각'을 만들어내게 했다. 마다가스카르 계획이 일급비밀이었으므로, 아마도 팔레스타인으로의 수송을 염두에 둔 것으로 추정된다. (재판에서 뢰벤헤르츠 보고서가 제시되었을 때, 아이히만은 그 저작권을 부인하지 않았다. 이는 그가 진정으로 당황스러움을 보인 몇 안 되는 순간 중 하나였다.)

결국 아이히만을 체포하게 만든 것은 호언장담하고픈 그의 강박적인 충동이었다. 그는 "세상을 떠도는 무명의 방랑자가 되는 것에 진절머리가 났다." 이 충동은 시간이 지날수록 상당히 강화되었음이 분명하다. 가치가 있다고 생각할 만한 일이라고는 전혀 없었기 때문만 아니라, 전후 시대가 그에게 예상치 못한 '명성'을 부여했기 때문이기도 하다.

그러나 허풍은 흔한 악덕인 데 반해, 아이히만의 성격에서 더 구체적이고 결정적인 결함은 타인의 관점에서 어떤 것도 보지 못하는 거의 완전한 무능함이었다. 이러한 결함은 빈에서 일어난 일화에 대한 그의 설명에서 가장 두드러지게 드러났다. 그와 그의 부하들 그리고 유대인들은 모두 "함께 힘을 모았고," 어려움이 있을 때마다 유대인 관계자들은 "마음의 짐을 덜기 위해" 그에게 달려와 "모든 슬픔과 아픔"을 털어놓고 도움을 요청하곤 했다는 것이다. 유대인은 이민을 "원했고," 아이히만 자신은 그들을 도우려고 거기에 있었다. 이는 우연히도 같은 시기에 나치 당국이 그들의 제국을 유대인 없는 지역으로 만들기를 바랐기 때문이다.

이 두 가지 바람은 일치했고, 아이히만은 "양쪽 모두에게 공정할 수 있었다." 재판에서 아이히만은 이 이야기에 대해 한 치도 물러서지 않았다. 비록 그가 "시대가 너무 많이 변한" 오늘날에는 유대인들이 이처럼 "함께 힘을 모았던" 일을 별로 기억하고 싶어 하지 않을 것이며, 또 그가 "그들의 감정을 상하게 하고 싶지 않다"는 점에는 동의했지만 말이다.

1960년 5월 29일부터 1961년 1월 17일까지 진행된 경찰신문 기록의 독일어 원문은 아이히만에 의해 각 페이지의 내용이 수정되고 승인되었다. 이 자료는 심리학자에게 진정 금광과 같다. 그 심리학자가 끔찍한 것이 우스꽝스러울 뿐만 아니라 단적으로 재미있을 수도 있음을 이해할 만큼 현명하다면 말이다. 이 코미디의 일부는 영어로는 전달할 수 없는데, 그 이유는 아이히만이 독일어와 벌이는 영웅적인 싸움 때문이다. 아이히만은 이 싸움에서 항상 패배한다.

아이히만이 종종 '날개 달린 말'(geflügelte Worte, 고전에서 유명한 인용구를 뜻하는 독일어 구어체)이라고 말하면서 실제로는 상투적인 표현(Redensarten)이나 슬로건(Schlagworte)을 내뱉는 모습은 우스꽝스러웠다. 주심 재판장이 독일어로 진행한 자센 문건에 대한 반대신문에서, 아이히만이 자신의 이야기에 생기를 불어넣으려는 자센의 노력에 저항했던 점을 가리키며 '맞수를 두다'(kontra geben)라는 표현을 사용했을 때도 우스꽝스러웠다. 카드 게임의 묘수를 몰랐던 것이 확실한 란다우 재판관은 그 말을 이해하지 못했고, 아이히만은 그것을 표현할 다른 방법을 생각할 수 없었다.

학교 시절에도 그를 괴롭혔을 가벼운 실어증을 어렴풋이 인지한 아이히만은 "관청 용어[Amtssprache]만이 나의 언어입니다"라며 사과했다. 그런데 여기서 중요한 점은, 그가 실로 상투어가 아닌 문장을 단 한마디도 말할 수 없었기 때문에 관청 용어가 그의 언어가 되었다는 것이다. (정신과 의사들이 그렇게 '정상적'이고 '바람직'하다고 생각한 것이 바로 이 상투어였을까? 성직자가 영혼을 돌보는 대상에게 바라는 '긍정적인 생각'이 이런 것들일까? 예루살렘에서 아이히만이 자신의 이런 긍정적인 면모를 보여줄 최고의 기회는, 그의 정신적·심리적 안녕을 담당하는 젊은 경찰관이 그에게 쉬면서 읽으라고 『로리타』[12]를 건넸을 때 찾아왔다. 이틀 뒤 아이히만은 몹시 분개하며 책을 돌려주었다. 그는 자신의 간수에게 "아주 불쾌한 책이군요"Das ist aber ein sehr unerfreuliches Buch라고 말했다.)

재판관들이 피고인에게 그가 한 모든 말이 "공허한 말"이었다고 최종적으로 말했을 때 그들은 분명 옳았다. 다만 그 공허함은 위장이며, 피고가 공허하지 않은 끔찍한 다른 생각들을 숨기려고 그런 말을 했다고 생각한 것은 옳지 않았다. 이 추측이 반박되는 것은, 아이히만의 다소 나쁜 기억력에도 불구하고 자기에게 중요한 일이나 사건에 대해 매번 같은 상투적인 표현과 스스로 고안한 상투어를 단어 하나 틀리지 않고 놀라운 일관성으로 반복한 점 때문이다. (그는 자기만의 문장을 구성했을 때, 그 말이 상투어가 될 때까지 반복했다.)

아르헨티나에서 회고록을 쓸 때나 예루살렘에서 쓸 때, 경찰 조사관에게 말할 때나 법정에서 말할 때, 아이히만의 말은 항상 같았고 똑같은 단어로 표현되었다. 그의 말을 오래 들을수록, 그의 말의 무능함(inability to speak)은 그의 생각의 무능함(inability to think), 즉 타인의 입장에서 생각하기의 무능함과 긴밀하게 연결되어 있음이 더욱 분명해졌다. 그와는 어떠한 소통도 불가능했는데, 이는 그가 거짓말을 해서가 아니라, 그가 타인의 말과 존재로부터, 따라서 현실 그 자체(reality as such)로부터 자신을 보호하는 가장 확실한 안전장치에 둘러싸여 있었기 때문이었다.

그래서 유대인 경찰관의 신문을 받는 현실을 직면한 8개월 동안 아

---

12) 『로리타』(Lolita)는 러시아 출신 작가 블라디미르 나보코프가 영어로 쓴 1955년 출간 소설로, 중년 남성 험버트가 12세 소녀 돌로레스 헤이즈(로리타)에게 성적 집착을 보이며 벌어지는 이야기를 다룬다. 이 작품은 출간 당시부터 큰 논란을 불러일으켰으며, 미성숙한 소녀에 대한 성적 집착을 뜻하는 '로리타 콤플렉스'라는 용어의 기원이 되었다.

이히만은 조금도 주저하지 않고 친위대에서 더 높은 계급을 얻지 못한 것이 자신의 잘못이 아니라고 상당히 길게 반복해서 설명했다. 그는 모든 것을 다했고, 심지어 현역 군 복무를 요청하기까지 했다.

"전선으로 가자. 그러면 친위대 연대지도자(대령)[13]가 더 빨리 될 거라고 스스로에게 말했습니다."

그러나 법정에서는 이와 반대로 살인적 임무를 피하고 싶어서 전출을 요청한 척했다. 아이히만은 이 점을 크게 강조하지는 않았다. 그러나 이상하게도, 레스 대위에게 동부의 이동학살부대에 지명되기를 희망했다고 말했던 것은 문제가 되지 않았고 추궁당하지 않았다. 돌격대가 창설된 1941년 3월에 그의 부서는 '죽은' 상태였기 때문이다. 더 이상의 이주는 없었고 강제이송은 아직 시작되지 않았던 것이다. 끝으로, 아이히만의 가장 큰 야망은 어느 독일 마을의 경찰서장으로 승진하는 것이었는데, 이 역시 이루어지지 않았다. 이 신문 기록을 그토록 우스꽝스럽게 만들었던 점은 모든 내용이 자신의 불운한 인생 이야기에 대해 '정상적이고 인간적인' 동정을 얻을 것이라고 확신하는 사람의 어조로 말해졌다는 점이다.

"내가 준비하고 계획한 것이 무엇이든, 모든 게 잘못되었습니다. 유대인에게 땅과 토지를 얻어주려던 수년간의 노력뿐만 아니라 나의 개인적인 일들 모두 말이죠. 글쎄요, 모든 게 사악한 마법에 걸린 것 같았어요. 내가 원하고 바라고 또 계획하는 것이 무엇이든 간에 운명은 어떻게든 막아버렸어요. 무슨 일이든, 모든 일에서 나는 좌절했습니다."

한 전직 친위대 연대지도자가 제시한, 아이히만의 유죄를 시사하

---

13) Standarte는 준군사조직인 돌격대와 친위대에서 사용된 연대급 규모의 부대 단위로 일반적으로 300~500명으로 구성되었다. 연대지도자(Standartenführer)는 그 지휘관이며 대령에 준하는 계급이다.

지만 거짓일 수 있는 어떤 증언에 대해 레스 대위가 아이히만에게 물었을 때, 아이히만은 갑자기 분노로 말을 더듬으며 이렇게 외쳤다.

“그런 사람이 친위대 연대지도자가 될 수 있었다는 사실에 저는 정말 놀랐습니다. 정말이지 매우 놀랍습니다. 이것은 전혀, 전혀 상상할 수 없는 일입니다. 뭐라고 말해야 할지 모르겠네요.”

아이히만이 과거의 삶의 기준을 지금도 옹호하려는 저항 정신으로 이런 말을 한 것은 결코 아니었다. ‘친위대’ ‘경력’ ‘힘러’(아이히만은 힘러를 전혀 존경하지 않았지만 그를 언제나 긴 공식 직함인 ‘친위대 국가지도자 겸 독일 경찰청장’으로 불렀다)라는 단어들은 그의 내면에서 완전히 변경 불가능하게 된 어떤 메커니즘을 촉발했다. 레스 대위의 존재는 이 메커니즘을 한순간도 흔들어놓지 못했다. 독일 출신 유대인인 그는 친위대원들이 높은 도덕적 자질을 발휘하여 경력을 쌓는다고는 결코 생각하지 않았을 것이다.

때때로 코미디가 갑자기 공포 그 자체가 되고, 그 결과 그 섬뜩한 유머는 모든 초현실적 창작 유머를 쉽게 능가하는, 충분히 사실 같은 이야기로 끝난다. 아이히만이 경찰 조사 중에 말한, 빈 유대인 공동체 대표 중 한 명이었던 불운한 상업고문관 스토르퍼의 이야기가 바로 그러했다. 아이히만은 아우슈비츠 사령관 루돌프 회스에게서, 스토르퍼가 도착했으며 아이히만을 급히 만나고 싶어 한다는 전보를 받았다.

“나는 스스로에게 말했죠. 좋아, 이 사람은 언제나 태도가 좋으니 내가 시간을 할애할 가치가 있지. … 내가 직접 가서 문제가 뭔지 알아봐야겠어. 그래서 나는 에브너(빈 게슈타포의 수장)에게 갔는데, 어렴풋이밖에 기억나지 않지만, 에브너는 ‘그가 좀 서툴지 않았으면 좋았을 텐데. 그는 숨으려고 했고, 도망치려고 했지’ 뭐 이 비슷한 말을 했습니다. 경찰은 그를 체포해서 강제수용소로 보냈는데, 거기는 친위대 국가지도자(힘러)의 명령에 따라 한번 들어가면 아무도 나올 수 없었습니다. 할 수 있는 게 없었죠. 에브너 박사나 나 또는 그 누구도 할 수 있는 게 없었어요.

나는 아우슈비츠로 가서 회스에게 스토르퍼를 만나게 해달라고 요청했습니다. (회스가 말하기를) '그래, 그래. 그는 노동반 중 한 곳에 속해 있어.' 그후 스토르퍼와는, 음, 정상적이고 인간적이었죠. 우린 정상적인, 인간적 만남을 가졌어요. 그는 저에게 자기의 모든 슬픔과 비애를 말했어요. 나는 '그래요, 내 친애하는 오랜 친구[Ja, mein lieber guter Storfer], 정말 힘들게 됐네요! 정말 운이 나빴어요!'라고 말했어요.

그리고 나는, '보세요, 저는 정말 당신을 도울 수 없어요. 친위대 국가지도자의 명령 때문에 아무도 나갈 수 없게 되어 있어서요. 저는 당신을 빼낼 수 없어요. 에브너 박사도 못 해요. 당신이 실수를 저질렀다고 들었어요. 숨으려 했고 도망치려고 했다고요. 사실 그럴 필요는 없었어요'라고 말했죠. [아이히만의 말은 스토르퍼가 유대인 관계자의 일원이어서 강제이송에서 면제될 수 있다는 뜻이었다.] 여기에 대해 그가 뭐라고 대답했는지 잊어버렸어요.

나는 그가 어떻게 지내는지 물어봤지요. 그러자 그는 일에서 빠질 수 없는지 물어왔어요. 중노동이었다더군요. 그래서 나는 회스에게 '일이라뇨, 스토르퍼는 일할 필요가 없잖아요!'라고 말했습니다. 회스는 '여기선 모두가 일합니다'라고 말했어요. 그래서 나는 '알았어요'라며, 계속 말했죠, '제가 서류를 하나 써서 스토르퍼가 빗자루로 자갈 포장로를 정돈하는 일을 할 수 있게 하겠어요'라고 말했습니다. 그때 그곳에는 작은 자갈길들이 있었는데 '그가 빗자루를 옆에 두고 벤치에 앉아 있을 권리를 가지게 될 겁니다.'

저는 [스토르퍼에게] '이 정도면 괜찮으시겠어요, 스토르퍼 씨? 그 일이 당신에게 맞을까요?'라고 말했습니다. 그러자 그는 매우 기뻐했고, 우리는 악수했습니다. 그는 빗자루를 받았고, 벤치에 앉았죠. 그토록 오랜 세월 동안 함께 일한 사람을 마침내 만나고, 서로 대화할 수 있었던 것은 내게 큰 내면적 기쁨을 주었지요."

이 정상적인 인간적 만남이 있은 지 6주 후 스토르퍼는 죽었다. 가스실에서 살해된 것이 아니라, 총살당한 것으로 보인다.

이것은 불성실(bad faith)의 교과서적 사례, 즉 거짓된 자기기만이 터무니없는 어리석음과 결합한 교과서적인 사례인가? 혹은 자신의 범죄가 현실의 한 부분이 되어버려 그 현실을 직시할 여유가 없는, 영원히 뉘우치지 않는 범죄자(도스토옙스키는 자신의 일기에서 시베리아에 있는 수많은 살인자와 강간범, 강도 중 자신의 잘못을 인정하는 사람은 한 명도 만나지 못했다고 언급한 적이 있다)의 사례일 뿐인가? 하지만 아이히만의 경우는 평범한 범죄자의 경우와 다르다. 일반적인 범죄자는 자기의 범죄 집단이라는 좁은 한계 안에서만 비범죄적인 세계의 현실로부터 자신을 효과적으로 방어할 수 있기 때문이다.

아이히만은 자기가 거짓말을 하고 있지 않고, 스스로 기만하고 있지 않다고 확실히 느끼기 위해 단지 과거를 회상하기만 하면 됐다. 아이히만 그리고 아이히만이 살았던 세상은 한때 완벽한 조화를 이루고 있었기 때문이다. 그리고 8,000만 명으로 이루어진 저 독일 사회도 완전히 같은 수단으로, 같은 자기기만으로, 거짓말로, 아이히만의 정신 속에 지금은 각인되어버린 어리석음으로, 현실과 사실성에 대해 방어막을 쳤다.

이 거짓말들은 해마다 변했으며, 자주 서로 모순을 일으켰다. 더욱이 그 거짓말이 당의 위계 내 여러 지부 혹은 일반 대중에게 반드시 동일하게 제시되지도 않았다. 하지만 자기기만이라는 관행은 너무나 일반적으로 되어 생존을 위한 도덕적 선행조건이 되었고, 그래서 나치 정권이 붕괴한 지 18년이나 지나 그 거짓말의 구체적인 내용 대부분이 잊힌 지금까지도 거짓말이 독일 국민성의 필수적인 부분이 되었다고 믿지 않기가 때때로 어렵게 되었다.

전쟁 기간 동안 독일 국민 전체에게 가장 효과적이었던 거짓말은 히틀러나 괴벨스가 만든 "독일 민족을 위한 운명의 전쟁"[der Schicksalskampf des deutschen Volkes]이라는 구호였다. 이는 세 가지 면에서 더 쉽게 자기기만에 빠지게 했다. 첫째, 전쟁은 전쟁이 아니라는 것을 암시했다. 둘째, 전쟁은 독일이 아니라 운명이 시작했다는 것을 암시했다. 셋째, 전쟁은 독일인의 생사가 걸린 문제이며, 독일인은 적을 전멸시키거나 전멸당해야 한다는 것을 암시했다.

아르헨티나에서뿐만 아니라 예루살렘에서도 아이히만이 자신의 범죄를 놀라울 정도로 기꺼이 인정한 것은 자기기만에 대한 그 자신의 범죄적 능력 때문이라기보다, 제3제국에서 일반적이고 전반적으로 받아들여진 분위기를 이루었던 체계적 거짓말의 후광 때문이었다. "물론" 그는 유대인 절멸에 역할을 했으며, 만약 그가 "그들을 이송하지 않았더라면 그들은 도살자에게 넘겨지지 않았을 것이다."

"뭘 '인정'하라는 것이죠?"라고 그는 물었다. 그는 계속 말했다.

"옛날의 [나의] 적과 화해하고 싶습니다."

이런 감정을 공유했던 자는 전쟁 마지막 해에 그런 말을 한 힘러나 뉘른베르크에서 자살하기 전에 대학살의 책임이 있는 나치와 유대인 생존자로 구성된 '조정위원회'의 설립을 제안했던 노동전선 지도자 로베르트 라이뿐만이 아니었다. 놀랍게도 이 감정은, 전쟁이 끝날 무렵 정확히 똑같은 용어로 자기 입장을 표현한 많은 평범한 독일인도 공유했다. 이런 터무니없는 상투어는 더 이상 상부에서 만들어져 내려온 것이 아니라 사람들이 스스로 만든 고정 문구였고, 사람들이

12년 동안이나 의지해 살아온 상투어만큼이나 현실성이 없었다. 그 표현이 아이히만의 입에서 튀어나오는 순간, 그것이 화자에게 얼마나 '대단한 고양감'을 주었는지 누구나 알아차릴 수 있을 정도였다.

아이히만의 정신은 그런 문장들로 넘치도록 가득 차 있었다. 실제로 일어났던 일에 대한 그의 기억은 거의 믿을 수 없음이 입증되었다. 몇 번 안 되지만 란다우 판사가 격노한 순간에 피고인에게, (만일 다양한 살인 방법을 다룬 이른바 반제회의[14]의 토론 내용을 기억하지 못한다면) "당신은 뭘 기억할 수 있습니까?"라고 물었다. 물론 아이히만의 대답은, 자기 경력의 전환점들은 잘 기억하지만 이 전환점들이 유대인 절멸 이야기의 전환점이나 사실상의 역사적 전환점과 반드시 일치하지는 않는다는 것이었다. (그는 늘 전쟁 발발일이나 러시아 침공일을 정확히 기억하는 데 어려움을 겪었다.)

그런데 핵심은 아이히만이 때때로 자신에게 '고양감'을 주었던 자신의 문장들은 단 하나도 잊지 않았다는 점이다. 따라서 재판관들은 신문 과정에서 그의 양심에 호소하려고 할 때마다 '고양감'을 마주하게 되었다. 피고인이 인생의 모든 시기와 모든 활동에서 자신을 고무시키는 서로 다른 상투어들을 마음대로 사용한다는 사실을 알고 재판관들은 당황한 동시에 격분했다. 아이히만이 생각하기에는 전쟁 끝날 무렵에나 어울리는 "나는 웃으며 무덤에 뛰어들 것이다"라는 말과, 지금은 완전히 다른 상황임에도 똑같이 그를 고무시키는 기능을 수행했던 "나는 지구상의 모든 반유대주의자에게 경고의 본보기로 기꺼이 공개적으로 교수형을 당하겠다"라는 말 사이에는 아무런 모순도 없었다.

---

14) 베를린 교회 반제 호수 근처에 위치한 국가보안본부 소속 별장에서 하이드리히의 주도로 열린 회의로, 유대인 문제의 최종 해결책을 구체화하기 위한 회의였다. 이 회의에 대해서는 7장 참조.

이러한 아이히만의 습관은 재판 과정에서 상당한 어려움을 일으켰다. 이는 아이히만 자신보다는 그를 기소하고, 변호하고, 심판하고, 보도하러 온 사람들에게 더 큰 어려움이었다. 그럼에도 불구하고 그를 진지하게 받아들이는 것은 중요했다. 이는 그가 저지른 형언할 수 없는 끔찍한 행위와 그 행위를 저지른 사람의 부정할 수 없는 우스꽝스러움 사이의 딜레마에서 벗어날 가장 쉬운 해결책을 찾아, 그가 영리하고 계산적인 거짓말쟁이라고 선언하지 않는 한 매우 어려운 일이었다. 명백히 그는 그런 사람이 아니었다.

아이히만은 이 사안에 관한 자신의 확신에 대해 전혀 겸손하지 않았다.

"운명이 내게 부여한 몇 안 되는 재능 중 하나는, 나와 관련된 한에서 진실을 파악하는 능력입니다."

검사가 아이히만이 짓지 않은 범죄를 덮어씌우려 하기 전에도 그는 이 재능을 주장했다. 아르헨티나에서 자센과의 인터뷰를 준비하는 가운데 남긴 두서없는 장황한 메모에서 그는 "나의 신체적·심리학적 자유를 온전히 가진 상태"라고 스스로 언급하기도 했다. 아이히만은 그 메모에서 "미래의 역사가들은 여기에 기록된 이 진실의 길에서 벗어나지 않도록 충분히 객관적이어야 한다"는 터무니없는 경고를 남겼다. 이 경고가 터무니없는 이유는, 이처럼 갈겨쓴 모든 문구 한 줄 한 줄이 자신의 업무와 직접적으로, 즉 기술적이고 관료적으로 연관되지 않은 모든 것에 대한 그의 완전한 무지를 보여주며, 대단히 오류가 많은 기억력을 보여주기 때문이다.

검찰의 모든 노력에도 불구하고 사람들은 아이히만이 '괴물'이 아니라는 것을 알 수 있었지만, 그를 광대라고 의심하지 않기란 정말 어려웠다. 이런 의심은 재판의 전체 기획에 치명적이었을 것이고, 또 아이히만과 그런 부류의 사람들이 수백만 명에게 안겨준 고통을 고려할 때 그런 의심을 유지하기는 상당히 어려웠기 때문에, 그의 최악의 광대 짓은 거의 주목받지 못했고, 보도된 적도 거의 없었다.

먼저 아이히만은 자신이 헛되이 보낸 삶에서 배운 한 가지는 바로 맹세하지 말라는 것이었다며 힘주어 선언했다.

"오늘 어떤 사람도, 어떤 재판관도 나에게 선서 진술하도록, 증인으로서 선서한 상태에서 무엇인가를 밝히도록 설득할 수 없을 것입니다. 나는 거부합니다. 도덕적인 이유로 거부합니다. 내 경험상, 누군가가 맹세를 준수한다면 언젠가 그 결과를 감수해야 하기 때문에, 나는 영원히 이 세상의 어떤 재판관이나 어떤 다른 권위도 나에게 맹세하게 하거나, 선서 증언을 하게 하지 못할 것이라고 결심했습니다. 나는 자발적으로 선서하지 않을 것이며 그 누구도 내게 강요할 수 없습니다."

그러고 나서 그는 재판관에게서 만일 자기변호를 위해 증언하기를 바란다면 "선서하에서 할 수 있고 선서 없이도 할 수 있다"는 말을 명확히 들은 뒤, 주저 없이 자기는 선서하에 증언하겠다고 선언했다. 이런 사람과 함께 무엇을 할 수 있겠는가? 또는 반복적으로 또 강한 감정을 내보이며, 경찰신문관에게 그랬던 것처럼 자기가 할 수 있는 최악의 행동은 자신의 참된 책임을 회피하고 자신의 목숨을 위해 싸우며 자비를 탄원하는 것이라고 법정에서도 확언한 뒤, 변호인의 지시에 따라 자비 탄원서를 자필로 제출한 사람이라면.

아이히만에게 그것은 기분 변화의 문제였다. 그는 기억 속에서든 즉흥적으로든 기분에 어울리는 고양감을 주는 상투어를 발견하는 한, '앞뒤 모순' 따위는 전혀 의식하지 않은 채 아주 만족해했다. 앞으로 보겠지만, 상투어로 자신을 위무하는 이 오싹한 재능은 그가 죽는 순간에도 그를 떠나지 않았다.

제4장

첫 번째 해결책: 추방

이 재판이 검찰과 피고 측의 정상적인 공방을 통해 사실관계를 밝히고 양측 모두를 공정히 대해야 하는 일상적인 재판이었다면, 이제 피고 측의 시각으로 전환해서 아이히만이 빈에서 한 활동에 대한 자신의 기괴한 설명이 겉으로 보이는 것 외에 다른 것을 포함하는지 그리고 그의 현실 왜곡이 단순히 한 개인의 거짓말 때문인지 아닌지를 알아볼 수 있었을 것이다.

재판이 시작되기 훨씬 전에도 아이히만을 교수형에 처해야만 하는 사실들은 '합리적인 의심을 넘어' 이미 입증되었고, 이는 나치 정권을 연구하는 모든 학생이 일반적으로 아는 사실이었다. 검찰이 입증하려한 추가적인 사실들이 판결에서 부분적으로 인정된 것은 사실이지만, 만일 피고 측이 자체 증거를 재판에 제시했다면 결코 '합리적 의심을 넘어선다'고 보이지는 않았을 것이다. 따라서 아이히만 재판과는 구별되는 아이히만 사건에 대한 어떠한 보고서도, 잘 알려졌듯이 세르바티우스가 무시하기로 선택한 특정 사실에 대해 상당한 주의를 기울이지 않으면 완성될 수 없을 것이다.

이는 '유대인 문제'에 대한 아이히만의 혼란스러운 전반적인 견해와 이데올로기에서 특별히 잘 나타난다. 반대신문에서 그는 재판장에게 자신은 빈에서 "유대인을 서로에게 받아들여질 수 있고 또 상호적으로 공정한 해결책을 함께 찾아가는 상대로 간주했습니다"라고 말했다.

"… 제가 상상한 해결책은 그들의 발아래 확고한 터전을 마련하여 그들 자신의 장소, 그들 자신의 땅을 가지게 하는 것이었습니다. 그리고 저는 그 해결책을 향해 즐겁게 일했습니다. 유대 민족 내부의 운동들에서도 승인된 종류의 해결책이었고 또 저도 그것을 이 문제에 대한 가장 적합한 해결책으로 여겼기 때문에 저는 그 해결책에 도달할 수 있도록 기껍고 즐겁게 협력했습니다."

이것이 그들 모두가 '함께 일한' 진정한 이유였고, 그들의 일이 '상호성에 기초한' 이유였다. 비록 모든 유대인이 다 이해하지는 못했을지라도, 그 나라에서 떠나는 것이 모든 유대인에게 이익이었다.

"누군가는 그들을 도와야 했고, 누군가는 이 유대인 관계자들이 행동하도록 지원해야 했는데, 그것이 바로 제가 한 일이었습니다."

만약 유대인 관계자들이 '이상주의자', 즉 시온주의자였다면, 그는 "그들을 존중했고, 동등하게 대했으며", 그들의 모든 "요구와 불평과 지원 요청을" 경청했고, 자신의 "약속"을 가능한 한 지켰다. "사람들은 이제 잊어버렸지만" 말이다. 아이히만 그가 아니었다면 누가 몇십만의 유대인을 구했겠는가? 그의 대단한 열정과 조직력이 아니었다면 어떻게 그들이 제시간에 탈출할 수 있었겠는가? 물론 당시에는 그가 다가올 최종 해결책을 예견할 수 없었지만, 그가 그들을 구한 것은 '사실'이었다. (재판 중 미국에서 진행된 한 인터뷰에서 아이히만의 아들은 이와 똑같은 이야기를 미국 기자들에게 했다. 이것은 분명 아이히만 가족이 입버릇처럼 해오던 이야기였을 것이다.)

어떤 의미에서는 피고 측 변호인이 시온주의자들과의 관계에 대한 아이히만의 견해를 뒷받침하기 위해 행동하지 않은 이유를 이해할 수 있다. 아이히만은 자센 인터뷰에서와 마찬가지로 자기는 "외양간으로 끌려가는 소와 같은 냉담한 태도로 임무를 맞이하지 않았"으며, 자기는 "기본 서적[헤르츨의 『유대인의 국가』]도 읽어본 경험이 없고 그것을 정독하고 그것을 흡수한, 즉 흥미를 갖고 흡수한" 경험이 없어서 "자신들이 하는 일과 내적 관계"를 결여한 다른 동료들과는 달랐다고 주장했다. 그들은 "사무실의 허드렛일꾼"에 불과했으며, 그들에게는 모든 것이 "문장을 통해, 명령을 통해" 결정되었고, "다른 것에는 아무런 관심도 없었"다. 요컨대 그들은 변호인의 주장에 따르면 아이히만 자신도 그랬던 것처럼, 바로 그러한 "작은 톱니바퀴"였다.

만일 "작은 톱니바퀴"라는 말이 총통의 명령에 무조건 복종하는 것을 의미한다면 그들은 모두 작은 톱니바퀴였다. 심지어 힘러조차 최종 해결책을 열정적으로 환영한 것이 아니었다고 힘러의 안마사였던 펠릭스 케르스텐은 말한다. 그리고 아이히만은 경찰 조사관에게 자신의 상관인 하인리히 뮐러가 "신체적 절멸"과 같이 "조야한" 것을 제안하지 않았을 것이라고 확언했다. 분명히 아이히만의 눈에는 작은 톱니바퀴 이론이 논점에서 상당히 벗어난 것이었다. 물론 아이히만은 하우스너가 애써 포장하려고 했던 만큼의 거물이 아니었다. 그는 히틀러가 아니었고, 유대인 문제의 "해결책"과 관련된 한 뮐러나 하이드리히 또는 힘러와 그 중요도에서 비교도 되지 않았다. 그는 과대망상증 환자가 아니었다. 하지만 그는 피고 측이 보이기를 바랐던 만큼 작은 인물도 아니었다.

아이히만의 현실 왜곡은 그 왜곡이 끔찍한 일과 관계됐기 때문에 무시무시한 것이지만, 원칙적으로는 히틀러 이후의 독일에서 벌어지고 있는 일들과 별로 다르지 않았다. 예를 들면 전 국방장관 프란츠 요제프 슈트라우스가 있다. 현재 서베를린 시장인 그는 히틀러 시기 노르웨이에 난민으로 머물렀던 빌리 브란트를 상대로 최근 선거운동을 벌였다 슈트라우스는 브란트에게 다음과 같은 널리 알려지고 분명히 매우 성공적인 질문을 던졌다.

"당신은 그 12년 동안 독일 밖에서 무엇을 하고 있었습니까? 우리
는 우리가 이곳 독일에서 한 일을 알고 있습니다."

슈트라우스는 전혀 처벌받지 않았고, 누구도 눈 하나 깜박하지 않
았으며, 본 정부[1]의 일원들에게 당시 독일인들이 독일에서 한 일이
참으로 악명 높다는 것을 상기시켰다.

이와 같은 '순진함'은 아마도 나치 당원이 아니었을, 매우 존경받고
품위 있는 한 독일 문학 평론가가 최근 무심코 내뱉은 말에서도 찾아
볼 수 있다. 그는 제3제국 시기의 문학에 관한 한 연구를 논평하면서
그 저자가 "야만의 발생과 함께 예외 없이 우리를 버린 지식인들"의
부류에 속한다고 말했다. 물론 이 저자는 유대인이었고, 나치에 의해
추방당했으며 또 『라이니셔 메르쿠어』의 하인츠 베크만과 같은 비유
대인들에게서도 버림받았다. 덧붙여 말하자면, 오늘날 독일인들이 히
틀러 시대를 지칭하기 위해 종종 사용하는 '야만'이라는 단어 자체
가 현실 왜곡이다. 이는 마치 유대인과 비유대인 지식인들이 자신들
에게 어울릴 만큼 '세련되지' 않은 나라를 떠난 것처럼 보이기 때문
이다.

비록 정치가나 문학평론가보다 훨씬 덜 세련됐지만, 아이히만의 기
억력이 그토록 나쁘지 않았거나 그의 변호인단이 그를 도왔더라면,
아이히만의 이야기를 뒷받침하기 위해 반박의 여지가 없는 사실들을
인용할 수 있었을 것이다. 한스 람(Hans Lamm)에 따르면, "유대인 정
책의 첫 단계에서 나치가 친시온주의적 태도를 채택하는 것이 적절
하다고 생각한 것은 논란의 여지가 없다." 그리고 아이히만이 유대인
에 관한 교훈을 배운 것도 이 첫 단계였다. 이러한 '친시온주의'를 진

---

1) 제2차 세계대전 후 서독 정부를 말한다.

164

지하게 받아들인 것은 결코 그 혼자만이 아니었다. 독일 유대인들 스스로도 탈동화 작업을 통해 동화를 해체하는 것[2]으로 충분할 것이라고 생각하며 시온주의 운동에 대거 합류했다. (이러한 발전 과정에 대한 신뢰할 만한 통계는 없지만, 히틀러 정권의 초기 몇 개월 동안 시온주의 주간지 『디 쥐디셰 룬트샤우』의 발행 부수가 약 5,000부에서 7,000부 정도였던 것이 거의 4만 부로 늘어났다고 추정된다. 또한 시온주의 기부금 모금 단체들은 수적으로 크게 줄어들고 가난해진 대중에게서 1931~32년도에 비해 1935~36년도에 세 배나 더 많은 기부금을 모았던 것으로 알려졌다.)

이것이 반드시 유대인들이 팔레스타인으로 이주하고 싶어 했음을 의미하는 것은 아니다. 이것은 오히려 자존심의 문제였다. 『디 쥐디셰 룬트샤우』의 편집장 로베르트 벨치가 고안했던 그 당시 가장 유행한 슬로건, "자부심을 품고 착용하라, 노란 별!"은 당시의 일반적 정서를 표현한다. 나치가 유대인에게 하얀 바탕의 육각별 배지를 실제로 강제로 착용시키기 무려 6년 전인 1933년 4월 1일 보이콧의 날[3]에 맞서 이 슬로건이 만들어졌는데, 여기에 담긴 핵심은 '동화주의자들'과 새로운 '혁명적 발전'에 합류하기를 거부한 사람들, 즉 "항상 시대에 뒤처진 사람들"(die ewig Gestrigen)을 겨냥한 것이었다. 독일에서 온 증인들은 상당히 흥분한 채 법원에서 이 슬로건에 대해 회상했다. 그

2) 독일계 유대인들은 수 세기 전부터 기독교로 개종하고 고등교육을 받는 과정을 통해 독일 사회에 동화(assimilation)되려 했고, 일부는 법적 시민권을 얻어 사회의 일원으로 받아들여졌다. 나치가 집권한 1933년 이후 유대인들은 다시 독일 사회로부터 강제적으로 분리되는 탈동화(dissimilation) 과정을 겪게 되었다.

3) 이날은 나치당이 독일 전역에서 유대인 소유의 상점, 병원, 법률사무소 등에 대해 조직적인 불매운동을 벌인 날이다. 돌격대 대원들이 유대인 상점 앞에 서서 고객들이 출입하는 것을 막았고, 반유대인 문구가 적힌 표지판과 포스터를 붙였다. 이 보이콧은 단 하루 진행되었지만, 나치가 국가 차원에서 유대인을 공개적으로 차별한 첫 번째 주요 행동으로 평가되며, 이후 이어지는 유대인 박해와 홀로코스트의 서막으로 간주된다.

들은 매우 탁월한 언론인 로베르트 벨치가, 만일 당시 장래에 일어날 일을 예측할 수 있었다면 그 슬로건을 절대로 발표하지 않았을 것이라고 최근 몇 년 동안 말한 사실을 잊고 언급하지 않았다.

하지만 모든 구호와 이데올로기 논쟁과는 완전히 별개로, 당시 오직 시온주의자들만이 독일 당국과 협상할 기회를 가졌던 것은 일상적 사실이었다. 그 이유는 간단했다. 시온주의자들의 주된 유대인 내 경쟁 상대였던, 당시 독일의 조직된 유대인 95퍼센트가 소속되어 있던 독일유대교신앙시민중앙협회[4]가 정관에 "반유대주의와의 투쟁"을 주요 임무라고 명시했기 때문이다. 이 단체는 정의상 갑자기 "국가에 적대적인" 조직이 되어버렸는데, 만약 그 단체가 해야 할 일을 감히 했다면 실제로 박해받았을 것이다. 물론 실제로는 그렇게 되지 않았다.

히틀러의 권력 장악은 시온주의자들에게 처음 몇 년 동안 주로 '동화주의의 결정적인 패배'로 보였다. 그래서 시온주의자들은 적어도 한동안 나치 당국과 어느 정도 비범죄적인 협력을 할 수 있었다. 시온주의자들 또한 '탈동화'가 유대인 청년들과 그들이 바랐던 유대인 자본가들의 팔레스타인 이주와 결합된다면, 이것은 '서로에게 공정한 해결책'이 될 수 있다고 믿었다. 당시 많은 독일 관료가 같은 의견이었고, 이런 종류의 이야기는 끝까지 상당히 흔했던 것 같다.

테레지엔슈타트의 한 독일계 유대인 생존자의 편지에 따르면, 나치가 임명한 독일제국유대인협회[5]의 모든 주도적 직책은 시온주의자가

---

4) 독일유대교신앙시민중앙협회(Centralverein deutscher Staatsbürger jüdischen Glaubens)는 1893년 3월 26일 베를린에서 독일 유대 지식인에 의해 설립된 단체로, 독일제국에서 확산되던 반유대주의에 대응하고 유대인의 시민권과 사회적 통합을 옹호하는 것을 목표로 삼았다.

5) 독일제국유대인협회(Reichsvereinigung der Juden in Deutschland)는 1939년 7월 4일 나치 독일 정부가 제정된 조례에 따라 설립된 행정기구로 1943년에 해체됐다. 이 협회는 국가보안본부 또는 게슈타포의 직접적 통제와 지시를 받았다.

맡았다고 한다. (이에 반해 정식 단체인 독일 유대인 제국대표부[6]는 시온주의자와 비시온주의자 모두로 구성되어 있었다.) 그 이유는 나치에 따르면 시온주의자들도 '민족적' 관점에서 생각하는 '점잖은' 유대인"이었기 때문이다. 물론 어떠한 저명한 나치 인사도 이런 식으로 공개적으로 말한 적이 없었다. 나치 선전은 처음부터 끝까지 맹렬하고, 명백하며, 비타협적으로 반유대적이었고, 결국 전체주의 정부의 미스터리에 대한 경험이 없는 사람들이 "단순한 선전"이라고 일축했던 것만을 중요시했다.

그 처음 몇 해 동안 나치 당국과 팔레스타인을 위한 유대인 기관[7] 사이에는 상호 간에 매우 만족스러운 합의가 존재했다. 하바라(Ha'avarah) 혹은 송금 협정(Transfer Agreement)이라고 불린 이 합의는 팔레스타인으로 이주하는 사람들이 자기 돈을 독일 상품의 형태로 목적지에 보내고, 도착 즉시 그 상품들을 파운드로 교환할 수 있도록 규정했다. 이는 유대인이 자신의 돈을 가지고 나갈 수 있는 유일하게 합법적인 방법이 되었다. (당시 다른 대안은 50~95퍼센트의 손실을 감수해야만 해외에서 청산할 수 있는 봉쇄계정을 만드는 것뿐이었다.) 그 결과 미국 유대인들이 독일 상품 불매운동을 조직하려고 크게 애썼던 1930년대에 엉뚱하게도 팔레스타인에서는 온갖 종류의 '독일제' 상품이 넘쳐

---

6) 독일 유대인 제국대표부(Reichsvertretung der Deutschen Juden)는 1933년 9월 17일에 설립되었고 베를린에 본부를 두었다. 당시 점차 곤경을 겪게 되었던 독일 내 유대인들의 이익과 권익을 보호하고 공동 대응을 위한 자구책을 마련하기 위해 만들어졌다. 1939년에 독일제국유대인협회가 되고 국가보안본부의 통제를 받는 행정기구로 전환되었다가, 1943년 국가보안본부에 의해 강제 해산되었다.

7) 팔레스타인을 위한 유대인 기관(The Jewish Agency for Palestine)은 1929년에 예루살렘에서 설립된 조직으로, 국제 연맹의 팔레스타인 위임통치하에서 유대인 국가 건설을 지원하기 위한 공식 기관이었다.

났다。

아이히만에게 더욱 중요한 존재는 팔레스타인에서 온 사절들이었다. 이들은 독일 시온주의자나 팔레스타인을 위한 유대인 기관의 명령을 받지 않고, 독자적으로 게슈타포나 친위대에 접근했다. 그들은 영국 통치하의 팔레스타인인으로 유대인의 불법 이민을 돕기 위해 왔는데 게슈타포와 친위대 모두 협조적이었다. 그들은 빈에서 아이히만과 협상했는데, 아이히만이 "예의 바르고" "소리 지르는 유형이 아니며" 심지어 예비 이민자들을 위한 직업훈련 캠프 설립을 위한 농장과 시설까지 제공했다고 보고했다. ("한 번은 젊은 유대인을 위한 훈련농장을 제공하기 위해 수녀원에서 여러 수녀를 추방했고" 또 다른 경우에는 "마련된 특별열차 편으로 나치 관리들이" 표면적으로는 유고슬라비아에 있는 시온주의자 훈련농장으로 향하는 척하며 이민자 집단을 "동행해서" 안전하게 국경을 넘도록 돌봐주었다.)

존 킴히와 다비드 킴히에 따르면, "모든 주요 인물의 전폭적이고 관대한 협조"*로 팔레스타인에서 온 이 유대인들은 아이히만과 별로 다르지 않은 증언을 했다. 그들은 팔레스타인에 있는 공동 정착촌에 의해 유럽으로 파견되었으며, 구조 작전에는 관심이 없었다. "그것은 그들의 임무가 아니었"고, 그들은 "적절한 인력"을 선발하기를 원했다.

유대인 절멸 프로그램 이전에 그들의 주적은 독일이나 오스트리아처럼 옛 국가에서 유대인이 살 수 없게 만든 자들이 아니라 새로운 조국으로의 접근을 막는 자들이었다. 적은 독일이 아니라, 분명코 영국이었다. 사실상 그들은 위임 통치국에게 보호받고 있었기 때문에,

---

* Jon and David Kimche, *The Secret Roads: The "Illegal" Migration of a People, 1938-48*, London, 1954.

현지 유대인들과는 달리 나치 당국과 대등한 입장에서 협상할 수 있었다. 아마도 그들은 상호 이익에 대해 공개적으로 이야기한 최초의 유대인이었을 것이며, 확실히 강제수용소의 유대인 가운데서 "젊은 유대인 개척자들을 선발할 수 있도록" 최초로 허락받은 사람들이었다. 물론 그들은 아직 미래에 일어날 일에 대한 이 거래의 불길한 함의를 깨닫지 못했다. 하지만 그들 역시 생존을 위해서 유대인을 선발하는 것이라면 유대인 스스로가 선발해야 한다고 믿고 있었다.

이 근본적인 판단 오류로 인해 결국 선택받지 못한 다수의 유대인은 나치 당국과 유대인 당국이라는 두 적을 마주할 수밖에 없는 상황에 처했다. 빈에서 일어난 일에 관해서 수십만 유대인의 목숨을 구했다는 아이히만의 터무니없는 주장은 법정에서 비웃음을 샀지만, 유대인 역사가 킴히 부부의 숙고된 판단에서는 이상하게도 지지를 받는다.

"따라서 나치 정권 전 기간에 가장 역설적인 사건 중 하나가 시작되었다. 유대 민족의 대량학살범 중 한 사람으로 역사에 기록될 인물이 유럽 유대인 구출에 적극적인 일꾼으로 기록된 것이다."

아이히만의 문제는 자신의 믿을 수 없는 이야기를 희미하게라도 뒷받침할 수 있는 사실을 전혀 기억하지 못했다는 점이었다. 반면 피고 측의 학식 있는 변호인은 기억할 만한 내용이 있다는 사실조차도 몰랐을 것이다. (세르바티우스는 팔레스타인으로의 불법 이민 조직인 알리야 베스[8])의 전직 요원들을 피고 측 증인으로 소환할 수 있었을 것이다. 분명 그들은 여전히 아이히만을 기억하고 있었고, 이스라엘에 살고 있었다.)

---

8) 알리야 베스(Aliyah Beth)는 팔레스타인 지역을 영국이 관할하던 1920년에서 이스라엘의 국가 독립을 이룩한 1948년 사이의 기간에 이루어진 팔레스타인으로의 불법 이민에 부여된 코드명이자 불법 이민 조직의 이름이다. 나치 독일에서 탈출한 이주민과 홀로코스트 생존자들이 주로 밀입국했다.

아이히만의 기억력은 그의 경력과 직접 관련된 일에 대해서만 작동했다. 따라서 그는 베를린에서 한 팔레스타인 관계자를 만났던 것을 기억했다. 그 관계자는 그에게 공동 정착촌에서의 삶에 대해 이야기해주었고, 아이히만은 그를 두 번이나 저녁 식사에 초대했다. 아이히만이 이 일을 기억한 이유는 이 방문이 아이히만에게 현장을 보여주기 위한 팔레스타인으로의 공식 초대로 이어졌기 때문이다. 그는 기뻐했다. 어떤 다른 나치 관리도 '먼 이국 땅'에 갈 수 없었는데 아이히만은 여행 허가를 받았던 것이다. 판결은 그가 "'첩보 임무'를 위해" 파견되었다는 결론을 내렸고 이는 의심의 여지 없이 사실이지만, 아이히만이 경찰 측에 진술한 이야기와 모순되지는 않았다.

(실제로 그 계획은 아무것도 이루지 못했다. 아이히만은 자기 사무실에 소속된 기자인 헤르베르트 하겐과 함께 하이파[9]에 있는 카르멜산을 올라가볼 정도의 시간만을 가졌다. 그후 영국 당국은 이 두 사람을 이집트로 추방하고 팔레스타인 입국 허가를 거부했다. 아이히만에 따르면, 나중에 이스라엘 군대의 핵심이 된 유대인 군사 조직인 "하가나Haganah에서 온 사람"이 그들을 만나러 카이로로 왔는데, 거기서 그가 그들에게 말한 내용은 아이히만과 하겐이 선전 목적으로 상부의 명령을 받아 작성한 '철저히 부정적인 보고서'의 주제가 되었다. 이 보고는 정식으로 출판되었다。)

이런 사소한 승리 외에 아이히만은 분위기와 그에 어울리게 만들어낸 선전 문구만 기억했다. 이집트로의 여행은 그가 빈에서 활동하기 전인 1937년의 일이었고, 빈에 대해서 그는 단지 일반적인 분위기

---

9) 지중해에 연해 있는 이스라엘 북부의 항구 도시로, 예루살렘과 텔아비브에 이어 세 번째로 큰 도시다. 하이파항은 유럽에서 배를 타고 이스라엘로 진입하는 주요 관문으로, 1930~40년대 알리야 베스 운동 당시 유대인 이민자들이 도착하던 중심지였다. 하이파는 카르멜산의 등성이에 위치했다.

와 자기가 얼마나 '고양된 기분'을 느꼈는지만 기억했다. 새로운 시대가 다른 분위기와 다른 '고양감'을 주는 선전 문구를 요구하게 되었음에도 불구하고, 아이히만은 이전의 기분과 선전 문구를 끝내 버리지 않았다. 경찰신문에서 반복적으로 증명해 보인 아이히만의 그 놀라운 기교를 고려할 때, 빈에서 보낸 시간을 목가적이었다고 말한 그의 진정성을 믿고 싶어질 정도였다.

아이히만의 생각과 감정에는 일관성이 전혀 없었기 때문에 그가 빈에서 보낸 1938년 봄부터 1939년 3월까지의 한 해가 나치 정권이 친시온주의 태도를 버린 시기였다는 사실조차도 이러한 진정성을 훼손하지 못한다. 나치 운동의 본질은 끊임없이 움직이며 시간이 지날수록 더욱 급진적으로 변했지만, 나치 구성원들의 심리는 나치 운동에 항상 한 발 뒤처졌다. 그들은 운동의 변화에 보조를 맞추는 데 가장 큰 어려움을 겪었다. 그래서 히틀러가 표현했듯이 그들은 "자신의 그림자를 뛰어넘을 수 없었다."

하지만 그 어떤 객관적 사실보다도 더 비난받을 만한 것은 아이히만의 잘못된 기억력이었다. 빈에는 그가 아주 생생히 기억하는 몇 명의 유대인, 즉 뢰벤헤르츠 박사와 상업고문관 스토르퍼가 있었다. 하지만 그들은 그의 이야기를 뒷받침해줄 수 있었던 팔레스타인 사절들이 아니었다. 전쟁 후 아이히만과의 협상에 대해 매우 흥미로운 비망록을 쓴 요제프 뢰벤헤르츠는 실제로 유대인 공동체 전체를 조직화해 나치 당국에 봉사하는 기관으로 만든 최초의 유대인 관계자였다.

뢰벤헤르츠의 비망록은 재판에서 새로 공개된 몇 안 되는 문서 중 하나였다. 아이히만에게 그 일부를 보여주었는데, 그 핵심 주장에 대해 아이히만은 전적으로 동의했다. 그리고 뢰벤헤르츠는 조력의 대가로 보상을 받은 극소수의 유대인 관계자 중 한 사람이었다. 그는 전쟁이 끝날 때까지 빈에 머물 수 있게 허락받았고, 그후 영국을 거쳐 미국으로 이민을 갔다. 그는 1960년 아이히만이 체포된 직후 사망했다.

앞서 살펴보았듯이 스토르퍼는 운이 좋지 못했지만, 그것은 분명히 아이히만의 잘못이 아니었다. 스토르퍼는 너무 독립적이 된 팔레스타인 사절들을 대신했는데, 아이히만이 그에게 부여한 임무는 시온주의자의 도움 없이 팔레스타인으로 가는 유대인 불법 이송을 조직하는 것이었다. 스토르퍼는 시온주의자가 아니었고, 나치가 오스트리아에 도착하기 전에는 유대인 관련 문제에 전혀 관심이 없었다. 하지만 그는 아이히만의 도움을 받아 유럽의 절반이 나치에게 점령당한 1940년에는 약 3,500명의 유대인을 유럽 밖으로 내보내는 데 성공했고, 팔레스타인 측과 문제를 해결하기 위해 최선을 다한 것으로 보인다. (아이히만이 아우슈비츠에 갇힌 스토르퍼에 대한 이야기를 하면서 "스토르퍼는 절대로 유대교를 배반하지 않았죠. 단 한마디 말로도 스토르퍼는 배신하지 않았습니다"라는 수수께끼 같은 말을 덧붙였을 때 아마도 이 점을 염두에 두고 있었을 것이다.)

끝으로, 전쟁 이전의 활동과 관련해서 아이히만이 절대로 잊지 않았던 세 번째 유대인 파울 엡슈타인 박사는 독일제국유대인협회가 해체되기 전 마지막 몇 년 동안 베를린에서 이민을 담당했다. 독일제국 유대인협회는 나치가 임명한 유대인 중앙 조직으로, 1939년 6월에 해체된 진정한 유대인 조직인 독일 유대인 제국대표부와 혼동해서는 안 된다. 아이히만은 엡슈타인이 테레지엔슈타트에서 복무하도록 유대인 장로로 임명했는데, 거기서 그는 1944년에 총살되었다.

다시 말해 아이히만이 기억한 유대인은 그가 온전히 장악했던 사람들뿐이었다. 그는 팔레스타인 사절단뿐만 아니라 일찍이 베를린에서 면식이 있던 이들, 즉 그가 정보 업무에 종사했으나 아직 집행 권한은 없었을 때 알았던 사람들은 잊어버렸다. 예를 들면 그는 독일시온주의협회[10] 집행위원 프란츠 마이어 박사에 대해 한 번도 언급하지 않았다. 마이어 박사는 1936년에서 1939년 사이에 있었던 피고인과의 접촉에 대해 검찰 측 증인으로 출석했다.

마이어 박사는 베를린에서 유대인 관계자들이 "불만과 요청을 제기"할 수 있었고 모종의 협력이 있었다는 아이히만의 이야기를 일정 정도 확인해주었다. 마이어 박사는 가끔 "우리가 무언가 요구하러 갈 때도 있었고, 그가 우리에게 무엇을 요구할 때도 있었습니다"라고 말했다. 당시 아이히만은 "진정으로 우리의 말을 경청했고 상황을 이해하려 진지하게 노력"했고, 그의 태도는 "아주 올발랐다"고 진술했다.

"그는 나를 '미스터'로 호칭하며 자리를 권하곤 했습니다."

하지만 1939년 2월, 이 모든 것은 바뀌었다. 아이히만은 '강제이주'에 대한 자신의 새 방법을 설명하기 위해 독일계 유대인 지도자들을 빈으로 소환했다. 그는 로트실트 팔래[11] 1층의 큰 방에 앉아 있었다. 물론 그를 알아볼 수 있었으나 그는 완전히 달라져 있었다.

"저는 즉시 친구에게 제가 같은 사람을 만나고 있는지 모르겠다고

---

10) 독일시온주의협회(Zionistische Vereinigung für Deutschland, the Zionist Organization in Germany)는 1897년 독일 쾰른에서 막스 보덴하이머(Max Bodenheimer)가 결성했다. 1914년에는 1만여 명의 회원을 모은 독일 내 가장 큰 시온주의 조직이었다. 1924~33년의 의장은 쿠르트 블루멘펠트였고, 1933~37년의 의장은 지크프리트 모제스였다. 이 단체는 유대인의 민족적 자결과 팔레스타인 이주를 목표로 활동했다.

11) 로트실트 팔래(Rothschild Palais)는 독일계 유대인 로트실트 가문의 오스트리아 가계가 소유한 빈 소재 건물이었고 오스트리아 합병 이후 빈 게슈타포 본부와 빈 유대인 이민 센터로 사용되었다. '로트실트'(Rothschild)라는 이름은 독일어로 '붉은 방패'(Rotes Schild)를 뜻하며, 이는 가문이 살던 프랑크푸르트의 집 문장에서 유래한 것이다. 영어권에서도 이 이름은 'Rothschild'로 그대로 사용되지만 발음은 '로스차일드'로 많이 읽힌다.

말했습니다. 그 변화에 너무나 소름 끼쳤죠. … 저는 여기서 생살여탈
권을 가진 자로 행동하는 사람을 만난 겁니다. 그는 거만하고 무례하
게 우리를 맞이했습니다. 그는 우리를 자신의 책상 근처에도 오지 못
하게 했죠. 우리는 서 있어야만 했습니다."

검찰과 재판관은 아이히만이 집행권이 있는 직책으로 승진했을 때
그에게 지속적인 성격 변화가 일어났다는 데 의견이 일치했다. 하지
만 재판은 여기서도 그가 '퇴보'하는 경향을 보였고, 또 문제가 결코
그렇게 단순하지만은 않았음을 보여주었다. 1945년 3월 테레지엔슈
타트에서 아이히만과 가진 면담에 대해 증언한 증인이 있었다. 그때
아이히만은 또다시 시온주의 문제에 큰 관심을 보였다. 그 증인은 시
온주의 청년 연합 회원으로 팔레스타인 입국 허가서를 소지하고 있
었다. 면담은 "매우 부드러운 말투로 진행되었으며 태도는 친절했고
정중했습니다." (이상하게도 피고 측 변호인은 이 증인의 증언을 자신의
최종 변론에서 전혀 언급하지 않았다.)

빈에서 아이히만의 성격이 달라진 일에 대해 어떤 의심이 있든지
간에, 이 임명이 그의 출세의 진정한 시작을 알린다는 점에는 의심
의 여지가 없다. 1937년과 1941년 사이에 그는 네 번 승진했다. 그는
14개월 만에 하급돌격지도자(소위)에서 최고돌격지도자(대위)[12]로
승진했고, 1년 반 후에는 상급돌격대지도자(중령)[13]가 되었다. 이는
1941년 10월, 그를 예루살렘 지방법원에 서게 할 최종 해결책에서의
역할을 부여받은 직후에 일어났다. 그런데 그는 그 계급에 '꼼짝없이

---

12) 최고돌격지도자(Haupsturmführer)는 중대급 부대를 지휘하는 역할을 수행
    했다.
13) 상급돌격대지도자(Obersturmbannführer)는 나치 독일의 무장친위대 및 돌
    격대에서 사용된 장교 계급으로, 독일 국방군의 중령(Oberstleutnant)에 해당
    한다. 이 계급은 돌격대지도자(Sturmbannführer) 바로 위에 위치하며, 참모
    장교단급 또는 대대장급 지휘관으로서 작전 및 행정 업무를 수행했다.

묶이게' 되어서 무척 슬퍼했다. 그가 보았을 때 자신이 일하는 부서에서는 더 높은 계급에 오를 수 없었기 때문이다.

하지만 아이히만은 자신이 예상한 것보다 훨씬 더 빨리, 더 높이 진급한 4년 동안에는 이 사실을 알지 못했다. 빈에서 그는 자신의 역량을 보여주었고, 이제 그는 유대인 조직과 시온주의 당파들의 복잡한 문제인 '유대인 문제'의 전문가로서뿐만 아니라, 이주와 소개의 '권위자'이자, 사람들을 이동시키는 방법을 아는 '대가'로 인정받았다.

아이히만의 가장 큰 성공은 1938년 11월, 크리스탈나흐트 직후, 독일계 유대인이 필사적으로 탈출하려던 때 찾아왔다. 아마도 하이드리히의 주도에 따라 괴링은 베를린에 유대인 이주를 위한 제국 본부[14]를 설립하기로 결정했는데, 그의 지시가 담긴 편지에는 아이히만의 빈 사무소가 중앙 기관 설립의 모델이 되어야 한다는 특별한 언급이 있었다. 그러나 베를린 사무실의 책임자는 아이히만이 아니라 그가 후에 크게 존경하게 되는 하인리히 뮐러로, 하이드리히가 발굴한 또 다른 인물이었다.

하이드리히는 뮐러를 바이에른의 정규 경찰관직에서 차출하여 (그는 당원도 아니었고 1933년까지는 반대파에 속해 있었다) 베를린의 게슈타포로 데려갔다. 이는 그가 소비에트 러시아 경찰 체계에 대한 권위자로 알려져 있었기 때문이다. 뮐러 역시 상대적으로 작은 임무에서 출발했지만, 이것이 그의 출셋길의 시작이었다. (덧붙여 말하자면, 아이히만과는 달리 허풍을 떠는 경향이 없었고 '스핑크스와 같은 태도'로 유명했던 뮐러는 종전 후 완전히 잠적에 성공했다. 처음에 동독 그리고 지금은 알바니아가 이 러시아 경찰 전문가를 고용했다는 소문이 있지만, 아무도 그의 행

---

14) 유대인 이주를 위한 제국 본부(Reichszentrale für Jüdische Auswanderung)는 1939년 2월 11일, 헤르만 괴링의 명령에 따라 베를린에 설립된 나치 독일의 행정기관으로, 유대인의 강제이주를 조직적으로 추진하기 위한 목적이 있었다.

방을 모른다.)

1939년 3월, 히틀러는 체코슬로바키아를 침공하여 보헤미아와 모라비아에 독일 보호령을 세웠다. 아이히만은 즉시 프라하에 또 다른 유대인 이주 센터를 설립하도록 임명되었다.

"처음에 저는 빈을 떠나는 게 그렇게 기쁘지 않았습니다. 그런 사무소를 설립하고 모든 것이 순조롭고 질서 있게 돌아가는 것을 보면 그것을 포기하고 싶지 않기 때문입니다."

빈과 시스템은 같았지만, 프라하는 솔직히 다소 실망스러웠다.

"체코 유대인 조직의 실무자들은 빈으로 갔고 빈 사람들이 프라하로 왔기 때문에 제가 개입할 필요가 전혀 없었죠. 빈 모델이 단순히 복사되어 프라하로 옮겨졌습니다. 그래서 모든 일이 자동으로 시작되었습니다."

하지만 프라하 본부는 훨씬 작았다.

"뢰벤헤르츠 박사처럼 역량과 활력을 가진 사람이 없어서 유감이었습니다."

하지만 이런 개인적인 불만의 이유는 또 다른 완전히 객관적인 성격으로 가중되는 문제에 비하면 사소한 것에 불과했다. 수십만 명의 유대인이 불과 몇 년 사이에 고향을 떠났고, 수백만 명이 그들 뒤에서 대기하고 있었다. 폴란드와 루마니아 정부가 공식 성명을 통해 자신들도 유대인을 없애고 싶다는 의사를 명백히 밝혔기 때문이다. 그 정부들은 '위대하고 문화적인 국가'의 발자취를 따르는 것에 왜 세계가 분개하는지 이해하지 못했다. (이 엄청난 규모의 잠재적 난민 집단은 1938년 여름, 독일계 유대인 문제를 정부 간 협력으로 해결하기 위해 소집된 에비앙 회의에서 드러났다. 이 회의는 대실패로 끝나 독일계 유대인에게 큰 피해를 입혔다.)

해외 이민의 길이 막혀 유럽 내에서 탈출할 가능성은 이미 사라졌다. 설령 최상의 상황이었더라도, 전쟁 때문에 그의 계획이 방해받지 않았더라도, 아이히만이 빈의 '기적'을 프라하에서 되풀이할 가능성은 거의 없었다.

아이히만은 이 점을 매우 잘 알고 있었고, 정말로 이주에 관한 전문가가 되어 있었기에, 다음 임무를 의욕적으로 맞이할 수 없었다. 1939년 9월 전쟁이 발발했고, 한 달 후 아이히만은 베를린으로 소환되어 뮐러의 뒤를 이어 유대인 이주를 위한 제국 본부의 책임자가 되었다. 1년 전이었다면 이는 분명한 승진이었겠지만, 지금은 때가 아니었다. 어느 누구도 제정신으로는 강제이주를 통한 유대인 문제 해결을 생각할 수 없었을 것이다. 전쟁 중에 한 나라에서 다른 나라로 사람들을 이동시키는 어려움은 차치하고라도, 독일은 폴란드 영토를 점령하면서 200만 명에서 250만 명 이상의 유대인을 추가로 얻었기 때문이다.

히틀러 정부가 아직도 유대인을 내보낼 의향이 있었다는 것은 사실이다. (모든 유대인 이주를 중단하라는 명령은 2년 후인 1941년 가을이 되어서야 내려왔다.) 그리고 어떤 '최종 해결책'이 이미 결정되었다 하더라도, 아직은 아무도 그런 명령을 받지 않았다. 물론 동부에서는 유대인이 이미 게토에 강제수용되고 있었고 또 이동학살부대에 의해 학살되고 있었지만 말이다. 베를린에서 '조립 라인 원칙'에 따라 제아무리 영리하게 조직한다고 해도 이민이 점차 줄어드는 것은 자연스러운 일이었다. 아이히만은 이 과정이 "이를 뽑는 것 같았다. … 양쪽 모두 무기력했다"고 묘사했다.

"유대인 쪽에서는 이주 가능성을 확보하는 것이 정말로 어려웠기 때문이고, 우리 쪽에서는 어떠한 분주함도 서두름도 없어서 사람들의 왕래가 없었기 때문입니다. 우리는 크고 웅장한 건물에 앉아, 하품이 날 정도의 공허함 속에서 지냈습니다."

아이히만의 전문 분야인 유대인 문제가 이주 문제로 머물러 있는 한, 그가 곧 실직하게 될 것이라는 점은 분명했다.

제5장

두 번째 해결책: 수용

1939년 9월 1일, 전쟁이 발발하자 나치 정부는 공개적으로 전체주의 체제가 되었고, 또 공개적으로 범죄 정권이 되었다. 조직의 관점에서 보았을 때 이 방향으로 나아가는 데 가장 중요한 단계 중 하나는 힘러가 서명한 법령으로, 1934년부터 아이히만이 소속된 당 조직인 친위대 보안국과, 게슈타포라 불린 비밀국가경찰을 포함한 정규 국가보안경찰을 통합한 것이었다. 이 통합의 결과 국가보안본부(RSHA)가 등장했는데, 초대 본부장은 라인하르트 하이드리히였다. 1942년 하이드리히가 사망한 후 린츠에서부터 아이히만의 오랜 지인이었던 에른스트 칼텐브루너 박사가 그 자리를 넘겨받았다.

게슈타포뿐만 아니라 형사경찰과 치안경찰을 포함한 모든 경찰 공무원에게는 당원 여부와 상관없이 그들의 이전 계급에 상응하는 친위대 직급이 부여되었다. 이것은 하루아침에 옛 공무원 조직 중 가장 중요한 부분이 나치 계급 체계에서 가장 급진적인 부분으로 통합되었음을 의미한다. 내가 아는 한 누구도 저항하거나 직책을 사임하지 않았다. (친위대의 창설자이자 우두머리인 힘러가 1936년 이래로 독일 경찰청장도 겸직했지만, 이 두 기관은 이때까지 분리된 채 남아 있었다.)

더욱이 국가보안본부는 친위대의 열두 개 주요 본부 가운데 하나에 불과했다. 현재의 맥락에서 볼 때 그중 가장 중요한 것은 유대인 검거를 담당했던 쿠르트 달루에게 장군 휘하의 치안경찰본부와 오스발트 폴이 본부장이었던 친위대 경제행정본부[1]였다. 이 본부는 강제수용소를 담당했으며, 후에는 유대인 절멸의 '경제적' 측면을 책임지게 된다.

강제수용소를 '행정'으로, 죽음의 수용소[2]를 '경제'로 설명하는 이런 '객관적'인 태도는 친위대의 전형적인 사고방식이었고, 아이히만은 재판 중에도 이에 대해 상당한 자부심이 있었다. 친위대는 이러한 '객관성'[3]을 통해 슈트라이허와 같은 '감정적' 인물, 즉 '비현실적인 바보'와 거리를 두었으며, 또 마치 '뿔과 털가죽을 걸친 듯 행동하는'

---

1) 친위대 경제행정본부(SS-Wirtschafts-Verwaltungshauptamt, WVHA). 1942년부터 친위대의 산업, 무역, 재정 및 강제수용소 운영을 총괄한 핵심 기관이었다. 특히 1942~43년에는 강제수용소 감독기관이 SS-WVHA에 통합되면서 모든 수용소 시스템이 이 본부의 관할 아래 놓였다. SS-WVHA는 국가보안본부와 긴밀히 협력하여 수용소 내 강제노동을 통해 친위대의 자체 기업과 산업을 운영하고 이윤을 창출했다. 본부장이었던 오스발트 폴(Oswald Pohl)은 1947년 뉘른베르크 후속 재판 중 하나인 '폴 재판'에서 전쟁범죄 및 인도에 반한 범죄로 사형을 선고받았으며, 1951년에 처형되었다.
2) 죽음의 수용소(the death camp, Vernichtungslager)는 나치 독일이 유대인을 비롯한 특정 집단을 조직적으로 살해하기 위해 만든 시설로, 대표적인 예로 아우슈비츠-비르케나우(Auschwitz-Birkenau)가 있다. 일반 강제수용소에서도 처형과 시신 소각이 이루어졌지만, 죽음의 수용소는 대규모 가스실, 탈의실, 시신 소각용 화장터 등 살해 과정을 체계적으로 수행하는 설비를 갖추고 있었다.
3) 여기서 말하는 '객관성'(Sachlichkeit)은 일반적으로 통용되는 중립적이고 사실 중심의 의미와는 다르다. 강제수용소나 죽음의 수용소와 같은 극단적 현실을 다룰 때, '행정'이나 '경제'라는 표현을 사용함으로써 그 본질인 살상과 착취의 의미를 희석시키고 심리적 부담을 경감하려는 효과를 낳는다. 독일어 'Sachlichkeit'는 '사실성' 또는 '업무 중심성'을 뜻하며, 한나 아렌트는 이를 영어로 'objectivity'라고 번역했다. 이 맥락에서 '객관성'이라는 번역은 아렌트의 선택을 따른 것이다. 이러한 표현은 현실을 왜곡하거나 본질을 가리는 역할을 할 수 있으며, 아렌트는 이를 비판적으로 인식하고 따옴표를 활용해 '객관성'이라는 단어의 문제적 성격을 드러냈다.

특정 '튜턴-게르만 정당4)의 거물'과도 자신을 구분했다. 아이히만은 하이드리히를 대단히 존경했는데 하이드리히가 그런 난센스를 전혀 좋아하지 않았기 때문이었다. 반면에 아이히만은 힘러에게는 공감하지 못했는데, 친위대 국가지도자 겸 독일경찰청장인 힘러는 모든 친위대 본부의 우두머리였음에도 불구하고, "적어도 오랫동안 그런 것들에 영향을 받았"기 때문이었다.

하지만 재판에서 '객관성'으로 상 받을 사람은 퇴역 상급돌격대지도자인 피고인이 아니었다. 그 영광은 쾰른 출신의 세무 및 상법 변호사 세르바티우스 박사에게 돌아갔다. 그는 나치당에 한 번도 가입한 적이 없었지만, 그럼에도 불구하고 그는 '감정적'이지 않다는 것이 무슨 의미인지에 대한 교훈을 법정에 남겼고, 그의 말을 들은 사람이라면 누구도 그 교훈을 잊지 못할 것이다.

전체 재판 과정에서 몇 안 되는 중요한 순간 중 하나였던 그 순간은 피고 측의 짧은 구두 변론 때 나타났는데, 그후 법원은 4개월 동안 판결문 작성을 위해 휴정했다. 세르바티우스는 "유골 수집, 불임 시술, 가스 처형 그리고 유사한 의학적 문제들"에 대한 책임 혐의에서 피고인이 무죄라고 선언했다. 그러자 할레비 판사가 그의 말을 중지시키고 이렇게 말했다.

"세르바티우스, 가스 처형이 의학적 문제라고 말한 것은 실언이라고 생각되는군요."

여기에 대해 세르바티우스는 대답했다.

---

4) 여기서 말하는 '튜턴-게르만 정당'은 실제 존재했던 특정 정당을 지칭하는 것이 아니라, 나치 독일의 이념적·문화적 뿌리를 상징적으로 나타내는 표현이다. '튜턴'은 고대 게르만 부족 가운데 하나로, 나치는 이를 게르만 민족 전체의 기원으로 이상화했다. '게르만'은 넓은 의미에서 독일 및 북유럽 민족을 포함하는 집단으로, 나치는 이들을 '아리안 인종'의 핵심으로 간주하며 인종적 우월성의 근거로 삼았다.

"그것은 의사가 준비했기 때문에 실제로 의학적인 문제입니다. 그것은 살인 문제이고, 살인 역시 의학적 문제입니다."

다른 나라에서 살인이라고 부르는 행위를 오늘날 독일인, 즉 전 친위대 요원이나 나치 당원뿐만 아니라 보통의 독일인이 어떻게 여기는지를 예루살렘의 재판관들이 잊지 않도록 확실히 해두기 위해서인지, 세르바티우스는 대법원에서 이 사건 재심을 위해 사용할 "1심 판결에 대한 의견서"에 이 표현을 반복했다. 그는 다시, 아이히만이 아니라 그의 부하 중 한 사람인 롤프 귄터가 "항상 의학적 문제에 관여했다"고 말했다. (세르바티우스는 제3제국의 '의학적 문제'에 대해 잘 알고 있었다. 뉘른베르크에서 그는 히틀러의 개인 주치의이자 '위생 및 보건' 분야의 전권대사이며, 안락사 프로그램 책임자였던 카를 브란트 박사를 변호했다.)

전시조직에서 친위대 본부들은 각각 여러 국과 과로 나뉘었고, 국가보안본부는 마침내 일곱 개의 주요 국을 갖게 되었다. 제IV국은 게슈타포의 국이었고 국장은 하인리히 뮐러(소장)였는데, 이 계급은 그가 바이에른 경찰에 있을 때 단 것이었다. 그의 임무는 '국가에 적대적인 반대자들'과 싸우는 것인데, 이는 두 범주로 나뉘었고 이를 다루는 두 개의 과가 있었다. 예하부서 제IV-A과는 공산주의, 사보타주, 자유주의, 암살 등의 혐의를 받은 '반대자들'을 담당했고, 제IV-B과는 '종파들.' 즉 가톨릭교인, 개신교인, 프리메이슨(이 직책은 공석이었다) 그리고 유대인을 다루었다.

이러한 과들의 각 범주에는 독립적인 사무실이 마련되었고 여기에 아라비아 숫자 일련번호가 부여되었다. 마침내 아이히만은 1941년에 국가보안본부 제IV국 B과 4계 담당으로 임명되었다. 그의 직속상관인 제IV-B과 과장은 무능한 인물이었기에 그의 진정한 상관은 언제나 뮐러였다. 뮐러의 상관은 하이드리히였고, 나중에 칼텐브루너로 바뀌었는데, 이들 모두는 차례로 힘러의 지휘하에 있었으며, 힘러는 히틀러로부터 직접 명령을 받았다.

힘러는 열두 개의 본부 외에도 완전히 다른 조직 체계를 관장했는데, 이것도 최종 해결책 실행에 막대한 역할을 했다. 이는 지역조직을 지휘하는 친위대 및 경찰 고위지도자 군단의 네트워크였다. 이들의 지휘계통은 국가보안본부와 연결되지 않았고 힘러의 직접적 책임하에 있었으며, 그들은 항상 아이히만과 그의 부하들보다 상위 계급이었다.

한편 이동학살부대는 하이드리히와 국가보안본부의 지휘를 받았다. 그렇다고 해서 아이히만과 돌격대 간에 모종의 관계가 반드시 존재한다는 의미는 아니다. 이동학살부대 지휘관들도 항상 아이히만보다 계급이 높았다. 기술적으로나 조직상으로 아이히만의 지위는 그리 높지 않았다. 그의 직책이 그렇게 중요하게 된 것은 순전히 이데올로기적인 이유에서 유대인 문제가 전쟁이 진행될수록 매일, 매주, 매달 점점 더 중요해져 급기야 1943년 이후 패전의 길로 걸어가던 시기에 이르러서는 환상적인 비율로 커졌기 때문이다. 그때에도 아이히만의 사무실은 여전히 공식적으로 '적대자인 유대인'만을 다루는 유일한 사무실이었지만, 사실상 그는 독점권을 잃었다. 그때는 모든 사무실과 기관, 국가와 당, 군대와 친위대 모두가 그 문제를 '해결'하느라 바빴기 때문이다.

우리가 경찰 기구에만 집중하고 다른 모든 사무실을 무시하더라도, 상황은 터무니없이 복잡하다. 왜냐하면 이동학살부대와 친위대 및 경찰 고위지도자 군단에다 보안경찰과 보안국의 사령관 및 감찰관까지 고려해야 하기 때문이다. 이들 각 집단은 궁극적으로 힘러에게 귀결되는 다른 명령체계에 속해 있었다. 그러나 그 집단들은 서로 동등한 관계였고, 한 집단에 속한 요원이 다른 집단의 상급 장교에게 복종할 의무는 없었다. 인정하건대, 검찰은 아이히만에게 특정한 책임을 지우려 할 때마다 병렬적인 기관들의 미로를 헤쳐나가야 하는 아주 어려운 처지에 있었다. (만일 재판이 지금 열렸다면 이 작업은 훨씬 쉬웠을 것이다. 왜냐하면 라울 힐베르크가 자신의 저서 『유럽 유대인의 파멸』*The Destruction of the European Jews*에서 이 믿기 어려울 만큼 복잡한 파괴 기구에 대해 최초로 명확하게 서술하는 데 성공했기 때문이다.)

나아가 이 모든 기관이 엄청난 권력을 휘두르면서도 서로 격렬하게 경쟁했다는 사실을 기억해야 한다. 이것은 희생자들에게는 아무런 도움이 되지 않았다. 그들의 야심은 항상 같은 것, 즉 가능한 한 많은 유대인을 죽이겠다는 것이었기 때문이다. 물론 각자의 소속 기관에 대한 강한 충성심을 고취했던 이런 경쟁 정신은 전쟁 후에도 계속되었는데, 다만 지금은 역방향으로 작용하고 있다. 이제 모든 다른 기관을 희생시켜서라도 '자신의 소속 기관의 무죄를 입증하는 것'이 각자의 욕구가 된 것이다.

이것은 아우슈비츠 수용소장 루돌프 회스의 비망록을 접했을 때 아이히만이 내놓은 설명이었다. 그 비망록은 아이히만이 결코 하지 않았고 또 할 수 있는 지위에 있지도 않았다고 주장하는 몇 가지 일에 대해 그를 고발하고 있었다. 아이히만은 회스와 자신의 관계가 매우 우호적이었기 때문에, 회스가 무고한 자신에게 책임을 뒤집어씌울 개인적인 이유가 없다는 것을 아주 쉽게 인정했다. 그렇지만 그는 회스가 자신의 소속 기관인 행정경제본부에 면죄부를 주고 모든 책임을 국가보안본부에 전가하려 했다고 주장했으나, 이는 허사였다.

이와 같은 일은 뉘른베르크에서도 일어났다. 여러 피고인이 서로 고발하는 역겨운 광경을 연출한 것이다. 물론 어느 누구도 히틀러를 비난하지는 않았다! 하지만 남의 목숨을 대가로 자기 목숨만을 구하려는 취지에서 그렇게 한 사람은 아무도 없었다. 거기서 재판을 받은 자들은 각기 완전히 다른 조직을 대표했으며, 오랫동안 서로에 대해 깊이 각인된 적개심을 품고 있었다. 앞서 언급했던 한스 글롭케 박사는 뉘른베르크 검찰을 위해 증언할 때 외무부를 희생시키면서까지 자신의 내무부에 면죄부를 주려 했다. 한편 아이히만은 항상 뮐러와 하이드리히, 칼텐브루너를 보호하려고 노력했다. 비록 칼텐브루너가 자신을 아주 가혹하게 대했지만 말이다.

의심할 여지 없는 예루살렘 검찰의 중요한 객관적 실수는, 재판 진행 시 사망했거나 생존해 있는 전직 고위 나치 인사들의 선서 또는 비선서 진술서에 지나칠 정도로 크게 의존한 점이었다. 검찰은 이 문서들이 사실 확인을 위한 자료로서 얼마나 의심스러운지 알지 못했고 아마도 그것을 알 수 있다고 기대하기도 어려웠을 것이다. 심지어 판결에서도 다른 나치 전범들의 죄를 입증하는 증언들을 평가할 때, (피고 측 증인의 말에 따르면) "전범재판 당시에는 부재하거나 사망한 것으로 여겨지는 사람들에게 최대한 많은 책임을 전가하는 것이 관례"였다는 점이 고려되었다.

아이히만이 국가보안본부 제IV국 새 집무실에 들어섰을 때, 그는 여전히 '강제이주'가 유대인 문제 해결의 공식적 방안이지만 한편으로 이송 자체가 더는 불가능하다는 불편한 딜레마에 직면해 있었다. 그는 친위대 생활에서 처음으로 (그리고 거의 마지막으로) 상황에 떠밀려 주도권을 쥐고 '아이디어를 만들어낼 수' 있는지 스스로를 시험해야만 했다. 경찰신문에서 그가 진술한 바에 따르면 그는 운 좋게도 세 가지 아이디어를 떠올렸다. 그는 이 세 가지 모두가 결국 실패했음을 인정해야만 했다. 그가 독자적으로 시도한 모든 일은 예외없이 잘못되었다. 마지막으로 받은 타격은 그가 베를린에 있는 개인 요새를 러시아 탱크에 맞서 사용해보기도 전에 '버려야' 했던 것이다. 이는 좌절감뿐인, 그야말로 엄청난 불운의 이야기였다.

아이히만이 보기에 끝없이 문제가 발생했던 원인은 자기와 부하들을 결코 가만히 내버려두지 않았다는 점, 다른 모든 국가 및 당 기관이 그 '해결책' 가운데 각자의 몫을 원했다는 점, 그 결과 사방에서 말그대로 '유대인 전문가들'이 무더기로 나타나, 자기들이 아무것도 모르는 영역에서 가장 먼저 앞서나가려고 안간힘을 쓰고 있었다는 점이었다. 아이히만은 이들을 몹시 경멸했는데, 그 이유 중 일부는 그들이 신참이었다는 점, 일부는 그들이 부자가 되려고 했고 실제로 업무과정에서 종종 상당한 부를 축적하는 데 성공했기 때문이며, 또 일부는 그들이 무지하여 한두 권의 '기본 서적'조차도 읽지 않았기 때문이었다.

아이히만의 세 가지 아이디어는 그 '기본 서적'에서 영감을 얻은 것으로 밝혀졌다. 그런데 그 세 개 중 두 개는 전혀 그의 아이디어가 아니었으며, 세 번째와 관련해서는 "그 아이디어가 슈탈레커[빈과 프라하에서 그의 상관]의 것이었는지 저 자신의 것이었는지는 모르겠지만, 어쨌든 그 아이디어가 탄생했습니다"라고 했다.

이 마지막 아이디어는 시간순으로는 첫째였다. 그것은 '니스코의 아이디어'였고, 그게 실패한 것은 아이히만으로서는 간섭이 악임을 입증하는 가장 명백한 증거였다. (이 경우 잘못은 폴란드 총독 한스 프랑크에게 있었다.) 이 계획을 이해하려면 독일의 폴란드 점령 이후 러시아 침공 이전 기간에, 폴란드 영토가 독일과 러시아에 의해 분할되어 있었음을 기억해야 한다. 독일 측 지역은 제국에 편입된 서부지역과 총독령으로 알려진 바르샤바를 포함한 소위 동부지역으로 구성되었다.

동부지역은 당분간 점령지로 취급되었다. 당시 유대인 문제의 해결책은 여전히 독일을 유대인 없는 상태로 만드는 것을 목표로 하는 '강제이송'이었다. 그래서 합병지역에 있던 폴란드계 유대인이 제국의 다른 지역에 남아 있던 유대인과 함께 제국의 일부로 여겨지지 않던 총독령으로 밀려나는 것은 당연했다. 1939년 12월까지 동부로의 소개가 시작되었고, 제국에 편입된 지역에서 온 60만 명과 제국에서 온 40만 명 등 약 100만 명의 유대인이 총독령에 도착하기 시작했다.

아이히만의 말을 믿지 않을 이유가 없으므로 '니스코 모험담'이 사실이라고 가정해보자. 그렇다면 아이히만 혹은 더 그럴듯하게 프라하와 빈에서 그의 상관이었던 프란츠 슈탈레커 여단지도자[5]는 이러한 사태를 몇 달 전부터 예측했을 것이다. 아이히만이 조심스럽게 슈탈레커 박사라고 불렀던 이 인물은, 그의 견해로는 학식이 높고 이성이 충만하며 "어떤 종류의 국수주의나 증오심이 없는" 매우 훌륭한 사람이었다. 빈에서 슈틸레커는 유대인 관계자들과 악수하곤 했다. 1년 반 후인 1941년 봄, 이 학식 높은 신사는 이동학살부대 A 사령관으로 임명되어 1년이 조금 넘는 기간 동안 25만 명의 유대인을 총살했다. (그 자신은 1942년 작전 중에 전사했다.) 경찰 부대인 이동학살부대는 보안경찰과 보안국의 수장이었던 라인하르트 하이드리히의 관할이었지만, 아이히만은 이 일을 힘러에게 직접 자랑스레 보고했다.

그러나 이것은 나중 일이었다. 1939년 9월 당시에는 독일군이 폴란드 영토를 점령하느라 아직 분주했고, 아이히만과 슈탈레커 박사는 동부에서 보안국이 영향력을 확보할 방법에 대해 '사적으로' 생각하기 시작했다. 그들은 "보호국 형태의 자치적인 유대인 국가를 세우기 위해 폴란드에서 최대한 넓은 지역을 확보하는 것이었으며 … 이것이 해결책이 될 수 있을 것"이라고 생각했다. 그래서 그들은 누구의 명령도 받지 않고 자신들의 주도하에 정찰을 떠났다.

그들은 러시아 국경에서 멀지 않은 산강 근처의 라돔 지구로 갔다.

---

5) 여단지도자(Brigardführer)는 1932년에서 1945년까지 나치 친위대와 돌격대에서 사용된 준군사 계급으로, 친위대에서는 일반적으로 SS-여단(SS-Brigaden)의 지휘관에게 부여되었다.

"그곳에서 광활한 영토와 마을, 시장, 작은 도시들을 보았습니다. 그리고 우리는 스스로에게, '이것이 우리에게 필요한 것이다. 사람들이 어디에서나 재정착하고 있으니 변화를 위해 폴란드인을 재정착시키지 못할 이유가 있겠는가'라고 말했습니다."

적어도 당분간은 이것이 '유대인 문제의 해결책', 즉 그들 발아래의 확고한 터전을 마련하기가 될 것이었다.

처음에는 모든 것이 아주 잘 진행되는 듯했다. 그들은 하이드리히에게 보고했고, 하이드리히는 동의하면서 계속 진행하라고 말했다. 아이히만은 예루살렘에서 이를 완전히 잊고 있었지만, 사실 그들의 계획은 유대인 문제 해결을 위한 하이드리히의 전체 계획과 아주 잘 맞아떨어졌다.

1939년 9월 21일, 하이드리히는 국가보안본부와 (당시 폴란드에서 이미 활동을 시작한) 이동학살부대의 '과장' 회의를 소집했다. 그는 이 회의에서 유대인을 게토에 집중시키고 유대인 장로 위원회를 설립하며, 모든 유대인을 총독령 지역으로 당장 강제이송하라는 일반적 지침을 내렸다. 아이히만은 '유대인 이주 센터'를 설립하는 이 회의에 참석했다. 이는 이스라엘 경찰 06국이 워싱턴 국립문서보관소에서 발견한 의사록을 통해 재판에서 입증되었다. 따라서 아이히만 또는 슈탈레커의 주도는 하이드리히의 지시를 실행하기 위한 구체적인 계획에 불과했다.

그렇게 이제 주로 오스트리아에서 온 수천 명이 신이 버린 이 지역으로 마구잡이로 강제이송되었다. 나중에 네덜란드 유대인의 강제이송을 담당하게 된 친위대 장교 에리히 라야코비치는 유대인들에게 이렇게 설명했다.

"총통께서 유대인에게 새로운 고향을 약속하셨다. 그곳에는 주거지도 집도 없다. 너희 손으로 집을 지으면 머리 위에 지붕을 얹을 수 있다. 주위 우물들은 질병을 옮기고 콜레라, 이질, 장티푸스가 있다. 너희가 직접 땅을 파서 물을 찾으면, 물을 얻게 될 것이다."

보다시피 "모든 것이 훌륭해 보였다." 친위대가 일부 유대인을 이 낙원에서 추방하여 러시아 국경 너머로 내쫓고, 다른 유대인들은 스스로 탈출하는 현명함을 발휘한 것만 아니었다면 말이다.

그런데 그때 아이히만은 "한스 프랑크 쪽에서 방해하기 시작했어요"라고 불평했다. 그들은 이곳이 '프랑크의' 영역이었음에도 그에게 통지하는 것을 잊고 있었다.

"프랑크는 베를린에서 불만을 제기했고, 엄청난 줄다리기가 시작되었습니다. 프랑크는 유대인 문제를 오직 혼자서 해결하기를 원했죠. 그는 자신의 총독령에 더 이상의 유대인을 받고 싶지 않았습니다. 이미 도착한 사람들은 즉시 사라져야 했습니다."

그들은 실제로 사라졌다. 일부는 심지어 본래의 지역으로 송환되기도 했는데, 이런 일은 전무후무한 일이었다. 빈으로 돌아온 사람들은 "직업훈련에서 복귀"라고 경찰 기록에 등록되었다. 친시온주의 운동 단계로 되돌아간 기이한 퇴행이었다.

'자기의' 유대인을 위해 영토를 확보하려는 아이히만의 열성은 그의 경력을 보면 쉽게 이해할 수 있다. 니스코 계획은 그가 빠르게 진급하던 시기에 '탄생'했으며, 그는 자신을 한스 프랑크처럼 미래의 폴란드 총독으로 또는 체코슬로바키아의 하이드리히처럼 미래 '유대인 국가'의 수호자로 생각했을 가능성이 높다. 그런데 전체 계획이 완전히 실패로 끝나면서 그는 이 같은 '사적' 주도권의 가능성과 바람직함에 대한 교훈을 얻었음이 분명하다.

아이히만과 슈탈레커는 하이드리히의 지침 내에서 그의 명시적 동의를 얻어 행동했기에, 이 독특한 유대인 송환은 경찰과 친위대에게 분명한 잠정적 패배를 의미했다. 이로 인해 그는 자신의 조직이 꾸준히 커지고 있더라도 전능한 것은 아니라는 점을 깨달았을 것이다. 또한 국가부처들과 당의 다른 기관들이 그들의 줄어드는 권력을 유지하기 위해 싸울 준비가 되어 있다는 점도 깨닫게 되었을 것이다.

"유대인 발아래 확고한 터전을 마련"하기 위한 아이히만의 두 번째 시도는 마다가스카르 계획이었다. 유럽의 400만 유대인을 아프리카 동남부 해안의 프랑스령 섬, 437만 명의 원주민과 68만 7,041제곱킬로미터의 척박한 땅으로 이루어진 마다가스카르섬으로 소개하려는 계획은 원래 외무부에서 시작되었지만 후에 국가보안본부로 넘겨졌다. 여기에 대해 빌헬름슈트라세[6]에서 유대인 문제를 담당하던 마르틴 루터 박사는, 오직 경찰만이 "유대인을 대규모로 소개하고 추방된 자들을 감독할 경험과 기술 시설을 가지고 있기 때문"이라고 말했다.

'유대인 국가'는 힘러의 관할하에 경찰 총독을 둘 예정이었다. 이 계획은 기묘한 역사를 갖고 있었다. 마다가스카르와 우간다를 혼동했던 아이히만은 "유대인 국가 이념의 주창자 테오도어 헤르츨이 한때 꾸었던 꿈"을 자기도 꾸었다고 늘 주장했다. 그러나 이것은 이전에 다른 사람들이 이미 가졌던 꿈이었다. 제일 먼저 이 꿈을 꾼 폴란드 정부는 1937년에 많은 공을 들여 이 아이디어를 검토했지만 거의 300만 명이나 되는 유대인을 죽이지 않고 그곳까지 배로 운송한다는 것은 거의 불가능하다는 것을 알게 되었다. 얼마 후 프랑스 외무장관 조르주 보네는 프랑스에 거주하는 외국계 유대인 약 20만 명을 프랑스 식민지로 보내겠다는 보다 소박한 계획을 수립했다. 그는 1938년에 이

---

6) 빌헬름슈트라세(Wilhelmstraße)는 베를린 미테(Mitte) 및 크로이츠베르크(Kreuzberg) 지구를 관통하는 주요 도로로, 18세기부터 발전하여 1945년까지 독일제국과 나치 독일의 정부 중심지로 인식되었다. 이 거리에는 외무부를 비롯해 총리 관저, 내무부, 재무부 등 주요 정부 부처가 위치해 있었으며, '빌헬름슈트라세'라는 이름은 종종 독일 정부 전체를 지칭하는 상징적 표현으로 사용되었다.

문제를 놓고 독일 외무장관인 요아힘 폰 리벤트로프에게 자문을 얻기도 했다.

여하튼 아이히만은 1940년 여름 그의 이주 사업이 완전히 중단되었을 때 400만의 유대인을 마다가스카르로 소개하는 세부 계획을 수립하라는 명령을 받았고, 이 계획을 위해 이듬해 러시아 침공이 시작될 때까지의 시간 대부분을 소비했던 것으로 보인다. (400만이란 수는 유럽을 유대인 없는 지역으로 만들기에는 턱없이 적은 수다. 누구나 다 알듯이 전쟁 초기부터 대학살에 희생된 300만의 폴란드계 유대인은 여기에 포함되지 않았음이 분명하다.)

아이히만이나 그보다 낮은 몇몇 인사를 제외하고는 누구도 이 모든 일을 처음부터 진지하게 받아들이지 않았던 것 같다. 마다가스카르는 사람 살기에 적합하지 않으며 프랑스령이었고, 이 계획에는 전시에 400만 인구를 수송할 선박 공간이 필요했으며, 당시는 영국 해군이 대서양을 장악하고 있었던 시기였다. 마다가스카르 계획은 항상 모든 서유럽 유대인의 신체적 절멸을 준비하기 위한 은폐책으로 사용되었다. (폴란드 유대인의 절멸에는 이런 은폐책이 필요하지 않았다!)

아무리 노력해도 항상 총통보다 한 발 뒤처져 있었던 훈련된 반유대주의자들에게 이 계획의 가장 큰 이점은, 유대인을 유럽에서 완전히 소개하는 것 외에는 그 어떤 조치도 충분하지 않다는 예비적 개념에 관계자 모두를 익숙하게 만들었다는 점이다. 즉, 그 어떤 특별법도, 그 어떤 '탈동화'도, 그 어떤 게토도 충분하지 않다는 생각을 말이다. 1년 뒤 마다가스카르 계획이 '쓸모없게' 되었다고 선언했을 때, 모든 사람은 심리적으로, 아니 오히려 논리적으로 다음 단계를 준비했다. 유대인을 '소개'할 영토가 존재하지 않기 때문에, 유일한 '해결책'은 절멸이었다.

미래 세대에게 진실을 드러내 보여주는 아이히만이 그런 사악한 계획의 존재를 예상한 적은 없었다. 마다가스카르 계획이 무위로 끝난 것은 시간 부족 때문이었고, 다른 부서들의 끊임없는 간섭 때문에 시간은 낭비되었다. 예루살렘에서 법원과 경찰은 그를 안일함에서 깨어나게 하려고 애썼다. 그들은 앞서 언급한 1939년 9월 21일 회의에 관한 두 건의 문서를 그에게 제시했다.

그중 하나는 하이드리히가 텔레타이프로 쓴 편지로 이동학살부대에 내리는 특정 지시를 담고 있는데, 여기에는 "장기간이 소요되는 최종 목표"와 "이 최종 목표에 도달하기 위한 단계들"이 처음으로 구분되어 있었다. '최종 해결책'이라는 문구는 아직 등장하지 않았고, 이 문서는 '최종 목표'의 의미에 대해 침묵하고 있었다. 따라서 아이히만은 "좋다, '최종 목표'는 바로 마다가스카르 계획이었다"라고 말할 수도 있었다. 당시 마다가스카르 계획은 독일의 모든 부서에서 논의되고 있었기 때문이다. 대규모 소개를 위해서는 모든 유대인을 한곳에 모으는 것이 필수적 예비 '단계'였다.

그런데 아이히만은 이 문서를 주의 깊게 읽은 뒤 즉시 '최종 목표'는 '신체적 절멸'을 의미할 수밖에 없다고 확신했으며, "이 기본적인 아이디어는 고위지도자와 최고위층의 마음속에 이미 뿌리를 내리고 있었다"고 결론지었다. 이것은 사실이었을 수 있지만, 만일 그렇다면 그는 마다가스카르 계획이 사기극에 불과했음을 인정해야만 했다. 하지만 그는 그렇게 하지 않았다. 그는 자신의 마다가스카르 이야기를 한 번도 바꾼 적이 없었고, 또한 분명코 바꿀 수 없었을 것이다. 이 이야기는 마치 그의 기억 속 다른 녹음테이프에서 흘러나오는 것 같았다. 이 녹음된 기억이 이성과 논증과 정보 그리고 어떤 종류의 통찰에도 굴하지 않는 증거로 드러난 것이다.

아이히만의 기억에 따르면 전쟁의 발발(히틀러는 1939년 1월 30일 제국의회 연설에서 전쟁이 "유럽에서 유대인 종족을 절멸시킬 것"이라고 '예언'했다)과 러시아 침공 사이에 유럽 서부 및 중부의 유대인에 대한 활동이 소강상태에 빠진 적이 있었다. 당시에도 분명히 제국과 점령지의 여러 부서는 '적대자인 유대인'을 제거하기 위해 최선을 다하고 있었지만 어떠한 통일된 정책은 없었다. 마치 모든 부서가 각각의 '해결책'을 갖고 있고, 이를 적용하거나 경쟁 부서의 해결책과 비교하는 것이 허용된 듯했다. 아이히만의 해결책은 경찰국가였고 이를 위해 상당한 규모의 영토가 필요했다. 그가 기울인 모든 "노력은 관계자들의 이해가 부족했기 때문에 실패했다." '경쟁'. 즉 싸움과 말다툼 때문이었고, 모두가 "패권을 장악하러 다투었기 때문"이었다.

그런데 때는 너무 늦었다. 러시아와의 전쟁이 "청천벽력처럼 갑자기" 발발했다. 그것은 그의 꿈의 종말을 의미했다. "양쪽 모두의 이익을 위한 해결책을 찾던 시대"의 종말을 고한 것이다. 그가 아르헨티나에서 쓴 비망록에서 인정했듯이 "유대인 개개인을 다루기 위한 법률과 조례와 칙령이 존재하던 시대의 종말"이기도 했다.

아이히만에게 그것은 그 이상을 의미했다. 그것은 경력의 종말이었다. 그가 현재 누리고 있는 '명성'에 비추어볼 때 다소 터무니없는 말처럼 들릴 수 있지만, 그의 말에 일리가 있음은 부정할 수 없다. 왜냐하면 '강제이송'이라는 현실에서든 나치가 지배하는 유대인 국가라는 '꿈속'에서든 간에 모든 유대인 문제의 최종적 권위자였던 아이히만의 부서는 이제 "유대인 문제의 최종 해결책에 관련된 한에서는 두 번째 순위로 밀려난 것"이다.

"새로 시작된 일들은 다른 부서로 이관되었고, 협상은 전 친위대 국가원수 겸 독일 경찰청장의 휘하에 있는 또 다른 본부가 수행했기 때문입니다."

여기서 "다른 부서"란 동부의 육군 후방에서 활동하며 원주민 민간인, 특히 유대인들을 학살하는 특별 임무를 맡은 정예 살인 집단이었다. "또 다른 본부"는 오스발트 폴 휘하의 행정경제본부였고, 아이히만이 유대인 이송의 최종 목적지를 알기 위해 문의해야 했던 곳이었다. 이 목적지는 다양한 살해 시설의 '수용 능력'과, 일부 죽음의 수용소 근처에 지부를 세우는 것이 수익성이 있다고 판단한 수많은 기업의 노예 노동자 요청에 따라 계산되었다. (친위대가 운영하는 그다지 중요하지 않은 산업체 외에도 I.G. 파르벤, 크루프 베르케, 지멘스-슈케르트 베르케 같은 유명한 독일 기업들이 루블린 죽음의 수용소 인근과 아우슈비츠 내부에 공장을 설립했다. 친위대와 기업인들의 협력은 훌륭했다. 아우슈비츠의 회스는 I.G. 파르벤 대표들과 매우 우호적인 사교 관계를 유지했다고 증언했다. 노동을 통해 죽이려는 의도가 분명한 노동조건이었다. 힐베르크에 따르면 I.G. 파르벤 공장 중 한 곳에서 일한 약 3만 5,000명의 유대인 중 최소 2만 5,000명이 사망했다.)

아이히만에게 핵심은 소개와 강제이송이 더 이상 '해결'의 최종 단계가 아니라는 점이었다. 그의 부서는 단지 도구적 역할만 하게 되었다. 따라서 마다가스카르 계획이 보류되었을 때 그는 '격분하고 실망할' 충분한 이유가 있었다. 1941년 10월에 상급돌격대지도자로 승진한 것이 유일한 위로였다.

아이히만이 스스로 무언가를 시도한 마지막 기억은 러시아 침공 후 3개월이 지난 1941년 9월의 일이었다. 보안경찰과 보안국의 수장이었던 하이드리히가 보헤미아와 모라비아의 보호령 총독[7]이 된 직후였다. 이를 기념하기 위해 그는 기자회견을 열고 8주 안에 보호령

---

7) 보헤미아와 모라비아 보호령은 나치 독일이 체코슬로바키아를 점령한 뒤 1939년 3월 16일에 수립한 독일의 부분적 합병 영토를 말한다. 이 지역은 명목상 자치령으로 운영되었지만, 실제로는 독일의 강력한 통제를 받았다. 보호령의 인구 대부분은 체코인이었으며, 독일 정부는 '보호령 총독'(Reichsprotektor)이라는 직책을 통해 통치했다

은 유대인 없는 지역이 될 것이라고 약속했다. 기자회견이 끝난 뒤 그는 자신의 약속을 이행할 사람들, 즉 당시 프라하 보안경찰 지역사령관 프란츠 슈탈레커 그리고 국무부 차관 카를 헤르만 프랑크와 이 문제를 논의했다. 전 주데텐[8]의 지도자였던 프랑크는 하이드리히 사망 직후 그를 이어 국가 수호자가 된다. 아이히만의 생각에 프랑크는 저급한 부류로, "정치적 해결에 대해 아무것도 모르는" "슈트라이허 유형"의 유대인 혐오자였다. 그는 "독재적이고, 솔직히 말해 자신의 권력에 취해 그저 지시와 명령만 내리는" 부류의 사람 중 하나였다.

그외에 기자회견은 즐길 만했다. 하이드리히는 처음으로 "보다 인간적인 면모"를 보였고, 아름다운 솔직함으로 자신이 "말을 성급하게 내뱉었음"을 인정했다. 이는 "야심차고 충동적인 하이드리히의 성격을 아는 사람에게는 크게 놀랄 일이 아니"었다. 그는 "나중에 후회할 정도로 너무나 성급하게 말을 입 밖으로 자주 내뱉었던" 사람이었다. 하이드리히는 이렇게 물었다.

"일이 엉망이 됐어. 이제 어떡하지?"

여기에 대해 아이히만은 이렇게 답했다.

"선언을 철회할 수 없다면, 단 한 가지 가능성만이 있습니다. 지금 보호령에 흩어져 사는 유대인을 집중 수용할 충분한 공간, 디아스포라의 망명자들이 모일 유대인의 고향을 마련하는 것입니다."

그리고 불행하게도 슈트라이허 유형의 유대인 혐오자인 프랑크가 구체적인 제안을 했는데, 테레지엔슈타트에 그 공간을 마련하자는 것이었다. 아마도 마찬가지로 자신의 권력에 취한 하이드리히는 유대인을 위한 공간을 마련하기 위해 테레지엔슈타트의 모든 체코 주

---

8) 주데텐 혹은 주데텐란트(Sudetenland)는 체코슬로바키아 서부 국경 지대에 위치한 지역으로, 독일계 주민이 다수 거주하던 곳이다. 이 명칭은 수데티 산맥에서 유래했으며, 넓게는 보헤미아, 모라바, 슐레지엔의 일부를 포함하기도 한다.

민을 즉각 소개하라는 단호한 명령을 내렸을 것이다.

아이히만은 상황을 살피기 위해 그곳으로 보내졌다. 그는 크게 실망했다. 에게르강 유역의 보헤미아 요새 도시는 너무나 작아서 보헤미아와 모라비아에 있는 9만 명의 유대인 중 기껏 일부만을 수용하는 환승 수용소로밖에 활용할 수 없었다. (약 5만 명의 체코 유대인에게 테레지엔슈타트는 사실상 아우슈비츠로 가는 도중에 머무는 환승 수용소가 되었고, 추가로 2만 명가량의 인원은 아우슈비츠로 직접 보내졌다.)

우리는 아이히만의 부정확한 기억보다 좋은 자료들을 통해 테레지엔슈타트는 처음부터 하이드리히가 설계한 특별 게토였음을 알 수 있다. 이곳은 특정 특권 계층 유대인, 주로 독일 출신이지만 꼭 독일인만은 아닌 유대인 관계자, 저명인사, 훈장 받은 참전용사, 장애인, 비유대인과 결혼한 유대인, 그리고 65세 이상의 독일 유대인을 수용하는 특별 게토였고, 노인 게토라는 별명으로 불렸다.

이 마을은 제한된 범주의 사람들을 수용하기에도 너무나 협소했다. 이 게토 설립 1년 후인 1943년에 '살빼기' 또는 '감축' 절차가 시작됐다. 인구과다를 해소하기 위해 정기적으로 사람들을 아우슈비츠로 보내는 것이었다. 그런데 한 가지 측면에서 아이히만의 기억이 그를 속이지 않았다. 테레지엔슈타트는 사실상 행정경제본부 당국의 휘하에 있지 않은 유일한 강제수용소였으며, 끝까지 그의 책임으로 남아 있었다. 수용소 감독관들은 아이히만의 직속 부하들이었고 항상 그보다 낮은 계급이었다. 그곳은 예루살렘 검찰이 추정하기에 아이히만이 가지고 있었던 권력을 적어도 일부라도 행사할 수 있었던 유일한 수용소였다.

아이히만의 기억은 몇 년씩을 아주 쉽게 건너뛰었다. 그가 경찰 조사관에게 테레지엔슈타트에 대해 이야기할 때는 사건의 순서를 2년이나 앞서갔다. 그의 기억이 시간 순서에 따라 통제되지는 않았지만,

단순히 제멋대로였던 것은 아니었다. 그의 기억은 최악의 인간사들로 가득 찬 창고와 같았다.

아이히만이 프라하에서 있었던 일을 회상할 때, "보다 인간적인 면모"를 보여준 위대한 하이드리히를 알현했던 순간이 떠올랐다. 몇 차례 신문 후 그는 하이드리히가 암살당하던 당시 우연히 슬로바키아의 브라티슬라바로 갔던 여행에 대해 언급했다. 독일이 세운 슬로바키아 꼭두각시 정부의 내무부 장관 샤뇨 마흐의 손님으로 거기에 갔다는 것이었다. (마흐는 강력한 반유대주의 가톨릭 정부에서 독일판 반유대주의를 대변했다. 그는 세례받은 유대인에 대한 예외를 거부했고, 슬로바키아 유대인의 대규모 강제이송을 주도한 주요 책임자 중 하나였다.)

아이히만은 정부 인사로부터 사교 모임에 초대받는 일이 드물었기 때문에 이 일을 기억하고 있었다. 그것은 영광스러운 일이었다. 아이히만의 기억에 따르면, 마흐는 자신을 볼링 게임에 초대한 사람, 친절하고 소탈한 사람이었다. 그는 전시에 브라티슬라바까지 가서 정말로 다른 할 일 없이 내무부 장관과 볼링을 쳤을 뿐이란 말인가? 그렇다. 다른 일은 전혀 없었다. 그는 하이드리히 암살 시도 소식이 도착하기 직전에 어떻게 볼링을 쳤고, 음료가 어떻게 제공되었는지 아주 잘 기억하고 있었다.

4개월이 지나고 쉰다섯 개의 테이프가 만들어진 뒤 이스라엘 조사관 레스 대위가 이 문제로 다시 돌아왔을 때, 아이히만은 거의 같은 말로 똑같은 이야기를 반복하면서 이날은 "잊을 수 없는" 날이었다고 덧붙였다. 자신의 "상관이 암살"당했기 때문이었다. 그러나 이번에는 그가 브라티슬라바로 파견된 이유가 "슬로바키아 출신 유대인에 대한 현재의 소개 조치"를 논의하기 위한 것이었음을 보여주는 서류를 대면하게 되었다. 그는 자신의 실수를 즉각 인정했다.

"확실합니다, 확실해요. 베를린에서 내려온 명령이었습니다. 볼링을 치라고 저를 거기에 보낸 것은 아니었죠."

아이히만이 엄청난 일관성으로 두 번 거짓을 말한 것인가? 아니다. 유대인을 소개하고 강제이송하는 것은 일상적인 업무였다. 그의 머릿속에 남은 것은 볼링을 치고, 장관의 손님으로 대접받으며, 하이드리히 습격 소식을 들은 것이었다. 체코 애국자들이 '교수형 집행인'을 쏜 이 기억할 만한 날이 몇 년도였는지 전혀 기억하지 못하는 것이 바로 그의 기억력의 특징이었다.

아이히만의 기억력이 더 좋았더라면, 그는 테레지엔슈타트 이야기를 아예 꺼내지도 않았을 것이다. 이 모든 일이 '정치적 해결책'의 시대가 가고 '물리적 해결책'의 시대가 시작된 때 일어났기 때문이다. 그가 다른 맥락에서 자유롭고 자발적으로 인정했던 것처럼, 이 일은 그가 이미 최종 해결책에 대한 총통의 명령을 통보받은 뒤에 일어났다.

하이드리히가 보헤미아와 모라비아를 약속한 날짜까지 실제로 유대인 없는 지역으로 만든다는 것은, 유대인을 학살 센터로 쉽게 수송할 수 있는 장소로 집중 수용하고 강제이송한다는 것을 의미할 뿐이다. 테레지엔슈타트가 실제로 다른 목적, 즉 외부 세계에 보여주기 위한 전시장으로서 사용된 것, 즉 국제적십자사 대표들이 들어가도록 허용된 유일한 게토 또는 수용소였다는 것은 별개의 문제였다. 당시 아이히만은 이 사실에 대해 거의 알지 못했는데, 이는 어쨌든 그의 능력 범위를 완전히 벗어난 일이었다.

제6장

최종 해결책: 학살

1941년 6월 22일, 히틀러는 소련에 대한 공격을 시작했고, 6~8주 후 아이히만은 베를린에 있는 하이드리히의 사무실로 소환되었다. 7월 31일 하이드리히는 공군 총사령관이자 프로이센 총리, 4개년 계획의 전권대표 그리고 끝으로 위계상 (당과는 구별되는) 히틀러의 부총리인 헤르만 괴링 제국원수[1])에게서 한 통의 서한을 받았다. 이 서한은 하이드리히에게 "유럽 내 독일 영향권 내에서 유대인 문제에 대한 일반적 해결책[Gesamtlösung]"을 준비하고 "유대인 문제에 대한 바람직한 최종 해결책[Endlösung]을 실행하기 위한 … 일반적 제안"을 제출할 것을 요구하고 있었다.

하이드리히가 1942년 11월 6일자 편지로 육군 최고사령부에 설명했듯이, 이 지시를 받았을 당시에 그는 이미 "유대인 문제의 최종 해결책을 준비하는 임무를 수년간 위임받아왔으며,"* 러시아와의 전쟁이 시작된 이후 줄곧 동부에서 이동학살부대를 통한 대량학살을 담

---

1) 제국원수(Reichsmarschall des Großendeutschen Reiches)는 제2차 세계대전 중 독일군 내에서 가장 높은 명예 군사 계급으로, 1940년 헤르만 괴링에게만 수여된 직위다. 실질적인 지휘권은 없었으며, 그의 위상을 강조하기 위한 상징적 직책이었다.

* 라이트링거에 따름.

당하고 있었다。

하이드리히는 '이주에 관한 짧은 연설'로 아이히만과의 면담을 시작했다. (이주는 사실상 중지되어 있었지만, 그가 직접 승인해야 하는 특별한 경우를 제외하고 모든 유대인 이주를 금지하는 힘러의 공식 명령은 몇 개월이 지나서야 내려졌다.) 하이드리히는 말했다.

"총통께서는 유대인을 물리적으로 절멸하라고 명령하셨소."

"그런 뒤 그는 평소의 습관과는 아주 다르게, 자기 말의 영향력을 시험해보고 싶은 듯 오랫동안 침묵을 지켰습니다. 지금도 그 장면이 기억납니다. 처음에는 그가 단어 선택에 매우 신중했기 때문에 그가 한 말의 의미를 파악할 수 없었습니다. 그후 저는 이해하게 되었고 아무 말도 하지 않았습니다. 더는 할 말이 없었기 때문입니다. 저는 그런 일, 폭력을 통한 그런 해결책은 결코 생각해본 적이 없었습니다. 저는 이제 모든 것, 제 일에 대한 모든 기쁨, 모든 주도권, 모든 관심을 잃어버렸습니다. 말하자면 저는 불씨가 꺼져버린 것입니다. 그리고 그는 제게 이렇게 말했습니다.

'아이히만, 루블린에 있는 글로보츠니크(총독령에 있는 힘러의 친위대 및 경찰 고위지도자 중 한 사람)를 만나시오. 국가지도자(힘러)가 이미 그에게 필요한 명령을 하달했으니, 그동안 그가 한 일들을 살펴보시오. 내 생각에 그는 유대인 청산을 위해 러시아 탱크 참호를 이용하는 것 같소.'

저는 아직도 그 말을 기억합니다. 제가 아무리 오래 살아도 그 말을 잊지 못할 겁니다. 면담이 거의 끝나가던 때 그가 말했던 문장들을 말이죠."

실제로 하이드리히는 좀더 많은 말을 했다. 아이히만은 이 말을 아르헨티나에서는 기억했지만 예루살렘에서는 잊어버렸다. 이 증언은 실제 학살 과정에서 그의 권한 문제와 관련이 있었기 때문에 그에게 매우 불리하게 작용했다. 하이드리히는 아이히만에게 전체 사업이 자신의 국가보안본부가 아니라 '친위대 경제행정본부의 권한 아래' 놓여 있고, 절멸을 위한 공식 암호명은 '최종 해결책'이라고 말했던 것이다.

아이히만은 결코 히틀러의 의도를 가장 먼저 알게 된 그룹에 속해 있지 않았다. 우리는 하이드리히가 수년 동안, 아마도 전쟁이 시작된 이래 이 방향으로 일을 해왔음을 알고 있다. 그리고 힘러는 1940년 여름 프랑스를 무너뜨린 직후 이 '해결책'에 대해 들었다고 (그리고 거기에 항의했다고) 주장했다. 1941년 3월, 아이히만이 하이드리히와 면담을 갖기 약 6개월 전부터 "유대인의 절멸은 당 고위층에서 비밀이 아니었다"고 총통 관방부[2]의 빅토르 브라크가 뉘른베르크에서 증언했다. 그러나 아이히만은 당 고위층에 속한 적이 없다.

아이히만은 이 사실을 예루살렘에서 설명하려고 애썼지만 실패했다. 그는 특정하고 제한적인 직책을 수행하는 데 필요한 것 이상의 정보를 들은 적이 없었다. 그가 하층부에서 이런 '특급비밀' 사안에 대한 정보를 가장 먼저 얻은 사람들 중 한 명인 것은 사실이다. 이 소식은 모든 당과 국가기관, 노예노동과 관련된 모든 기업체 그리고 군대의 (적어도) 장교단 전체에 두루 전파된 후에도 여전히 특급비밀로 남아 있었다. 그럼에도 불구하고 비밀 유지에는 실질적 목적이 있었다. 총통의 명령을 명시적으로 들은 사람들은 더 이상 단순한 '명령 전달자'가 아니라 '비밀의 운반자'로 승격되었고 그들에게는 특별 서약이 부과되었다. (아이히만이 1934년 이래로 소속되었던 보안국 요원들은 어쨌든 보안 서약을 한 상태였다.)

---

2) 총통 관방부(Kanzlei des Führers)는 나치당 조직으로, 아돌프 히틀러의 개인 비서실 역할을 하며 그의 사적인 문제 및 당내 민원 처리 등을 담당했다. 또한 이 조직은 나치의 장애인 안락사 계획인 'Action T4 프로그램'의 핵심 실행 기관이었다.

나아가 이 문제를 다루는 모든 문서는 엄격한 '언어규칙'을 따라 작성되었다. 이동학살부대에서 오는 보고서를 제외하고 '절멸' '청산' 또는 '학살' 같은 원색적인 단어가 등장하는 보고서를 거의 찾아볼 수 없었다. 학살에 대한 암호는 '최종 해결책' '소개' 그리고 '특별 대우' 등이었다. 이주는 '재정착'이나 '동부에서의 노동'이라고 불렀다.[3] 특권층 유대인을 위한 '노인 게토'인 테레지엔슈타트로의 이송을 '거주지 변경'이라고 부른 것을 제외하고는 말이다. 후자의 경우에 이런 이름을 붙인 것은 유대인이 실제로 게토에 종종 일시적으로 재정착했고, 그들 중 일정 비율이 임시로 노동에 동원되었기 때문이다.

특수한 상황에서는 언어규칙에 약간의 변경이 필요했다. 예를 들어 외무부의 한 고위 관리가 바티칸과의 모든 서신에서 유대인 학살을 '철저한 해결책'으로 부르자고 제안했다. 이것은 기발한 생각이었는데, 왜냐하면 바티칸에서 개입한 슬로바키아의 가톨릭 꼭두각시 정부가 반유대주의 법안 입법에서 세례받은 유대인을 제외시키는, 나치의 관점에서 볼 때는 '기본적인 오류'를 저질러 '충분히 철저'하지 못했기 때문이다.

'비밀의 운반자들'은 자기들끼리조차 암호화되지 않은 언어로 이 문제에 대해 이야기해서는 안 됐다. 그러나 살인 업무를 수행하는 일상적인 상황에서, 특히 속기사나 사무원들이 있는 곳에서는 그렇게 하지 않은 것 같았다. 언어규칙이 고안된 다른 이유가 무엇이든 간에, 언어규칙은 협력이 필수적이었던 이 문제에서 다양하고 광범위한 업무들의 질서와 제정신 유지에 막대한 도움이 되었음이 입증되었다.

---

3) 아렌트는 이들 암호명에 독일어 원문을 병기했는데, 소개(evacuation)는 Aussiedlung, 특별 대우(special treatment)는 Sonder-behandlung, 재정착(resettlement)은 Umsiedlung, 동부에서의 노동(labor in the East)은 Arbeitseinsatz im Osten이다.

더욱이 '언어규칙'(Sprachregelung)이란 용어 자체가 암호였으며, 일상어로는 거짓말이라고 할 수 있는 것을 의미했다. 아이히만이 스위스에서 온 국제적십자사 대표들에게 테레지엔슈타트를 보여주러 갔을 때처럼, '비밀의 운반자'가 외부 세계에서 온 누군가를 만나기 위해 파견되었을 때, 그는 명령과 더불어 '언어규칙'을 받았다. 이 경우에 언어규칙은 그 대표단이 방문하기를 원했던 베르겐벨젠 수용소에 티푸스 전염병이 퍼졌다는 거짓말로 구성되어 있었다. 이러한 언어 체계의 최종적인 효과는 사람들이 자신들이 무엇을 하고 있는지 모르게 하는 것이 아니라, 그 행위를 살상과 거짓말에 대한 그들의 오래된 '정상적' 지식과 동일시하지 못하도록 막는 것이었다. 아이히만의 구호와 관용구에 대한 민감성과 일상적 언어능력 부족이 결합하여, 그는 '언어규칙'에 이상적인 대상이었다.

그런데 아이히만이 곧 알게 되겠지만, 그 체계는 현실에 대한 완전한 보호막이 아니었다. 그는 전 빈 대관구지도자[4] 오딜로 글로보츠니크 여단장을 만나러 루블린으로 갔다. 물론 검찰의 주장과 달리 글로보츠니크는 아이히만보다 최종 해결책을 더 먼저 확실히 알고 있었으므로, "유대인의 신체적 절멸에 대한 비밀 명령을 그에게 직접 전달하기 위해" 간 것은 아니었다. 그는 '최종 해결책'이라는 표현을 자신의 신분을 확인시키기 위한 일종의 암호처럼 사용했다.

(검찰이 제3제국의 관료주의적 미로에 빠져 얼마나 헤매고 있는지를 보여주는 유사한 주장이 아우슈비츠 사령관 루돌프 회스에 대해서도 제기되었다. 검찰은 회스가 아이히만을 통해 총통의 명령을 받았다고 믿었다. 이 오류

---

4) 대관구지도자(Gauleiter)는 나치당의 대관구(Gau 또는 Reichsgau)를 총괄하는 정치 지도자 직책이다. 이는 나치당 계급 체계에서는 국가지도자(Reichsleiter) 다음으로 높은 직책이었다. 제2차 세계대전 당시 이 직책은 히틀러 총통이 직접 임명했다.

에 대해 변호인은 '확실한 증거가 없다'는 정도로 언급했다. 사실 회스는 자신에 대한 재판에서 1941년 6월에 힘러에게 직접 명령을 받았다고 증언했고, 힘러가 아이히만이 그와 몇 가지 '세부 사항'을 논의할 것이라고 말했다고 덧붙였다.)

회스는 비망록에서 그 상세한 내용이 가스 사용에 관한 것이라고 주장했지만, 아이히만은 이를 강력히 부인했다. 아이히만의 말이 아마도 옳았을 것이다. 왜냐하면 모든 다른 자료가 회스의 이야기와 모순되고, 수용소에서 이루어진 문서 혹은 구두로 이루어진 절멸 명령은 항상 경제행정본부를 통해서 나갔고, 그 수장인 상급집단지도자 오스발트 폴 중장이나 회스의 직속상관 리하르트 글뤼크스 여단장이 내렸기 때문이다.* (그리고 가스 사용에 아이히만은 전혀 관련이 없었다. 아이히만이 정기적으로 가서 회스와 의논한 '세부 사항'은 수용소의 살상 능력, 즉 주당 얼마나 많은 이송을 처리할 수 있는지에 관한 것이었다. 아마 수용소 확장 계획도 의논한 것 같다.)

아이히만이 루블린에 도착했을 때 글로보츠니크는 아주 친절했고 부하들과 함께 그를 안내했다. 그들은 숲을 가로지르는 길에 이르렀는데, 그 오른편에는 노동자들이 사는 평범한 집이 있었다. 질서경찰5)의 한 경감이 그들을 영접하러 나와 작은 나무 방갈로 몇 채로 안내했다. (아마도 범죄 담당관 크리스티안 비르트6)로 추정되는데, 그는 총통 관방부의 후원 아래 독일 내 '불치병 환자' 가스 주입의 기술적 측면을 담당

---

* 회스 증언의 신빙성에 대해서는 R. Pendorf, *Mörder und Ermordete*, 1961을 참조하라.
5) 질서경찰(Ordnungspolizei, Orpo)은 나치 독일의 제복 경찰 조직으로, 1936년에서 1945년까지 히틀러 체제의 유지와 점령지 통제에 핵심 역할을 했다.
6) 크리스티안 비르트(Christian Wirth)는 1939년 가을 나치의 T4 안락사 프로그램의 행정 책임자로 임명되어 장애인과 정신질환자에 대한 조직적 살해에 관여했다. 1944년 5월에 슬로베니아에서 유고슬라비아 파르티잔에 의해 피살되었다.

했다.) 그는 "저속하고 교양 없는 거친 어투로" 설명을 시작했다.

"그는 이 모든 설비를 얼마나 잘 밀봉했는지 자랑했습니다. 러시아 잠수함 엔진을 가동시키면 이 건물로 가스가 들어와 유대인을 독살할 거라고요. 이건 나에게도 끔찍했습니다. 나는 이런 종류의 일을 아무런 반응 없이 견딜 수 있을 만큼 그렇게 강하지 않았습니다. … 만일 오늘 내게 크게 난 상처를 보여준다면 나는 그걸 못 볼 겁니다. 나는 그런 종류의 사람이라서, 의사가 될 수 없을 거라는 말을 종종 들었습니다. 저는 아직도 그 장면을 혼자 상상하고 나서 마치 큰 동요를 겪은 것처럼 육체적으로 얼마나 약해졌는지를 기억합니다. 누구에게나 마찬가지겠지만, 그 일은 내게 어떤 내면의 떨림을 남겼습니다."

아이히만은 운이 좋았다. 왜냐하면 그는 동부에 있는 여섯 개의 죽음의 수용소 중 하나인 트레블링카에서 미래의 일산화탄소 가스실을 준비하는 작업만을 보았기 때문이다. 이곳에서는 수십만 명이 죽게 될 예정이었다. 이 일이 있었던 직후인 그해 가을에 그는 직속상관인 밀러의 지시에 따라, 제국에 통합된 폴란드 서부지역의 학살 센터인 바르테가우[7]를 시찰하도록 파견되었다. 이 죽음의 수용소는 헤움노[8]에 있었는데, 이곳은 유럽 전역에서 추방되어 우치(Łódź) 게토[9]에

---

7) 바르테가우(Warthegau)는 1939년 나치 독일이 폴란드 침공 후 합병한 영토로 독일어로는 라이히스가우 바르텔란트(Richsgau Wartheland)였다. 이 이름은 바르테(Warthe, 폴란드어 Warta)강에서 유래했다.

8) 헤움노(Chełmno)는 폴란드 북부 쿠야비포모제 지방에 위치한 도시로 독일어로는 쿨름(Kulm)으로 불렸다.

9) 우치 게토(Łódź Ghetto)는 독일의 폴란드 침공 이후 바르테가우 지역 유대인을 수용하기 위해 설치되었으며, 이후 독일과 오스트리아 등지에서 온 유대인도 이주되었다. 전쟁 물자 생산 중심지로 기능하며 높은 생산성 때문에 1944년 9월까지 수용되었다. 1942년부터 게토의 유대인들은 헤움노 죽음의 수용소로, 이후에는 아우슈비츠로 이송되어 대부분 도착 즉시 학살당했다. 이곳을 거쳐간 약 21만 명 중 생존자는 약 1만~1만 5,000명 정도로 추정된다.

'재정착'한 30만 명 이상의 유대인이 1944년에 학살당한 곳이다. 여기서는 이미 학살이 한창 진행 중이었지만 방법은 달랐다. 가스실 대신 이동식 가스 차량이 사용된 것이다.

아이히만이 본 장면은 다음과 같았다. 유대인들은 큰 방에 있었다. 그들은 옷을 모두 벗으라는 지시를 받았다. 트럭이 도착해서 그 방의 출입구 바로 앞에 정차했고, 벌거벗은 유대인들은 그 트럭으로 들어가라는 명령을 받았다. 문은 닫혔고 트럭은 떠났다.

"나는 [얼마나 많은 유대인이 들어갔는지] 말할 수 없습니다. 거의 쳐다보지 않았습니다. 할 수 없었습니다. 할 수가 없었어요. 저는 충분히 봤습니다. 비명 그리고 … 나중에 제가 뮐러에게 보고했을 때 말한 것처럼 저는 큰 충격을 받았습니다. 그는 제 보고서로 득을 보지 못했습니다. 저는 그 트럭을 따라 운전했고, 제가 평생 본 것 중 가장 끔찍한 광경을 보았습니다.

트럭이 넓게 파인 구덩이를 향해 가더니, 문이 열리자 시체들이 마치 살아 있는 것처럼 팔다리가 부드러운 채로 밖으로 쏟아졌습니다. 그들은 구덩이로 던져졌고, 한 민간인이 치과용 집게로 치아를 뽑는 모습이 아직도 눈에 선합니다. 저는 차에 뛰어올라 그 자리를 떠났고, 더 이상 입을 열지 않았습니다.

그후 저는 몇 시간 동안이나 아무 말도 나누지 않고 운전기사 옆에 앉아 있었습니다. 거기서 저는 충분히 봤습니다. 저는 완전히 끝장났습니다. 거기 있던 흰옷을 입은 의사 한 명이 제게 구멍을 통해 트럭 안을 들여다보라고 말한 것만 기억납니다. 저는 거부했습니다. 할 수가 없었죠. 저는 자리를 떠나야 했습니다."

이 일 직후에 아이히만은 더 끔찍한 것을 보게 되었다. 이 일은 뮐러가 또다시 그를 벨라루스 민스크로 파견했을 때 일어났다. 뮐러는 그에게 말했다.

"민스크에서 유대인을 총살하고 있어. 어떻게 진행되는지 보고해주게."

그래서 아이히만은 그곳에 갔는데 처음에는 운이 좋은 것 같았다. 도착했을 때 마침 "일이 거의 끝나가고 있어서" 그는 크게 안도했다. "큰 구덩이에 있는 죽은 사람들의 두개골을 겨냥하는 젊은 저격수 몇 명만 있었습니다."

하지만 그에게는 "그것만으로도 충분했습니다. 팔이 뒤로 꺾인 여성을 본 순간 무릎에 힘이 풀리는 것을 느꼈고 저는 그곳을 떠났습니다."

차로 돌아오는 길에 그는 르비우[10]에 들르고 싶다고 생각했다. 이것은 좋은 생각 같았다. 르비우(또는 렘베르크)는 오스트리아 도시였다. 거기에 도착했을 때에 대해 그는 이렇게 말했다.

"끔찍한 일을 겪은 후 처음으로 친근한 장면을 보았습니다. 그것은 프란츠 요제프 통치 60주년을 기념하여 지어진 기차역이었습니다."

이 시기는 아이히만이 항상 '동경한' 시기였다. 그는 부모님 집에서 이 시기에 대한 좋은 이야기를 많이 들었고 또 계모의 유대인 친척들이 이 시기에 아주 편안한 사회적 지위를 누렸고 돈을 많이 벌었다는 이야기를 들었기 때문이었다. 이 기차역의 모습은 모든 끔찍한 생각을 몰아냈다. 그는 기차역의 세세한 부분, 예컨대 거기에 새겨진 연

---

10) 르비우(Lwów)는 오늘날 우크라이나 서부의 행정 중심지인 르비우(Lviv)를 말한다. 1256년에 갈리치아의 다니엘왕이 건설한 이 도시는 오스트리아, 오스트리아헝가리제국, 서우크라이나인민공화국, 폴란드, 소련 등의 지배를 받았으며, 오스트리아 점령 당시에는 렘베르크(Lemberg)로, 폴란드 지배에 있을 때는 르비우(Lwów)로 불렸다. 1939년부터 2년간 소련의 지배가 이루어지던 때 대량학살이 이루어졌기 때문에, 1941년 6월에 나치가 침공했을 때 많은 우크라이나인은 독일군을 해방자로 여겼다. 그러나 독일의 점령 이후에 유대인 주민들은 게토에 수용되고 대량학살당하는 비극을 겪었다.

도까지도 기억하고 있었다. 그런데 바로 그 아름다운 르비우에서 그는 큰 실수를 저질렀다. 지역 친위대 사령관을 찾아가 이렇게 말한 것이다.

"이 근처에서 벌어지는 일은 끔찍합니다, 젊은이들이 사디스트가 되고 있어요. 어떻게 그렇게 할 수가 있죠? 그냥 여자와 아이들을 쏴 죽이다니요? 그럴 수는 없습니다. 우리 민족, 우리 스스로가 미치거나 정신이상자가 될 겁니다."

문제는 르비우에서도 민스크와 똑같은 일이 벌어지고 있었다는 점이었다. 아이히만은 점잖게 사양하려 했지만 그를 접대한 사람은 기꺼이 그에게 그 광경을 보여주었다. 그래서 그는 또 다른 "끔찍한 광경을 보았습니다. 그곳에 구덩이 하나가 있었는데 시체로 가득 차 있었습니다. 그리고 분수처럼 땅에서 피가 솟구쳐 오르고 있었습니다. 그런 광경을 한 번도 본 적이 없었습니다. 저는 제 임무에 질려, 베를린으로 가서 뮐러 소장에게 보고했습니다."

이것이 끝이 아니었다. 아이히만은 뮐러에게 이런 장면을 볼 만큼 자기는 "그렇게 강인하지" 않고, 자기는 군인이 된 적도 전선에 가본 적도 없으며, 전투를 본 적도 없고, 잠을 잘 수도 없고 악몽을 꾼다고 말했다. 그러나 뮐러는 약 9개월 후에 그를 루블린 지역으로 다시 보냈다. 매우 열성적이던 글로보츠니크는 그사이에 거기서 준비를 끝내놓았다. 아이히만은 이 순간이 그가 평생 본 것 중 가장 끔찍한 광경이었다고 말했다.

아이히만이 도착했을 때 그는 몇 채의 나무 방갈로가 있던 그 장소를 알아보지 못했다. 그 대신 그는 천박한 목소리를 가진 그 남자의 안내를 받아 "트레블링카"라고 쓰인 간판이 붙은 기차역으로 갔는데, 그것은 독일 어디서나 볼 수 있는 평범한 역과 똑같았다. 똑같은 건물, 표지판, 시계, 시설물 등, 그것은 완벽한 모조품이었다.

"나는 가능한 한 멀리 떨어져 있었고, 그 모든 것을 보려고 가까이 가지는 않았습니다. 하지만 저는 벌거벗은 유대인이 줄지어 가스 주입이 이루어질 큰 홀로 들어가는 모습을 보았습니다. 거기서 그들은 시안산이라는 이름의 물질로 살해되었다고 들었습니다."

사실 아이히만은 많은 것을 보지 않았다. 그가 가장 크고 가장 유명한 죽음의 수용소인 아우슈비츠를 반복해서 방문한 것은 사실이지만, 상부 슐레지엔[11]에 약 47제곱킬로미터[12] 면적을 차지했던 아우슈비츠는 결코 죽음의 수용소인 것만은 아니었다. 아우슈비츠는 10만 명에 달하는 수감자를 거느린 거대한 시설이었고, 비유대인과 노예 노동자 등 가스 주입 대상이 아니었던 모든 종류의 죄수들도 수용되어 있었다. 거기서 학살 시설들을 피하기는 쉬운 일이었고, 아이히만과 아주 친근한 관계에 있던 회스는 그가 끔찍한 장면들을 보지 않도록 해주었다.

아이히만은 총살에 의한 대량 처형을 실제로 참관한 적이 없었고, 가스 주입 과정이나 그에 앞서 아우슈비츠에서 이루어진, 작업에 적합한 사람 선별 과정(평균적으로 수송 인원의 25퍼센트 정도)을 실제로 본 적도 없었다. 그는 살상 설비들이 어떻게 작동하는지에 대해 충분한 정보를 얻을 만큼만 보았다. 학살에는 총살과 가스 주입이라는 두 가지 방법이 있었다는 것, 총살은 이동학살부대가 실행했고 가스 주입은 수용소에서, 즉 가스실이나 이동하는 차량에서 이루어졌다는 것, 그리고 수용소에서는 희생자들을 마지막 순간까지 속이기 위한 정교한 조치가 취해졌다는 것 등을 알게 되었다.

---

11) 남서부에 위치한 역사적 지역으로, 일부는 체코와 독일 영토에도 걸쳐 있으며 체코와 국경을 접하고 있다.
12) 아우슈비츠 복합 수용소는 제2차 세계대전 당시 나치가 운영한 최대의 수용소였다.

내가 인용한 경찰 녹음테이프는 거의 9개월간 지속된 재판 기간 중 9일째, 즉 121회에 달하는 공판 중 열 번째 공판 법정에서 재생되었다. 녹음기에서 흘러나오는 묘하게 실체 없는 목소리는 그 목소리의 주인이 현장에 있었음에도 그를 둘러싼 두꺼운 유리벽 너머로 보이는 그의 모습 또한 이상하게도 실체감이 없었기 때문에 이중적으로 실체감이 없었다. 피고인이 말한 그 어떤 내용도 그 자신이나 변호인 측은 부인하지 않았다.

세르바티우스는 이의를 제기하지 않았고, 다만 "나중에 변호인단이 일어나서 말할 때" 자신도 피고인이 경찰에 제출한 증거 중 일부를 법원에 제출하겠다고 언급했을 뿐이다. 그러나 그는 결코 그렇게 하지 않았다. 사람들은 변호인단이 곧바로 벌떡 일어설 것이라고 느꼈다. 왜냐하면 이처럼 '역사적인 재판'에서 피고인에 대한 형사 절차가 완료되고 검찰의 주장이 이미 확립된 것으로 보였기 때문이다.

이번 사건의 사실들, 즉 아이히만이 저지른 일들은 비록 검찰이 바라는 모든 내용대로는 아니라 하더라도 논쟁의 여지가 없었다. 그 사실들은 재판이 시작되기 오래전에 입증되었고, 아이히만도 반복해서 고백했기 때문이다. 그가 가끔 지적했던 것처럼, 그를 교수형에 처할 증거는 충분했다. (아이히만은 자신에게 없었던 권력이 있었음을 보이려고 경찰 조사관이 애쓸 때, "나에 대한 증거가 충분하지 않은가요?"라고 이의를 제기했다.)

그러나 아이히만은 학살이 아니라 이송에 종사했기 때문에 그가 적어도 자신이 무엇을 하고 있는지를 알고 있었는지에 대한 법적·형식적 의문이 남아 있었다. 그리고 그가 의학적으로 온전한 정신 상태였다는 사실과는 별개로, 자신이 저지른 행위가 얼마나 엄청난 것인지 판단할 수 있는 지위에 있었는지, 즉 법적 책임이 있었는지에 대한 추가적인 질문도 있었다. 이제 이 두 질문 모두 긍정적으로 답변

되었다. 아이히만은 이송이 향하는 장소를 보았고 정신이 혼미해질 정도로 충격을 받았기 때문이다. 모든 질문 가운데 가장 충격적인 마지막 질문을 재판관들, 특히 주심 재판관이 반복해서 물었다. 유대인 학살이 그의 양심에 반하는 것이었는가? 그러나 이것은 도덕적 질문이었고, 그에 대한 대답은 법적으로 관련이 없을 수도 있었다.

이제 사건의 사실관계가 확립되었지만, 두 가지 법적 의문이 추가로 제기되었다. 첫째, 아이히만에 대한 재판의 근거인 법률 제10조의 규정에 따라, "즉각적인 사망의 위험에서 벗어나기 위해" 행동했다는 이유로 그가 형사책임을 면할 수 있는가? 둘째, 동일한 법률 제11조에 열거된 사유에 따라, "범죄 결과의 심각성을 줄이기 위해" 또는 "실제 결과보다 더 심각한 결과를 회피하기 위해 최선을 다했기" 때문에 그는 정상참작을 청원할 수 있는가?

1950년에 만들어진 나치 및 나치 부역자 (처벌)법 제10조와 제11조는 분명히 유대인 '부역자'를 염두에 두고 만들어진 것이었다. 유대인 특수 작업반은 실제 학살이 벌어지는 곳 어디서나 이용되었고, 그들은 "즉각적인 사망의 위험에서 벗어나기 위해" 범죄행위를 했으며, 유대인위원회와 장로는 "실제 결과보다 더 심각한 결과를 회피"할 수 있다고 생각해서 협력했다.

아이히만의 경우, 자신의 증언을 통해 이 두 질문에 답했고, 그 답은 명백히 부정적이었다. 아이히만이 한때 자신의 유일한 대안은 자살뿐이었다고 말한 것은 사실이지만 이것은 거짓이었다. 왜냐하면 우리는 절멸 부대원들이 심각한 처벌을 받지 않고 자신의 일을 중단하기가 얼마나 놀랄 만큼 쉬웠는지 알기 때문이다. 그런데 그는 이 주장을 고집하지 않았고, 이를 글자 그대로 받아들이게 하려는 의도도 없었다.

뉘른베르크 보고서에 따르면 "처형에 참여하기를 거절한 이유로 사형당한 친위대 대원은 단 한 명도 없었다."* 그리고 재판 자체에서도 피고 측 증인 폰 뎀 바흐첼레프스키의 증언이 있었는데, 그는 다음과 같이 진술했다.

"전출 신청을 통해 임무를 회피할 수 있었습니다. 물론 개별적으로 어느 정도의 징계를 각오해야 했습니다. 그러나 생명의 위협은 전혀 없었습니다."

아이히만은 자신이 다이시가 말한 것과 같은 "명령에 불복종하면 군법회의에 넘겨져 총살당하고, 복종하면 재판관과 배심원들에 의해 교수형에 처해질 수 있는"** 군인의 고전적인 '딜레마'에 처한 게 아니었음을 아주 잘 알고 있었다. 그는 친위대 대원이었기 때문에 군법회의의 대상이 된 적이 없었고, 다만 경찰 및 친위대 전범재판소에 회부될 뿐이었다.

아이히만은 법원에 제출한 마지막 진술서에서 자기가 어떤 구실로든 빠져나올 수 있었으며 다른 사람들도 그렇게 했다는 점을 인정했다. 그는 늘 그 같은 일이 '용납할 수 없는' 일이라고 생각했고, 지금도 그런 일이 '훌륭한' 일은 아니라고 생각했다. 그것은 보수가 좋은 다른 직업으로의 전환을 의미했을 뿐이다. 공개적 불복종이라는 전쟁 이후의 개념은 동화 같은 소리였다.

"당시의 상황에서는 그런 행동이 불가능했습니다. 아무도 그런 식으로 행동하지 않았어요. 그런 일은 상상할 수도 없었습니다."

아이히만이 죽음의 수용소 소장이 되었다면 그는 좋은 친구였던 회스와 달리 살인을 못 했기 때문에 자살해야만 했을 것이다. (참고로,

---

* Herbert Jäger, "Betrachtungen zum Eichmann-Prozess," in *Kriminologie und Strafrechtsreform*, 1962.

** 다이시(Albert Venn Dicey)가 자신의 유명한 『헌법학 입문』(*Introduction to the Study of the Law of the Constitution*)에서 이런 표현을 사용했다.

회스는 젊은 시절 살인한 적이 있었다. 그는 나중에 나치가 민족의 영웅으로 만든 라인란트의 민족주의 테러리스트 레오 슐라게터를 프랑스 점령 당국에 밀고한 배신자 발터 카도브를 암살했다. 독일 법원은 그를 5년 동안 수감시켰다. 물론 아우슈비츠에서 회스는 직접 살인할 필요가 없었다.)

그러나 아이히만이 이런 종류의 일자리를 제안받았을 것 같지는 않다. 왜냐하면 명령을 내리는 사람들은 "한 사람을 어디까지 몰아붙일 수 있는지 그 한계를 아주 잘 알고 있었기" 때문이다. 그에게는 '즉각적인 죽음의 위험'이 없었다. 그리고 그는 상당한 자부심에 차서 "자신이 의무를 항상 완수"했고 자신이 맹세한 대로 모든 명령에 복종했다고 주장했다. 그는 물론 '범죄행위의 결과'를 줄이기보다는 악화시키기 위해 항상 최선을 다했다.

아이히만이 주장한 유일한 '정상참작 사유'는 그가 자신의 임무를 수행하면서 "불필요한 난관을 최대한 피하려고" 애썼다는 점이다. 그것이 참이었는지의 여부와는 별개로, 그리고 만일 그렇다 하더라도 이 같은 특정 사안에서는 정상참작을 구성할 요건을 거의 갖추지 못했다는 점과는 별개로, 그 주장은 타당하지 않았다. 왜냐하면 "불필요한 난관을 피하"는 것은 그가 받은 표준 지침 가운데 하나였기 때문이다.

따라서 그 녹음이 법정에서 재생된 후, 사형선고는 법적으로 피할 수 없는 결론이었다. 상관의 명령에 따른 행위에 대해 처벌이 경감될 가능성이 이스라엘 법 제11조에 명시되어 있었지만, 범죄의 엄청난 흉악성을 고려할 때 이는 매우 희박한 가능성이었다. (피고 측 변호인이 상관의 명령이 아니라 '국가행위'를 주장하며 이를 근거로 무죄를 요청했다는 사실을 기억해야 한다. 이는 세르바티우스가 뉘른베르크에서 4개년 계획 담당 괴링 사무실에서 일했던 노동력 할당 전권위원이었던 프리츠 자우켈을 변호하기 위해 이미 시도한 전략이었지만 성공하지 못했다. 자우켈은 폴란드에서 유대인 노동자 수만 명을 학살한 책임으로 1946년에 정식으로 교수형에 처해졌다. '국가행위'는 독일 법학에서 한층 더 분명하게 '법에서 자유로운'gerichtsfreie 또는 '재판권이 면제된 사법행위'Justizlose Hoheitsakte라고 불렸는데, 이는 '주권적 권력 행사'에 의존한다.* 따라서 그런 행위들은 전적으로 법의 영역 밖에서 이루어지지만, 다른 한편 모든 명령과 지시는 이론상 여전히 사법적 통제하에 있다. 만일 아이히만이 한 일들이 국가행위라면, 그의 상관들, 특히 국가수반인 히틀러는 그 어떤 법원에서도 재판받을 수 없다. '국가행위' 이론은 세르바티우스의 일반적 철학과 아주 잘 맞아떨어졌기 때문에 그가 이 이론을 다시 주장한 것은 그리 놀랄 만한 일이 아니다. 놀라운 점은 판결문이 낭독된 후 형이 선고되기 전에 그가 상부 명령을 정상참작 사유로 다시 내세우지 않았다는 점이다.)

이 점과 관련해서는, 이 재판이 형사소송과 관련 없는 진술들은 부적절하고 중요하지 않다고 배척해야 하는 일반 재판이 아니라는 사실에 안도할 만도 하다. 왜냐하면, 명백히 상황은 법 조문이 규정하는 것처럼 단순하지 않았기 때문이다. 그리고 평범한 사람이 범죄에 대한 타고난 반감을 극복하는 데 얼마나 많은 시간이 걸리는지, 그리고 한번 반감을 극복했을 때 그 사람에게 정확히 무슨 일이 일어나는지를 아는 것은 법적 관련성은 작아도 정치적으로는 커다란 관심사였다. 이 질문에 대해 아돌프 아이히만의 사례는 가장 분명하고 가장 정확한 대답을 제공했다.

1941년 9월, 아이히만은 동부지역의 학살 센터를 처음으로 공식 방문한 직후 히틀러의 '희망'에 따라 독일과 보호령에서 최초의 대량 강제이송을 조직했다. 히틀러는 힘러에게 가능한 한 신속하게 제국

---

* E.C.S. Wade, *British Year Book for International Law*, 1934.

을 유대인 없는 지역으로 만들라고 명령했던 것이다. 첫 수송에는 라인란트 출신 유대인 2만 명과 집시 5,000명이 포함되었는데, 이 최초의 이송과 연관해 이상한 일이 일어났다. 아이히만은 혼자서는 결코 결정을 내리지 않았고, 항상 명령으로 '보호받기' 위해 극도로 신중했으며, 그와 함께 일한 거의 모든 사람의 자발적인 증언에서 확인된 것처럼 자발적인 제안조차 좋아하지 않았고 항상 '지시'를 요구했다. 그런데 이때 그는 '처음이자 마지막으로' 명령에 반하는 주도적인 조치를 취했다.

아이히만은 이 사람들을 리가 혹은 민스크 같은 러시아 지역으로 보내 이동학살부대가 즉각 총살하게 하는 대신 우치 게토로 이송하도록 지시했는데, 그곳은 그가 알기에 아직 학살 준비가 전혀 되어 있지 않았다. 게토 책임자인 행정지구장[13] 위벨회어라는 자가 "자기의" 유대인에게서 상당한 이익을 뽑아낼 수단과 방법을 발견했기 때문이었다. (사실상 우치는 맨 처음 만들어져 가장 늦게 폐쇄된 게토였다. 병이나 굶주림으로 죽지 않은 수용자들은 1944년 여름까지 살아남았다.)

이 결정으로 아이히만은 상당한 곤란에 빠졌다. 게토는 과밀 상태였고 위벨회어는 새로운 사람들을 받을 기분도 수용할 여건도 아니었다. 그는 화가 나서 아이히만이 '집시들에게서 배운 교활한 속임수'로 자신과 자신의 부하들을 속였다고 힘러에게 불평했다. 하이드리히와 힘러는 아이히만을 보호했고, 이 사건은 곧 용서받고 잊혔다.

우선 아이히만 자신이 이 사건을 잊고 있었다. 그는 경찰신문이나 자신의 회고록에서 이 일을 단 한 번도 언급하지 않았다. 아이히만이 증언대에 서서 변호사에게 서류를 받아 보며 신문받을 때, 그는 자신

---

13) 행정지구(Regierungspräsidentum)는 독일 일부 연방주에서 운영하는 중간 행정 단위이며, 그 관청은 행정청(Regierungspräsidium)이라 부른다. 이 기관의 수장은 행정지구장(Regierungspräsident)이라는 직위로 불렸다.

에게 '선택권'이 있었다고 주장했다.

"여기서 저는 처음이자 마지막으로 선택권이 있었습니다. … 그 하나는 우치였습니다. … 우치에 어려움이 있다면 이 사람들은 동부로 보내져야 합니다. 저는 준비 상황을 보았기 때문에 제가 동원할 수 있는 모든 수단을 동원해 이 사람들을 우치로 보내기로 결심했습니다."

피고의 변호인은 이 사건을 통해 아이히만이 가능한 때마다 언제나 유대인을 구출했다는 결론을 이끌어내려고 했으나 이는 명백히 사실이 아니었다. 나중에 이 사건에 대해 반대신문한 검사는 아이히만이 모든 수송의 최종 도착지를 직접 결정했고, 따라서 특정 수송의 학살 여부를 결정했음을 입증하려 했지만 이것도 사실이 아니었다. 자신은 명령에 불복종한 것이 아니라 단지 '선택권'을 활용했을 뿐이라는 아이히만의 해명도 결국 사실이 아니었다. 아이히만이 잘 알고 있었던 것처럼 우치에는 어려움이 있었고, 따라서 수많은 말로 되어 있었던 그의 명령에서 유대인의 최종 목적지는 민스크 또는 리가였다. 아이히만은 이 사실을 모두 잊고 있었지만, 이것은 그가 유대인을 실제로 구하려 한 유일한 사례였음이 분명했다.

그러나 3주 후 프라하에서 하이드리히가 주재한 회의가 열렸는데, 이때 아이히만은 "[러시아] 공산주의자[이동학살부대에 의해 즉결 처형되는 범주]를 잡아 가두는 수용소에 유대인도 수용할 수 있다"며 이에 대해 현지 지휘관들과 "합의했다"고 진술했다. 또한 우치에서 발생한 문제에 대해 논의해 5만 명의 유대인을 제국(오스트리아와 보헤미아, 모라비아를 포함)에서 리가와 민스크에 있는 이동학살부대 작전 지역의 수용소로 이송하도록 결정했다.

따라서 우리는 재판 과정을 지켜보던 거의 모든 사람의 마음속에 있었던 가장 큰 의문, 즉 과연 피고인에게 양심이 있었는가라는 란다우 판사의 질문에 대해 다음과 같이 답할 수 있을 것이다. 그렇다, 그는 양심을 가지고 있었고, 그의 양심은 4주 동안은 예상대로 기능했으나, 그후에는 정반대로 기능하기 시작했다.

아이히만의 양심은 정상적으로 기능하던 그 몇 주 동안에도 다소 이상한 한계 내에서만 작동했다. 우리는 아이히만이 총통의 명령을 통보받기 몇 주, 몇 달 전부터 동부에서 이동학살부대가 행한 살인적 만행에 대해 알고 있었음을 기억해야 한다. 그는 전선 바로 뒤에서 모든 러시아 기관원('공산주의자들')과 모든 폴란드 전문직 계층, 모든 토착 유대인이 대량 총살되고 있다는 것을 알고 있었다.

게다가 같은 해 7월, 하이드리히에게 소환되기 몇 주 전, 그는 바르테가우에 주둔하던 한 친위대원에게서 "올겨울에 유대인을 더 이상 먹여살릴 수 없다"는 내용의 메모를 받았다. 메모에는 "일할 수 없는 유대인을 어떤 빠른 수단으로 죽이는 것이 가장 인도적인 해결책이 아닐까? 어쨌든 그들을 굶어 죽게 내버려두는 것보다는 더 나을 것이다"라는 제안이 있었다. 함께 전달된 "친애하는 아이히만 동지께"라고 시작하는 편지에서, 편지의 필자는 "이러한 것들이 때때로 환상같이 들리지만 충분히 가능한 일이다"라고 인정했다. 이러한 인정은 훨씬 더 '환상적인' 총통의 명령을 이 작성자가 아직 몰랐음을 보여주지만, 동시에 이 명령이 얼마나 공공연히 논의되었는지도 보여준다.

아이히만은 이 편지에 대해 한 번도 언급하지 않았는데, 그 내용에 대해 조금도 충격받지 않은 것 같다. 왜냐하면 이 제안은 토착 유대인에게만 해당하는 것이지 제국이나 다른 서유럽 국가 출신의 유대인에게 해당하는 것이 아니었기 때문이다. 그의 양심은 살인 그 자체에 저항한 것이 아니라, 독일계 유대인이 살해당한다는 생각에 저항한 것이다. ("나는 이동학살부대가 학살 명령을 받았다는 사실을 알았음을 결코 부정하지 않았다. 하지만 동부로 소개된 제국 출신의 유대인이 같은 처우를 받았다는 것은 몰랐다. 내가 몰랐던 것은 바로 그 점이다.")

이러한 양심은 과거 나치당원이자 러시아 점령지 총괄판무관[14]이었던 빌헬름 쿠베의 양심과 같았다. 그는 철십자 훈장을 받은 독일계 유대인이 '특별 대우'를 받기 위해 민스크에 도착했을 때 격분했다. 쿠베는 아이히만보다 말을 더 분명하게 했기 때문에, 아이히만이 양심의 가책으로 고민했을 때 그 마음속에 무엇이 오갔는지 짐작할 수 있게 해준다. 그는 1941년 12월에 자신의 상관에게 다음과 같이 썼다.

"나는 분명히 강한 사람이고 유대인 문제를 해결할 준비가 되어 있습니다. 그러나 우리와 같은 문화적 배경을 가진 사람들은 동물화된 토착 무리와는 분명히 다른 존재입니다."

저항하더라도 "우리와 같은 문화적 배경을 가진" 사람들의 학살에 대해서만 저항하는 이러한 종류의 양심은 히틀러 정권 이후에도 살아남았다. 오늘날 독일인 사이에는 '오직' 동유럽 유대인(Ostjuden)만 대량학살당했다는 '잘못된 정보'에 대한 뿌리 깊은 믿음이 존재한다.

'원시적인' 사람과 '문화적인' 사람의 살인을 구별하는 이러한 사고 방식은 독일 국민만의 전유물이 아니다. 하리 뮐리스[15]는 살로 W. 바론 교수가 유대인의 문화적·정신적 업적에 대해 증언한 것과 관련해 어떻게 다음과 같은 질문이 갑자기 자신에게 떠올랐는지를 말했다.

"유대인이 만일 절멸된 집시처럼 문화가 없는 민족이었다면 그들의 죽음은 덜 악한 일이었을까? 아이히만은 인간 파괴자로 재판받고

---

14) 총괄판무관(Generalkommissar)은 나치 독일이 점령지에 설치한 국가판무관부(Staarkommissar) 산하 중간급 민정책임자로, 총괄판무관부를 관할했다. 국가판무관부는 국가 혹은 주에 준하는 행정 단위였으며, 총괄판무관부는 그 하위 단위로 도(郡)에 해당하는 수준이었다.

15) 하리 뮐리스(Harry Mulisch, 1927~2010)는 네덜란드를 대표하는 작가로, 평생 동안 30권이 넘는 소설, 희곡, 시집, 에세이, 철학적 저술을 발표했다. 그의 작품은 전쟁, 역사, 윤리, 신화 등 다양한 주제를 깊이 있게 탐구하며, 네덜란드 문학의 거장으로 평가받는다.

있는가, 아니면 문화의 말살자로 재판받고 있는가? 인간 도살자가 그 과정에서 문화도 파괴했다면 그 죄는 더 무거워지는가?"

밀리스가 이 질문을 검찰총장에게 던졌을 때, "그[하우스너]는 그렇다고 생각하지만, 나는 아니라고 생각합니다"라는 답변이 돌아왔다. 우리가 이 문제를 무시하고 단순히 과거를 묻어버리는 것이 얼마나 감당하기 어려운 것인지는 최근 영화 「닥터 스트레인지러브」[16]에서 드러난다. 이 영화에서는 폭탄을 기묘하게 사랑하는 인물(나치 유형으로 묘사된다)이 다가올 재난에서 지하 대피소에서 살아남을 약 10만 명을 선택하자고 제안한다. 그런데 그 행복한 생존자가 누구였는가? 지능지수가 가장 높은 자들이었다.

예루살렘에서 그토록 골치 아픈 문제였던 양심의 문제는 나치 정권도 결코 무시하지 않았다. 오히려 1944년 7월의 반히틀러 음모 가담자들이 히틀러 암살 시도가 성공했을 경우를 대비해 준비한 서신이나 성명서에서 동부의 대량학살에 대해 거의 언급하지 않았다는 사실을 고려할 때, 우리는 나치가 이 문제의 실질적 중요성을 크게 과대평가했다고 결론 내리고 싶어진다. 여기서 히틀러에게 저항한 운동의 초기 단계는 잠시 제쳐두자. 여전히 반파시스트적이었고 전적으로 좌파 운동이었던 이때의 운동은 원칙적으로 도덕적 문제에 대해 아무런 의미를 두지 않았고, 유대인 박해에는 훨씬 더 적은 의미를 부여했다. 좌파의 견해로 유대인 박해는 정치적 상황 전체를 결정하는 계급투쟁에서 단순한 '관심 돌리기'에 불과한 것이었다.

더욱이 이 반대 운동은 해당 기간에 거의 사라졌다. 돌격대원들이 집단수용소와 게슈타포의 지하실에서 가한 끔찍한 테러로 파괴되

---

16) 「닥터 스트레인지러브」는 스탠리 큐브릭이 1964년에 제작, 연출한 정치풍자 블랙 코미디 영화다. 냉전 시대의 핵전쟁 위기를 배경으로, 인류의 광기와 모순을 풍자적으로 조명하며 반전 메시지를 전달한다.

고, 재무장을 통한 완전고용에 의해 흔들리고, '트로이의 목마'로 자리 잡기 위해 히틀러의 당에 합류하는 공산당의 전술을 수행하면서 사기가 저하되었기 때문이다. 전쟁 초기에 이 반대 운동에 남아 있던 일부 노동조합 지도자와 자신들의 배후에 어떤 지지 세력이 있는지 알지 못했고 또 알 수도 없었던 '무소속 좌파' 지식인들은 마침내 7월 20일로 이어지는 음모를 통해서만 그 중요성을 얻게 되었다. (물론 강제수용소를 거쳐 간 사람의 수로 독일인의 저항 강도를 측정할 수는 없다. 전쟁 발발 이전에는 다양한 범주의 수감자들이 있었는데, 그중 상당수는 어떠한 종류의 저항과도 전혀 관련이 없었다. 유대인처럼 완전히 '무고한' 사람도 있었고, 상습적인 범죄자나 동성애자 같은 '비사회적인' 자도 있었으며, 이런 저런 이유로 유죄판결을 받은 나치당원 등도 있었다. 전시에 수용소는 점령지 유럽 전역에서 잡혀 온 저항군으로 가득 찼다.)

7월 음모 가담자 대부분은 실제로 전 나치당원이거나 제3제국의 고위직에 있던 자였다. 그들의 반대를 촉발한 것은 유대인 문제가 아니라 히틀러가 전쟁을 준비한다는 사실이었고, 그들이 겪은 끝없는 양심의 갈등과 위기는 거의 전적으로 반역죄와 히틀러에 대한 충성 서약 위반이라는 문제에 초점이 맞춰져 있었다. 더욱이 그들은 사실상 해결할 수 없는 딜레마에 놓여 있었다.

히틀러가 성공하던 시절에는 국민들이 자신들의 행동을 이해하지 못할 것이라 여겨 아무것도 할 수 없다고 느꼈고, 독일이 패배하던 시절에는 자신들의 행위가 또 다른 '등에 칼 꽂기' 전설로 비난받을까 가장 두려워했다.[17] 마지막까지도 그들의 최대 관심사는 어떻게

---

17) 제1차 세계대전이 끝난 후 수립된 바이마르 공화국은 독일 국민 사이에서 '등에 칼을 찔렀다'(Dolchstoßlegende)는 배신의 상징으로 여겨졌고, 이로 인해 정통성과 권력을 제대로 확보하지 못했다. 이러한 정치적 혼란과 불신의 틈을 타 나치당이 급속히 득세하며 권력을 장악했다.

혼란을 막고 내전의 위험을 피할 것인가에 있었다. 그리고 그 해결책은 연합군이 '합리적'으로 행동하여 질서가 회복될 때까지 '유예'를 허용해야 한다는 것이었다. 물론 이와 더불어 독일군의 저항 능력도 회복되어야 했다.

그들은 동부지역에서 일어나고 있는 일에 대해 가장 정확한 지식을 가지고 있었다. 그러나 당시의 상황에서 독일에 일어날 수 있는 최선의 일이 공개적 반란과 내전일 것이라는 생각을 그들 중 누구도 감히 할 수 없었다. 독일의 적극적인 저항은 주로 우파에서 나왔다. 그러나 독일 사회민주주의자들의 과거 행적을 고려할 때, 좌파가 음모 가담자들 사이에서 더 큰 역할을 했더라도 상황이 크게 달라졌을지는 의문스럽다. 이 질문은 어쨌든 학술적인 논의에 불과하다. 독일 역사가 게르하르트 리터(Gerhard Ritter)가 올바르게 지적했듯이, 전쟁 기간 독일에는 그 어떤 "조직화된 사회주의자의 저항"이 존재하지 않았기 때문이다.

실제로 상황은 절망적인 동시에 단순했다. 압도적 다수의 독일인이 히틀러를 신봉했다. 러시아를 침공해 두 전선에서 전쟁을 치르게 된 이후에도, 미국이 참전한 이후에도, 심지어 스탈린그라드 전투[18]와 이탈리아의 이탈,[19] 연합군의 프랑스 상륙 이후에도 마찬가지였다. 이 확고한 다수에 맞서, 국가적·도덕적 파국을 완전히 인식한 불

---

18) 스탈린그라드는 볼가강 하류에 위치한 러시아 남부의 주요 공업도시로, 1925년 스탈린의 이름을 따 '스탈린그라드'로 개명되었다가 1961년 이후 '볼고그라드'가 되었다. 이 도시에서 1942년 7월부터 1943년 2월까지 제2차 세계대전의 최대 격전 중 하나인 스탈린그라드 전투가 벌어졌으며, 소련군의 완강한 저항과 대규모 반격 작전으로 독일군이 포위·붕괴되면서 결정적인 패배를 당했다. 이 전투는 독일군의 동부전선 진격을 저지한 전환점으로 평가된다.

19) 연합군이 1943년 9월 3일 이탈리아 본토를 침공한 이후 이탈리아 왕국은 공식적으로 연합국에 항복하며 9월 8일에 추축국에서 이탈했다.

특정 수의 고립된 개인들이 있었다. 그들은 이따금 서로를 알게 되고 신뢰하기도 했으며, 그들 사이에 우정과 의견 교환이 있었지만 반란에 대한 그 어떤 계획이나 의도는 없었다.

끝으로, 나중에 음모자로 알려진 집단이 있었지만, 그들은 음모뿐 아니라 다른 어떤 문제에 대해서조차 합의에 도달한 적이 없었다. 그들의 리더는 전 라이프치히 시장이었던 카를 프리드리히 괴르델러(Carl Friedrich Goerdeler)로, 그는 나치 치하에서 3년간 물가통제관으로 일했으나 다소 이른 1936년에 사직했다. 그는 입헌군주제 수립을 주장했고, 좌파의 대표이자 전 노조 지도자이며 사회주의자인 빌헬름 로이슈너(Wilhelm Leuschner)는 그에게 '대중의 지지'가 따를 것이라고 확신시켰다.

헬무트 폰 몰트케(Helmuth von Moltke)의 영향을 받은 크라이자우(Kreisau) 서클에서는 법치가 "이제 발아래 짓밟혔다"는 불만이 가끔 제기되었으나, 이 모임의 주요 관심사는 두 기독교회의 화해와 "세속 국가 내에서의 성스러운 임무" 그리고 연방주의에 대한 노골적인 지지 입장이 결합한 것이었다. (1933년 이후 저항운동 전반의 정치적 파산에 대해서는, 충분한 자료에 바탕을 둔 공정한 연구인 조지 K. 로모저George K. Romoser의 박사학위 논문이 곧 출간될 예정이다。)

전쟁이 계속되고 패배가 더 확실해지면서, 정치적 차이는 덜 중요해지고 정치적 행위가 더 절박해졌다. 그런데 여기에 대해서도 "[클라우스 폰] 스타우펜베르크 백작의 결단이 없었다면, 저항운동은 거의 무기력함의 수렁에 빠져들었을 것이다"라고 한 게르하르트 리터가 옳은 것 같다. 이들을 결속시킨 것은, 그들이 히틀러에게서 '사기꾼' '전문가들의 조언을 무시하고 전체 군대를 희생시킨' '어설픈 아마추어' '광인' '악마' 그리고 '모든 악의 화신'을 보았다는 사실이었다. 독일적 맥락에서 이런 표현들은 그들이 가끔 히틀러를 '범죄자이자 바보’라고 불렀을 때보다 더 많은 것 그리고 동시에 더 적은 것을 의미했다.

그러나 이처럼 늦은 시기에 히틀러에 대해 그런 의견을 가졌다고 해서 “결코 친위대나 당의 당원 자격 또는 정부 직책을 빼앗길 이유가 되지 않았다”[프리츠 헤세]. 따라서 나치 정권의 범죄에 깊이 연루된 상당수의 사람이 음모자 모임에서 배제되지 않았다. 예를 들어 당시 베를린 경찰서장이었고 (괴르델러의 장관 예정자 명단에 따르면) 쿠데타가 성공했다면 독일 경찰청장이 되었을 헬도르프 백작이나, 동부의 이동학살부대 전 사령관이었던 국가보안본부 소속의 아르투르 네베가 있었다!

1943년 여름, 힘러가 지시한 절멸 프로그램이 절정에 달했을 때 괴르델러는 힘러와 괴벨스를 잠정적 동맹으로 고려했다. 그가 생각하기에 “이 두 사람은 히틀러와 함께하면 끝장이라는 것을 깨달았기 때문”이었다. (괴벨스는 그렇지 않았지만, 힘러는 실제로 ‘잠재적 동맹’이 되었고, 그들의 계획에 대해 충분히 알고 있었다. 그는 음모가 실패로 돌아간 후에야 음모 가담자들에 반대하는 행동을 했다.) 이는 괴르델러가 야전사령관 폰 클루게에게 보낸 편지의 초고에서 인용한 것이다.

이러한 이상한 동맹은 육군 지휘관에게 필요한 ‘전술적 고려’라는 식으로 설명될 수 없다. 왜냐하면 그와는 반대로 “그 두 괴물[힘러와 괴링]을 처결해야 한다는 특별 명령”[리터]을 내린 사람이 클루게와 롬멜이기 때문이다. 괴르델러의 전기작가인 리터가, 앞서 인용한 편지는 “히틀러 정권에 대한 그의 증오를 가장 열정적으로 표현한다”라고 주장한 사실과는 완전히 별개로 말이다.

히틀러에게 반대했던 이들이 뒤늦게나마 자신의 목숨으로 대가를 치르고 아주 끔찍하게 죽임을 당했다는 것에는 의심의 여지가 없다. 이들 중 많은 사람의 용기는 칭찬할 만했지만, 그 용기는 도덕적 분노나 타인이 고통받는다는 사실에 고무된 것이 아니었다. 그들의 동기는 거의 전적으로 독일의 다가올 패배와 파멸에 대한 확신에 따른 것이었다.

그렇다고 해서 요크 폰 바르텐부르크 같은 일부 사람이 처음에 "1938년 11월 유대인에 대한 집단학살(포그롬)"[리터] 때문에 정치적 반대를 하게 되었다는 점을 부정하는 것은 아니다. 그러나 그달은 유대교 회당들이 화염에 휩싸이고 온 국민이 어떤 공포에 사로잡힌 때였다. 신의 집에는 불이 붙었고 신자들뿐만 아니라 미신을 믿는 자들도 신의 복수를 두려워했다. 1941년 5월 히틀러의 이른바 '코미사르 명령'[20]이 내려졌을 때, 다가오는 러시아와의 전쟁에서 모든 소련 관료는 물론 모든 유대인이 학살당할 것을 알게 된 고위 장교단은 갈등을 겪었다.

물론 이 모임들은 괴르델러가 말한 것처럼 "점령지에서 유대인에 대한 인간 말살과 종교적 박해 기술이 사용되었으며 … 이는 우리 역사에 늘 무거운 짐으로 남게 될 것"이라고 우려했다. 그러나 그들은 이 일들이 "[연합국과의 평화조약 협상]을 엄청나게 어렵게 만들 것"이라는 점, 즉 "독일의 명예에 오점"을 남기며 군대의 사기를 떨어뜨릴 것이라는 점보다 더 많고 더 끔찍한 것을 의미한다는 사실을 전혀 생각하지 못했던 것 같다.

괴르델러는 "'수천 명의 유대인으로 가득 찬 구덩이를 향해 기관총을 난사하고는 아직도 꿈틀거리는 시신들 위에 흙을 덮는 것은 그다지 보기 좋은 광경이 아니었다'고 무심히 보고하는" 친위대원의 말을 들

---

20) 코미사르(Commisar)는 소련군 정치위원을 말한다. 히틀러는 코미사르를 포로로 잡더라도 즉시 처형하라는 명령을 내렸다. 히틀러는 코미사르를 볼셰비즘의 선전가이자 테러리스트로 간주했고, 국제법의 대상이 아니라고 주장했다.

으며, "그들은 [1814년에 나폴레옹에 맞서 싸운] 해방전쟁과 [1870년의 프랑스-프로이센 전쟁에서 활약한] 빌헬름 1세의 자랑스러운 군대를 도대체 어떻게 만들어버렸는가"라고 소리쳤다. 또한 그들은 이러한 잔혹행위가 연합군의 무조건 항복 요구와 어떤 식으로든 연관될 수 있다는 생각을 한 적이 없었다. 그들은 연합국의 요구가 맹목적인 증오에 고취된 '국가주의적'이고 '비이성적'인 것이라고 자유롭게 비판했다.

1943년 독일의 최종 패전이 거의 확실해진 후에도, 히틀러가 시작한 전쟁이 얼마나 불의하고 명분 없는 전쟁인지를 너무나도 잘 알고 있는 그들은 여전히 자신의 적들과 '동등한 자격으로' '정의로운 평화'를 위해 협상할 권리가 있다고 믿고 있었다. 더욱 놀라운 것은 '정의로운 평화'에 대한 그들의 기준이었다. 괴르델러는 수많은 비망록에서 이 기준에 대해 반복해 기록했다.

"오스트리아와 주데텐란트를 추가한 1914년 국경의 재확립[이는 알자스로렌의 합병을 의미함] 그리고 "대륙에서 독일의 주도적 위치"와 어쩌면 남티롤[21]의 재탈환!"

또한 그들이 준비한 성명서를 통해 어떻게 자신의 입장을 국민에게 제시하려 했는지도 알 수 있다. 예를 들면 국가원수가 될 예정이었던 루트비히 베크 장군[22]이 육군에게 보낸 포고령 초안이 있다. 거기서 그는 히틀러 정권의 "고집" "무능과 절제력 부족" "오만과 허영"

---

21) 티롤(Tyrol)은 서부 오스트리아와 북부 이탈리아에 걸쳐 있는 알프스산맥 지역을 말한다.
22) 루트비히 아우구스트 테오도어 베크(Ludwig August Theodor Beck, 1880~1944)는 나치 정권 초기에 참모총장을 지냈고 히틀러의 정책과 전쟁 준비에 대해 비판했다. 그는 1938년 8월에 참모총장직을 사임했고 히틀러 음모의 주요 지도자가 된 그는 1943년 7월 20일에 폭탄을 이용한 히틀러 암살 계획을 실행했으나 실패했고 그날 밤에 죽임을 당했다.

에 대해 장황하게 말한다. 그런데 핵심은, 다가올 패전의 재앙에 대한 "책임을 군 지휘관들에게" 물으려 했다는 것이 나치 정권의 "가장 파렴치한 행위"라는 것이었다. 베크는 "독일 국가의 명예에 오점을 남기고 세계인의 시선에서 얻은 좋은 평판을 더럽히는" 범죄를 저질렀다고 덧붙였다.

그렇다면 히틀러가 제거된 후 다음 단계는 무엇인가? 독일군은 "전쟁을 명예롭게 종결할 수 있을 때까지" 계속 싸운다는 것이다. 이는 알자스로렌과 오스트리아, 주데텐란트를 병합한다는 것을 의미한다. 독일 소설가 프리드리히 P. 레크말레체벤이 이들에게 내린 신랄한 판단에 대해 전적으로 동의할 좋은 이유가 있다. 그는 독일이 붕괴하기 전날 밤 집단수용소에서 처형되었으며 반히틀러 음모에는 가담하지 않았다. 거의 알려지지 않은 책『절망 속의 한 인간의 일기』*에서 레크말레체벤은 히틀러 암살 시도가 실패했다는 소식을 듣고 안타까워하며 다음과 같이 썼다.

"신사분들, 조금 늦었군요. 모든 게 잘될 것만 같았을 때, 이 거대한 독일의 파괴자를 만들고 그를 따랐던 당신들 … 주저 없이 당신에게 요구된 모든 맹세를 하고, 수십만 명을 살해해 전 세계의 비탄과 저주를 짊어진 이 범죄자의 비열한 아첨꾼으로 전락했던 당신들, 이제야 당신들은 그를 배신했군요. … 더 이상 파산을 숨길 수 없게 되자, 그들은 정치적 알리바이를 만들기 위해 파산해가는 집을 배신하네요. 권력을 잡는 데 방해되는 모든 것을 배신했던 바로 그 사람들이 말입니다."

아이히만이 7월 20일 음모 가담자들과 개인적으로 접촉했다는 증거는 없으며 그럴 가능성도 없다. 심지어 아르헨티나에 있을 때도 아

---

* Friedrich P. Reck-Malleczewen, *Tagebuch eines Verzweifelten*, 1947.

이히만은 그들 모두를 배신자이자 악당으로 여겼다. 하지만 아이히만이 유대인 문제에 대한 괴르델러의 '독창적' 생각을 접할 기회를 가졌더라면, 몇 가지 동의할 만한 점을 발견했을지도 모른다.

분명 괴르델러는 "독일계 유대인에게 그들이 당한 손실과 학대에 대해 보상할 것"을 제안했다. 이 제안은 1942년에 나온 것으로, 당시에 손실과 학대는 이미 독일계 유대인만의 문제가 아니었다. 그들은 단지 학대받고 약탈당하는 것을 넘어 가스로 살해당하고 있었다. 그러한 세부 사항 외에도 괴르델러는 더 건설적인 생각을 염두에 두고 있었는데, 이는 "[모든 유럽계 유대인을] 유럽의 다소 바람직하지 않은 '손님 민족'이라는 위치에서 구원할 수 있는" 이른바 "영구적 해결책"이라는 것이었다. (아이히만의 표현으로, 그들에게 "발아래 확고한 터전"을 제공하는 것이었다.)

이러한 목적을 위해 괴르델러는 캐나다나 남아메리카와 같은 '식민지 국가 내의 독립국가'를 요구했다. 이는 그가 확실히 들은 적이 있었을 마다가스카르 계획과 같은 것이었다. 하지만 그는 모든 유대인이 추방되지는 않을 것이라고 약간의 유예를 두기도 했다. 나치 정권 초기 단계뿐 아니라 당시에도 여전히 통용되던 특권 계층의 범주에 상당히 부합하게, 그는 "독일을 위한 특별한 군사적 희생을 증명할 수 있는 유대인이나 오랜 전통을 가진 가문에 속한 유대인에게는 독일 시민권을 부정하지 않겠다"는 입장이었다.

괴르델러의 "유대인 문제에 대한 영구적 해결책"이 무엇을 의미했든, 1954년에도 자신의 영웅을 존경하던 리터 교수가 말한 것과는 달리 그것은 별로 '독창적'이지 않았다. 괴르델러는 나치당과 심지어 친위대 내에서도 자신의 프로그램 중 이 부분에 대한 '잠재적 동지'를 얼마든지 발견할 수 있었을 것이다.

앞서 인용한 폰 클루게 원수에게 보낸 편지에서 괴르델러는 한때 클루게의 '양심의 소리'에 호소했다. 그런데 그가 의도한 것은, 장군이라면 "승산 없는 전쟁을 계속하는 것이 명백한 범죄"라는 것을 이해해야만 한다는 것이 전부였다. 이렇게 쌓인 증거를 통해 우리는 양심 그 자체가 독일에서 명백히 실종되었고, 사람들이 양심이라는 것을 거의 기억하지 못하는, 또 이 놀라운 '새로운 독일적 가치관'을 외부 세계는 공유할 수 없음을 더 이상 깨닫지 못하는 정도에 이르렀다는 결론만 내릴 수 있다.

물론 이것이 전적인 진실은 아니다. 왜냐하면 독일에는 나치 정권 초기부터 흔들림 없이 히틀러에 반대하는 개인들이 있었기 때문이다. 그들이 몇 명이나 되는지는 아무도 모른다. 수십만 명일 수도 있고 그 이상이거나 그 이하일 수도 있다. 그들의 목소리가 전혀 들리지 않았기 때문이다. 그들은 어디서나 발견할 수 있었다. 사회의 각계각층에서, 교육받은 사람뿐만 아니라 평범한 사람 중에서, 모든 정당에서, 심지어는 국가사회주의독일노동당의 고위층에서도 그렇다. 앞서 언급한 레크말레체벤이나 철학자 카를 야스퍼스처럼 대중적으로 알려진 사람은 아주 극소수였다.

그들 중 일부는 내가 아는 어떤 장인처럼 진실되고 속 깊은 경건한 모습을 보여주었다. 그는 나치당에 입당하는 '사소한 형식적 절차'를 취하는 것 대신 자신의 독립적 실존을 무너뜨리고 공장에서 단순노동자가 되는 것을 선택했다. 몇몇 사람은 여전히 맹세를 진지하게 여겼고, 예를 들어 히틀러의 이름으로 서약하기보다는 학문적 경력을 포기하는 것을 선택했다. 이보다 더 많은 수의 집단으로는 베를린의 노동자들 그리고 자신과 안면 있는 유대인을 도와주려고 애를 쓴 사회주의 지식인들이 있었다.

끝으로 귄터 바이젠보른의 『조용한 봉기』(*Der lautlose Aufstand*, 1953)에 나오는 두 소년 농부가 있었다. 이들은 전쟁이 끝날 무렵 친위대로 징집되었으나 입대를 거부했다. 그들은 사형을 선고받았고 처형 당하기 전날 가족들에게 보내는 마지막 편지에 다음과 같이 썼다.

"우리 두 사람은 그런 끔찍한 일로 양심에 부끄러운 짓을 하는 것보다 차라리 죽겠습니다. 우리는 친위대가 어떤 일을 해야 하는지 알고 있습니다."

실질적으로 아무것도 하지 않은 이 사람들의 처지는 음모자들의 상황과 완전히 달랐다. 옳고 그름을 구별하는 그들의 능력은 온전하게 남아 있었고, 그들은 '양심의 위기'를 결코 겪지 않았다. 레지스탕스 가운데도 그런 사람이 있겠지만, 그런 사람의 수가 일반 사람들보다 음모자들 가운데 더 많았다고 말할 수 없다. 그 사람들은 영웅도 성인도 아니었고 완전한 침묵 가운데 머물러 있었다. 오직 한 번, 단한 차례의 절망적인 몸부림으로 이처럼 완전히 고립되고 침묵했던 이들이 공개적으로 그 모습을 드러냈다. 뮌헨 대학교에 다니던 남매가 그들의 교수인 쿠르트 후버의 영향을 받아 그 유명한 전단을 뿌렸을 때였다. 그 전단에서 그들은 히틀러를 '대량학살범'이라고 불렀다.

하지만 7월 20일 음모가 성공했더라면 히틀러를 계승했을 이른바 '다른 독일'이 준비한 문서와 선언문을 검토해보면, 그들조차 나머지 세계와 얼마나 동떨어져 있었는지 깨닫고 놀랄 것이다. 특히 괴르델러의 환상을 어떻게 달리 설명할 수 있겠는가. 특히 다름아닌 힘러와 리벤트로프까지 전쟁 마지막 몇 달 동안 패전한 독일을 위해 연합군과 협상하는 웅장한 새 역할을 꿈꾸기 시작했다는 사실을 어떻게 설명할 수 있겠는가. 리벤트로프가 단순히 어리석었다고 해도, 힘러는 그가 어떤 사람이었든 간에 결코 바보는 아니었다.

나치 고위층 가운데 양심의 문제를 해결하는 데 가장 재능이 뛰어났던 자는 힘러였다. 그는 히틀러가 1931년 친위대 앞에서 행한 연설에서 따와 "나의 명예는 나의 충성심" 같은 슬로건들을 만들어냈다. 이러한 선전 문구들을 아이히만은 "날개 달린 말"이라고 불렀고 재판관들은 "공허한 말"이라고 불렀다. 아이히만이 기억해낸 것처럼, 힘러는 이 문구들을 '연말연시에' 아마도 크리스마스 보너스와 함께 전달한 것 같다. 아이히만은 그중 한 가지만을 기억하고 계속 반복했다. 그 문구는 "이것은 미래의 세대가 다시는 되풀이하지 않아도 될 전투다"라는 말로, 여성과 아이들, 노인들 그리고 다른 '쓸모없는 입들'에 대한 전쟁을 암시한 것이었다.

힘러가 이동학살부대 지휘관들과 친위대 고위층 및 경찰 지도자들 앞에서 행한 연설에서 발췌한 다른 문구로는 다음과 같은 것이 있었다.

"인간적 연약함으로 인한 예외를 제외하고 끝까지 버티는 것, 품위를 지키는 것, 이것이 우리를 강하게 만들었다. 이는 우리 역사에서 아직 쓰인 적이 없었고 앞으로도 쓰이지 않을 영광의 한 페이지다."

"유대인 문제를 해결하라는 명령, 이것은 조직이 받을 수 있는 명령 가운데 가장 무서운 명령이다."

"우리가 여러분에게 기대하는 것은 '초인', 즉 '초인적으로 비인간적'이 되는 것임을 우리는 깨닫는다."

우리가 말할 수 있는 것은 그들의 기대가 어긋나지 않았다는 것뿐이다. 그런데 힘러가 이데올로기적 용어를 사용하여 정당화를 시도한 적이 거의 없었다는 것은 주목할 만하다. 그가 그렇게 하더라도 그것은 분명히 곧 잊혔다. 살인자가 된 이 사람들의 마음에 꽂힌 것은 단순히 역사적이고 장엄하고 독특한 어떤 일("2,000년 역사에 단 한 번 일어나는 위대한 과업")에 참여하고 있으며, 따라서 이것은 감당하기 어려운 일이라는 생각이었다. 이 점은 중요하다. 왜냐하면 살인자들은 본성적으로 사디스트나 살인자가 아니었기 때문이다. 나치는 오히려 자신의 일에서 육체적 쾌락을 얻는 모든 사람을 솎아내려는 체계적인 노력을 기울였다.

이동학살부대는 독일의 여느 일반 부대와 다르지 않은 범죄 기록을 갖고 있는 군대 조직인 무장친위대로부터 징발되었다. 그리고 그 지휘관들은 대학 학위를 가진 친위대 엘리트 가운데서 하이드리히가 선택했다. 따라서 문제는 그들의 양심을 극복하는 것이라기보다는, 모든 정상적인 사람이 육체적 고통을 보며 느끼게 되는 동물적 연민을 어떻게 극복하는가 하는 것이었다.

스스로도 이런 본능적인 반응에 상당히 강하게 시달렸던 것으로 보이는 힘러는 단순하지만 아주 효과적인 속임수를 사용했다. 그것은 말하자면 이런 본능이 자기 자신을 향하도록 방향을 반대로 돌리는 것이었다. 그래서 그 살인자들은 "내가 사람들에게 얼마나 끔찍한 일을 했는가!"라고 말하는 대신 "나의 의무를 수행하면서 얼마나 끔찍한 일을 목격해야만 하는가!" "이 임무가 내 어깨를 얼마나 무겁게 짓누르는가!"라고 말할 수 있게 되었다.

힘러의 기발한 표어와 관련된 아이히만의 불완전한 기억은 양심의 문제를 해결하는 다른 더 효과적인 장치들이 있었다는 것을 보여준다. 히틀러가 정확히 예측했던 것처럼, 이 가운데 최고의 것은 전쟁이라는 단순한 사실이었다. 아이히만은 '죽은 사람들이 어디서나 보일' 때 그리고 모두가 자기의 죽음을 무심히 예상할 때, 죽음에 대해 '다른 개인적 태도'를 취하게 된다고 거듭 주장했다.

"우리는 오늘 죽을지 내일 죽을지에 대해 별로 신경 쓰지 않았다. 그리고 우리가 여전히 살아 있음을 알게 된 아침을 저주할 때도 있었다."

이런 폭력적인 죽음의 분위기에서 특히 효과적이었던 것은, 최종 해결책이 후기 단계에서는 총살, 즉 폭력을 통해 실행되지 않고 가스 공장에서 실행되었다는 사실이다. 이 가스 공장들은 전쟁 초기에 히틀러가 명령을 내려 러시아 침공 때까지 독일에서 정신질환자들에게 적용된 '안락사 프로그램'과 처음부터 끝까지 밀접하게 연관되어 있었다.

1941년 가을에 시작되었던 절멸 프로그램은 말하자면 전혀 다른 두 경로로 진행되었다. 한 경로는 가스 공장이었고, 다른 경로는 이동학살부대였다. 군의 후방에서, 특히 러시아에서 이루어진 이동학살부대의 작전은 유격전을 명분으로 정당화되었고, 그들의 희생자는 결코 유대인만이 아니었다. 그들은 진짜 파르티잔 외에도 러시아 관료, 집시, 반사회분자, 정신병자 그리고 유대인을 처리했다. 유대인은 '잠정적인 적'에 포함되었는데, 불행히도 러시아 유대인이 이 사실을 알게 된 것은 몇 달 뒤여서 그때는 그들이 도망치기에는 이미 너무 늦었다. (나이든 세대는 제1차 세계대전 때를 떠올렸는데, 그때 독일군은 해방군으로 환영받았다. 젊은이도 노인도 모두 '유대인이 독일에서 어떤 취급을 받고 있는지 혹은 이와 연관하여 바르샤바에서는 어떠했는지'에 대해서는 아무것도 듣지 못하고 있었다. 독일 정보부가 백러시아 지역에서 보고했던 것처럼, 그들은 "놀랄 만큼 정보에 어두웠다."[23] 더욱 놀라운 것은, 이 지역에 당도한 독일계 유대인 가운데 이따금 자신이 제3제국을 위한 '개척자'로 파송되었다는 환상에 사로잡힌 사람들도 있었다는 점이다.)

이동학살부대는 모두 네 부대였는데, 각 부대는 대대 규모로 총인원은 약 3,000명이었기 때문에 무장 군대의 긴밀한 협조가 필요했고 또 긴밀한 협력을 얻고 있었다. 실제로 이들의 관계는 대체로 "탁월했고" 어떤 경우에는 "열렬(herzlich)했다." 장군들은 "유대인에 대해 놀랄 만큼 좋은 태도"로 대했다. 힐베르크에 따르면, 그들은 유대인을

---

23) Hilberg의 저서 참조.

이동학살부대에 넘겨주었을 뿐만 아니라 자신의 부대원이나 일반 병사들을 빌려주어 학살을 도왔다. 그들이 살해한 유대인 희생자 수는 거의 150만에 달했다. 그러나 이것은 전체 유대인을 물리적으로 절멸하라는 총통의 명령에 따른 결과가 아니었다. 그것은 그 이전의 명령, 즉 히틀러가 힘러에게 1941년 3월에 내린 "러시아에서 특별 임무를 수행"하기 위해 친위대와 경찰을 준비하라는 명령의 결과였다.

러시아와 폴란드계 유대인뿐만 아니라 모든 유대인을 절멸하라는 총통의 명령은 비록 나중에 하달되었으나 훨씬 이른 시기까지 거슬러 올라간다. 그 명령이 나온 곳은 국가보안본부나 하이드리히 혹은 힘러의 다른 사무실이 아니라, 히틀러의 개인 사무실인 총통 관방부였다. 학살은 전쟁과는 아무 관계가 없었고 군사적 필요를 구실로 삼은 적도 없었다.

제럴드 라이트링거의 『최종 해결책』[24)]의 위대한 공로 가운데 하나는 동부지역의 가스 공장 학살 프로그램이 히틀러의 안락사 프로그램에서 나왔다는 점을 의심의 여지 없는 수많은 자료를 증거로 활용하여 입증한 점이다. '역사적 진실'에 지나치게 몰두했던 아이히만 재판이 이러한 사실적 연관성에 아무런 주의를 기울이지 않은 것은 개탄스러운 일이다.

이 책은 국가보안본부 소속이었던 아이히만이 가스 사건(Gasgeschichten)에 연루되었는지에 관한 논쟁적인 질문에 어느 정도 빛을 비추었을 것이다. 그의 부하 중 한 사람인 롤프 귄터가 자발적인 관심을 가졌을 수는 있지만, 아이히만이 관련된 것 같지는 않다. 예를 들면 루블린 지역에 가스 시설을 설치했고 아이히만이 방문했던 글로

---

24) 영국의 미술사가인 제럴드 라이트링거(Gerald Reitlinger)가 1953년에 출간한 책으로 원제목은 *The Final Solution*. 이 책 외에도 나치에 관한 책으로 그는 1956년에 『친위대: 국가의 알리바이』(*The SS: Alibi of a Nation*)를 저술했다.

보츠니크는 더 많은 인력이 필요할 때 힘러나 다른 경찰 혹은 친위대 당국에 직접 요청하지 않았다. 그는 총통 관방부의 빅토르 브라크에게 요청서를 썼고, 브라크는 그 요구를 다시 힘러에게 전달했다.

최초의 가스실들은 "불치병 환자에게 자비로운 죽음이 부여되어야 한다"고 명시한 그해 9월 1일자 히틀러의 포고령을 실행하기 위해 1939년에 건설되었다. (가스 살인을 '의학적 문제'로 간주해야 한다는 세르바티우스의 놀라운 확신은 아마도 가스 사용의 이러한 '의학적' 기원에서 비롯되었을 것이다.)

이 생각 자체는 상당히 오래된 것이었다. 이미 1935년에 히틀러는 자신의 제국 의사지도자 게르하르트 바그너[25]에게 "전쟁이 발발하면 이 안락사 문제를 채택해 시행하게 될 것인데, 이 일은 전시에 하기가 더 쉽기 때문"이라고 말했다. 이 포고령은 정신질환자들에게 즉각 시행되어, 1939년 12월과 1941년 8월 사이에 대략 5만 명의 독일인이 일산화탄소 가스로 살해되었다. 이 기관에 설치된 죽음의 방들은 나중에 아우슈비츠에서 그랬던 것처럼 샤워실 또는 욕실로 위장되었다.

이 프로그램은 실패작이었다. 가스 사용을 주변 독일인들에게 감추고 비밀로 유지하는 것은 불가능했다. 의학의 본질과 의사의 역할에 대한 '객관적' 통찰을 아직 얻지 못한 각계각층이 저항했다. 동부 지역에서의 가스 사용, 즉 나치 용어로 하면 "사람들에게 자비로운 죽음을 부여하는" "인간적인 방식"은 독일에서의 가스 사용이 중단된 바로 그날에 시작했다. 독일에서 안락사 프로그램에 고용되었던

---

25) 게르하르트 바그너(Gerhard Wagner)는 나치 독일 시기의 최초의 제국 의사지도자(Reichsärzteführer)로, 국가보건정책을 총괄하며 인종 위생과 우생학 정책을 추진한 핵심 인물이었다. 그는 나치 돌격대 중장이었고 1939년 50세의 나이로 뮌헨에서 암으로 사망했다.

사람들은 이제 민족 전체를 절멸하기 위한 새로운 시설들을 건설하기 위해 동부로 보내졌다. 이들은 히틀러의 총통 관방부 출신이거나 제국 보건부 출신이었고, 이제야 힘러의 행정 관할 아래에 놓이게 되었다。

기만과 위장을 위해 교묘하게 고안된 다양한 '언어규칙' 중에서 '살인'이라는 단어가 "자비로운 죽음의 부여"라는 문구로 대체된 히틀러의 이 첫 번째 전쟁 포고령보다 살인자들의 정신 상태에 더 결정적인 효과를 발휘한 것은 없었다. 어차피 그들의 종착지가 확실한 죽음이었다는 사실에 비추어 볼 때 '불필요한 고통'을 피하도록 하라는 지시가 다소 아이러니하지 않았느냐고 경찰신문관이 물었을 때, 아이히만은 그 질문 자체를 이해조차 하지 못했다. 용서할 수 없는 죄는 사람을 죽이는 것이 아니라 불필요한 고통을 주는 것이라는 생각이 아주 확고하게 그의 마음속에 자리 잡고 있었기 때문이다.

재판 도중 친위대원이 저지른 잔인하고 잔혹한 행위를 증언하면 아이히만은 예외 없이 진정한 분노의 기색을 드러냈다. 법원과 많은 방청객은 이 모습을 포착하지 못했다. 자신을 통제하려는 그의 노력으로 인해 사람들은 그가 '무감각하고' 무심하다고 믿게 되었기 때문이다.

아이히만을 정말 동요하게 만든 일은 수백만 명을 죽음으로 몰고 갔다는 비난이 아니라, 그가 유대인 소년을 때려죽였다는 (법원에 의해 기각된) 한 증인의 비난뿐이었다. 물론 아이히만은 사람들을 "자비로운 죽음의 부여" 대신 총살이 이루어지는 이동학살부대 지역으로 보낸 적이 있었다. 그러나 그는 이 작전의 나중 단계에서 가스실의 수용 능력이 계속 증가해 그런 일이 더는 필요하지 않게 되었다는 말을 들었을 때 아마도 안도했을 것이다. 그는 또한 이 새로운 방법이 유대인에 대한 나치 정부의 태도가 결정적으로 개선되었음을 보여준다고 생각했을 것이다. 왜냐하면 가스 살해 프로그램이 시작될 무렵, 안락사라는 혜택은 진정한 독일인에게만 제한될 것이라고 분명히 선언되었기 때문이다.

전쟁이 진행되면서 러시아 전선, 아프리카 사막, 이탈리아, 프랑스 해변, 독일 도시의 폐허 등 곳곳에서 폭력적이고 끔찍한 죽음이 횡행하게 되자, 아우슈비츠와 헤움노, 마이다네크와 베우제츠, 트레블링카와 소비보르에 있는 가스 센터는 안락사 전문가들이 부르던 "제도적 보호를 위한 자선 재단"처럼 보였을 것이다. 더욱이 1942년 1월 이래로 동부에서는 '얼음과 눈 속에서 부상자들을 돕는' 안락사 팀이 가동되고 있었다. 부상병들을 죽이는 것은 '일급비밀'이었지만, 실제로는 많은 사람이 이를 알고 있었다. 특히 최종 해결책의 수행자들은 그 사실을 잘 알고 있었다.

독일 국민과 일부 용기 있는 교회 고위 성직자의 항의 때문에 독일 내부에서 정신질환자들에 대한 가스 살해가 중단되어야 한다고 빈번히 지적되어왔다. 하지만 이 프로그램이 유대인에 대한 가스 살해로 전환되었을 때에는 그러한 항의가 나오지 않았다. 일부 학살 센터가 당시 독일 영토 내부에 있었고 그 주위에 독일 주민들이 살고 있었는데도 말이다. 그런데 전쟁이 발발할 무렵에 항의가 일어났다. '안락사에 대한 교육'의 효과와는 완전 별개로 '가스로 인한 고통 없는 죽음'에 대한 태도는 전쟁이 진행되는 동안 아주 크게 변했을 가능성이 높다.

이런 종류의 사실은 입증하기가 어렵다. 이를 입증하는 자료는 없다. 이 계획 전체가 비밀이었고, 그 어떤 전범도 이 일을 언급하지 않았으며, 이 주제에 대해 국제 문헌에서 수많은 인용을 했던 뉘른베르크에서 있었던 의사들에 대한 재판의 변호인들도 언급하지 않았다. 아마도 그들은 자신들이 살해를 저질렀던 시기의 여론 분위기를 망각했거나 그에 대해 전혀 신경도 쓰지 않았을 것이다. 왜냐하면 그들은 자신들의 '객관적이고 과학적인' 태도가 일반인들의 의견보다 훨씬 더 진보적이라고 잘못 생각했기 때문이다.

하지만 진실한 사람들이 남긴 전시의 일기장에서 몇몇 진정으로 귀중한 이야기가 발견되었는데, 이 이야기들은 한 국가의 도덕적 붕괴 속에서도 살아남아 전해지고 있다. 그들은 자신들이 받은 충격을 더는 이웃들과 공유할 수 없다는 사실을 충분히 인식하고 있었다.

앞서 언급한 레크말레체벤은 농부에게 격려 연설을 하려고 1944년 여름에 바이에른 지방에 왔던 한 여성 '지도자'에 대한 이야기를 들려준다. 그녀는 '기적의 무기'와 승리를 이야기하는 데 많은 시간을 낭비하지 않은 듯했다. 그녀는 패배의 가능성을 솔직히 말했고, 여기에 대해 훌륭한 독일인들은 염려할 필요가 없다고 했다. 왜냐하면 총통은 "그의 위대한 선하심으로 전쟁이 불행한 종말을 맞을 경우를 대비하여 모든 독일 국민을 위해 가스를 통한 온화한 죽음을 준비해놓았기 때문"이라고 했다. 그리고 저자는 다음과 같이 덧붙였다.

"오, 맙소사. 내가 상상하는 것이 아니다. 이 사랑스러운 여인은 허깨비가 아니다. 내 두 눈으로 직접 보았다. 마흔이 다 되어가는 노란 피부에 광기 어린 눈을 가진 여성이었다. … 그래서 어떻게 되었는가? 이 바이에른 농부들은 죽음을 맞이할 준비가 된 그녀의 열정을 식히기 위해 그녀를 마을 호수에 처넣기라도 했는가? 그들은 그런 일을 하지 않았다. 그들은 고개를 흔들며 집으로 돌아갔다."

다음 이야기는 훨씬 더 핵심을 찌른다. 이 이야기는 '지도자'도 당원도 아니었던 한 사람에 관한 이야기이기 때문이다. 이 사건은 1945년 1월, 독일의 전혀 다른 쪽 구석에 있는 동프로이센의 쾨니히스베르크에서 일어났다. 러시아가 이 도시를 완전히 파괴하고 그 폐허를 점령하여 전 지역을 합병하기 며칠 전이었다. 이 이야기는 한스 폰 렌스도르프 백작이 쓴 『동프로이센의 일기』*에 담겨 있다.

백작은 의사로서 철수 불가능한 부상병들을 돌보기 위해 그 도시에 남아 있었다. 그는 이미 붉은 군대[26]가 점령한 교외의 거대한 피난민 센터 중 한 곳으로 호출되었다. 거기서 한 여성이 다가와 수년간 앓아온 정맥류를 보여주면서 지금 시간이 있으니 치료받고 싶다고 말했다.

"나는 그녀에게 현재로서는 쾨니히스베르크를 탈출하는 것이 더 중요하고 치료는 나중에 받으라고 설명하려 애썼다. 나는 그녀에게 어디로 가고 싶냐고 물었다. 그녀는 어디로 갈지 모르지만, 그들 모두가 제국 안으로 보내지리란 것은 알고 있다고 말했다. 그러고서 그녀는 놀랍게도 다음과 같이 덧붙였다.

"러시아인들은 우리를 절대로 못 잡아요. 총통께서 그것을 절대로 허락하지 않을 겁니다. 우리가 잡히기 훨씬 전에 우리에게 가스를 주실 거예요."

나는 슬그머니 주위를 돌아보았지만, 아무도 이 말을 이상하게 여기는 것 같지 않았다."

대부분의 실화가 그렇듯 이 이야기도 불완전하게 느껴진다. 거기에 또 다른 목소리 하나가 더 있어야 했다. 가급적이면 여성의 목소리로, 무거운 한숨과 함께, 다음과 같이 응답하는 목소리가.

"그 좋고 값비싼 가스는 유대인들에게 벌써 다 낭비되었잖아요!"

---

* Count Hans von Lehnsdorff, *Ostpreussisches Tagebuch*(1961).
26) 당시 러시아 군대를 말한다.

제7장

반제회의 혹은 본디오 빌라도

지금까지 아이히만의 양심에 대한 나의 보고서는 아이히만 자신이 잊고 있었던 증거들을 따라갔다. 이 사안에 대한 아이히만의 설명에 따르면, 전환점은 4주 후가 아니라 4개월 후인 1942년 1월에 있었던 국가차관회의였다. 나치는 이 회의를 국가차관회의라고 불렀지만, 하이드리히가 그들을 베를린 교외의 한 저택으로 초대한 까닭에 지금은 주로 반제회의라고 부른다.[1] 이 회의의 공식 명칭이 가리키듯이, 최종 해결책을 전체 유럽에 적용하려면 제국 국가기구의 암묵적 수용만으로는 부족했다. 그것은 명백히 모든 부처와 전체 공무원의 적극적 협조가 요구되는 일이었다.

장관들은 모두 히틀러가 권력을 가진 9년 동안 당직을 줄곧 유지해온 당원이었다. 정권 초기에 아주 유연하게 '체제에 동조'했던 자들은 교체되었다. 그러나 장관 대부분은 전폭적으로 신뢰받지 못했다. 그들 중 하이드리히나 힘러처럼 자신의 경력을 온전히 나치에서 쌓은 사람은 거의 없었기 때문이다. 그리고 그런 경우라 하더라도 외무부

---

1) 반제(Wannsee)는 베를린 남서쪽에 위치한 호수로, 여기에 하이드리히의 별장이 자리하고 있었다. 이 별장에서 회의가 열렸으며, 회의의 이름은 호수의 이름을 따서 붙여졌다. 이 별장은 지금도 보존되어 있으며, 참석자들의 사진 등을 포함한 전시물이 공개되어 있다.

의 수장이며 전 샴페인 상인이었던 요아힘 폰 리벤트로프처럼 존재
감이 없는 인물이 되기 쉬웠다.

장관 바로 아래 고위 공직자의 경우는 훨씬 더 심각했다. 정부 행정
의 중추인 이들은 쉽게 대체할 수 있는 자들이 아니었다. 히틀러는 마
치 훗날의 아데나워 수상이 그랬던 것처럼, 구제불능일 정도로 흠결
이 있는 인물이 아니라면 관용을 베풀었다. 따라서 차관들과 여러 정
부 부처의 법 또는 다른 분야 전문가들은 당원이 아닌 경우가 많았다.
이들에게서 대학살과 관련하여 능동적인 도움을 받을 수 있을지 하
이드리히가 걱정할 만했다. 아이히만의 말처럼 하이드리히는 "가장
큰 어려움을 예상했다." 하지만 그는 완전히 잘못 예상했다.

이 회의의 목표는 최종 해결책 실행을 위한 모든 활동을 조정하는
것이었다. 우선 1/2 유대인과 1/4 유대인[2]의 처리, 즉 이들을 죽일 것

---

2) 유대인을 혈통에 따라 구분한 것은 뉘른베르크 법에 의한 것이다. 1935년 7월
   에 독일인과 유대인 간의 성관계 및 결혼을 불법화하는 정책이 발표되었고, 8월
   에 내각회의를 통해 승인되었다. 이어 9월, 뉘른베르크에서 열린 나치당 7차 전
   당대회에서 히틀러가 제국의회를 소집해 내각회의에서 작성된 법률안을 통과
   시켰으며, 이로써 뉘른베르크 법은 공식 효력을 발휘하게 되었다. 뉘른베르크
   법은 '독일인의 피와 명예를 지키기 위한 법'과 '제국 시민법'이라는 두 개의 법
   률로 구성되어 있었다. 나치는 증조부모까지의 혈통을 기준으로 혼혈 정도를
   6단계로 구분하고, 이에 따라 대우도 달리했다.
   1. 독일인: 증조부모 8명 모두가 독일인인 경우, 독일인으로 인정하며 독일 시
      민권이 부여된다.
   2. 1/8 유대인: 증조부모 8명 중 1명이 유대인인 경우, 독일인으로 인정하며 독
      일 시민권이 부여된다.
   3. 1/4 유대인: 증조부모 8명 중 2명이 유대인인 경우, 부분적 독일인으로 인정
      하며 독일 시민권이 부여된다.
   4. 3/8 혹은 1/2 유대인: 증조부모 8명 중 3~4명이 유대인인 경우, 부분적 독일
      인으로 인정하며 독일 시민권이 부여된다.
   5. 3/4 유대인: 증조부모 8명 중 5명 이상이 유대인인 경우, 유대인으로 간주하
      고 독일 시민권이 박탈된다.

인지 아니면 불임 시술만 할 것인지와 같은 '복잡한 법적 문제들'에서 논의가 이루어졌다. 뒤이어 '문제를 해결할 수 있는 다양한 방책'에 대한 솔직한 토론이 이어졌는데, 이는 다양한 살상 방법을 의미하는 것이었다. 이때도 '참여자들의 기꺼운 동의' 수준을 넘어섰다. 최종 해결책은 모든 참석자의 '열광적 환호'로 합의되었다. 특히 내무부 차관인 빌헬름 슈투카르트 박사가 열광적이었다. 그는 '과격한' 당의 조치를 직면했을 때 다소 말을 아끼고 주저하는 태도를 보였다고 알려진 자였다. 그리고 뉘른베르크에서의 한스 글롭케 박사가 증언한 내용에 따르면 그는 법의 강력한 지지자였다.

그러나 어느 정도의 어려움도 있었다. 폴란드 총독령의 2인자인 요제프 빌러 차관은 유대인이 서부에서 동부로 소개될 것이라는 전망에 낙담했다. 이는 폴란드에 더 많은 유대인이 들어오는 것을 의미하기 때문이었다. 그래서 그는 이 소개를 연기하고 "아무런 운송 문제가 없는 총독령에서 최종 해결책을 시작"하자고 제안했다. 외무부 관료들은 "유럽의 유대인 문제의 완전한 해결에 대한 외무부의 바람과 의견"을 담은, 그들만의 세심하게 다듬은 비망록을 갖고 나왔지만, 여기에는 그 누구도 주의를 기울이지 않았다. 아이히만이 적절히 언급한 것처럼, 핵심은 정부 관청의 다양한 기관 구성원들이 자신의 견해를 피력하는 데 그친 것만이 아니라 구체적인 제안을 내놓았다는 점이다.

회의는 한 시간 내지 한 시간 반밖에 진행되지 않았다. 회의 후에

---

6. 유대인: 유대인으로 간주하고 독일 시민권이 박탈된다.
  이외에도 보다 복잡한 사례들이 존재했다. 예를 들어 유대교 신자는 혈통과 관계없이 유대인으로 간주하고, 혼혈인이 다른 유대인과 결혼할 경우 유대인으로 분류되었다. 혼혈 여부의 판단이 필요한 아이의 경우 부모의 결혼일이 1935년 9월 17일 이후일 때 유대인으로 간주되었으며, 유대인과 성관계로 태어난 사생아 역시 유대인으로 분류되었다.

음료가 제공되었고 모두 점심을 먹었다. 이는 없어서는 안 될 개인적 유대를 강화하기 위해 계획된 '작고 편안한 사교모임'이었다. 이는 아이히만에게는 매우 중요한 자리였다. 아이히만은 과거에 이처럼 많은 '고위 인사'와 사교적으로 어울려본 적이 없었기 때문이다. 그는 참석자들 중에서 직위와 사회적 지위가 단연코 가장 낮았다.

아이히만은 초대장을 보냈고 하이드리히의 개회사를 위한 (믿기 힘든 오류로 가득한) 통계 자료를 준비했다. 1,100만 명의 유대인을 학살해야 한다는 실로 엄청난 규모의 내용이었다. 그리고 후에 그는 회의록을 작성해야 했다. 간단히 말해 그는 이 회의에서 서기 역할을 했다. 이것이 고위층들이 떠난 후 그가 자기 상관 뮐러와 하이드리히와 함께 화롯가에 앉도록 허락된 이유였다.

"이때 저는 처음으로 하이드리히가 담배를 피우고 술을 마시는 것을 보았습니다."

그들은 "업무 이야기를 나누지 않고, 긴 시간 일한 뒤의 휴식을 즐겼다." 그들은 몹시 만족했으며, 특히 하이드리히는 기분이 매우 고조되어 있었다.

아이히만이 이 회의를 잊을 수 없는 또 다른 이유가 있었다. 비록 그가 최종 해결책을 지원하는 데 줄곧 최선을 다해왔으나 '폭력을 통한 이처럼 유혈이 낭자한 해결책'에 대해서는 여전히 약간의 의문을 가지고 있었다. 그런데 그런 의문이 이제는 사라진 것이다.

"바로 지금, 이 회의에서, 가장 저명한 사람들, 제3제국의 교황들이 이야기했습니다."

이제 그는 히틀러뿐만 아니라, 하이드리히나 '스핑크스' 뮐러뿐만 아니라, 친위대나 당뿐만 아니라, 선하고 유서 깊은 공직 사회의 엘리트들까지도 이 '유혈'의 사안을 주도하는 영예를 차지하기 위해 서로 경쟁하고 다투는 것을 자신의 눈과 귀로 직접 확인했다.

"그 순간, 나는 일종의 본디오 빌라도[3]의 감정을 느꼈습니다. 모든 죄책감에서 벗어난 기분이었습니다."

아이히만이 무슨 자격으로 판단하고, "이 문제에 대해 [자기] 생각을 갖"는단 말인가? 글쎄, 그는 겸손함 때문에 망한 최초의 사람도, 마지막 사람도 아니었다.

아이히만의 기억처럼, 그 이후의 일은 다소 순조롭게 판에 박힌 듯이 진행되었다. 그는 이전에 '강제이주' 전문가였던 것처럼 곧 '강제소개' 전문가가 되었다. 각 국가의 유대인은 등록이 의무화되었고, 쉽게 식별할 수 있도록 노란색 표지 착용을 강요받았으며, 집결되어 강제이송되었다. 다양한 운송 수단은 당시 수용소의 상대적 수용 능력에 따라 동부지역 이곳저곳의 죽음의 수용소로 향했다. 유대인을 실은 열차가 수용소에 도착하면 그중 건강한 자는 사역하거나 때때로 절멸 장치 가동을 위해 선발되었고, 다른 모든 사람은 즉각 살해되었다.

장애 요인도 있었지만 사소한 것이었다. 외무부는 점령지 또는 나치 동맹 지역 당국과 접촉하여 그곳에서 유대인을 강제이송하도록 압박했다. 죽음의 수용소의 수용 능력에 대한 적절한 고려 없이 무질서하게 허둥지둥 유대인을 동부지역으로 소개하는 일이 일어나지 않도록 했다. (이것은 아이히만의 기억에 따른 것이다. 일은 사실상 그렇게 단순하지 않았다.)

법률 전문가들은 희생자를 무국적 상태로 만들기 위해 필요한 법

---

3) 예수 시대에 유대 지역을 다스리던 로마 총독이다. 유대인들은 예수를 로마에 대한 반역죄로 몰아 빌라도에게 고발했다. 빌라도는 예수가 무죄라고 판단했지만, 유대인의 강한 요구와 정치적 압박에 굴복하여 예수에게 십자가형을 선고했다. 이 판결 후 빌라도는 손을 물로 씻으면서 이 판결의 책임이 자신에게 없다고 선언했다.

률을 마련했는데, 이는 두 가지 측면에서 중요했다. 첫째, 어떤 나라도 그들의 운명에 대해 문제 삼지 못하게 만들었고, 둘째, 그들의 거주국이 그들의 재산을 몰수할 수 있도록 했다. 재무부와 제국은행은 유럽 전 지역에서 시계부터 금니에 이르는 엄청난 양의 약탈물을 접수할 시설을 준비했다. 이 모든 약탈물은 제국은행에서 분류된 후 프로이센 국가 조폐소로 보내졌다. 교통부는 차량이 아주 부족할 때조차도 필요한 열차 편을, 주로 화물열차를 제공했다. 그리고 그들은 강제이송 열차 일정이 다른 시간표와 충돌하지 않도록 유의했다.

유대인장로회는 아이히만이나 그의 부하를 통해 각 열차를 채우는 데 어느 만큼의 유대인이 필요한지 통보받은 후 추방 대상자 명단을 만들어주었다. 유대인은 등록하고 무수히 많은 서류를 작성했으며, 재산을 더 쉽게 탈취당하기 위한 재산 관련 질문지들을 작성하고 또 작성했다. 그리고 그들은 집결지에 모여 열차에 탑승했다. 숨거나 탈출하려는 소수의 사람은 유대인 특별경찰이 검거했다. 아이히만이 보기에, 아무도 항의하지 않았고 누구도 협력을 거부하지 않았다. 1943년 베를린의 한 유대인 목격자가 쓴 것처럼, "날마다 사람들은 자신의 장례식을 위해 이곳을 떠났다."

단순한 복종만으로는 전체 유럽의 나치 점령지와 나치 동맹 지역 전체를 아우르게 될 작전의 엄청난 난제들을 모두 해결하기에 충분하지 않았다. 마찬가지로, "살인하지 말라"는 계명을 듣고 자라났으며, 예루살렘 지방법원 판결문의 아주 적절한 인용문인 "네가 죽이고 또 빼앗았느냐"라는 성경 구절을 알고 있었던 작전 수행자들의 양심을 달래기에도 충분치 않았을 것이다.

스탈린그라드에서의 엄청난 손실 이후에 아이히만이 말한 "죽음의 회오리바람"이 독일을 덮쳤는데, 이는 독일 도시들에 대한 융단 폭격

을 말한다. 이 폭격은 민간인 학살에 대한 아이히만의 상투적 변명이
자, 학살을 정당화하기 위해 오늘날에도 여전히 독일에서 사용되는
상투적 변명이다. 이는 예루살렘에서 보고된 잔혹행위와는 다르지만
그 못지않게 끔찍한 일상적 광경이었다. 그런 일이 일어났을 때 일말
의 양심이라도 남아 있었다면, 그런 경험은 양심을 완화하거나 아니
면 아예 소멸시키는 데 도움이 되었을 수도 있다.

그러나 증거에 따르면 사실은 그렇지 않았다. 체계적 절멸 장치는
전쟁의 공포가 독일을 강타하기 훨씬 전부터 세세한 면까지 계획되
어 완벽히 갖추어져 있었다. 그리고 이 복잡한 관료 조직은 예측 가
능했던 패배를 맛본 마지막 몇 해 동안만이 아니라 손쉬운 승리를 하
던 동안에도 흔들림 없이 기능했다.

초기에는 지배 엘리트 계층, 특히 고위층 친위대 장교 내에서 의무
불이행이 거의 나타나지 않았다. 이때는 아직 사람들에게 양심이 있
었을 것이다. 의무 불이행의 징후는 독일의 전쟁 패배가 명백해진 후
에야 비로소 나타났다. 그러나 장치 가동에 장애가 될 만큼 심각하지
는 않았다. 의무 불이행은 자비심에 따른 개별 행동이 아니라 부패로
이루어진 것이었다. 그것은 양심에 고무된 것이 아니라 다가올 암흑
기를 대비해 약간의 돈과 연줄을 비축하려는 욕망 때문에 이루어진
것이었다.

1944년 가을에 있었던 힘러의 절멸 중지 및 죽음의 공장 시설 해
체 명령은, 그의 터무니없지만 진지한 확신, 즉 연합국이 이 호의적인
몸짓을 어떻게 평가해야 하는지 잘 알 것이라는 확신에서 나왔다. 회
의적인 아이히만에게 힘러는 이 일을 바탕으로 자기가 후베르투스부
르크 평화조약(Hubertusburger-Frieden)을 협상해낼 것이라고 말했다.
이 평화조약은 1763년에 프로이센의 프리드리히 2세가 7년 전쟁을
끝내면서 후베르투스부르크에서 체결된 조약이다. 프로이센은 패배

했지만 이 조약 덕분에 슐레지엔 점유를 유지할 수 있었다。

아이히만의 이야기에 따르면, 그의 양심을 달랜 가장 강력한 요인은 최종 해결책에 실제로 반대한 사람을 한 사람도, 단 한 사람도 볼수가 없었다는 단순한 사실이었다. 그런데 그는 단 하나의 예외를 만났는데, 이를 여러 차례 언급한 것으로 보아 그에게 깊은 인상을 남겼음에 틀림없다.

이 예외적인 일은 트럭 1만 대와 교환하는 조건으로 100만 명의 유대인을 석방한다는 힘러의 제안에 대해 아이히만이 카스트너 박사와 헝가리에서 협상할 때 일어났다. 새로운 국면에 용기를 얻은 카스트너는 아이히만에게 "아우슈비츠의 죽음의 공장"을 중지해달라고 요구했다. 아이히만은 "진심으로 기쁘게"(herzlich gern) 그렇게 하고 싶지만, 아쉽게도 그 일은 자신의 능력 밖이고 또 상관들의 능력 밖이기도 하다고 대답했다. 사실이 그랬다.

물론 아이히만은 유대인이 자신의 파멸에 대한 일반적인 열의를 공유하리라 기대하지는 않았다. 그래도 그는 단순한 순종 이상의 것, 즉 유대인의 협조를 기대했고, 실제로도 정말 놀라울 정도로 협조를 얻었다. 이는 아이히만이 행한 모든 일의 초석이었으며, 빈에서의 활동에서도 마찬가지였다. 유대인의 도움이 없었더라면 행정 업무와 경찰 업무는 완전한 혼란에 빠지거나 독일인 인력 공급이 불가능할 정도로 심각한 누수 현상이 발생했을 것이다. 앞서 언급한 것처럼, 베를린에서 유대인을 최종적으로 집합시킨 것은 전적으로 유대인 경찰이 수행한 일이었다. ("희생자의 협력이 없었더라면 수천 명이, 게다가 대부분 사무실에서 일하던 사람들이 수십만 명의 다른 사람들을 절멸시키는 것은 거의 불가능에 가까웠음은 분명하다. … 폴란드 유대인은 죽음에 이르는 전 과정에 걸쳐 독일인을 거의 보지 못했다." 이는 앞서 언급한 저술에 나오는 R. 펜도르프의 말이다. 이 내용은 폴란드로 이송되어 거기서 죽음을 맞이

했던 유대인들에게는 훨씬 더 크게 적용된다.)

따라서 점령지에서 크비슬링 정부[4]가 형성될 때마다 중앙 유대인 사무실을 조직하는 일이 항상 동반되었다. 그리고 나중에 보겠지만, 나치가 괴뢰정부를 세우지 못한 곳에서는 유대인의 협조를 얻는 데도 실패했다. 그런데 크비슬링 정부의 구성원들이 통상 반대당에서 차출된 것에 반해, 유대인위원회의 구성원들은 대체로 그 지역에서 인정받는 유대인 지도자였다. 나치는 이들에게 막대한 권한을 주었다. 그러다가 결국 이들도 추방되었다. 중부 혹은 서유럽 출신인 경우는 테레지엔슈타트나 베르겐벨젠으로, 동유럽 공동체 출신인 경우는 아우슈비츠로 강제이송되었다.

자기 민족의 파멸을 위해 유대인 지도자들이 했던 이 역할은, 유대인에게는 의심의 여지 없이 이 암울한 이야기 전체에서 가장 어두운 장(章)이다. 이전부터 알려진 사실이었지만, 이제서야 앞서 언급한 라울 힐베르크의 대표작 『유럽 유대인의 파멸』을 통해 처음으로 그 비참하고 지저분한 세부 사항이 모두 드러나게 되었다. 협력 문제에 있어서는 고도로 동화된 중부 및 서유럽의 유대인 공동체와 이디시어를 사용하는 동부의 대중 사이에 아무런 차이가 없었다. 바르샤바와 암스테르담에서, 부다페스트와 베를린에서도 유대인 관계자들은 일을 믿고 맡길 만했다.

그들은 명단과 재산 목록을 작성하고, 강제이송 및 절멸 비용을 충당하도록 추방 대상자들에게서 돈을 확보하고, 빈 아파트의 소재를 파악하며, 경찰이 유대인을 체포해 열차에 태우도록 도왔고, 마침내 마지막으로 유대인 공동체 자산을 잘 정리해 최종 몰수되도록 넘겨

---

4) '크비슬링 정부'라는 표현은 노르웨이의 친나치 정치가 비드쿤 크비슬링의 이름에서 유래한 것으로 배신자 정부, 괴뢰정부를 일컫는 말이다.

주기까지 했다. 그들은 노란 별 표지를 분배했고, 때로는 바르샤바에서처럼 "완장 판매가 정규 사업이 되었다. 보통의 천 완장이 있었지만, 세탁 가능한 멋진 합성 소재 완장도 있었다."

그들이 발표한 성명서는 나치에게서 영감받기는 했으나 명령에 따라 발표한 것은 아니었다. 그 선언문을 보면 그들이 새로운 권력을 얼마나 즐겼는지 지금도 느낄 수 있다. 부다페스트 위원회의 첫 번째 발표문에는 "유대인 중앙위원회는 모든 유대인의 정신적·물질적 재산과 모든 유대인 인력에 대한 절대적 처분권을 부여받았다"고 서술되어 있다.

우리는 유대인 관계자들이 살인 도구가 되었을 때 어떤 기분이었는지 알고 있다. 마치 "침몰 직전의 배에서 상당한 양의 소중한 화물을 바다에 던져버리고 배를 안전하게 항구로 몰고 오는 데 성공한" 선장처럼, 또 "백 명의 희생자로 천 명을, 천 명의 희생자로 만 명을 구원한" 구원자처럼 느꼈을 것이다. 진실은 이보다 훨씬 더 끔찍했다.

예를 들면 헝가리에서 카스트너 박사는 대략 47만 6,000명의 희생자를 내고 정확히 1,684명을 구했다. 선별을 "맹목적인 운명"에 맡기지 않기 위해, "모르는 사람의 이름을 종이에 써서 그것으로 삶과 죽음을 결정하는 연약한 인간의 손을 인도할 힘"이 될 "참으로 신성한 원칙"이 필요했다. 그런데 이 "신성한 원칙"은 누구를 구원했는가? 그것은 "평생 지부르[공동체]를 위해 일한 사람들" 즉 관계자들과 "가장 저명한 유대인들"이라고 카스트너는 자신의 보고서에서 기술했다.

아무도 유대인 관계자들에게 비밀 엄수 서약을 요구하지 않았다. 그들은 자발적인 '비밀의 운반자'였다. 이는 카스트너 박사의 경우처럼 평온을 유지하고 공황 상태를 예방하려는 목적 또는 전 베를린 최고 랍비였던 레오 배크 박사의 경우처럼 "가스에 의한 죽음을 예상하며 사는 것이 더 힘들 뿐"이라는 '인간적' 배려에서였다.

아이히만 재판 도중에, 한 증인은 이러한 종류의 '인간성'이 가져온 불행한 결과들을 지적했다. 사람들은 테레지엔슈타트에서 아우슈비츠로 가는 강제이송 작업에 자원봉사했으며, 그들에게 진실을 말하는 사람을 '정신 나간 사람'이라고 비난했다는 것이다.

우리는 나치 시대 유대인 지도자들의 얼굴을 아주 잘 알고 있다. 자신의 서명이 있는 지폐와 자신의 초상을 넣은 우표를 발행하고 거의 다 부서진 마차를 타고 돌아다닌, 스스로 하임 1세라고 불렀던 우치 유대인 장로 하임 룸코프스키와 같은 인물부터, 온화하며 고등 교육을 받은 레오 배크 같은 사람도 있었다. 레오 배크는 유대인 경찰이 "더 온화하고 도움이 되며" "호된 시련을 가볍게 만들" 것이라고 믿었는데, 이들은 사실 더욱 잔인하고 뇌물도 통하지 않았다. 왜냐하면 이 일에 이들의 목숨이 걸려 있었기 때문이다. 끝으로 랍비가 아니라 무신론자였으며 폴란드어를 사용하는 유대인 기술자로서 "그들이 당신을 죽이게 하라. 그러나 선은 넘지 말라"는 랍비의 말을 여전히 기억했음이 틀림없는 바르샤바 유대인위원회 의장 아담 체르니아코프처럼 자살한 몇 사람까지 포함한다.

예루살렘 검찰이 아데나워 행정부를 곤란하게 할까 봐 무척 조심했던 점을 고려할 때, 훨씬 더 강력하고 명백한 정당성을 근거로 이 이야기의 공개를 회피한 것은 너무나 당연했다. (그런데 이 주제는 이스라엘의 교과서에서 아주 공개적으로 또 놀랄 만큼 솔직하게 다루어지고 있다.[*])

---

[*] 이 내용은 Mark M. Krug, *Comparative Education Review*, October, 1963에 수록된 "Young Israelis and Jews Abroad: A Study of Selected History Textbooks"에 잘 정리되어 있다.

그러나 이 장(章)은 이 보고서에 포함되어야만 한다. 왜냐하면 전반적으로 자료가 과도하게 많은 이 사건에서 나타나는, 달리 설명할 수 없는 몇몇 공백에 대한 이유를 설명해주기 때문이다.

재판관들이 그 한 가지 예인 아들러의 저서 『테레지엔슈타트 1941~1945』(*Theresienstadt 1941~1945*, 1955)가 빠져 있다고 말하자, 검찰은 다소 당황하면서 그 책이 "논박할 수 없는 출처에 기반한, 신뢰할 만한" 것임을 인정했다. 책이 누락된 이유는 명백했다. 이 책은 친위대가 몇 명을 이송할지, 나이, 성별, 직업, 출신 국가가 어떠해야 하는지에 대한 일반적인 지시를 하달한 뒤, 테레지엔슈타트의 유대인위원회가 공포의 '운송 목록'을 어떻게 취합했는지 상세하게 묘사하고 있기 때문이다.

만일 파멸의 장소로 보내진 개인 명단이 거의 예외 없이 유대인의 행정 작업으로 작성되었음을 검찰이 인정한다면 검찰 측의 주장은 약화됐을 것이다. 재판부의 지적에 대응하던 차장검사 야코프 바로어가 "저는 전체 그림을 훼손하지 않으면서도 어쨌든 피고인과 관련된 것들을 제시하려고 노력하고 있습니다"라고 말하면서 이 점을 시사했다. 사실상 검찰의 그림은 아들러의 책을 포함함으로써 상당히 훼손되었다. 왜냐하면 그것은 아이히만이 직접 이송할 개인들을 골랐다고 한 테레지엔슈타트 사건 주요 증인의 증언과 모순되었기 때문이다.

훨씬 더 중요한 문제는 가해자와 피해자를 명확히 구분하려는 검찰의 전체적인 그림이 크게 손상되었다는 것이다. 검찰 측에 불리한 증거를 제시하는 것은 통상 변호인의 역할이므로, 증언 중 몇 가지 사소한 모순을 인지한 세르바티우스가 어떻게 그처럼 손쉽게 입수할 수 있고 널리 알려진 자료를 구하지 않았는지는 대답하기 어렵다. 아이히만은 이주 전문가에서 '소개' 전문가로 변신하자마자 이주 사무실에서 함께 일하던 유대인 조력자인 베를린 이주 담당 파울 엡슈타인 박사와 빈에서 같은 일을 했던 랍비 베냐민 무르멜슈타인을 테레지엔슈타트에서 '유대인 장로'로 임명했고, 세르바티우스는 이 사실을 지적할 수 있었다. 그랬더라면 맹세나 충성심, 맹목적인 복종의 덕에 대한 불유쾌하고 종종 노골적으로 모욕적인 이야기들보다, 아이히만이 어떤 환경에서 일했는지 입증하는 데 더 큰 역할을 했을 것이다.

내가 앞서 인용한, 테레지엔슈타트에 대한 샤로테 잘츠베르거 부인의 증언은 검찰이 계속해 언급한 '전체 그림' 가운데 이처럼 무시된 측면을 적어도 한번은 들여다보게 해주었다. 재판장은 그 용어를 좋아하지 않았고 또 그 그림도 좋아하지 않았다. 재판장은 검찰총장에게 여러 차례 이렇게 말했다.

"우리는 여기서 그림을 그리고 있는 게 아니다."

"기소장이 있으며, 이 기소장이 우리 재판의 틀이다."

"[법원은] 기소장에 따라 재판에 대한 자체의 견해를 갖고 있다."

"검찰은 법원이 규정한 것에 맞추어야 한다."

이는 형사소송 절차에 대한 경탄할 만한 훈계였지만, 그 어떤 말도 주의 깊게 받아들여지지 않았다. 검찰 측은 단순히 주의를 기울이지 않는 것보다 더 큰 잘못을 범했는데, 그 훈계에 따라 증인을 이끌어가기를 아예 거부해버린 것이다. 재판부가 너무 집요하게 요구하면, 검찰 측은 아주 무심하게 몇몇 질문을 되는대로 던졌다. 그 결과 증인들은 마치 검찰총장이 주관하는 회합에 참석한 연사처럼 행동했다. 검찰총장은 증인들이 발언하기 전에 그들을 방청객들에게 소개했다. 증인들은 하고 싶은 만큼 말을 거의 다 했고 구체적인 질문을 받은 경우는 극히 드물었다.

쇼 재판이라기보다 연사들이 청중을 선동하기 위해 차례로 최선을 다하는 대중 집회와 같은 이러한 분위기는, 검찰이 바르샤바 게토 봉기와 빌뉴스 및 카우나스[5])에서 일어난 유사한 시도에 대해 증언할 증인을 차례로 불러냈을 때 특히 두드러졌다. 이 사안은 피고인의 범죄와는 아무런 연관이 없었다. 만일 증인이 영웅적 노력 속에서 그토록 크고도 재앙적인 역할을 했던 유대인위원회의 활동상을 이야기했더라면, 그 증언은 재판에 어떤 기여라도 했을 것이다.

물론 그 일에 관한 언급이 있기는 했다. "친위대 요원들과 그 조력자들"에 대한 증언이었는데, 증인들은 "조력자" 중에 "나치 살인자의 손에 놀아난 도구였던 게토 경찰"뿐 아니라 "유덴라트"도 있었다고 지적했다. 그러나 그들은 그 부분을 '자세히 설명'하지 않게 되어 기뻐하는 듯했고, 진짜 배신자들에 대한 논의로 넘어갔다. 배신자는 극소수였는데, "나치에 맞서 싸운 모든 지하조직을 괴롭힌" "유대인 대중에게는 알려지지 않은 무명의 사람들"이었다. (이 증언이 진행되는 동안 청중은 다시 바뀌었다. 바뀐 청중은 키부츠, 즉 발언자가 소속한 이스라엘 공동 정착지 구성원이었다.)

가장 순수하고 명백한 설명은 치비아 루베트킨 주커만에게서 나왔다. 그녀는 대략 40세로 보였으며 여전히 아름다웠고, 전혀 감상에 젖거나 자기만족에 빠져 있지 않았다. 그녀가 밝힌 사실들은 잘 정돈되어 있었고, 자신의 주장에 대해 항상 상당한 확신에 차 있었다.

법적으로 이 증인들의 증언은 중요하지 않았다. 하우스너는 최종 변론에서 이들의 증언을 하나도 언급하지 않았다. 단 하나 중요한 점은 유대인 파르티잔과 폴란드 및 러시아 지하 투사들 사이에 밀접한 접촉이 있었음을 입증하는 것이었다. 그런데 그 접촉의 증거는 다른

---

5) 빌뉴스는 현재 리투아니아의 수도이며 카우나스는 현재 리투아니아에서 둘째로 큰 도시이다.

증언("모두가 우리를 등지고 있었다")과 모순될 뿐만 아니라, 피고 측에 유용할 수도 있었다. 왜냐하면 그것은 "하임 바이츠만[6]이 1939년에 독일에 대한 전쟁을 선포했다"는 아이히만의 반복적인 주장보다 민간인에 대한 무차별 학살에 훨씬 나은 정당성을 제공했기 때문이다. (아이히만의 주장은 순전히 터무니없는 말이었다. 바이츠만이 전쟁 전 마지막 시온주의자 총회에서 말한 것은, 서구 민주주의 국가들의 전쟁이 "우리의 전쟁이며, 그들의 투쟁은 우리의 투쟁이다"였다. 하우스너가 지적한 것처럼, 비극의 원인은 바로 나치가 유대인을 교전 주체로 인정하지 않았다는 데 있다. 만일 유대인이 교전 주체로 인정받았더라면 전쟁 포로로서 또는 민간인 수용소에서 살아남을 수 있었을 것이다.)

만일 세르바티우스가 이 점을 지적했다면, 검찰 측은 이 저항 단체들이 얼마나 불쌍할 정도로 소규모였는지, 얼마나 믿을 수 없을 만큼 약하고 또 본질적으로 무해했는지, 더욱이 그들이 유대인 주민을 얼마나 대변하지 못했는지를 인정해야만 했을 것이다. 심지어 한때는 유대인 주민들이 그들을 상대로 무기를 들었을 정도니 말이다.

이렇게 매우 시간을 많이 소모한 모든 증언이 법적으로 부적절하다는 사실은 유감스럽게도 명백했으나, 이 증언을 이끈 이스라엘 정부의 정치적 의도를 짐작하기란 어렵지 않았다. 아마 하우스너(또는

---

6) 하임 바이츠만(Chaim Weizmann)은 1874년에 당시 러시아제국에 속해 있던 모탈(현 벨라루스 영토)에서 태어났다. 그는 영국 맨체스터 대학에서 공부한 과학자이며 아세톤을 개발한 공로로 대영제국 훈장을 수여받았다. 바이츠만은 이에 대한 보답으로 영국 총리에게 팔레스타인 지역에 유대인 독립국가 건설을 지원해달라고 요청했고, 그의 노력은 1917년에 이루어진 밸푸어 선언(영국이 유대인에게 팔레스타인 지역에 독립국가를 건설하도록 돕겠다고 약속한 선언)에 도움을 주었다. 그는 세계시온주의자연맹 총재를 두 차례 역임했고, 1948년 이스라엘 건국 이후 임시 대통령직을 맡은 뒤 초대 대통령으로 선출되고 재선되기도 했다. 그는 1952년 재임 중 사망했다.

벤구리온)는 존재했던 모든 저항이 시온주의자들에게서 나왔음을 입
증하고 싶었을 것이다. 주커만의 표현처럼, 명예를 지키는 저항은 생
명을 구하지 못하더라도 가치 있음을, 시온주의자들은 알았다고 말
이다. 또한 그는 그런 상황에서 인간에게 일어날 수 있는 최악의 일은
'무고하거나'(innocent) 결백한 상태로 있는 것 또는 계속해서 그렇게
남아 있는 것이라는 점을 입증하고 싶어 했다. 이 점은 주커만 부인
증언의 취지와 논지에서 명백히 나타났다.

이런 '정치적' 의도들은 빗나갔다. 모든 유대인 조직과 정당이 저
항운동에 있어서 나름의 역할을 했다고 증인들이 솔직하게 증언했기
때문이다. 진짜 차이는 시온주의자와 비시온주의자의 사이가 아니라,
조직화된 사람과 조직화되지 않은 사람 사이에 있었다. 또한 그보다
더 중요한 차이가 젊은 세대와 중년 세대 사이에 있었다. 확실히 저항
한 사람은 소수, 아니 극소수였다. 하지만 한 증인이 지적한 것처럼,
"기적은" 그런 상황에서도 "이 소수가 존재했다는 것"이었다.

법적 고려는 그만두고, 전 유대인 저항군 전사가 증언석에 선 것은
충분히 환영받을 만했다. 그의 출현은 보편적 협력이라는 떨칠 수 없
는 망령, 즉 최종 해결책을 둘러싼 숨 막히고 독기 어린 분위기를 흩
어지게 했다.

죽음의 수용소에서 실질적인 살인 작업이 유대인 특수 작업반[7]의
손으로 이루어졌다는 잘 알려진 사실은 검찰 측의 증인들에 의해 공
정하고 정확하게 입증되었다. 그들이 가스실과 소각로에서 어떻게
일했는지, 그들이 어떻게 시신의 금니를 뽑고 머리카락을 잘랐는지,

---

7) 영어로는 Jewish commandos이고 독일어로는 Sonderkommando. 유대인 특수
작업반은 나치가 강제수용소에서 유대인 수감자들을 강제로 조직한 작업반으
로, 가스실 희생자의 시신을 처리하고, 화장터로 운반하거나 유품을 분류하는
일을 담당했다.

그들이 어떻게 무덤을 팠고 또 대학살의 흔적을 지우려고 그 무덤을 다시 파헤쳤는지, 또 유대인 기술자들이 어떻게 테레지엔슈타트에서 가스실을 만들었는지도 드러났다. 테레지엔슈타트에서 유대인의 '자치권'은 심지어 유대인이 사형 집행인이 될 정도로까지 나아갔다.

이것은 끔찍하기는 했으나 도덕적 문제는 아니었다. 수용소에서 일꾼들을 선별하고 분류한 것은 친위대였는데, 이들은 범죄적 성향을 가진 인물을 선호했다. 여하튼 그것은 최악의 인물들을 선발하는 것일 수밖에 없었다. (특히 폴란드에서 그랬다. 거기서 나치는 폴란드 지식인들과 전문직 종사자를 살해한 것과 시기를 같이하여 많은 유대인 지식인을 절멸시켰다. 덧붙여 말하면, 이것은 서부 유럽에서의 정책과 분명히 대비된다. 서부 유럽에서 나치는 독일인 민간인 억류자나 전쟁 포로와 교환할 목적으로 저명한 유대인을 살려두는 경향이 있었다. 베르겐벨젠은 원래 '교환 대상 유대인'을 위한 수용소였다.)

도덕적 문제는 최종 해결책이라는 상황에서도 유대인이 협조했다는 아이히만의 묘사에 상당히 많은 진실이 담겼다는 점에 있었다.

"[테레지엔슈타트에서] 유대인위원회 구성과 업무 분배는 위원회의 재량에 맡겨졌습니다. 물론 위원장의 임명, 즉 누가 위원장이 될 것인지는 우리에게 달려 있었습니다. 하지만 이 임명은 독재적으로 결정되는 것이 아니었습니다. 우리는 관계자들과 줄곧 접촉했습니다. 뭐, 그들은 아주 조심스럽게 다루어야 했지요. 그들이 내내 명령만 받은 것은 아니었습니다. 왜냐하면 주요 인사들에게 이래라저래라 식으로 명령해서는 일에 도움이 되지 않기 때문입니다. 누구든 자기가 맡은 일을 좋아하지 않으면 모든 일이 잘 안 풀리기 때문이지요. … 우리는 어쨌든 모든 것을 그들이 납득하도록 최선을 다했습니다."

그들이 그렇게 했다는 데는 의심의 여지가 없다. 문제는 그들이 어떻게 성공할 수 있었는지다.

그러므로 그 '전체 그림'의 가장 심각한 누락은 나치 지도자들과 유대인 당국 사이의 협력을 증언해줄 증인이 빠진 것이었다. 따라서 "당신은 자기 민족의 파괴, 궁극적으로 자기 자신의 파괴에 왜 협력했나요?"라는 질문을 할 기회가 없었다. 유일하게 증인으로 나온 유덴라트의 저명한 일원이었던 자는 부다페스트 출신의 전 남작 필리프 폰 프로이디거(현재는 핀하스 프로이디거)였다. 청중석에서 유일하게 심각한 소동이 그가 증언하던 중에 일어났다. 청중은 증인에게 헝가리어와 이디시어로 소리를 질렀고, 법원은 심리를 잠시 중단해야 했다. 상당한 품위를 갖춘 정통 유대인 프로이디거는 동요하면서 다음과 같이 말했다.

"탈출하라는 말을 듣지 못했다고 말하는 사람들이 있습니다. 그러나 탈출한 사람들 가운데 50퍼센트가 체포되어 살해당했습니다."

(탈출하지 않았던 사람들의 사망률 99퍼센트와 비교해보라.)

"그들이 어디로 갈 수 있었나요? 어디로 도망갈 수 있었습니까?"

(프로이디거 자신은 루마니아로 도망갔다. 그는 부자였고 또 비슬리케니[8]가 도와주었기 때문이다.)

"우리가 무엇을 할 수 있었겠어요? 뭘 할 수 있었겠냐고요?"

법정이 아니라 방청석에서 제기된 질문이었는데도, 프로이디거의 대답에 대한 유일한 반응은 재판관으로부터 나왔다.

"그건 주어진 질문에 대한 답변이 안 됩니다."

재판관들은 협력 문제를 두 차례 언급했다. 이츠하크 라베 판사는 한 레지스탕스 증인에게서 "게토 경찰"이 "살인자들의 도구"였고 "나치에 대한 유덴라트의 협력 정책"이었다는 인정을 받아냈다. 그리고

---

8) 디터 비슬리케니(Dieter Wisliceny, 1911?~48). 최종 해결책의 핵심 인물 가운데 한 사람이다.

할레비 판사는 아이히만을 반대신문하는 가운데 나치가 이 협력을 유대인 정책의 가장 중요한 초석으로 간주했다는 점을 짚어냈다.

검찰은 레지스탕스 전사를 제외한 모든 증인에게 한결같이 "왜 당신은 저항하지 않았습니까?"라고 물어왔다. 이 질문은 재판의 사실적 배경에 대해 아무것도 모르는 사람에게는 너무나 자연스럽게 들렸지만, 실제로는 묻지 않은 질문에 대한 연막 역할을 했다. 그래서 하우스너가 자신이 세운 증인들에게 던졌던 대답할 수 없는 질문에 대한 모든 대답은 "진실, 온전한 진실, 오직 진실만을"[9]에는 상당히 못 미치는 것이었다.

진실은, 유대 민족 전체가 조직화되어 있지 않았다는 것, 그들이 어떠한 영토나 정부나 군대도 갖지 않았다는 것, 그들은 가장 절박한 순간에 연합국 안에서 자신을 대표할 망명정부(바이츠만 박사가 의장인 팔레스타인 유대인 기구는 기껏해야 보잘것없는 대체물일 뿐이었다)나 숨겨둔 무기나 훈련받은 청년을 갖지 못했다는 것이다. 그러나 온전한 진실은, 지역적·국제적 차원에서 유대인 공동체 조직과 유대인 정당 및 복지 조직이 존재했다는 것이다. 유대인이 살았던 어디에나 인정받는 지도자가 있었고, 그 지도층은 거의 예외 없이 여러 가지 이유로 어떤 방식으로든 나치와 협력했다. 완전한 진실은, 만일 유대인이 정말로 조직적이지 않고 지도자도 없었다면 혼란스러움과 수많은 불행이 있었겠지만 전체 희생자 수가 450만에서 600만 명에 이르지는 않았을 것이라는 점이다.

(프로이디거의 계산에 따르면, 그들이 유대인위원회의 지시를 따르지 않았더라면 그들 가운데 절반은 목숨을 구할 수 있었다. 물론 이는 단순

---

9) "Truth, the whole truth, and nothing but the truth"의 번역으로 미국 법원에서 증인이 증언하기 전 선서할 때 사용하는 서약문이다.

한 추정에 불과하지만, 이 추정치는 네덜란드에서 나온, 즉 네덜란드 국립 전쟁기록원 소장인 더 용 박사[10]에게서 입수한 믿을 만한 수치들과 이상하게도 일치한다. 네덜란드에서는 다른 모든 권위 있는 집단처럼 유대인 평의회Joodsche Raad도 순식간에 '나치의 도구'가 되었고, 10만 3,000명의 유대인이 죽음의 수용소로, 약 5,000명이 테레지엔슈타트로 통상적인 방식으로, 즉 유대인위원회의 협력을 받아 강제이송되었다. 단지 519명의 유대인만이 죽음의 수용소에서 돌아왔다. 이 숫자와는 대조적으로, 나치와 유대인위원회를 피해 지하로 잠적했던 2만~2만 5,000명의 유대인 가운데 1만 명이 살아남았다. 이는 40~50퍼센트에 해당하는 수치다. 테레지엔슈타트로 보내진 대부분의 유대인은 네덜란드로 돌아왔다.)

나는 이 장(章)에서 길게 이야기했는데, 이는 예루살렘 재판이 그 진정한 차원을 세계의 눈앞에 드러내는 데 실패했기 때문이다. 이 이야기는 존경받는 유럽 사회에서 나치가 일으킨 도덕의 총체적 붕괴에 대해 가장 놀라운 통찰을 제공한다. 이 붕괴는 독일에서뿐만 아니라 거의 모든 나라에서, 또 가해자들 사이에서뿐만 아니라 희생자들 사이에서도 일어났다.

아이히만은 나치 운동의 다른 요소에 비해 항상 '좋은 사회'라는 관념에 외경심을 느꼈다. 그가 독일어를 사용하는 유대인 관계자들에게 종종 보였던 예의는, 그가 자기보다 사회적으로 상위 계층인 사람들을 상대하고 있다는 인식을 크게 반영한 결과였다. 아이히만은 한 증인이 그를 일컬어 말한 "십계명이 없고 사나이가 마음 놓고 목을 축일 수 있는 곳"[11]으로 도망치고 싶어 하는 용병과 같은 인물이 결코

---

10) 루이 더 용(Louis "Loe" de Jong, 1914~2005) 박사는 제2차 세계대전 기간의 네덜란드 역사 및 네덜란드 레지스탕스에 대해 연구한 역사학자다.
11) 여기서 인용된 말은 원래 러디어드 키플링(Rudyard Kipling)의 시 「맨들레이」 (Mandalay)의 한 구절로, 규범과 억압이 없는 자유로운 공간에 대한 갈망을

아니었다. 그가 끝까지 열렬히 믿은 것은 성공이었고, 이것이 그가 알고 있던 '좋은 사회'의 주요 기준이었다.

히틀러에 대해 아이히만이 한 마지막 말은 전형적이다. 동지인 자센과 이야기하며 히틀러에 대한 내용을 '걸러내자'고 합의했지만, 아이히만은 히틀러에 대해 이렇게 말했다.

"모든 면에서 틀렸을지도 모르지만, 이것 하나만큼은 논쟁의 여지가 없습니다. 그는 노력을 통해 독일군 상병에서 8,000만 명에 달하는 국민의 총통 자리에까지 도달했습니다. … 그의 성공 하나만으로도 내가 이 사람에게 복종해야 한다는 것이 증명되었습니다."

아이히만은 자기처럼 '좋은 사회'에 열정과 열성으로 반응하는 것을 어디에서나 보았고, 그때마다 그의 양심에 거리낌이 없었다. 아이히만은 판결문이 말하는 것처럼 "양심의 소리에 귀를 막을" 필요가 없었다. 아이히만에게 양심이 없어서가 아니라, 그의 양심이 '존경할 만한 목소리로', 자신을 둘러싼 존경할 만한 사회의 목소리로 말했기 때문이다.

양심을 불러일으키는 외부로부터 온 목소리가 존재하지 않았다는 것이 아이히만의 요점 가운데 하나였다. 그렇지 않았다는 것, 그가 들을 수 있는 목소리가 존재했다는 것, 그가 부여받은 직무 이상의 열의로 자기 일을 수행했음을 입증하는 것이 검찰의 과제였다. 그리고 검찰의 주장은 충분히 사실로 드러났다. 이상하게 보이긴 해도, 그의 살인적인 열정은 때때로 그를 통제하려고 한 자들의 모호한 태도와 전적으로 무관하지 않았다.

여기서 독일에서의 이른바 '내면 망명자'(inner emigration)에 대해 가볍게 언급하겠다. 이들은 제3제국에서 여러 직책을 가졌던 사람들,

---

상징적으로 표현했다.

심지어 고위직을 거쳐간 사람들로, 전쟁 후 스스로에게 또 세상 사람들에게 자기는 정권에 대해 항상 "내면에서 반대했다"고 말했던 것이다. 여기서 의문점은 그들이 진실을 말하고 있는지 여부가 아니다. 오히려 핵심은, 히틀러 정부의 비밀로 가득 찬 분위기 속에서도 그런 '내면적 반대'보다 더 잘 숨겨진 비밀이 없었다는 점이다.

이것은 나치의 공포정치 아래에서는 거의 당연한 일이었다. 자신의 진실함을 확고하게 믿었던 어떤 유명한 '내면 망명자'가 언젠가 내게 말했던 것처럼, 그들은 자기 비밀을 지키기 위해 보통 나치보다 훨씬 더 '외적으로' 나치다워야 했다. (덧붙여 말하자면, 이것은 절멸 프로그램에 저항한 알려진 소수가 왜 군 지휘관이 아니라 오래된 당원 출신이었는지를 설명할 수 있다.) 제3제국에서 나치처럼 행동하지 않으면서 살아갈 수 있는 유일한 길은 전혀 모습을 드러내지 않는 방법뿐이었다. "공적 생활에 의미 있는 참여를 철회하는 것"이 사실상 개인의 유죄를 판단할 수 있는 유일한 기준이었다고 오토 키르히하이머가 최근에 그의 책 『정치적 정의』(*Political Justice*, 1961)에서 언급했다.

'내면 망명'이라는 말이 의미를 가지려면, 헤르만 야라이스 교수가 뉘른베르크 재판을 받기 전에 쓴 "모든 변호인을 위한 진술"에서 지적한 대로, 그 '내면 망명자'는 "맹목적 믿음을 가진 대중 가운데서 자기 민족에게 추방된 사람처럼" 살아간 사람뿐일 것이다. 왜냐하면 그 어떤 조직도 없이 저항하는 것은 사실상 "전적으로 무의미"하기 때문이다. 이러한 '외적 냉대' 가운데 12년 동안 살았던 독일인이 있기는 했으나 그 수는 무의미할 정도로 적었고, 심지어 레지스탕스 가운데서도 많지 않았다.

최근 몇 년 동안에 '내면 망명'이라는 슬로건은 일종의 조크가 되었다. (이 용어 자체는 확실히 모호한 뉘앙스를 가지고 있는데, 이 말이 영혼의 내면으로의 망명을 의미할 수도 있고, 자기 자신이 망명자인 것처럼 행동하는 방식을 의미할 수 있기 때문이다.) 전 이동학살부대 요원인 사악한 오토 브라트피슈 박사는 최소 1만 5,000명 이상의 학살을 주관했다. 그는 독일 법원에서 자신은 항상 자기가 한 일에 대해 "내적으로 반대했다"고 말했다. 아마도 '진짜 나치'의 눈에 알리바이로 보이게 하는 데 1만 5,000명의 죽음이 필요했던 모양이다. (바르테가우의 전 대관구지도자였던 아르투어 그라이저가 폴란드 법원에서 같은 주장을 했지만 그리 성공적이지 못했다. 그가 1946년에 교수형을 당하게 만든 범죄는 '공식적 영혼'이 수행한 것이었고, 그의 '사적 영혼'은 그 범죄에 항상 반대했다.)

아이히만이 '내면 망명자'를 한 번도 만나지 않았을지도 모르지만, 사태를 '완화시키고' 또 '진짜 나치'가 자기 자리를 차지하지 못하게 하려고 그 자리에 남아 있었다고 지금에야 주장하는 수많은 공무원과 잘 알고 지냈을 것이다. 우리는 서독 총리실 차관을 지냈고 또 1953년에서 1963년까지 인사부장을 지낸 그 유명한 한스 글롭케 박사에 대해 언급했다. 그는 이 재판에서 언급된 이 범주에 속하는 유일한 공무원이었다. 그렇기에 그의 처벌을 경감시킨 활동을 자세히 살펴볼 가치가 있다.

글롭케는 히틀러가 권력을 잡기 전에 프로이센 내무부에서 근무했는데, 그때 그는 유대인 문제에 대해 다소 이르게 관심을 보였다. 그는 성명 변경 허가를 신청한 사람에게 "아리안 혈통 증명"을 요구하는 최초의 지시문 중 하나를 만들었다. 이 회람은 1932년 12월에 작성되었는데, 이때 히틀러의 등극은 아직 확실하지 않았으나 그 가능성이 컸다. 이 회람은 이상하게도 "일급비밀 포고"였고, 수신인들에게 "이 지시문은 공개용이 아님"을 알렸다. 대중에게 공개되지 않는 이런 포고는 히틀러 정권이 훨씬 나중에 도입한, 법을 수단으로 한 전형적인 전체주의적 통치 방식이었다.

언급한 것처럼, 글롭케는 이름에 관심이 있었다. 1935년의 뉘른베르크 법에 대한 그의 해석은 옛 나치당원이자 내무부의 유대인 문제 전문가 베른하르트 뢰제너 박사의 인종적 불명예(Rassenschande)에 대한 초기 해석보다 훨씬 더 가혹했다. 그래서 글롭케가 '진짜 나치' 하에서보다 사태를 더 심각하게 만들었다고도 할 수 있었을 것이다. 그러나 그의 좋은 의도를 전적으로 인정한다고 하더라도, 그가 처한 상황에서 사태를 더 나아지게 하기 위해 무엇을 할 수 있었을지 떠올리기는 어렵다.

그러나 최근 독일의 한 신문사가 많은 조사 끝에 이 곤란한 문제에 대한 답을 내놓았다. 그들은 글롭케가 정식으로 서명한 문서를 발견했는데, 이 문서에는 독일 병사와 결혼하는 체코인 신부가 결혼 허가증을 받으려면 수영복을 입고 찍은 사진을 제출해야 한다는 내용이 규정되어 있었다. 글롭케는 "이 비밀 규정 덕분에 3년을 끌어오던 스캔들이 다소 완화되었다"고 설명했다. 그가 개입하기 전에는 체코인 신부들이 완전한 나체 사진을 제출해야 했기 때문이다.

글롭케가 뉘른베르크에서 설명했던 것처럼, 그가 또 다른 '완화자' 인 빌헬름 슈투카르트 국무차관의 지휘 아래에서 일할 수 있었던 것은 다행이었다. 우리는 그를 반제회의의 열렬한 참석자로 만난 적이 있었다. 슈투카르트가 했던, 사태를 완화시키려던 활동이란 반쪽 유대인에 대한 것으로, 그는 그들에게 불임 시술을 하는 것을 제안했다. (반제회의의 회의록을 갖고 있었던 뉘른베르크 법원은 그가 절멸 프로그램에 대해 전혀 몰랐다고 생각하지 않는 것 같았으나, 건강상의 이유로 그에게 '복역 기간을 채운 것'으로 선고를 내렸다. 독일의 탈나치화 법원은 그에게 500마르크의 벌금형을 부과했고 그가 "명목상 당원" (Mitläufer)이라고 선언했다. 슈투카르트가 당의 '오랜 수호자'였고 초기에 친위대에 명예 대원으로 가입했다는 사실을 알았을 텐데도 말이다.)

분명한 것은 히틀러의 집무실에 '완화자들'이 있었다는 것은 전후에 만들어진 동화에 불과하고, 그 이야기 역시 아이히만의 양심을 울릴 수도 있었던 목소리 정도로 간주하고 무시할 수 있다는 것이다.

예루살렘에서 이러한 목소리에 대한 의문이 심각해진 것은, 개신교 목사 하인리히 그뤼버 감독이 예루살렘 법정에 나타나면서부터였다. 그는 검찰 측의 유일한 독일인 증인이자 미국에서 온 마이클 무스마노 판사를 제외하고는 유일한 비유대인 증인이었다. (피고 측의 독일인 증인은 처음부터 배제되었다. 그들이 등장하면 아이히만 재판의 근거가 된 바로 그 법에 따라 이스라엘에서 체포되고 피소될 수 있기 때문이었다.) 그뤼버는 히틀러에 원칙적으로 반대했으나 민족주의적 입장에서 반대한 것은 아닌, 유대인 문제에 대한 분명한 입장을 가졌던 수가 적고 정치적으로 중요하지 않은 집단에 속했다.

그뤼버는 아이히만과 여러 차례 협상했기 때문에 훌륭한 증인이 될 것으로 보였다. 그래서 그가 법정에 나타난 것만으로도 하나의 센세이션을 일으켰다. 불행하게도 그의 증언은 모호했다. 수년이 지난 일이어서 그는 언제 아이히만과 대화를 했는지 기억하지 못했고, 더욱 심각하게는 대화의 주제도 기억하지 못했다. 그가 분명히 기억하는 것이라고는 유월절을 위해 헝가리로 누룩 쓰지 않은 빵을 보내달라고 요청한 적이 있었다는 것과, 자신의 기독교인 친구들에게 상황이 얼마나 위험한지 알리고 이민 기회를 더 많이 제공할 것을 촉구하려고 전쟁 기간에 스위스로 갔다는 것뿐이었다. (그 협상은 최종 해결책의 시행 이전 일이었음이 분명하다. 최종 해결책의 시행은 힘러가 모든 이주를 금지하는 포고를 내린 때와 일치했기 때문이다. 아마 러시아 침공 전의 일로 보인다.) 그는 누룩 쓰지 않은 빵을 받았고, 스위스로 안전하게 갔다가 돌아왔다.

어려움은 나중에 강제이송이 시작되었을 때 발생했다. 그뤼버와 개신교 목사 집단은 처음에는 단지 "제1차 세계대전 중 부상을 입은 사람들과 고급 무공훈장을 받은 사람들을 위해서, 노인을 위해서 그리고 제1차 세계대전 때 살해당한 사람들의 미망인을 위해서" 개입했다. 이 사람들은 원래 나치에서도 예외로 두었던 자들이었다. 얼마 뒤 그뤼버는 자신의 활동이 "정부 정책에 정면으로 어긋난다"는 말을 들었지만 그에게 어떤 심각한 일도 일어나지 않았다.

그러나 그 직후 그뤼버는 정말 특별한 일을 했다. 그는 남프랑스에 있는 귀르스(Gurs) 집단수용소에 접근했다. 그곳에는 프랑스 비시 정부[12]가 수용한 약 7,500명이 있었다. 독일계 유대인 난민과 함께 바덴과 자르팔츠 출신 유대인이 있었는데, 이들은 아이히만이 1940년 가을에 독일-프랑스 국경 너머로 몰래 내보낸 사람들로, 그뤼버의 정보에 따르면 폴란드로 강제이송된 유대인보다 훨씬 더 어렵게 지냈다. 이러한 시도의 결과로 그는 체포되어 처음에는 작센하우젠 강제수용소, 나중에는 다하우 강제수용소에 수용되었다. (베를린 성 헤드비히 대성당의 가톨릭 사제이자 주교좌성당 참사회장이었던 베르나르트 리히텐베르크도 비슷한 운명을 겪었다. 그는 세례 여부와 상관없이 모든 유대인을 위해 공개적으로 기도를 감행했다. 이는 '특별 케이스'에 관여하는 것보다 훨씬 더 위험한 일이었다. 그뿐 아니라 그는 유대인이 동부로 옮겨갈 때 그들과 함께 가게 해달라고 요구했다. 그는 강제수용소로 가던 도중에 사망했다.)

'다른 독일'의 존재를 증언한 것을 제외하고, 그뤼버는 재판의 법적 혹은 역사적 중요성에 별로 이바지하지 못했다. 그는 아이히만에 대해 "얼음덩어리" 같다든가 "대리석" "용병 같은 기질을 가진 사람" "자전거 타는 사람"(요즈음 독일어 속어로 상관에게는 아부하고 부하는 천대하는 사람을 가리킨다)이라며 상투적인 판단을 쏟아냈는데, 이 가운데

---

12) 비시 정부는 제2차 세계대전 기간 프랑스에 수립된 나치 독일의 꼭두각시 정부를 말한다.

어느 것도 그가 특별히 뛰어난 심리학자처럼 보이게 하지는 않았다. 게다가 "자전거 타는 사람"이라는 비난은 아이히만이 자기 부하들에게 상당히 정중했다는 증거들과 모순되기도 한다.

여하튼 이런 것들은 어떤 법원 기록에서도 삭제되었을 해석이자 결론이었다. 예루살렘에서는 그런 것도 판결에까지 포함되었다. 그런 것들이 없었더라면 그뤼버의 증언은 변호인 측의 주장을 강화했을 것이다. 왜냐하면 아이히만은 그뤼버에게 결코 직접적인 대답을 준 적이 한 번도 없었고, 늘 더 상위 지시를 구해야 하니 다시 오라고만 대답했기 때문이다.

보다 중요한 것은 세르바티우스가 이례적으로 주도권을 잡고 증인에게 던진 아주 적절한 질문이었다.

"당신은 아이히만에게 영향력을 행사해보려 했나요? 성직자로서 당신은 그의 감정에 호소하고 설교하고 그의 행위가 도덕에 어긋난다고 말해보았던가요?"

물론 용감한 그뤼버는 그런 유의 일을 전혀 하지 않았다. 그의 대답은 이제 아주 당혹스러웠다. 그는 "행동이 말보다 더 효과적입니다" 또 "말해보았자 쓸데없었을 것입니다"라고 대답했다. 그는 상황의 실체와는 전혀 관련 없는 진부한 상투어로 대답했다. 이 상황에서는 '단순한 말'이 곧 행동이었고, 또 '말의 무용함'을 시험하는 것이 성직자의 의무였을 것이다.

세르바티우스의 질문보다 더 적절했던 것은 아이히만이 이 일에 대해 최후진술에서 한 말이었다. 그는 다음과 같이 반복했다.

"아무도 저에게 와서, 제가 직무를 수행하면서 한 그 어떤 일로도 저를 비난한 적이 없었습니다. 그뤼버조차도 그렇게 했다고 주장하지 않습니다."

아이히만은 덧붙였다.

"그는 저에게 와서 고통의 완화를 구했지만, 실제로 제 직무 수행 자체에 반대하지는 않았습니다."

그뤼버의 증언에 따르면, 그는 '고통의 완화'라기보다는, 이미 나치가 잘 확립한 범주에 따라 고통으로부터의 면제를 구했던 것으로 보였다. 그 범주는 처음부터 독일계 유대인이 저항 없이 받아들인 것이었다. 그리고 폴란드계 유대인과 대비되는 독일계 유대인, 일반 유대인과 대비되는 참전용사 및 훈장 수훈 유대인, 최근에 귀화한 시민과 대비되는 독일 태생의 조상을 가진 가족 등 특권적 범주를 수용한 것은 존경받는 유대인 사회가 도덕적으로 붕괴하는 시작점이었다. (오늘날에 이 문제는 종종 모든 인간은 재난에 부딪힐 때 자신의 품위를 상실하게 된다는 인간 본질의 법칙이 존재하는 것처럼 다루어진다. 이 점을 생각할 때 우리는 프랑스 유대인 참전용사의 태도를 상기해볼 수 있겠다. 그들은 정부로부터 이런 특권을 제안받았을 때 다음과 같이 대답했다. "우리는 과거 참전용사의 지위에서 파생될 수 있는 그 어떤 예외적 혜택도 거부함을 엄숙히 선언합니다."*)

말할 필요도 없이, 나치는 이런 구별을 결코 진지하게 여기지 않았다. 그들에게 유대인은 유대인일 뿐이었다. 그래도 이 범주는 끝까지 모종의 역할을 했다. 이 범주가 독일인 사이에서 어떤 불안감을 잠재우는 데 도움이 되었기 때문이다. 폴란드계 유대인만 강제이송된다거나, 징집 기피자만 대상이라거나 하는 식으로 말이다. 눈을 감지 않은 자에게, "일반적인 규칙을 더 쉽게 유지하기 위해 특정 예외를 허용하는 것이 일반적인 관행"이었음이 처음부터 명백했을 것이다. (이 표현은 L. 더 용이 「나치 점령기 네덜란드의 유대인과 비유대인」**이라는 계

---

* *American Jewish Yearbook*, 1945.
** Louis de Jong, "Jews and Non-Jews in Nazi-Occupied Holland."

266

몽적인 글에서 한 말이다.)

이런 특권적 범주의 수용이 도덕적으로 그토록 재앙적인 까닭은, 자신이 '예외'이기를 요구하는 모든 자는 암묵적으로 그 규칙을 인정했기 때문이다. 그러나 유대인이든 이방인이든, '특별 케이스'에 대해 특별 대우를 요구하느라 애썼던 이 모든 '선한 사람들'은 이 점을 전혀 파악하지 못했던 것으로 보인다.

유대인 희생자들조차도 최종 해결책의 기준을 어느 정도로 받아들였음을 아주 잘 보여주는 자료가 이른바 카스트너 보고서*다. 종전 이후에도 카스트너는 1942년 나치가 공식적으로 도입한 범주인 '유력한 유대인' 구출에 성공한 데 자부심을 가졌다. 마치 유명한 유대인은 일반 유대인보다 살 권리를 더 많이 가지고 있음은 말할 필요도 없다는 듯 말이다. 나치가 '유명한' 자를 익명의 대중에서 선별하는 것을 돕는 일, 이것이 결국 그가 떠맡은 '책임'의 실체였다. 이것이 "죽는 것보다 더 큰 용기가 필요한 것"이라고 그는 말했다.

'특별 케이스'를 요구한 유대인과 이방인이 자신들의 비자발적 공모를 의식하지 못했다고 가정할 수 있다. 그러나 특별 케이스가 아닌 모든 사람에게 죽음을 의미했던 그 규칙에 대한 이런 암묵적 인정은, 살인 업무에 관련된 자들에게는 아주 명백했음이 틀림없다. 적어도 그들은 예외로 해달라는 요청을 받으면서, 또 이따금 예외를 부여하고 그에 대한 감사를 받으면서, 자기가 하는 일의 합법성을 상대방에게 납득시켰다고 느꼈을 것이 분명하다.

더욱이 그뤼버 감독과 예루살렘 법원은 면제 요청이 오직 정권의 반대자에게서만 나왔다고 가정하는 큰 실수를 저질렀다. 이와 반대

---

* Rudolf Kastner, *Der Kastner-Bericht über Eichmanns Manschenhandel in Ungarn*, 1961.

로 하이드리히가 반제회의에서 명시적으로 말했던 것처럼, 테레지엔 슈타트를 특권적 범주를 위한 게토로 만든 것은 오히려 모든 측면에서 비롯된 수많은 그런 개입의 결과였다.

테레지엔슈타트는 나중에 외국에서 온 방문자에게 보여주는 전시 장소가 되었고 외부 세계를 기만하는 데 이바지했지만, 이것이 원래의 존재 이유는 아니었다. 이 수용소는 아이히만이 잘 말했던 것처럼, 다른 수용소와 낮과 밤처럼 구별되는 '낙원'이었다. 이 '낙원'에서는 끔찍한 정기적 솎아내기가 필수적이었다. 절대로 모든 특권층에게 충분한 공간을 다 제공할 수 없었기 때문이다.

국가보안본부 수장 에른스트 칼텐브루너가 내린 지시문에서 알 수 있는 것처럼, "외부 세계에 연줄과 중요한 지인이 있는 유대인은 강제이송하지 않도록 각별한 주의를 기울였다." 다른 말로 하면, 동부지역에서 실종되면 불편한 조사를 초래할 사람들 때문에 덜 '저명한' 유대인은 항상 희생되었다. '외부 세계에 있는 지인'이 반드시 독일 외부에서 거주했던 것은 아니었다. 힘러에 따르면, "8,000만의 선한 독일인이 존재하고, 그들 각자는 자신만의 괜찮은 유대인을 갖고 있다. 물론 다른 유대인은 돼지들이지만, 이 특정 유대인은 일류임이 분명하다."*

히틀러 자신도 340명의 '일류 유대인'을 알고 있었다고 한다. 히틀러는 그들 모두에게 독일인과 동등한 지위를 부여하거나 혼혈 유대인의 특권을 부여했다. 수천 명의 반쪽 유대인은 모든 제약에서 면제되었는데, 이것이 친위대 내에서 하이드리히의 역할과 괴링의 공군부대 원수인 에르하르트 밀히의 역할을 설명할 수 있다. 하이드리히와 밀히가 반쪽 유대인임은 널리 알려진 사실이다. (주요 전범 중 단 두

---

* Hilberg.

명만이 죽음에 직면하여 후회했다. 하이드리히는 체코 애국자들에게 당한 부상으로 죽기까지 걸린 9일 사이에 후회했고, 한스 프랑크는 뉘른베르크 사형수 감방에서 후회했다. 한 가지 불편한 진실은, 하이드리히가 후회한 것은 살인이 아니라 자기 민족에 대한 배신이라고 어렵지 않게 추정할 수 있다는 점이다.)

'저명한' 유대인을 위한 개입을 '저명한' 사람이 한 경우는 종종 상당히 성공적이었다. 예를 들어 히틀러의 가장 열렬한 숭배자 중 한 사람이었던 스벤 헤딘[13]은 본 출신의 저명한 지리학자 필립존 교수를 위해 개입했는데, 그는 "테레지엔슈타트에서 형편없는 조건 속에서 살고 있었다." 스벤 헤딘은 히틀러에게 보낸 편지에서 "저의 독일에 대한 태도는 필립존의 운명에 달려 있습니다"라고 협박했는데, (테레지엔슈타트에 대한 H.G. 아들러의 저술에 따르면) 그 덕분에 필립존은 즉각 더 좋은 숙소를 배정받았다.

오늘날 독일에서는 '저명한' 유대인이라는 이 관념이 아직 잊히지 않았다. 참전용사들과 다른 특권 계층들이 더 이상 언급되지 않더라도, '저명한' 유대인의 운명은 여전히 더 많이 애도된다. 다른 사람들을 망각하는 대가로 말이다. 적지 않은 사람들, 특히 문화 엘리트들은 독일이 아인슈타인을 내쫓은 사실에 대해 여전히 공개적인 유감을 표명한다. 비록 천재는 아니었지만 바로 길모퉁이에 살았던 어린 한스 콘을 죽인 것이 훨씬 더 큰 범죄였음을 깨닫지 못한 채 말이다.

---

13) 스벤 헤딘(Sven Hedin, 1865~1952)은 스웨덴의 지리학자, 탐험가, 사진작가, 여행가였으며 히틀러를 열렬히 숭배했던 인물이다. 그러나 나치 말기에 나치와의 친분을 이용해 여러 유대인을 수용소로부터 구출하기도 했다. 필립존(Philippsohn)은 자신의 가족과 함께 1942년에 테레지엔슈타트 수용소로 추방되었는데 헤딘 덕분에 살아남을 수 있었다.

이처럼 아이히만이 본디오 빌라도처럼 느낄 기회는 많았으나 달이 가고 해가 가면서 그는 느낄 필요조차 상실했다. 이것이 현실이었고, 이것이 총통의 명령에 기초한 국가의 새로운 법이었다. 그가 이해하는 한, 그가 행한 모든 일은 법을 준수하는 시민으로서 행한 것이었다.

그가 경찰에게 또 법정에서 계속 반복해서 말한 것처럼 그는 의무를 준수했다. 그는 **명령**을 지켰을 뿐만 아니라 **법**도 지켰다. 아이히만은 그 구별이 중요하다는 것을 흐릿하게나마 알고 있었지만, 피고 측도 재판관도 이 점에 대해 신문하지 않았다. '상부의 명령' 대 '국가적 행위'라는 낡아빠진 어구들만 끝없이 오갔을 뿐이었다.

이 어구들은 뉘른베르크 재판 기간에 있었던 해당 사안을 다루는 토론 전체를 지배했다. 이는 전례가 전혀 없는 일에 대해 전례 및 그 전례와 관련된 기준에 따라 판단할 수 있다는 환상을 주었기 때문이다. 평범한 지적 수준을 가진 아이히만은 법정에서 이러한 견해들에 도전하여 자신의 견해를 제시할 사람이 결코 아니었다.

아이히만이 법을 준수하는 시민의 의무라고 생각한 바를 수행한 것에 더해, 그는 명령을 따르더라도 '보호받을 수 있도록' 항상 아주 조심스럽게 행동했다. 그래서 그는 완전히 혼란에 빠졌고, 따라서 맹목적인 복종, 즉 그가 "시체들의 복종"(Kadavergehorsam)이라고 불렀던 미덕과 악덕을 번갈아 강조하면서 말을 마쳤다.

아이히만의 희미한 생각이 처음으로 드러난 것은 경찰신문에서였다. 이 모든 일에는 명백히 범죄적인 성격과 의도를 가진 명령을 군인이 수행하는 문제 이상의 것이 얽혀 있다는 것이었다. 그때 아이히만은 갑자기 자기가 평생 칸트의 도덕 교훈, 특히 의무에 대한 칸트의 정의에 따라 살아왔다는 것을 크게 강조하며 주장했다. 이는 터무니없고 도무지 이해할 수 없는 말이었다. 왜냐하면 칸트의 도덕철학은 맹목적인 복종을 배제하는 인간의 판단 기능과 아주 밀접하게 연결되어 있기 때문이다.

신문을 맡은 경찰관은 이 점에 집중하지 않았지만, 판사 라베는 호기심에서였는지 아니면 아이히만이 자신의 범죄와 연관하여 감히 칸트의 이름을 들먹이는 데 분개해서였는지, 피고에게 질문하기로 했다. 그런데 놀랍게도 아이히만은 정언명법의 정의를 제대로 말했다.

"칸트에 대해 제가 말하려 한 것은, 내 의지의 원리는 항상 그것이 일반 법칙의 원리가 될 수 있도록 해야 한다는 것입니다."

(여기에 따르면 도둑질이나 살인은 옳지 않다. 도둑이나 살인자는 자기 물건을 훔치거나 자기를 죽일 권리를 타인에게 부여할 수 있는 법적 체계 아래에서 살기를 의식적으로 바랄 수 없기 때문이다.)

질문이 계속되자 아이히만은 칸트의 『실천이성비판』을 읽었다고 덧붙여 말했다. 그러고는 최종 해결책 수행의 책임을 맡은 순간부터 자기는 칸트의 원리를 따르며 살기를 그만두었고, 자신은 이 점을 인식하고 있었으며, 더는 "자기 행위의 주인이 아니다"라는 생각으로 또 자기는 "아무것도 바꿀 수 없다"는 생각으로 스스로를 위로했다고 설명했다.

아이히만이 법원에서 짚어내지 못한 것은, 이런 "국가가 합법화한 범죄의 시기"(아이히만은 이제 이렇게 부르기 시작했다)에 칸트의 법칙이 더는 적용 가능하지 않다고 배제해버렸다는 것이 아니라, 그것을 왜곡하여 읽었던 점이다. 당신의 행위의 원리가 국가의 입법자의 원리 혹은 국가의 법의 원리와 같도록 행위하라든가, 한스 프랑크의 "제3제국에서의 정언명법"의 정식화처럼 "총통이 당신의 행위를 알았을 때 그가 인정할 만한 방식으로 행위하라"*는 식으로 말이다. 칸트는 결코 이런 말을 의도하지 않았다. 반대로 그에게는 모든 사람이 행위를 시작하는 순간 입법자다. 인간은 자신의 '실천이성'을 사용함으로써 법의 원칙이 될 수 있고 또 그렇게 되어야만 하는 원칙들을 발견한다.

그런데 아이히만의 무의식적 왜곡은 그 자신이 "보통 사람을 위한 가정용" 칸트 공식이라고 말했던 것과 일치한다. 이러한 가정용 공식에 남아 있는 칸트의 정신은, 인간이 법에 대한 복종 이상을 행해야 한다는 요구, 인간이 단순한 복종의 요구를 넘어 법의 배경이 되는 원리에, 즉 법의 원천에 자신의 의지를 일치시켜야 한다는 요구뿐이다. 칸트 철학에서 그 원천은 실천이성이었다. 아이히만이 말하는 가정용 칸트 공식에서 그 원천은 총통의 의지였다.

최종 해결책의 수행에서 보였던 아이히만의 무서우리만큼 공들인 철저함, 보통 외부인에게 독일의 전형으로 또는 완벽한 관료의 특징으로 보이는 그런 철저함의 대부분은, 사실상 독일에서는 아주 일반적인 이상한 관념에서 그 근원을 찾을 수 있다. 이는 법을 준수한다는 것은 단순히 법을 따르는 것이 아니라, 자기가 따르는 법의 제정자인 것처럼 행위하는 것을 의미한다는 관념이다. 이는 의무의 부름을 넘어 나아가야 충분하다는 신념인 셈이다.

---

* Hans Frank, *Die Technik des Staates*, 1942, pp.15~16.

독일에서 '보통 사람'의 정신을 형성하는 데 칸트의 역할이 무엇이었든 간에 한 가지 점에서, 즉 법은 법이고 예외는 없다는 점에서 아이히만이 칸트의 교훈을 따랐던 것은 의심의 여지가 없다. 예루살렘에서 아이히만은 "8,000만 독일인"이 각각 "괜찮은 유대인"을 갖고 있었던 시절에 오직 두 번의 예외가 있었다고 인정했다. 그는 반쪽 유대인인 자신의 조카를 도왔고, 또 삼촌의 요청에 따라 빈에서 한 유대인 부부를 도왔던 것이다.

이러한 일관성 없음은 여전히 아이히만을 상당히 불편하게 했다. 반대신문 때 이에 관한 질문을 받았을 때, 그는 공공연한 변명조로 자기 상관에게 "자기 죄를 고백했다"고 말했다. 자신의 살인 의무 수행에 대한 이러한 비타협적인 태도는 재판관의 눈에 그 무엇보다도 사형을 확정하는 것이었다. 그러나 아이히만의 눈에 그 말은 자기 정당화였고, 아이히만에게 남아 있는 양심이 있다면 그것을 침묵하게 한 이유였다. 어떠한 예외도 없다는 것, 그것은 그가 자신의 '성향'과 항상 다르게 행동했다는 증거였다. 그 성향이 감성적이었든 이익을 따르는 것이었든, 그는 항상 자신의 '의무'를 다한 것이다.[1]

'의무' 수행이 결국 그를 자기 상관의 명령과 공개적으로 충돌하게 만들었다. 전쟁 마지막 해, 반제회의 후 2년 이상이 지난 뒤 아이히만은 마지막 양심의 위기를 경험했다. 패배가 다가왔을 때, 자기에게 점점 더 집요하게 예외를 요구하다가 마침내 최종 해결책의 중지를 요구하는 동급의 동료와 충돌하게 된 것이다. 이때가 바로 그의 조심성이 무너지고 다시 한번 주도적으로 움직이기 시작한 때였다.

---

1) 칸트의 도덕이론에 따르면, 자신의 성향(혹은 경향성)에 반하여 오직 법칙이 명령하는 대로 행할 때만 의무를 다한 것이며, 이때에만 도덕적이다. 아렌트는 여기서 아이히만이 왜곡된 방식으로 자신의 성향을 거슬러 히틀러가 명령하는 의무를 따르고 있다고 지적하고 있다.

예를 들어, 아이히만은 연합군의 폭격으로 수송 체계가 파괴되었을 때 유대인이 부다페스트에서 오스트리아 국경까지 걸어서 행진하게 했다. 때는 1944년 가을이었고, 아이히만은 힘러가 아우슈비츠의 절멸 시설 철거를 명령했다는 것과 전쟁의 승패가 결정났다는 것을 알고 있었다. 대략 이 시기에 아이히만은 힘러와 아주 개인적인 면담을 한 차례 갖게 되었는데, 이때 힘러가 그에게 소리를 지르며 말했다고 한다.

"지금까지 자네는 유대인을 정리하느라 바빴지만, 이제부터는 내 명령을 따라 마치 보모처럼 유대인을 잘 돌봐야 해. 1933년에 국가보안본부를 세운 게 뮐러 부장도 자네도 아닌, 바로 나라는 사실을 기억하게. 여기서 명령을 내리는 사람은 바로 나야!"

이 일이 사실인지를 입증할 유일한 증인은 쿠르트 베허인데, 그는 아주 미심쩍은 인물이다. 아이히만은 힘러가 자기에게 소리를 질렀다는 것은 부정했지만 그런 면담이 있었음은 인정했다. 힘러가 정확히 그렇게 말하지는 않았을 것이다. 힘러는 국가보안본부가 1933년이 아닌 1939년에 설립되었음을 확실히 알고 있었을 것이기 때문이다. 또 혼자 설립한 것이 아니라, 자신의 승인하에 하이드리히가 설립했다는 것도 확실히 알았다. 하지만 그런 비슷한 일은 분명히 있었다. 당시 힘러는 유대인을 잘 대우하라고 사방에 명령을 내리고 있었다. 이것은 그의 '가장 확실한 투자'였다. 하지만 아이히만에게는 엄청나게 충격적인 경험이었을 것이다.

아이히만에게 다가온 마지막 양심의 위기는 1944년 3월에 있었던 헝가리 임무와 함께 시작했다. 이때 붉은 군대는 카르파티아산맥을 지나 헝가리 국경을 향해 이동하고 있었다. 헝가리는 1941년에 히틀러 편에 서서 참전했는데, 이웃 나라인 슬로바키아, 루마니아, 유고슬라비아로부터 얼마간의 영토를 더 얻으려는 이유 때문이었다. 헝가리 정부는 이전부터 반유대주의를 공공연히 표명했는데, 이제는 새로 획득한 땅에서 모든 무국적 유대인을 강제이송하기 시작했다. (대부분의 국가에서 반유대주의적 행위는 무국적자부터 시작했다.)

이는 최종 해결책과 전적으로 무관했고, 유럽을 "서에서 동까지 샅샅이 훑어 내리려던" 정교한 계획들에도 부합하지 않았다. 그래서 헝가리는 작전 순위에서 우선성이 다소 낮았다.

헝가리 경찰은 무국적 유대인을 러시아 인근 지역으로 내몰았고, 그 지역의 독일 점령 당국은 그들의 도착에 반발했다. 헝가리인은 육체노동이 가능한 수천 명을 되돌아오게 했고, 나머지는 독일 경찰대의 지휘하에 헝가리 군대가 학살했다.

그러나 헝가리의 파시스트 통치자 호르티 제독은 일을 더 진전시키기를 원하지 않았다. 아마도 무솔리니와 이탈리아 파시즘의 억압적 영향력 때문인 것 같다. 그사이에 헝가리는 이탈리아와 마찬가지로 유대인의 천국이 되었는데, 폴란드와 슬로바키아에서 온 난민들조차 종종 그곳으로 탈출했다. 영토 합병과 조금씩 들어오는 난민 때문에 헝가리의 유대인 수는 전쟁 전의 약 50만에서 1944년에는 대략 80만으로 늘어났다. 이때 아이히만이 옮겨온 것이다.

지금 우리가 알고 있듯이, 헝가리로 새로 들어온 이 30만 유대인이 안전했던 것은 망명을 제공하려는 헝가리의 열성 덕분이기보다는 독일이 제한된 수의 사람을 위해 별도로 행동 취하기를 꺼렸기 때문이다. 독일 외무부의 압력으로 1942년에 헝가리는 모든 유대인 망명자를 넘기겠다고 제안했다. 독일 외무부는 독일 우방국의 진실성에 대한 시금석이 전쟁 승리에 대한 도움이 아니라 '유대인 문제 해결'에 대한 도움임을 항상 명확히 했다.

외무부는 이를 올바른 방향으로 나아가는 첫걸음으로 기꺼이 받아들였지만, 아이히만은 이를 거부했다. 기술적인 이유에서 그는 "헝가리가 헝가리계 유대인을 조치에 포함할 준비가 될 때까지 이송을 연기하는 것이 바람직하다"고 생각했다. 오직 한 범주의 유대인만을 위해 "모든 소개 시스템을 가동하는 것"은 너무나 큰 비용이 들고, 따라서 "헝가리에서 유대인 문제를 해결하는 데 그 어떤 진전도 이루지 못할" 것이라는 이유에서였다.

1944년에 와서 헝가리는 '준비'되었는데, 왜냐하면 3월 19일에 독일 육군 2개 사단이 이 나라를 점령했기 때문이었다. 그들과 함께 제국의 새로운 전권대사이자 외무부 내 힘러의 대리인인 친위대 연대지도자 에드문트 베젠마이어 박사와, 친위대 및 경찰 고위지도자 군단의 일원이었기에 힘러에게 직접 명령받는 친위대 상급부장 오토 빙켈만이 도착했다. 이 나라에 도착한 세 번째 친위대 장교는 유대인 소개 및 강제이송 전문가 아이히만이었고, 그는 국가보안본부의 뮐러와 칼텐브루너에게 지휘를 받았다. 히틀러는 이 세 장교를 보낸 자신의 의도에 아무런 의심의 여지도 남기지 않았다. 헝가리 점령 이전에 했던 한 유명한 면담에서 그는 호르티에게 "헝가리는 유대인 문제를 해결하기 위한 필요한 조치를 아직도 도입하지 않았다"고 말하며 "유대인 학살을 허용하지 않았다"*고 비난했다。

아이히만의 임무는 명백했다. 그의 사무실 전체가 모든 '필요한 조치'를 취하기 위해 부다페스트로 이동했다. (이를 그의 경력을 중심으로 보면 '미끄러지듯 내려온 것'이었다.) 그는 무슨 일이 일어날지 전혀 예측할 수 없었다. 그의 가장 큰 두려움은 헝가리가 저항할지도 모른다는 것이었다. 그에게는 인력도 현지 상황에 대한 지식도 없어서 저항이 발생하면 그로서는 해결할 수 없을 것이었기 때문이다.

---

* Hilberg.

이러한 두려움은 완전한 기우였다. 헝가리 헌병대 본부는 필요한 모든 일에 있어 열정적으로 임했고, 헝가리 내무부에서 정치(유대인) 문제를 담당하는 새로운 정무차관은 "유대인 문제에 아주 정통한" 사람이어서 아이히만과 많은 여가 시간을 함께 보낼 정도로 가까운 친구가 되었다.

모든 것은 "꿈처럼" 흘러갔다. 이 시절을 회상할 때마다 아이히만은 그렇게 반복해서 말했다. 아무런 어려움도 없었다. 그의 명령과 새로운 친구들의 희망 사이에 몇몇 사소한 차이를 어려움이라고 하지 않는다면 말이다. 예를 들어, 붉은 군대가 동부에서 접근하고 있었기 때문에 아이히만은 이 나라의 "동부에서 서부로 샅샅이 훑어 내리도록" 명령했다. 이것은 부다페스트의 유대인이 처음 몇 주 또는 몇 개월 동안 소개되지 않는다는 것을 의미했다. 이것은 자신들의 수도가 유대인 없는 지역이 되는 데 앞장서기를 원했던 헝가리로서는 상당히 유감스러운 일이었다.

(아이히만의 "꿈"은 유대인에게는 믿을 수 없을 정도의 악몽이었다. 다른 어디서도 그토록 많은 사람이 그토록 짧은 시간에 강제이송되어 절멸된 적이 없었다. 2개월도 안 되는 기간에 147량의 열차가 대당 100여 명씩 총 43만 4,351명을 밀폐된 화물차에 싣고 이 나라를 떠났다. 아우슈비츠의 가스실도 이렇게 많은 수를 감당할 수 없었다.)

어려움은 다른 부분에서 나타났다. '유대인 문제 해결'이라는 명령을 받은 사람은 한 명이 아니라 세 사람이었다. 이 세 사람은 각각 다른 집단에 속했고 따라서 다른 명령 계통에 서 있었다. 기술적으로 빙켈만은 아이히만의 상관이었지만, 친위대 및 경찰 고위지도자들은 아이히만이 속한 국가보안본부의 지휘를 받지 않았다. 그리고 외무부 소속의 베젠마이어는 이 두 기관으로부터 독립해 있었다. 여하튼 아이히만은 이 가운데 누구에게서도 명령받기를 거부했고, 그들의 존재를 유감스럽게 생각했다.

가장 큰 어려움은 넷째 인물에게서 나왔다. 힘러는 상당수의 유대인이 존재할 뿐만 아니라 그들이 아직도 중요한 경제적 지위에 머무는 유일한 유럽 국가(헝가리에 있는 11만 개 점포와 산업시설 전체 중 4만 개가 유대인 소유로 보고되었다)에 대한 '특별 임무'를 어떤 인물에게 부여했다. 이 인물은 상급돌격대지도자로 나중에 연대지도자가 된 쿠르트 베허였다.

현재 브레멘의 유력한 상인이자 과거 아이히만의 적인 베허가 피고 측 증인으로 소환된 것은 아주 이상한 일이었다. 그는 명백한 이유로 예루살렘에 올 수 없어서 자기 고향에서 신문받았다. 그의 증언은 기각되어야 했다. 왜냐하면 그가 나중에 선서를 통해 대답할 질문들이 그보다 훨씬 전에 그에게 알려졌기 때문이다.

아이히만과 베허가 서로 대면할 수 없었던 것은 상당히 유감스러운 일이다. 이는 사법적인 이유에서만이 아니었다. 그 대면이 이루어졌더라면 '큰 그림'의 다른 부분이 드러났을 것이고, 그것은 법적으로도 절대 부적절하지 않았을 것이다.

베허의 설명에 따르면 그가 친위대에 가입한 이유는 "1932년부터 지금까지 활발한 승마 활동을 했기 때문"이었다. 30년 전 승마는 유럽 상류층만 즐길 수 있는 스포츠였다. 1934년에 그의 강사가 그에게 친위대 기마 연대에 들어가라고 설득했다. 기마대원은 당시 남자가 '운동'에 참여하면서 동시에 자신의 사회적 지위에 맞게 존중받기를 바란다면 마땅히 해야 할 일이라는 것이었다. (베허가 증언에서 승마를 강조한 한 가지 이유는 전혀 언급되지 않았는데, 그것은 뉘른베르크 재판부가 결정한 범죄 조직 목록에서 기마 친위대는 제외되었기 때문이다.)

전시에 베허는 전방에서 보병이 아니라 무장친위대로 자신의 의무를 활발히 수행했는데, 그는 육군 사령부와 연결된 연락 장교였다. 그는 곧 전방을 떠나 친위대 인사부를 위해 말을 구매하는 핵심 인사가 되었다. 그는 이 일로 당시 받을 수 있는 거의 모든 훈장을 받았다.

베허는 자기가 헝가리로 파견된 이유가 단지 친위대에서 쓸 2만 필의 말을 구매하기 위해서라고 주장했다. 이것은 사실이 아닌 것 같다. 그가 도착하자마자 즉시 유대인 대기업의 장들과 아주 성공적인 일련의 협상을 시작했기 때문이다. 그는 힘러와 관계가 돈독했고 그가 원할 때면 언제든지 힘러를 만날 수 있었다.

베허의 '특별 임무'는 아주 분명했다. 그는 헝가리 정부의 등 뒤에서 주요 유대인 기업의 통제권을 얻으려 했고, 그 대가로 그 소유주들을 국가 밖으로 자유롭게 나가게 해주었을 뿐 아니라, 상당한 액수의 외국환을 챙기게 했다. 그의 가장 중요한 거래는 3만 명의 직원을 거느린 초대형 기업 만프레드 바이스 철강회사와의 거래였다. 이 회사는 비행기, 트럭, 자전거에서 통조림, 핀, 바늘에 이르기까지 거의 모든 것을 생산했다. 협상 결과 바이스 가족 마흔다섯 명은 포르투갈로 이주했고 베허는 이 회사의 사장이 되었다.

아이히만은 이런 추잡한 일에 대해 듣고 분노했다. 이 거래는 헝가리인과 맺은 좋은 관계를 위협했다. 헝가리인은 당연히 자기 땅에서 징발된 유대인 재산을 소유하리라 기대했다. 아이히만이 분노할 만한 이유가 있었는데, 이런 거래는 다른 나라에 유대인의 재산을 넘겨주어 상당히 관대했던 보통의 나치 정책과 모순되었기 때문이다. 어느 나라에서도 독일인은 유대인 문제 해결에 도움을 주면서 유대인 재산에서 어떤 몫도 요구하지 않았고, 단지 유대인을 강제이송하고 절멸하는 데 드는 비용만을 요구했다. 그 비용은 나라마다 달랐다. 슬로바키아에서는 유대인 한 사람당 300에서 500제국마르크를 요구했고, 크로아티아에서는 단지 30마르크, 프랑스에서는 700마르크 그리고 벨기에에서는 250마르크를 요구했다. (실제로 돈을 준 곳은 크로아티아뿐이었던 것 같다.) 전쟁 막바지 시기에 와서 독일은 헝가리에게 물품으로 대신 줄 것을 요구했다. 강제이송될 유대인이 소비할 양만큼의 식품을 제국으로 수송해달라고 요구한 것이다。

바이스 사건은 단지 시작에 불과했다. 아이히만의 관점에서 보기에 사태는 상당히 심각해져갔다. 베허는 타고난 사업가였다. 아이히만이 보기에 조직과 행정의 막대한 업무만 있는 곳에서도 베허는 돈을 벌 수 있는 거의 무제한의 가능성을 보았다. 그의 길에 방해가 되는 유일한 것은 자기 일에 신중히 임하는 아이히만과 같은 복종적 인물의 협소한 사고방식이었다.

상급돌격대지도자 베허는 자신의 계획대로 곧 루돌프 카스트너 박사의 구출 노력에 적극적으로 협조하게 되었다. (나중에 뉘른베르크에서 베허가 자유를 얻은 것은 그를 대신한 카스트너의 증언 덕분이었다. 오랜 시온주의자였던 카스트너는 종전 후 이스라엘로 이주해왔는데, 친위대와 협력한 사실이 한 언론인에 의해 기사화될 때까지 고위직에 있었다. 그 언론 기사에 대해 그는 명예훼손 혐의로 해당 언론인을 고발했다. 뉘른베르크에서 했던 그의 증언이 자신에게 아주 불리하게 작용했다. 이 사건이 예루살렘 지방법원에서 다루어졌을 때 아이히만 재판의 세 재판관 가운데 한 명인 할레비 판사는 카스트너가 "영혼을 악마에게 팔았다"고 말했다. 1957년 3월 그의 사건이 이스라엘 대법원에 항소되기 직전 카스트너는 살해되었다. 그의 살해범들 가운데 누구도 헝가리 출신은 아닌 것 같다. 뒤이은 청문회에서 하급심 판결은 폐기되었고 카스트너는 완전히 복권되었다.)

베허가 카스트너를 통해 체결한 거래는 거물 기업가들과의 복잡한 협상보다 훨씬 단순했다. 협상은 구출될 유대인 각각의 목숨 값을 정하는 데 있었다. 그 값을 놓고 상당히 옥신각신했고, 어느 순간에는 아이히만도 예비 토론의 일부에 관여했던 것으로 보인다. 과연 그답게 아이히만이 제시한 가격은 최저였는데, 유대인 한 명당 200달러

밖에 되지 않았다. 물론 이것은 아이히만이 더 많은 유대인을 구하고 싶어서가 아니라 단지 통 크게 생각하는 데 익숙하지 않았기 때문이었다.

결국 도달한 최종 가격은 1,000달러였다. 카스트너 가족을 포함한 1,684명의 유대인 집단이 실제로 헝가리를 떠나 베르겐벨젠의 임시 수용소로 이동했고 거기서 그들은 마침내 스위스로 가게 되었다. 베허와 힘러가 각종 물품을 매입하기 위해 미국연합유통위원회에서 2,000만 스위스 프랑을 얻으려고 했던 유사한 거래를 위해 러시아가 헝가리를 해방할 때까지 모두가 분주하게 움직였지만 아무런 소득이 없었다.

베허의 활동은 힘러의 완전한 승인하에 이루어졌으며, 아이히만의 국가보안본부 직속상관 뮐러와 칼텐브루너를 통해 아이히만에게 전달된 과거의 '급진적인' 명령과는 정면으로 대립했음에 의심의 여지가 없다. 아이히만의 관점에서 보기에 베허와 같은 사람은 부패했지만 그 부패가 아이히만에게 양심의 위기를 일으켰을 것 같지는 않다. 아이히만 자신이 이런 종류의 유혹에 잘 넘어가지 않았어도, 그는 당시까지 오랫동안 부패에 둘러싸여 있었기 때문이다.

아이히만의 친구이자 부하인 디터 비슬리케니 최고돌격지도자가 과거 1942년에 브라티슬라바에 있는 유대인구호위원회로부터 슬로바키아에서 오는 강제이송을 지연시키는 대가로 5만 달러를 받은 것을 그가 몰랐다고 보기는 어렵지만, 불가능하지는 않다. 그러나 1942년 가을에 힘러가 새로운 친위대원을 모집하는 데 필요한 충분한 외화를 구하기 위해 슬로바키아 유대인에게 출국 허가서를 판매하려고 한 사실을 아이히만이 모를 수는 없었다. 하지만 1944년 헝가리에서는 달랐다. 힘러가 '사업'에 관여해서가 아니라 이제는 사업이 공식 정책이 되었기 때문이다. 그것은 더는 단순한 부패가 아니었다.

처음에 아이히만은 새로운 규칙에 따라 게임에 참여하려고 했다. 그것은 그가 환상적인 '핏값' 협상, 즉 망해가는 독일 군대를 위해 1만 대의 트럭당 100만 명의 유대인을 맞바꾸는 협상에 관여했을 때였는데, 이는 분명 그가 시작한 일이 아니었다. 예루살렘에서 그가 이 문제에서의 자기 역할을 설명한 방식은 한때 그가 이 일을 자신에게 어떻게 정당화했는지를 분명히 보여준다. 그것은 군사적 필요성이었다. 그 일은 이주 사업에서 중요한 새 역할이라는 추가적 이익을 그에게 가져다줄 수 있었다. 아이히만이 스스로 절대 인정하지 않은 것은, 매일같이 모든 면에서 쌓여가는 어려움 때문에 그가 곧 일자리를 잃게 될 것임이 매일 점점 더 명확해졌다는 점이다. 만일 그가 자신의 주위에서 계속되는 새로운 권력을 위한 경주에서 어떤 발판을 발견하지 못한다면 말이다. 이 일은 수개월 후에 현실이 되었다.

교환 계획이 예견된 실패로 끝났을 때 힘러가 최종 해결책 전체에 종지부를 찍기로 결심했던 것은 이미 공공연한 사실이 되었다. 히틀러에 대한 물리적 두려움이 낳은 그의 끊임없는 우유부단에도 불구하고 말이다. 이 결정은 사업이나 군사적 필요와 무관했으며, 독일에 평화를 가져올 자신의 미래 역할에 대한 날조된 환상을 제외하고는 그 어떤 것과도 무관했다. 친위대에 '온건파'가 등장한 것이 이때였다. 온건파를 구성하는 자들은, 살인자가 죽일 수 있는 만큼의 사람을 죽이지 않은 것이 훌륭한 알리바이라고 믿을 만큼 아주 어리석은 사람들 그리고 돈과 좋은 연줄이 다시 가장 중요하게 되는 '정상적 조건으로' 되돌아가리라고 예견할 만큼 아주 영악한 사람들이었다.

아이히만은 결코 이런 '온건파'에 가담하지 않았다. 만일 그가 거기에 가담하려 했다고 해도 들어갈 수 있었을지 의문이다. 그는 너무 깊숙이 연루되어 있었고 또 유대인 관계자들과의 지속적인 접촉으로 너무나 잘 알려져 있었다. 더군다나 그는 잘 교육받은 중상층 계급의

'신사들'에 비해 너무 소박했고, 아이히만은 이들에게 아주 폭력적인 원한을 끝까지 품고 있었다.

아이히만은 수백만 명의 사람을 죽음으로 보내는 데는 상당히 유능했지만, 그 문제에 대해 자신의 '언어규칙'을 사용하지 않고 적절하게 말할 능력이 없었다. 예루살렘에서 그는 아무런 규칙 없이 "살상"에 대해, "학살"에 대해, "국가의 합법적 범죄"에 대해 자유롭게 말했다. 그는 피고 측 변호인과는 달리 숨김없이 있는 그대로 말했다. 피고 측 변호인은 아이히만에 대한 사회적 우월감을 여러 차례 드러냈다.

(세르바티우스의 조수 디터 베흐텐브루흐는 카를 슈미트의 제자로 이 재판의 처음 몇 주 동안 임석했다가 나중에 피고 측 증인에게 질문하기 위해 독일로 갔고, 8월 마지막 주에 다시 등장했다. 그는 법원 밖에서 기자들과 만날 준비가 항상 되어 있었다. 그는 아이히만의 범죄보다도 그가 고상한 취향도 없고 교육도 받지 못했다는 사실에 더 충격을 받은 듯했다. 그는 아이히만을 "조무래기"라고 부르며, "이 하찮은 작자를 어떻게 이 재판에서 무사히 빠져나가게 할지 봐야겠습니다"[2]라고 말했다. 세르바티우스도 재판 이전에 자기 의뢰인의 성품은 "평범한 우편배달부"와 다름없다고 단언했다.)

힘러가 '온건'하게 되었을 때 아이히만은 그의 명령을 가능한 만큼, 자신이 직속상관에게 '비호' 받을 수 있다고 느끼는 한도 내에서 방해했다. 1944년 가을 힘러가 유대인의 도보 이동을 막았을 때, "아이히만이 어떻게 감히 힘러의 명령을 고의로 방해할 수 있죠?"라고 카스트너가 비슬리케니에게 물었던 적이 있다. 그는 "아마 아이히만은 전보를 내보였을 것입니다. 뮐러와 칼텐브루너가 그를 비호했을 것입니다"라고 대답했다.

아이히만은 붉은 군대가 도착하기 전에 테레지엔슈타트 수용소를

---

2) 독일어로 "wie wir das Würstchen fiber die Runden bringen"이라고 했다.

없애버리려는 모종의 혼란스러운 계획을 세웠을 가능성이 크다. 여기에 대해서 우리는 디터 비슬리케니의 신빙성 없는 증언을 통해서만 알고 있을 뿐이다. (이 사람은 종전 이전 수개월 혹은 어쩌면 수년 동안 아이히만을 희생시켜 자신을 보호할 알리바이를 조심스럽게 준비하기 시작했다. 그는 뉘른베르크 법원에서 바로 그 알리바이를 제시했는데, 거기서 비슬리케니는 검찰 측 증인이었다. 그 알리바이는 그에게 전혀 도움이 되지 않았다. 왜냐하면 비슬리케니는 체코슬로바키아로 인도되어 프라하에서 재판을 받고 처형되었는데, 거기에는 아무런 연줄도 자구책을 마련할 돈도 없었기 때문이다.)

다른 증인들은 이것을 계획한 자가 아이히만의 부하 중 하나인 롤프 귄터라고 주장했고, 또 반대로 게토를 손대지 말고 두라는 아이히만의 서면 명령이 존재한다고 주장했다. 여하튼, 모두가 사실상 아주 '온건하게' 된 1945년 4월에도, 아이히만은 스위스 적십자사의 M. 파울 두난트의 테레지엔슈타트 방문을 이용해 자신은 힘러의 새로운 유대인 정책을 승인하지 않았다는 것을 기록으로 남겼다.

아이히만이 최종 해결책을 완수하려고 항상 최선을 다했다는 사실에는 논쟁의 여지가 없었다. 쟁점은 이것이 그의 광신, 즉 유대인에 대한 끝없는 증오의 증거인지, 늘 명령에 복종했다는 주장이 경찰에게 거짓말하고 법원에서 위증한 것이었는지였다. 재판관들은 이와 다른 설명을 생각한 적이 없었다. 그들은 열심히 피고를 이해하려 했고, 그를 사려심과 진정한 빛나는 인간성으로 대했다. 아이히만은 살면서 이런 대접을 받아보지 못했을 것이다. (베흐텐브루흐는 기자들에게 아이히만이 "란다우 판사에 대한 깊은 신뢰"를 품고 있는데, 란다우가 사안을 잘 해결해줄 것처럼 여기는 듯하다고 말했다. 그는 이 신뢰가 생긴 것이 아이히만에게 권위가 필요해서라고 했다. 신뢰의 기초가 무엇이든 간에 이런 태도는 재판 기간 내내 명백히 드러났고, 이것이 아마도 판결에 대해 아이히만이 아주 크게 '실망한' 이유였을 것이다. 그는 인간성을 나약함으로 착각했다.)

재판관들이 아이히만을 결코 이해하지 못한 것은 그 세 사람이 '선'하다는 증거, 즉 자기 직업의 도덕적 기초에 대해 흔들림 없는 약간 구식인 신념을 가지고 있었다는 증거일 수 있다. 왜냐하면 이 문제에 관한 슬프고도 아주 불편한 진실은, 아이히만으로 하여금 전쟁 마지막 해에 비타협적 태도를 보이게 추동한 것이 그의 광신이 아니라 바로 그의 양심이었다는 점이기 때문이다. 그 양심이 그로부터 3년 전에, 짧은 시간 동안 그를 반대 방향으로 움직이게 한 것처럼 말이다.

아이히만은 힘러의 명령이 총통의 명령을 정면으로 거스른다는 사실을 알았다. 여기에 대해 그는 세부 사항을 알 필요가 없었다. 물론 그러한 세부 사항이 그의 입장을 더욱 지지해주었을 것이지만 말이다. 검사가 대법원 변론에서 강조한 것처럼, 히틀러가 칼텐브루너에게서 트럭과 유대인을 교환하는 협상에 대해 들었을 때 "히틀러의 눈에서 힘러의 지위는 완전히 무너졌다."

힘러가 아우슈비츠의 절멸을 완전히 중지시키기 몇 주일 전에도 히틀러는 힘러의 최근 움직임을 감지하지 못한 채 호르티에게 최후통첩을 보냈다. 여기서 히틀러는 호르티에게 "헝가리 정부는 부다페스트에서 이제는 지체 없이 유대인에 대한 조치를 취하기 바란다"고 말했다. 헝가리 유대인의 소개를 중지하라는 힘러의 명령이 부다페스트에 도달했을 때, 베젠마이어의 전보에 따르면 아이히만은 "총통에게 새로운 결정을 요청하겠다"고 협박했다. 판결문에서는 이 전보가 "100명의 증인이 할 수 있는 것보다도 더 유죄를 입증하는" 것이라고 했다.

아이히만은 친위대 국가지도자 겸 독일 경찰 수장이 이끄는 '온건파'와의 싸움에서 패했다. 이 패배의 첫 징후는 1945년 1월에 나타났다. 이때 상급돌격대지도자 쿠르트 베허가 연대지도자로 승진했는데,

이 지위는 아이히만이 전쟁 기간 내내 꿈꾸던 것이었다. (그의 신분에는 더 이상의 고위직이 열려 있지 않았다는 그의 말은 절반만 사실이다. 그는 제IV국 B과 4계장 대신 제IV국 B과의 과장이 될 수 있었을 것이고, 그랬다면 그 이후 자동으로 승진했을 것이다. 아마 진실은 하급직에서 승진한 아이히만과 같은 사람은 전방이 아니고서는 중령 이상의 계급이 절대로 허락되지 않았다는 점일 것이다.)

같은 달에 헝가리는 해방되었고 아이히만은 베를린으로 다시 불려왔다. 거기서 힘러는 아이히만의 경쟁자 베허를 모든 강제수용소를 책임지는 국가특별위원으로 임명했는데, 아이히만은 '유대인 문제'와 관련된 직책에서 '교회와의 투쟁'과 관련된 완전히 무의미한 직책으로 전보되었다. 더욱이 아이히만은 이 분야에 대해 무지했다. 전쟁의 마지막 몇 개월 동안 이루어진 그의 신속한 몰락은 1945년 4월 히틀러가 베를린 벙커에서 친위대는 더는 믿을 수 없다고 선언했을 때 그 말이 어느 정도로 옳았는지를 가장 잘 보여주는 표지다.

예루살렘에서 아이히만은 히틀러와 총통 명령에 대한 자신의 특별한 충성심을 입증하는 문서를 대면한 가운데, 제3제국에서는 "총통의 말씀이 법적 강제력을 가지고 있다"(Führerworte haben Gesetzeskraft)고 여러 차례 설명하려 했다. 무엇보다도 이 말의 의미는, 만일 명령이 히틀러에게서 직접 내려왔다면 그것은 서면일 필요가 없었다는 것이다. 그는 이것이 자기가 힘러에게서 온 서면 명령서를 보여달라고 요구한 반면, 히틀러로부터의 명령을 서면으로 요구한 적이 없었던 이유라고 설명하려 했다. (최종 해결책과 관련된 어떠한 문서도 발견되지 않았다. 아마도 그런 것은 존재하지도 않았을 것이다.) 이것은 분명히 기상천외한 상황이었다. 또한 이 문제에 대한 아주 '유식한' 사법적 논평이 수도 없이 존재했는데, 이는 모두 총통의 말, 즉 그의 구두 발언이 그 나라의 기본적 법이었음을 증명하고 있다.

이런 '합법적' 틀 안에서 히틀러가 한 말에 반하는 모든 서면 혹은 그 뜻에 반하는 명령은 정의상 불법적이었다. 따라서 아이히만의 입장은 빈번히 인용되는 '병사의 입장'과 아주 불편한 유사성을 보여준다. 이는 정상적인 합법적 틀 안에서 활동하는 병사가, 자신의 일상적인 합법성에 대한 경험에 반하는 명령 수행을 거부하여 스스로 그 명령의 범죄성을 인식하는 경우를 말한다.

이 주제에 대한 많은 문헌은 '법'이라는 단어가 일반적으로 다의적으로 쓰인다는 근거에서 자신들의 주장을 옹호한다. 이 맥락에서 '법'은 때로는 국가의 법(수립된 실정법)을 의미하기도 하고 때로는 모두의 마음 안에서 같은 목소리로 말한다고 생각되는 법을 의미하기도 한다. 그러나 실질적으로 말하면, 불복종되는 명령은 '명백히 불법적'이어야 한다. 그리고 불법성은 "'금지!'라는 경고가 쓰인 검은 깃발처럼 [그들의] 머리 위에 휘날려야 한다." 이는 판결문에서 지적한 것이다.

범죄적인 정부에서는 그런 "경고가 쓰인 검은 깃발"이 정상적으로 합법적인 명령 (예컨대 유대인이라는 이유로 무고한 자를 죽여서는 안 된다는 명령) 위에서 '분명히' 휘날린다. 마치 정상적인 상황에 그것이 범죄적 명령 위에서 휘날리는 것처럼 말이다. 분명한 양심의 목소리에 기대는 것 또는 훨씬 더 애매한 법률가들의 표현인 '일반적인 인류의 감정'*에 기대는 것은 선결문제의 오류를 범하는 것일 뿐 아니라, 우리 세기의 핵심적인 도덕적·법적·정치적 현상에 주목하기를 고의로 거부하는 것이기도 하다.

분명한 것은 아이히만의 행동을 결정한 것이 힘러가 지금 '범죄적' 명령을 내리고 있다는 그의 확신만이 아니었다는 점이다. 그러나 그

---

* Oppenheim-Lauterpacht, 1952.

것과 의심의 여지 없이 관련된 개인적 요소는 광신이 아니었다. 그것은 (피고의 한 증인의 말처럼) 그의 진정한 "히틀러에 대한 무한하고 과도한 경탄", 즉 "하사에서 제국의 총통이 된" 자에 대한 경탄이었다. 독일이 이미 폐허가 된 시점에 그의 내면에서 무엇이 더 강력했는지, 즉 히틀러에 대한 경탄과 제3제국의 법을 준수하는 시민이고자 하는 그의 결단 가운데 어느 것이 더 강력했는지를 따지는 것은 부질없는 짓이다.

전쟁의 마지막 며칠 동안, 이 두 동기가 한 번 더 작동했다. 이때 그는 베를린에 있었고, 주위의 모두가 러시아군이나 미군이 오기 전에 위조 서류로써 자기의 허물을 덮으려고 예민하게 움직이는 모습을 격렬한 분노로 바라보고 있었다. 몇 주 후 아이히만도 가명으로 여행을 시작했다. 그러나 그때 히틀러는 이미 사망했고 '국가의 법'은 더는 존재하지 않았다. 그리고 그가 지적한 대로 그는 더 이상 자신의 맹세에 구속받지 않았다. 친위대 요원의 맹세는 군인의 맹세와는 달리 독일이 아니라 히틀러에 대해서만 구속력을 갖기 때문이다.

아이히만의 양심의 문제는 상당히 복잡하긴 해도 결코 독특하지는 않다. 독일 장성들의 경우와는 거의 비교할 수 없다. 뉘른베르크에서 "당신들처럼 존경받는 장성들이 어떻게 그처럼 무조건적 충성심으로 살인자에게 계속 봉사할 수 있었습니까?"라는 질문을 받은 한 장성은 다음과 같이 대답했다.

"자신의 최고 사령관을 판단하는 행위는 군인의 임무가 아닙니다. 그 일은 역사가나 하늘에 있는 신이 할 일입니다."

(이는 뉘른베르크에서 교수형을 당한 알프레트 요들 장군의 말이다.)

아이히만은 이들보다 훨씬 덜 지성적이고 교육도 제대로 받지 못했지만, 그들 모두를 범죄자로 만드는 것은 명령이 아니라 법임을 적어도 희미하게나마 알아차렸다.

명령과 총통의 말의 차이는, 전자가 시간과 공간에 제한되는 한편 후자의 타당성은 시간과 공간에 제한되지 않는다는 점이다. 또한 이 것은 최종 해결책에 대한 총통의 명령에 뒤따라 엄청난 양의 규정과 지시가 나왔고 또 이 초안을 행정가뿐만 아니라 전문 변호사와 법조 인들이 작성했던 진정한 이유였다. 이 명령은 일상적 명령과는 대조 적으로 법으로 다루어졌다. 덧붙일 필요도 없이, 총통의 명령에 뒤이 은 법적 부속물들은 독일적 현학이나 철저성이라는 단순한 증상과는 별개로, 이 모든 일을 합법적으로 보이게 하는 데 아주 효과적으로 기여했다.

문명화된 나라들의 법은, 비록 인간의 자연적 욕구와 성향이 때때 로 살인을 충동하더라도 양심의 소리는 모든 사람에게 "살인하지 말 라"고 말한다고 추정한다. 이와 마찬가지로, 히틀러 나라의 법은 양 심의 소리가 모든 사람에게 "너는 살인할지어다"라고 말하기를 기대 했다. 비록 대학살의 조직자는 살인이 대부분의 정상적인 욕구와 성 향에 어긋남을 아주 잘 알았지만 말이다. 제3제국에서 악은 대부분이 악을 알아보게 되는 특질, 즉 유혹이라는 특질을 상실했다.

많은 독일인과 많은 나치, 그들의 절대다수는 유대인들이 죽음의 장소로 이송되었다는 것을 알고 있었다. 물론 그들 중 다수는 끔찍한 세부 사항을 잘 알지 못했겠지만 말이다. 그들은 살인하지 않으려는, 도둑질하지 않으려는, 자기 이웃을 죽음에 빠지지 않게 하려는 그리 고 그들로부터 이익을 취하여 이 모든 범죄의 공범자가 되지 않으려 는 유혹을 분명히 받았을 것이다. 그러나 맙소사, 그들은 유혹에 저항 하는 법을 배워버렸다.

제9장
제국에서의 추방
독일, 오스트리아 및 보호령

1942년 1월의 반제회의에서 아이히만은 자신을 본디오 빌라도처럼 느꼈고, 자신은 무죄라며 책임을 회피했다. 1944년 여름과 가을, 힘러의 명령에 따라 최종 해결책은 마치 대학살이 유감스러운 실수일 뿐이었던 것처럼 히틀러의 등 뒤에서 폐기되었다. 이 두 사건 사이에서 아이히만은 양심 문제로 괴로워하지 않았다. 세계대전 한가운데에서, 더군다나 그에게 더욱 중요했던 일인 '유대인 문제의 해결'로 바쁜 여러 국가 사이 및 당 사무실 사이의 관할권에 대한 무수한 음모와 싸움 한가운데에서, 그의 생각은 조직과 행정에 관한 산적한 일에 전적으로 사로잡혀 있었다.

아이히만의 주된 경쟁자는 친위대 및 경찰 고위지도자들이었는데 이들은 힘러에게 직접 명령을 받는 자들로 힘러와 쉽게 접촉할 수 있었으며 직책상 항상 아이히만을 능가했다. 그리고 새로운 국무차관이자 리벤트로프의 부하인 마르틴 루터 박사의 지휘하에 있던 외무부는 유대인 문제에 아주 적극적인 역할을 하게 되었다. (루터는 1943년에 정교한 음모를 통해 리벤트로프를 축출하려고 시도했으나 실패하여 강제수용소에 수감되었다. 그의 후임자로 온 에버하르트 폰 타덴 공사 참사관이 유대인 문제 자문관이 되었는데, 그가 예루살렘 재판에 피고 측 증인으로 나왔다.)

외무부에서는 이따금 해외에 머무르는 대리인들을 통해 강제이송 명령을 내렸다. 이 대리인들은 체면을 이유로 친위대 및 경찰 고위지도자들을 시켜 일하기를 선호했다. 게다가 동부 점령지의 군사령관들은 '즉석에서'. 즉 사살을 통해 문제를 해결하고 싶어 했다. 한편 서부지역의 국가에서 군인은 항상 협조를 꺼렸고, 또 군대를 차출해 유대인을 소탕하거나 체포하기를 꺼렸다. 끝으로 지역 지도자인 대관구지도자들이 있었는데 이들은 자기 지역이 최초로 유대인 없는 지역이 되었다고 선포하기를 원했고, 그래서 때때로 독자적으로 강제이송 절차를 밟기도 했다.

"모두가 제각기 명령을 내리고" "기분 내키는 대로 행동하는" 아이히만이 묘사한 것처럼 "완전한 혼란"에 빠진 상황이었다. 아이히만은 이 모든 '수고'를 조정해서 어떤 질서를 만들어내야만 했다. 그리고 그는 비록 완전하지는 않지만 전 과정에서 핵심적 지위를 얻는 데 사실상 성공했다. 그의 사무실에서 운송 수단을 조정했기 때문이다.

(아우슈비츠가 위치한) 상부 슐레지엔 지역의 게슈타포 우두머리이자 나중에 덴마크 보안경찰의 우두머리가 된 루돌프 밀트너 박사에 따르면, 강제이송 명령은 문서 형태로 힘러에게서 국가보안본부의 우두머리 칼텐브루너에게 하달되었다. 칼텐브루너는 국가보안본부의 제IV부 게슈타포의 우두머리인 뮐러에게 명령을 전달했고, 뮐러는 다시 구두로 제IV국 B과 4계의 담당자, 즉 아이히만에게 전달했다. 힘러는 명령을 지역 친위대 및 경찰 고위지도자들에게도 내렸는데, 이는 다시 칼텐브루너에게 전달됐다.

유대인 추방 대상자를 어떻게 처리할지, 얼마나 많은 사람이 절멸되어야 할지, 얼마나 많은 사람을 사역시키기 위해 살려놓아야 할지 등의 문제도 힘러가 결정했다. 이 문제에 대한 힘러의 명령은 폴의 행정경제본부로 하달되었고, 행정경제본부는 그 내용을 집단수용소 및 죽음의 수용소 감독관인 리하르트 글뤼크스에게 전달했으며, 글뤼크스는 다시 수용소 사령관들에게 전달했다.

검찰은 뉘른베르크 재판에서 나온 이러한 문서를 무시했다. 이 문서는 아이히만이 특수한 권력을 행사했다는 검찰의 이론과 모순되었기 때문이다. 피고 측은 밀트너의 진술서를 언급했지만 큰 의도를 갖고 한 것이 아니었다. 아이히만 자신은 "폴리아코프와 라이트링거와 상담"한 후 여러 색을 사용한 열일곱 개의 차트를 만들었지만, 이것으로 제3제국의 복잡한 관료 체계를 더 잘 나타내지는 못했다. 그러나 그의 일반적인 진술 즉 "모든 것은 항상 연속적인 흐름, 즉 계속 흐르는 강 같은 상태로 있었다"는 설명은 전체주의를 공부하는 학생에게는 그럴듯하게 보일 것이다. 그리고 학생들은 이런 형태의 정부가 단일한 특성을 갖는다는 것은 신화일 뿐임을 안다.

아이히만은 모든 점령지와 절반만 독립적인 국가들의 유대인 문제에 관한 그의 자문관들, 즉 자기 사람들이 자기에게 "어떤 행동이 실행 가능"하다고 보고했는지, 그래서 자신이 어떻게 "나중에 승인되기도 하고 거부되기도 한 보고서들"을 준비했는지, 뮐러가 어떤 명령을 내렸는지를 아직도 희미하게 기억했다.

"실질적으로 이것이 의미하는 것은, 파리나 헤이그로부터 온 제안이 2주 후면 국가보안본부에게 승인받은 지시가 되어 파리나 헤이그로 다시 전파된다는 것입니다."

아이히만은 거대한 체계 안에서 가장 중요한 컨베이어 벨트와 같았다. 얼마나 많은 유대인이 어떤 특정한 지역에서 수송될 수 있고 또 수송되어야 하는지 결정하는 것은 항상 그와 부하들의 일이었기 때문이다. 추방의 최종 목적지를 명확히 하는 것도 그의 사무실이었다. 목적지를 그가 결정하지는 않았지만 말이다. 출발과 도착을 종합적으로 운영하는 어려움, 즉 철도 당국과 교통부에서 충분한 기차를 확보하면서 일어나는 다툼에 대한 염려, 적시에 유대인을 대기시켜 어떤 기차도 '낭비'되지 않도록 하는 데 대한 염려, 체포한 자를 실어 나르기 위해 점령국 또는 합병국 당국의 도움을 얻는 데 대한 염려 그리고 나라마다 따로 설정되고 항시 변하는 유대인 분류법에 따라 각각의 법과 지시를 따르는 데 대한 끝없는 염려 등, 이 모든 염려는 일상적인 일이 되었다. 아이히만은 그 세부 내용을 예루살렘으로 압송되기 오래전에 잊어버렸다.

최종 해결책의 설계에 공모는 결코 없었다. 설령 공모였다고 해도, 이 음모는 많은 모사꾼을 필요로 하지 않았으며, 필요한 것은 더 많은 실행자였다. 최종 해결책의 외로운 유일한 설계자 히틀러에게 전쟁의 주요 목표 중 하나였으며, 경제적·군사적 고려와는 무관하게 그 실행에 우선순위가 부여되었던 것 그리고 아이히만에게는 직업이자 그 성공과 좌절이 일상이었던 것, 바로 그것이 유대인에게는 글자 그대로 세상의 종말이었다. 수백 년간 유대인은 자신의 역사를 수난의 이야기로 이해하는 데 익숙해져왔다. 그것이 옳든 그르든 간에 말이다. 여기에 대해서는 이 재판의 모두진술에서 검사가 잘 서술했다. 그런데 이런 태도의 배후에는 오랫동안 '암 이슈라엘 하이'(Am Yisrael Chai), 즉 이스라엘 민족은 살아남을 것이라는 승리의 신념이 존재했다. 유대인 개인이나 유대인 가족 전체가 조직적 학살(포그롬)로 죽고 공동체 전체가 말살되기도 했지만, 민족은 살아남을 것이었다.

유대인은 결코 민족적 대량학살을 직면한 적이 없었다. 더욱이 그런 오래된 위로의 구절은 더는 효과가 없었다. 적어도 서부 유럽에서는 그랬다. 고대 로마 이래로, 즉 유럽 역사의 시작 이래로 유대인은 좋을 때나 나쁠 때나, 비참할 때나 영광 가운데 있을 때나, 어쨌든 유럽 국가들과 친선관계를 유지해왔다. 그리고 지난 150년간 그 관계는 꽤 좋아졌고, 또 영광의 순간이 너무나 많아 중부 및 서부 유럽에서는 그것이 관례처럼 된 듯했다. 따라서 이 민족이 결국은 살아남으리라는 신념은 유대인 공동체의 다수에게 더는 중요하지 않았다. 그들이 유럽 문명의 틀을 벗어난 유대인의 삶을 상상할 수 없었던 것만큼, 유대인 없는 지역이 된 유럽을 상상할 수도 없었을 것이다.

세상의 종말은 놀랄 만큼 단조롭게 진행되었지만 그 형태와 모습은 유럽에 있는 국가의 수만큼 다양했다. 이는 유럽 민족의 발전과 국민국가 체제의 등장에 익숙한 역사가에게는 놀랄 일이 아니지만 나치에게는 커다란 놀라움으로 다가왔다. 나치는 반유대주의가 모든 유럽을 통일하는 공통분모가 될 것이라고 진정으로 확신했다. 이는 나치에게 크고 많은 대가를 치르게 한 오류였다. 이론과는 달리 실제로는 수많은 나라에서 반유대주의적 태도에 커다란 차이가 있었음이 금세 드러났다.

손쉽게 예견되긴 했지만, 그보다 한층 더 성가셨던 일은 독일의 '급진적' 변화가 동부 유럽 민족들, 즉 우크라이나, 에스토니아, 라트비아, 리투아니아, 또 일정 정도 루마니아 사람들에 의해서만 온전히 받아들여졌다는 점이다. 이들은 나치가 '인간 이하의' 야만적 무리로 여기기로 한 민족들이었다. 유대인에 대한 적절한 적대감이 현저히 부족했던 민족은 스칸디나비아 민족들(크누트 함순과 스벤 헤딘은 예외였다)이었는데, 나치에 따르면 이들은 독일과 피를 나눈 형제였다.

당연하지만 세상의 종말은 독일제국에서 시작했다. 이는 당시 독일뿐만 아니라 오스트리아와 모라비아, 보헤미아, 체코 보호령 및 폴란드 서부 합병 지역 등을 포괄한다. 이 가운데 마지막인 이른바 바르테가우에서 유대인은 폴란드인과 함께 전쟁 발발 이후에 동쪽으로 강제 이송되었다. 이는 동부에서의 첫 대규모 재정착 계획에 따른 것인데, 예루살렘 지방법원의 판결문은 이를 "민족의 조직적 방랑"이라고 표현했다. 독일계 폴란드인(Volksdeutsche)은 서쪽을 향해 '제국으로 귀환'하도록 이송되었다.

힘러는 독일민족통합국가위원회 위원[1]의 자격으로 하이드리히에게 이 '이주와 소개' 임무를 맡겼고, 1940년 1월에는 국가보안본부 내에 아이히만의 첫 공식 부서인 제IV국 D과 4계가 만들어졌다. 비록 이 직책은 나중의 직책인 제IV국 B과 4계로 가는 발판이었음이 행정적으로 입증되었지만, 여기서 아이히만이 한 일은 일종의 견습, 즉 사람을 이주시키는 옛 업무에서 그들을 강제이송하는 미래의 과제로 전환을 연습하는 것에 불과했다.

아이히만이 수행한 최초의 강제이송 작업은 최종 해결책에 속한 것이 아니었다. 그 추방은 히틀러의 공식 명령이 있기 전 일이었다. 이후의 일에 비추어 볼 때 그 일은 파국적인 결과를 낳은 실험으로 여길 수 있다. 최초의 강제이송은 1,300명의 유대인을 슈체친[2]에서 옮긴 일로, 1940년 2월 13일 하룻밤 사이에 이루어졌다. 이는 독일계 유대인에 대한 최초의 강제이송이었는데, 하이드리히는 "전쟁경비와 관련된 이유로 그들이 살던 아파트가 긴급히 요구되었기 때문"이라는 구실로 추방을 명령했다. 그들은 전에 없이 잔혹한 조건에서 폴란드의 루블린 지역으로 옮겨졌다.

2차 강제이송은 같은 해 가을에 이루어졌다. 바덴과 자르팔츠의 유대인은 남녀와 아이들 모두 7,500명 정도였는데, 이들은 내가 앞서 말한 것처럼 비시 프랑스 지역으로 추방되었다. 이것은 당시 대단한 속임수였다. 왜냐하면 프랑스-독일 휴전협정에는 비시 프랑스가 유

---

1) 히틀러의 명령은 1939년에 설치된 직책의 책임자인 힘러가 담당했다. 이 직책은 해외 거주 독일인의 제국으로의 귀환, 이민족 인구의 유해한 영향 예방, 귀환 독일인을 위한 새로운 정착지 조성 등의 임무를 수행했다.
2) 슈체친(Szczecin)은 폴란드의 도시다. 1720년부터 프로이센에 속했고, 제2차 세계대전이 끝나는 1945년까지 독일의 주요 항구 도시로서 슈테틴(Stettin)으로 불렸다.

대인 처리장이 될 수 있다는 내용이 없었기 때문이다. 아이히만은 기차를 함께 타고 와서 국경의 프랑스 역장에게 독일 '군사 수송'이라고 믿게 해야만 했다。

이 두 작전에는 이후에 이루어지는 정교한 '법적' 준비가 완전히 빠져 있었다. 유대인이 제국에서 강제이송된 순간에는 그 어떤 국적 박탈법도 아직 통과되지 않았다. 재산 몰수를 조정하기 위해 훗날 유대인이 작성해야 했던 많은 서류 대신, 슈체친의 유대인은 자기 소유인 전 재산을 일괄 포기한다는 각서에만 간단히 서명했다.

이런 최초의 작전에서 실험하려던 것이 행정적 기능이 아니었음은 명백했다. 작전의 목표는 전반적인 정치적 조건에 대한 테스트였던 것 같다. 즉 한밤중에 어떠한 사전 알림도 없는 상태에서 유대인이 작은 손가방만 들고 제 발로 자신의 운명의 장소로 걸어가게 만들 수 있는지, 아침에 빈 아파트를 발견한 이웃의 반응이 어떠할지 그리고 끝으로 역시 중요한 사안인, 바덴 출신 유대인의 경우처럼 수천 명의 유대인 '난민'이 갑자기 나타났을 때 외국 정부가 어떻게 반응할지를 말이다.

나치가 살펴본 만큼 모든 일은 아주 만족스럽게 이루어졌다. 독일에서는 '특별 케이스'에 대해 많은 개입이 있었다. 예를 들어 슈테판 게오르게 서클의 한 사람인 시인 알프레트 몸베르트의 경우 스위스 이주가 허락되었다. 그런데 사람들은 전반적으로 전혀 신경을 쓰지 않았다. (아마도 이때 하이드리히가 유대인을 익명의 대중과 분리하는 중요성을 깨닫고 히틀러의 동의를 받아 테레지엔슈타트와 베르겐벨젠 수용소를 만들기로 결심한 것 같다.)

프랑스의 상황은 훨씬 더 좋았다. 비시 정부는 바덴에서 온 7,500명의 유대인을 피레네 산기슭에 있는 악명 높은 귀르스 집단수용소에 수용했다. 이곳은 원래 스페인 공화국 군대를 수용하기 위해 만든 것으로 1940년 5월 이후 이른바 '독일 출신 난민'을 수용했는데, 물론 이 난민 중 다수는 유대인이었다. (최종 해결책이 프랑스에서 적용되었을 때 귀르스 수용소 수감자는 모두 아우슈비츠로 추방되었다.)

무엇이든 일반화하는 데 열심이었던 나치는 유대인이 어디에서나 '바람직하지 않고' 모든 비유대인은 현실적 또는 잠재적 반유대주의자라고 생각했다. 그러니 나치가 이 문제를 '근본적으로' 처리하려고 덤벼들어도 누가 신경이나 쓰겠는가? 여전히 이런 일반화의 영향 아래에서 아이히만은 그 어떤 나라도 유대인을 받아들일 준비가 되지 않았고, 바로 그 이유에서 커다란 파국이 초래되었다고 예루살렘에서 반복해서 호소했다. (만일 어떤 다른 외국의 단체가 돈도 없고, 여권도 없고, 그 나라 말도 할 줄 모르는 상태로 떼 지어 갑자기 들어온다면, 아주 조밀하게 조직된 유럽의 국민국가가 아주 다르게 반응했을 것처럼 말이다!)

그러나 외국의 확신에 찬 반유대주의자도 기꺼이 '일관적으로' 행동하려고 하지 않았고 또 '근본적' 조치에는 꽁무니를 빼는 통탄할 만한 경향을 보여 나치 관료는 끊임없이 놀랐다. 베를린에 있는 스페인 대사관의 한 요원처럼 여기에 대해 솔직히 말한 사람이 거의 없었지만, 여전히 대부분은 그 요원과 똑같이 생각하고 있었다. 그 요원은, 스페인에 가본 적이 없으나 스페인 여권을 갖고 있었고 또 프랑코 정부가 독일 사법권 지역으로 보내기를 그토록 소망한 스페인계 유대인 후손에 대해, "그들이 절멸당하지 않으리라고 확신만 할 수 있다면"[3] 이라고 말했다.

이 최초의 실험 이후에 강제이송에 있어 약간의 소강상태가 뒤따랐다. 우리는 아이히만이 어떻게 마다가스카르를 둘러싸고 자신에

---

3) 그들이 절멸당하지 않으리라는 확신이 없었기 때문에 대사관 직원은 아무 일도 하지 않았고, 또 다른 사람들도 이 직원과 마찬가지로 아무 확신이 없어서 아무 일도 하지 않았다는 의미로 아렌트는 말하고 있다.

게 강요된 무기력한 시간을 사용했는지 이미 보았다. 그러나 1941년 3월, 러시아와의 전쟁 준비 기간에 아이히만은 갑자기 새로운 하부 부서의 책임을 맡게 되었다. 어떤 의미에서는 그의 하부 부서 이름이 '이주와 소개'에서 '유대인 문제와 소개'로 바뀌었다고 말할 수 있다. 그는 아직 최종 해결책에 대한 정보를 받지 못했지만, 이주가 확실히 끝났고 강제이송 작업이 그것을 대신하리라고 깨달았을 것이다.

그런데 아이히만은 눈치가 빠른 사람이 아닌 데다, 그에게 말을 해 준 사람이 없어서 계속 이민을 중심으로 생각했다. 따라서 1940년 10월에 있었던 외무부 대표와의 회의에서 모든 독일계 유대인의 시민권이 해외에서 무효가 되도록 하자는 제안이 나왔을 때, 아이히만은 "그런 조치는 지금까지 유대인 이민자에게 문호를 개방하고 입국 허가를 내주려는 다른 나라에 영향을 줄 것"이라며 격렬히 반대했다.

아이히만은 모든 법이나 포고령을 그 타당성의 한계 안에서만 좁게 생각했다. 최종 해결책에 대한 히틀러의 명령이 그것을 실행할 자들에게 공식적으로 하달된 이후에야 비로소 새로운 반유대주의적 입법이 홍수처럼 제국의 유대인을 덮쳤다. 이와 동시에 결정된 것은, 유대인 없는 지역을 만드는 일에 제국이 제1순위가 되고 점령지에서도 같은 작업이 전속력으로 이루어져야 한다는 것이다. 이 일을 하는 데 2년이나 걸렸던 것은 놀라운 일이다.

다른 모든 나라에 대해 모델로 작용할 예비적 규정들은 첫째, 노란 색 별의 도입이었다(1941년 9월 1일). 둘째, 국적법 변경의 도입으로, 제국의 국경 밖에 사는 유대인은 독일 국민으로 간주할 수 없도록 했다(따라서 그 사람은 당연히 강제이송될 것이다). 셋째, 국적을 상실한 독일계 유대인의 모든 재산은 제국에 의해 몰수된다는 칙령의 도입이었다(1941년 11월 25일). 이러한 준비는 법무장관 오토 티에라크와 힘러의 합의로 수렴되었는데, 이 합의에 따라 티에라크는 "폴란드인, 러시아인, 유대인, 집시"에 대한 사법권을 친위대에 넘겨주었다. 왜냐하면 "법무부는 이 민족들의 절멸에 대해서 단지 작은 기여만 할 수 있기 때문이었다." (1942년 10월에 법무장관이 당관방장인 마르틴 보어만에게 보낸 편지에 나온 이 공개적 언사는 주목할 만하다.)

약간 다른 지시가 테레지엔슈타트로 이송될 사람들에게 적용되도록 공표되어야 했다. 왜냐하면 테레지엔슈타트는 제국의 영역이므로 거기로 이송된 유대인이 자동으로 무국적 상태가 되지는 않기 때문이었다. 이 '특권적 범주'에 대해 1933년의 구법은 정부가 "민족과 국가에 적대적" 활동을 하는 데 사용된 재산을 몰수하도록 허용했다. 이러한 종류의 몰수는 집단수용소에 수감된 정치범에게 관습적으로 발생하던 일이었다. 유대인은 이 범주에 들지 않았다. 1942년 가을에 이르러서는 독일과 오스트리아의 모든 집단수용소가 유대인 없는 지역이 되었다. 그래서 단지 규칙 하나만 더하면 되었는데, 이는 1942년 3월에 공표된 것으로 강제이송된 모든 유대인은 "민족과 국가에 대해 적대적인" 존재라고 규정하는 지시였다.

나치는 법 제정에 아주 신중했다. 그들 스스로 '테레지엔슈타트 게토'니 '노인을 위한 게토' 같은 말을 쓰기는 했지만 테레지엔슈타트는 공식적으로는 강제수용소로 분류되었다. 이 사실을 알지 못한 유일한 사람들은 그 수감자들이었다. 이 '주거지'는 '특별 케이스'를 위해 확보된 것이었기에 사람들은 수감자들의 감정을 상하게 하고 싶지 않았던 것이다. 그리고 거기로 보내진 유대인이 의심하지 않게 하려고, 베를린의 유대인협회에는 각 이송자가 테레지엔슈타트의 '주거지 획득'을 위한 협약을 맺도록 하라는 지시가 내려왔다. 지원자는 자신의 전 재산을 유대인연합으로 이전했는데, 이는 유대인연합이 집과 음식, 의류, 평생 의료보장을 해준다는 점을 고려해서였다. 끝으로 유대인연합의 마지막 직원들이 테레지엔슈타트로 보내졌다. 이때

제국은 당시 유대인연합의 금고에 있던 상당량의 돈을 간단히 몰수했다.

서부에서 동부로 가는 모든 강제이송은 국가보안본부의 제IV국 B과 4계에서 아이히만과 그의 부하들이 조직하고 조정했다. 이 사실은 재판에서 전혀 논란이 되지 않았다. 그런데 유대인을 기차에 태우려면 일반 경찰 조직의 도움이 필요했다. 독일에서는 치안경찰이 기차를 경호했고 감시원을 세웠으며, 동부에서는 보안경찰(힘러의 보안정보부, 즉 SD와 혼동하지 말 것)이 기차를 인수하기 위해 목적지에서 대기했다가 수감자들을 학살 센터 당국에 넘겨주었다.

예루살렘 법원에서는 뉘른베르크에서 확정된 '범죄 조직' 정의를 따랐다. 이는 치안경찰이나 보안경찰이 전혀 언급되지 않았음을 의미한다. 이 시기에 그들이 최종 해결책 실행을 위해 활발히 개입했음이 폭넓게 확인되었지만 말이다. 그러나 '범죄적'이라고 인정된 네 개의 조직, 즉 나치당의 지도자 집단, 게슈타포, 보안국 정보부 그리고 친위대에 모든 경찰 조직이 더해졌다고 해도 뉘른베르크의 구분법은 부적절했고 제3제국의 현실에 적합하지 않았다. 왜냐하면 적어도 전쟁 기간에 범죄적 행위나 거래에 가담하지 않은 조직이나 공적 기구는 독일에 단 하나도 없었다는 것이 사태의 진실이기 때문이다.

골치 아픈 사적 개입 문제가 테레지엔슈타트 설립으로 해결된 이후에도 두 가지 사안이 '근본적'이고 '최종적'인 해결의 길에 장해가 되었다. 하나는 반쪽 유대인 문제로, '급진주의자'는 그들을 완전한 유대인과 함께 강제이송하기를 원했고, '온건주의자'는 이들에게 불임 시술을 강제하기를 원했다. 반쪽 유대인의 살상을 허용한다면 '그들이 가진 독일인의 피 절반'을 버리는 것이기 때문이다. 이는 내무부의 슈투카르트가 반제회의에서 썼던 말이다. (실제로는 반쪽 유대인이나 혼합 결혼 유대인에게 아무런 조치도 취하지 않았다. 아이히만의 표현대로 "수많은 어려움"이 그들을 둘러싸고 보호했다. 한편으로는 그들의 비유대인 친척 때문에, 또 다른 한편으로는 나치 의사들이 장담한 것과 달리 대량 강제 불임 시술을 하는 신속한 수단을 발견하지 못했기 때문이었다.)

둘째 문제는 수천 명의 외국계 유대인이 독일에 있다는 점인데, 독일은 강제이송을 통해 그들의 국적을 뺏을 수 없었다. 독일에는 수백 명의 미국계 및 영국계 유대인이 억류되어 교환 목적으로 수용되어 있었다. 중립국 국적자나 독일 우방국 국적자를 다루기 위해 고안된 방법은 여기에 기록해둘 만큼 흥미롭다. 그 방법이 재판에서 특정 역할을 했기 때문이다. 아이히만이 단 한 명의 유대인도 달아나지 못하도록 터무니없는 열정을 보여주었다고 고발한 자가 이들이었다. 라이트링거의 말처럼, 아이히만은 그런 열정을 "외무부의 전문 관료들"과 공유하고 있었는데, "그들에게는 몇몇 유대인이 고문과 느린 죽음에서 탈출하는 것 자체가 가장 심각한 우려 사항이었다."

아이히만에게 가장 단순하고 가장 논리적인 해결은 모든 유대인을 국적과 상관없이 강제이송하는 것이었다. 히틀러가 승승장구하던 때 열린 반제회의의 지시 사항에 따르면 최종 해결책은 모든 유럽의 유대인에게 적용될 예정이었고, 그 수는 1,100만에 달했다. 그리고 국적 같은 문제나 동맹국 또는 중립국이 자기 시민에게 갖는 권리 따위는 언급조차 되지 않았다. 그러나 전쟁의 전망이 가장 좋았던 때에도 독일은 어디에서나 그 지역의 선의와 협조에 의존했으므로 이러한 사소한 형식들은 가볍게 여길 수 없었다.

이 특정한 '골칫거리'에서 벗어나는 길을 발견하는 일은 외무부의 경험 있는 외교관의 과제였다. 이 해결책 가운데 가장 기발한 것은 독일 영토 내의 외국계 유대인을 이용하여 그들 본국의 전반적 분위기를 떠보는 것이었다. 이 방식은 간단하지만 아주 섬세했기 때문에, 분명히 아이히만의 정신적 능력과 정치적 이해력을 상당히 넘어섰다.

(이 점은 증거 자료들을 통해 입증되었다. 외무부로 보내는 이 문제에 관한 그의 부서 편지들은 칼텐브루너나 뮐러가 서명한 것이었다.)

외무부는 외국 당국에 공문을 보내 독일제국이 유대인 없는 지역이 되어가고 있으며, 따라서 외국계 유대인이 반유대인 조치에 포함되지 않으려면 반드시 본국으로 소환되어야 한다고 했다. 이 최후통첩에는 눈에 보이는 것 이상이 담겨 있었다. 이 외국계 유대인들은 통상적으로 그들의 국가에 귀화한 시민이었다. 더욱 심각한 경우 그들은 사실상 무국적 상태에서 모종의 아주 의심스러운 방법으로 여권을 취득했다. 이 여권은 그 소지자가 해외에 거주하는 한 충분히 작동했다.

이는 특히 남미계 국가에서 그랬는데, 이 나라들의 해외 주재 영사는 유대인에게 아주 공공연히 그런 여권을 판매했다. 그런 여권을 소지한 운 좋은 사람들은 자신의 '모국'에 들어갈 권리를 제외하고는 영사관의 보호를 받을 권리를 포함한 모든 권리를 가지고 있었다. 따라서 외무부의 최후통첩은 외국 정부가 오직 명목상으로만 자국민인 유대인에 대해 최종 해결책을 적용하는 데 동의하게 하는 것을 목표로 했다. 자국 내에 항구적 주거지가 없는 수백 수천의 유대인에게 도피처를 제공할 호의를 보이지 않은 정부라면, 그런 유대인 전체가 추방되고 절멸되는 날에 가서 많은 이의를 제기하지 않으리라고 생각하는 것은 논리적이지 않은가. 그것이 논리적이기는 하지만, 우리가 보게 될 것처럼 합당하지는 않았다。

1943년 6월 30일, 히틀러가 바란 것보다 상당히 뒤에 제국, 즉 독일과 오스트리아 및 보호령은 유대인 없는 지역으로 선포되었다. 얼마나 많은 유대인이 실제로 이 지역에서 강제이송되었는지에 대한 정확한 수치는 존재하지 않는다. 그러나 독일 통계에 따르면 1942년 1월까지 강제이송되었거나 강제이송 대상이었던 사람들의 수는 26만

5,000명이었고, 극소수만 탈출했다. 수백, 기껏해야 수천 명이 숨거나 전쟁에서 살아남을 수 있었다. 유대인의 이웃의 양심을 달래는 것이 얼마나 쉬운 일이었는지는 1942년 가을 당관방이 발행한 회보에 나타난 강제이송에 대한 공식 설명을 통해 가장 잘 알 수 있다.

"어떤 면에서 이러한 몹시 어려운 문제는 오직 무자비한 강인성(rücksichtsloser Härte)에 의해서만 우리 민족의 영원한 안전이라는 이해관계 속에서 해결될 수 있다는 것이 사태의 본질이다."

제 10 장

서유럽에서의 추방
프랑스, 벨기에, 네덜란드, 덴마크, 이탈리아

제3제국의 지도자들이 높이 평가한 자질인 '무자비한 강인성'은 전후의 독일에서 종종 좋지 않은 것으로 묘사되었다. 전후 독일은 과거 나치 시절에 대해서는 대충 말해버리는 데 실로 천재적이었다. 마치 '무자비한 강인성'을 가진 사람이 엄격한 기독교적 사랑의 기준에 따라 행동하는 데 애처롭게도 실패한 것 외에는 아무런 잘못이 없다는 듯이 말이다. 여하튼 아이히만 사무실이 '유대인 문제의 고문관'으로 다른 나라에 파견한 인물들은 모두 그런 덕목을 최상급으로 소유했기 때문에 선발되었고, 이들은 정규 외교 공관, 군 참모부 혹은 보안경찰대 지역사령부에 배속되었다. 초창기, 즉 1941~42년 가을과 겨울에는 그들의 주요 임무가 해당국의 다른 독일인 관료, 특히 명목상의 독립국에 있는 독일 대사관과 점령지의 제국 최고 책임자들과 만족할 만한 관계를 수립하는 것이었던 듯하다. 두 경우 모두 유대인 문제 관할권에 관한 갈등이 늘 있었다.

1942년 6월 아이히만은 프랑스, 벨기에, 네덜란드에서 강제이송 계획을 세우기 위해 이들 나라에 있는 고문관들을 소환했다. 힘러는 서부에서 동부까지 '유럽을 쏟어버리는 데' 있어서 '프랑스'에 최우선 순위를 두어야 한다고 명령했다. 그 이유는 한편으로는 최고의 민족이 갖는 내재적 중요성 때문이고, 다른 이유는 비시 정부가 유대인 문제에 대해 진정으로 놀랄 만한 '이해'를 보이며 자발적으로 많은 반유대인 법률을 도입했기 때문이었다. 비시 정부는 유대인 문제 특별부를 설립하기도 했는데, 이 부서는 처음에는 자비에 발랑이, 얼마 뒤에는 다르퀴에 드 펠레푸아가 담당했다. 이 둘은 모두 유명한 반유대주의자였다.

프랑스판 반유대주의에 대한 양보로서, 그 작전은 외국계 유대인부터 시작하기로 되어 있었다. 이 프랑스식 반유대주의는 모든 인구 계층에 퍼져 있던 강력한, 일반적으로 국수주의적인 외국인 혐오와 긴밀하게 연결되었다. 1942년 이래로 프랑스의 외국계 유대인 절반 이상이 무국적 상태가 되었다. 이들은 러시아, 독일, 오스트리아, 폴란드, 루마니아, 헝가리에서 온 난민과 이주민이었다. 다시 말해 이들은 독일 점령지나 전쟁 전에 반유대인 법안이 통과된 지역 출신이었다. 작전의 시작은 대략 10만 명의 무국적 유대인을 강제이송하는 것으로 결정되었다. (당시 이 나라의 전체 유대인 인구는 30만이 족히 넘었다. 1940년 봄에 벨기에와 네덜란드에서 난민이 유입하기 전인 1939년에는 대략 27만 명의 유대인이 있었고, 이 가운데 적어도 17만 명이 외국인이거나 외국 출생자였다.)

5만 명씩 차례로 점령지역과 비시 프랑스에서 신속히 소개해야 했다. 이는 만만찮은 과업이었다. 여기에는 비시 정부의 동의뿐만 아니라 프랑스 경찰의 능동적인 도움이 필요했다. 프랑스 경찰은 독일에서 치안경찰이 한 일을 해야 했다. 우선 거기에는 아무런 문제가 없었다. 페탱 원수 아래에서 수상을 역임한 피에르 라발이 지적한 것처럼 "이 외국인 유대인은 프랑스에서는 항상 문젯거리"였으며, 따라서 "프랑스 정부는 이들을 제거할 기회를 준 독일의 태도 변화를 기뻐했기" 때문이다. 라발과 페탱은 이 유대인들이 동부에서 재정착하리라 생각했다는 점을 덧붙여두어야 한다. 그들은 아직 '재정착'의 의미를 모르고 있었다.

두 사건이 특히 예루살렘 법정에서 주목을 끌었다. 이 두 사건은 모두 작전이 시작되고 몇 주 후인 1942년 여름에 일어났다. 첫째 사건은 7월 15일 보르도에서 출발하기로 예정된 기차와 관련된 일이었는데, 이 추방은 취소되어야 했다. 겨우 150명의 무국적 유대인만이 보르도에서 발견되었기 때문이다. 이는 아이히만이 아주 힘겹게 구한 열차를 채우기에 충분하지 않은 숫자였다.

모두가 당연하게 여겼던 추방이 그리 손쉽게 진행되지 않을 것임을 예고하는 첫 번째 징후라고 아이히만이 여기든 말든 간에, 그는 아주 흥분했고, 부하들에게 이 일이 '명예의 문제'라고 말했다. 프랑스인의 눈에 그렇다는 것이 아니라, 교통부가 아이히만의 업무 효율성에 대해 잘못된 생각을 품을 수 있다는 것이다. 아이히만은 만일 이런 일이 반복된다면 "소개의 문제에 관한 한 프랑스를 완전히 배제할지를 고민해야만 할 것"이라고도 말했다.

예루살렘에서는 이 협박이 아이히만의 권력의 증거라고 하여 아주 심각하게 다루어졌다. 그가 원했다면 '프랑스를 배제할' 수 있었다는 것이다. 사실 이것은 아이히만의 웃기는 허풍의 하나일 뿐이었다. 이런 허풍은 그의 '추진력'의 증거가 되기는 해도 "그의 부하의 눈에는 … 그의 지위의 증거"가 되지는 못했다. 아이히만이 자기 부하들에게 아주 편안한 직업을 뺏을 것이라는 단순한 협박은 되었겠지만 말이다.

보르도 사건이 하나의 익살극이었다면, 두 번째 사건은 예루살렘에서 들은 소름 끼치는 수많은 이야기 가운데 가장 끔찍한 일 중 하나의 토대였다. 이 이야기는 부모가 아우슈비츠로 보내진 뒤 홀로 남겨진 4,000명의 아이에 대한 것이다. 아이들은 프랑스 집결지인 드랑시 집단수용소에 남겨졌다. 7월 10일에 아이히만의 프랑스 담당 보좌관인 테오도어 단네커 최고돌격지도자가 그에게 전화를 걸어 이 아이들을 어떻게 조치할 것인지를 물었다.

아이히만이 결정을 내리는 데 열흘이 걸렸다. 열흘 후 그는 단네커에게 전화해서 "[폴란드] 총독령으로 열차 편을 다시 급파하는 대로 아이들을 수송하라"고 명령을 내렸다. 세르바티우스는 이 모든 일이 "관련된 사람들에 대한 결정권이 피고에게도 또 그의 사무실 요원에게도 있지 않다"는 점을 사실상 입증한다고 지적했다. 불행하게도 그 누구도 언급하지 않았던 점은, 16세 이하의 아이들이 강제이송에 포함되어야 한다고 제안했던 사람이 라발이었다고 단네커가 아이히만에게 알려주었다는 점이다. 이것이 의미하는 것은, 이 모든 섬뜩한 에피소드가 '상부 명령'의 결과가 아닌, 프랑스와 독일의 최고위급 협상 결과로 나온 합의의 산물이었다는 점이다.

1942년 여름과 가을에 2만 7,000명의 무국적 유대인, 구체적으로는 파리에서 1만 8,000명, 비시 정부에서 9,000명이 아우슈비츠로 강제이송되었다. 프랑스 전역에는 대략 7만 명의 무국적 유대인이 남아 있었는데 이때 독일인은 첫 번째 실수를 저질렀다. 프랑스가 유대인 강제이송에 익숙해져 이제 이 일을 더는 꺼리지 않을 것이라 확신한 독일은, 단순히 행정 사안을 명분으로 프랑스계 유대인도 추방에 포함해달라고 요구했다. 이 요구가 국면을 완전히 뒤바꿨다. 프랑스가 자국의 유대인을 독일인에게 인도하기를 완강히 거부한 것이다. 아이히만이나 그의 요원이 아니라 친위대 및 경찰 고위지도자에게서 이 상황을 보고받은 힘러는 바로 포기하고, 프랑스계 유대인은 남겨둔다고 약속했다.

그러나 이제는 너무 늦었다. '재정착'에 대한 첫 번째 소문이 프랑스에 도달했다. 프랑스의 반유대주의자는 물론이고 반유대주의자가 아닌 사람들도 외국계 유대인이 다른 지역으로 이주하기를 바랐을 수 있지만, 이제는 반유대주의자조차도 대량학살의 공범이 되고 싶어 하지 않았다. 따라서 프랑스는 얼마 전까지도 열심히 생각했던 조치, 즉 1927년 이후 (또는 1933년 이후) 유대인에게 부여한 귀화권을 박탈하기를 거부했다. 이 조치가 이루어졌더라면 5만 명의 유대인이 더 강제이송되었을 것이다. 그들은 또한 무국적 상태 혹은 외국 출신 유대인의 강제이송과 관련하여 끝없는 문제를 만들어내기 시작해서, 프랑스에서 유대인을 소개하려는 모든 야심에 찬 계획이 사실상 '취소'되어야 했다. 수만 명의 무국적자가 숨었고, 또한 수천 명이 이탈리아 점령지의 프랑스 구역인 코트다쥐르로 도피했다. 거기서 유대인은 출신지와 국적에 상관없이 안전하게 지낼 수 있었다.

1943년 여름, 독일은 유대인 없는 지역으로 선포되었다. 연합군이 시칠리아에 막 상륙했을 때 강제이송된 유대인의 수는 5만 2,000명 정도였고, 이는 전체의 20퍼센트 이하였다. 이들 중 프랑스 국적자는 6,000명 정도였다. 프랑스 군대의 유대인 전쟁 포로들조차 독일 수용소에서 '특별 대우'를 받지 않았다. 1944년 4월, 연합군이 상륙하기 두 달 전에 프랑스에는 여전히 25만 명의 유대인이 있었는데, 이들은 전쟁이 끝날 때까지 살아남았다. 나치는 확고한 반대에 직면했을 때 '거칠게' 대응할 인력이나 의지를 소유하고 있지 않았음이 드러났다. 앞으로 보게 되겠지만 사실 게슈타포와 친위대 요원들조차도 무자비함과 부드러움을 함께 지녔던 것이다.

1942년 6월의 베를린 회의에서는 벨기에와 네덜란드에서 즉각 강제이송될 사람의 추정치가 다소 낮게 책정되었는데 이는 아마도 프랑스에서 수치를 높게 잡았기 때문인 것 같다. 벨기에로부터 1만 명의 유대인이, 네덜란드로부터 1만 5,000명이 곧 체포되어 강제이송될 것으로 추정되었다. 이 두 경우 모두 나중에 그 수치가 상당히 확대되었다. 프랑스에서의 작전에서 부딪힌 어려움 때문이었던 것 같다.

벨기에의 상황은 몇 가지 점에서 독특했다. 이곳은 독일 군 당국이 단독으로 통치했고, 법정에 제출된 벨기에 정부 보고서의 지적처럼 경찰은 "다른 지역에서와 같은 영향력을 다른 독일 행정 서비스에 대해 행사하지 못했다." (벨기에 총독 알렉산더 폰 팔켄하우젠은 나중에 히틀러에 대한 1944년 7월 음모에 연루되었다.) 원주민 협력자가 중요한 역할을 한 곳은 플랑드르 지역뿐이었다. 프랑스어를 사용하는 왈롱 사람들 사이에 일어난 드그렐이 이끈 파시즘 운동은 영향력이 거의 없었다. 벨기에 경찰은 독일에 협조하지 않았고, 벨기에의 철도국원들에게는 강제이송 열차를 운행하게 믿고 맡길 수 없었다. 그들은 열차 문을 잠그지 않은 채 두기도 했고 또 매복을 주선하여 유대인이 탈출할 수 있도록 도와주기도 했다.

가장 독특한 점은 유대인 인구의 구성이었다. 전쟁 발발 전 벨기에에는 9만 명의 유대인이 있었는데, 이 가운데 대략 3만 명은 독일계 유대인 난민이었고, 5만 명은 다른 유럽 국가에서 왔다. 1940년 말까지 거의 4만 명의 유대인이 이 나라를 탈출했고, 남아 있던 5만 명 가운데 벨기에 태생인 시민권자는 5,000명뿐이었다. 게다가 탈출한 사람들 가운데는 아주 중요한 유대인 지도자들이 있었는데, 이들 대부분은 어쨌든 외국인이었다. 그래서 유대인위원회는 원주민 유대인 가운데에서 아무런 권위도 행사하지 못했다. 이런 모든 측면에서의 '이해 결여'를 고려할 때, 아주 소수의 벨기에계 유대인만 강제이송되었던 것은 놀랄 일이 아니다.

그러나 귀화한 지 얼마 되지 않은 유대인과 무국적 유대인은 쉽게 알아볼 수 있었고 또 이 작고 완전히 산업화한 국가에서 숨어 있기는 아주 어려웠다. 그들은 대부분 체코, 폴란드, 러시아, 독일 출신이었다. 1942년 말까지 1만 5,000명이 아우슈비츠로 이송되었고, 1944년 가을 연합군이 해방할 때까지 모두 2만 5,000명이 살해되었다. 아이히만은 벨기에에 평범한 '고문관'을 두고 있었지만, 그들은 이 작전에서 그다지 적극적이지 않았던 것 같다. 외무부가 압력을 점차 높이면서 이 작전은 마침내 군 당국이 수행하게 되었다.

다른 모든 나라와 마찬가지로 네덜란드로부터의 강제이송도 무국적 유대인에서 시작되었다. 이번 경우 유대인은 거의 모두가 독일로부터 온 난민이었고, 네덜란드의 전쟁 전 정부가 '바람직하지 않다'고 공개적으로 선언한 사람들이었다. 전체 14만 명의 유대인 가운데 외국계는 3만 5,000명이었다. 벨기에와 달리 네덜란드에서는 민간 행정이 이루어지고 있었고, 프랑스와 달리 정부는 없었다. 내각은 왕실과 함께 런던으로 망명했기 때문이다.

이 작은 민족은 전적으로 독일의 처분에 달려 있었다. 네덜란드에 있던 친위대 소속의 아이히만 '고문관'은 빌리 죄프라는 사람이었다. (이 사람은 최근 독일에서 체포되었는데, 프랑스에서 활약한 훨씬 더 중요한 고문관인 단네커는 아직 체포되지 않았다.) 그런데 그는 별로 권한이 없었던 것 같고, 베를린과 연락을 취하는 것 외에는 할 수 있는 일도 거의 없었다.

강제이송 및 이와 관련된 모든 일은 변호사 에리히 라야코비치가 다루었다. 그는 빈과 프라하에서 아이히만의 법률고문을 지낸 자로서 아이히만의 추천을 받아 친위대에 들어왔다. 하이드리히는 그를 1941년 4월에 네덜란드로 파견했다. 라야코비치의 직접 보고 대상은 베를린의 국가보안본부가 아니라 헤이그의 보안국 국장인 빌헬름 하르스텐 박사였다. 하르스텐은 다시 친위대 및 경찰 고위지도자 상급집단지도자 한스 라우터와 그의 유대인 문제 담당관인 페르디난트 퓐텐 아래에 있었다.

(라우터와 퓐텐은 네덜란드 정부에 의해 사형을 선고받았다. 라우터는 처형되었고, 퓐텐은 종신형으로 감형되었는데, 아마도 아데나워 행정부의 개입이 있었던 것 같다. 하르스텐도 네덜란드로 송치되어 재판을 받았다. 그는 12년형을 선고받아 복역하고 1957년에 석방되었으며, 그 이후 바이에른 주정부 공무원이 되었다. 네덜란드 당국은 스위스나 이탈리아에서 사는 것으로 보이는 라야코비치에 대한 소송을 고려하고 있다. 이 모든 자세한 내용은 네덜란드에서 출간된 보고서와 스위스 신문 『바슬러 나치오날차이퉁』의 네덜란드 특파원 E. 야코프의 보도로 작년에 알려졌다.)

예루살렘에서 검찰은 한편으로는 어떤 대가를 치르고라도 아이히만의 유죄를 입증하려 했고, 또 다른 한편으로는 독일 관료제의 복잡성을 정말로 놓쳐버린 탓에, 이 관료들 모두가 아이히만의 명령을 수행했다고 주장했다. 그러나 친위대 및 경찰 고위지도자는 힘러에게서만 직접 지시를 받았고, 라야코비치가 당시에 여전히 아이히만에게서 명령을 받았을 가능성은, 특히 그후 네덜란드에서 진행된 사건에 비추어 보아 거의 없었다. 법원은 논쟁에 빠지지 않고 검사가 범한 많은 오류를 (전부는 아니지만) 조용히 교정했고, 국가보안본부와 친위대 및 경찰 고위지도자 그리고 다른 관료들 사이에 계속되었던 자리다툼을 보여주었다. 아이히만은 그들 사이에 진행된 주도권 다툼을 "집요하고 끝없고 영원한 협상"이라고 불렀다.

아이히만은 네덜란드에서 이루어진 조정에 대해 특히 화가 났다. 아이히만의 콧대를 꺾어놓은 사람이 바로 힘러임이 분명했기 때문이다. 게다가 아이히만은 현지 책임자들의 열정 때문에 자신이 보낼 추방 열차의 일정을 잡는 데 상당한 어려움을 겪었고, 이는 대체로 베를린에 있는 '조정 센터'의 중요성을 조롱거리로 만들었다. 그래서 시작부터 1만 5,000명이 아니라 2만 명의 유대인이 강제이송되었다. 아이히만의 부하 죄프는 지위나 계급에서는 현직에 있던 모든 사람보다 훨씬 아래였는데도 1943년에 강제이송을 가속화하라는 상당한 압박을 받았다. 이 문제에 대한 관할권 갈등이 아이히만을 내내 괴롭혔다. 아이히만이 자신의 말을 듣는 사람들에게 "만일 이 단계에서 다른 기관이 다시 유대인 문제를 다루려 한다면, 그것은 친위대 국가지도자[힘러]의 명령과 모순될 것이며 비논리적으로 될 것이다"라고 설명한 것은 허사였다.

네덜란드에서의 마지막 충돌은 1944년에 일어났다. 이번에는 일을 일관되게 하기 위해서라는 명분으로 칼텐브루너도 개입하려 했다. 네덜란드에서 스페인 출신 세파르디계 유대인은 면제되었는데, 테살로니키에서는 같은 출신의 유대인이 아우슈비츠로 추방되었다. 판결문이 국가보안본부가 "이 논쟁에 대해 우세했다"고 섣불리 판단한 것은 오류였다. 대략 370명의 세파르디계 유대인이 암스테르담에서 괴로움을 당하지 않고 남아 있을 수 있었던 이유는 오직 신만이 알 것이다.

힘러가 네덜란드에서 자신의 친위대 및 경찰 고위지도자를 통해 일하기를 선호한 이유는 간단했다. 이들은 이 나라에서 일하는 방식을 잘 알고 있었고, 네덜란드 사람들이 야기한 문제는 쉽게 해결될 일이 아니었기 때문이다. 네덜란드는 유대인 교수들이 해고됐을 때 학생들이 들고일어난, 또 유대인을 독일 강제수용소로 처음 강제이송한 일에 대해 일련의 파업이 발생한 유일한 유럽 국가였다. 이 강제이송은 죽음의 수용소로의 추방과는 다르게, 최종 해결책이 네덜란드에 도달하기 한참 전에 이루어진 단지 징벌적 조치에 불과했는데도 말이다. (더용이 지적한 것처럼, 독일인들은 교훈을 얻었다. 이제부터는 "박해는 나치 돌격대의 곤봉을 통해서가 아니라 …『유대인 주보』가 억지로 수록해야 했던 … '관보'에 실린 포고령을 통해 수행되었다." 거리에서 경찰의 검색은 더는 이루어지지 않았고 사람들도 더는 파업하지 않았다.)

그러나 반유대인 조치에 대해 네덜란드에 널리 퍼져 있던 적개심과 반유대주의에 대한 네덜란드 국민의 상대적 면역 상태는 두 가지 요소로 통제되었고, 이로써 유대인은 결국 치명적인 결과를 맞게 된다. 첫째, 네덜란드에 아주 강한 나치 운동이 있었는데, 이들은 유대인을 체포하고 은신처를 수색하는 등의 경찰 조치 수행을 충실하게 도왔다. 둘째, 원주민 유대인에게는 자신과 새로 유입한 유대인을 구별하는 아주 강한 성향이 있었다. 이것은 아마도 독일 출신 난민에게 아주 비우호적인 네덜란드 정부의 태도가 낳은 결과라고도 할 수 있고, 또 프랑스에서와 마찬가지로 네덜란드에서의 반유대주의가 외국계 유대인을 향했기 때문이기도 할 것이다. 이 때문에 나치는 유대인위원회를 상대적으로 쉽게 형성할 수 있었다.

유대인위원회는 오랫동안 오직 독일계 유대인과 외국계 유대인만이 강제이송의 희생물이 될 것이라는 인상을 주면서 존속했다. 또 친위대가 네덜란드의 경찰뿐만 아니라 유대인 경찰력도 확보할 수 있게 된 것은 유대인위원회 덕분이었다. 그 결과는 여타 서부 유럽 국가의 경우와 비교할 수 없을 정도의 파국이었다. 거기에 견줄 수 있는 것은 아주 다른 상태에 있었던, 즉 처음부터 절망적인 상태에 있었던 폴란드 유대인의 절멸뿐이다.

폴란드와 비교할 때 네덜란드 국민은 수많은 유대인이 숨도록 해주었다. 그 수는 2만에서 2만 5,000명 정도인데, 국가 크기가 아주 작다는 것을 생각하면 아주 높은 수치다. 그러나 숨어 지내던 상당수의 유대인이 결국 발각되었는데 그 수가 전체의 절반 정도나 된다. 이는 의심의 여지 없이 곳곳에 있는 전문적인 정보원들 때문이었다. 1944년 7월까지 11만 3,000명의 유대인이 강제이송되었다.

이들 대부분은 폴란드 루블린 지역의 부크강 옆에 있는 소비보르로 추방되었는데, 거기서는 노동 가능한 사람을 한 번도 선별하지 않았다. 네덜란드에 살던 전체 유대인의 4분의 3이 살해되었는데, 살해된 유대인의 3분의 2는 네덜란드 태생 유대인이었다. 1944년 가을에 마지막 추방이 이루어졌는데, 이때는 연합군 순찰대가 네덜란드 국경에 있을 때였다. 숨어서 살아남은 1만 명의 유대인 가운데 약 75퍼센트가 외국계였다. 이 숫자는 네덜란드 유대인이 현실 직시를 꺼린 결과가 무엇인지를 입증한다.

반제회의에서 외무부의 마르틴 루터는 스칸디나비아 국가들, 특히 노르웨이와 덴마크에서 큰 어려움이 발생할 수 있다고 경고했다. (스웨덴은 점령된 적이 없었고, 핀란드는 전시에 추축국 편에 섰으나 나치가 유대인 문제에 거의 접근조차 한 적이 없는 유일한 나라였다. 대략 2,000명의 유대인이 살던 핀란드가 이 같은 놀라운 예외가 된 것은 핀란드인에 대한 히틀러의 높은 평가 때문일 것이다. 히틀러는 그들에 대한 협박이나 우스꽝스러운 음모를 벌이려 하지 않은 것 같다.) 루터는 스칸디나비아에서의 소개를 잠시 연기하자고 제안했다. 이 일은 덴마크에 관한 한 너무나 당연했다. 덴마크에는 독립 정부가 있었고, 비록 1940년 4월에 노르웨이와 함께 독일군에게 침공당했지만 1943년 가을까지는 중립국으로 존중받았기 때문이다.

덴마크에는 언급할 가치가 있는 파시스트나 나치 운동이 존재하지 않았고, 따라서 부역자도 없었다. 그러나 노르웨이에서 독일은 열정적 지지자들을 찾을 수 있었다. 실제로 친나치·반유대주의적 노르웨이 정당의 지도자 비드쿤 크비슬링은 나중에 자기 이름을 딴 '크비슬링 정부'를 세웠다.

노르웨이의 유대인 1,700명은 무국적자로 독일에서 온 난민이었다. 그들은 1942년 10월과 11월에 있었던 몇 차례의 전격 작전에서 체포되고 억류되었다. 아이히만의 사무실에서 그들을 아우슈비츠로 강제이송하라고 명령했을 때 크비슬링 휘하의 몇 명이 정부 직책을 사임했다. 이 일은 루터에게나 외무부에는 놀라운 일이 아니었을 것이다. 그러나 더욱 심각하고 또 전적으로 예기치 않았던 일은, 스웨덴이 모든 탄압받는 사람에게 즉각적으로 망명을 허용하고 때로는 스웨덴 국적도 허용한 것이다. 외무부의 차관 에른스트 폰 바이츠제커가 그 제안을 접수했을 때 논의를 거절했지만, 그런데도 이 제안은 도움이 되었다. 어떤 나라를 불법적으로 떠나는 것은 항상 상대적으로 쉬운 일이지만, 허가 없이 피난처를 찾거나 이주 당국을 속이는 것은 거의 불가능하다. 따라서 이 작은 노르웨이 공동체의 절반을 약간 넘는 900명 정도가 스웨덴에 잠입할 수 있었다.

그런데 외무부의 우려가 얼마나 완전히 정당했는지를 독일이 알 수 있었던 곳은 덴마크였다. 덴마크 유대인의 이야기는 아주 특별하며, 덴마크인과 덴마크 정부의 행위는 유럽의 모든 나라, 즉 그 어떤 피점령국이나 추축국, 중립국이나 독립국보다도 독특했다. 강력하고 압도적인 폭력 수단을 소유한 적에 대한 비폭력적 저항의 엄청난 잠재력을 배우려는 모든 학생을 위해서, 정치학 필독서로 이 이야기를 추천하고 싶을 정도다.

유럽의 몇몇 나라에는 '유대인 문제에 대한' 적절한 '이해'가 없었고, 그들 대부분이 '근본적'이고 '최종적'인 해결책에 실제로 반대했던 것은 분명하다. 덴마크와 마찬가지로 스웨덴과 이탈리아, 불가리아도 반유대주의에 거의 면역 상태였다. 그런데 독일의 영향권 안에 있었던 이 세 나라 가운데 덴마크만 그들의 독일인 주인에게 이 주제에 대해 감히 발언했다. 이탈리아와 불가리아는 독일의 명령에 대해 태업을 벌였고, 이중적으로 행동하며 방해 작업을 벌여 자국의 유대인을 아주 기발한 계책으로 구출해냈지만, 독일의 정책 자체에 대해서는 절대 대항하지 않았다. 이 점이 덴마크인이 한 일과 전적으로 다르다.

독일인이 노란색 표지 도입 건으로 다소 조심스럽게 접근했을 때, 그들은 왕이 표지를 가장 먼저 달 것이라는 말을 들었다. 덴마크 정부 관리들은 어떤 반유대인 조치를 취하면 즉각 사임하겠다고 조심스럽게 지적했다. 이 모든 문제에 있어서 결정적이었던 것은, 독일인이 대략 6,400명의 유대계 덴마크 원주민과 전쟁 전에 이 나라로 망명해서 이제는 독일 정부에 의해 무국적자라고 선언된 1,400명의 독일계 유대인 난민을 구별하는 아주 중요한 조치를 도입하지도 못한 것이었다.

이런 구분의 거부는 독일인을 끝없이 놀라게 했다. 왜냐하면 귀화뿐만 아니라 노동 허가조차 거부했던 사람들을 정부가 보호하는 것은 매우 '비논리적'으로 보였기 때문이다. (법적으로 덴마크에 거주하는 난민의 전쟁 전 상태는 프랑스의 경우와 다르지 않았다. 프랑스 제3공화국의 공무원은 전반적으로 부패해서 뇌물이나 '연줄'을 통해 일부가 귀화 서류를 입수할 수 있었고 또 프랑스의 난민 대부분이 허가 없이도 불법 취업을 할 수 있었던 점을 제외한다면 말이다. 그러나 스위스와 마찬가지로 덴마크는 부패나 편법으로 요령껏 살아갈 수 있는 그런 나라가 아니었다.)

덴마크인은 독일 관리들에게, 무국적 난민이 더는 독일 시민이 아니므로 나치는 덴마크의 동의 없이 그들에 대해 조치할 수 없다고 설명했다. 이것은 무국적도 하나의 자산임이 입증된 몇 안 되는 경우 중 하나다. 물론 유대인을 구한 것은 무국적 자체가 아니라 덴마크 정부가 그들을 보호하기로 한 결정이었다. 따라서 살인 관료제를 위해 아주 중요한 예비적 조치 가운데 그 무엇도 수행할 수 없었다. 그래서 작전은 1943년 가을까지 연기되었다.

그때 참으로 놀라운 일이 일어났다. 다른 유럽 국가에서 일어난 일과 비교해보았을 때 모든 일은 엉망진창으로 흘러갔다. 1943년 8월,

독일이 러시아 침공에 실패한 이후 아프리카 부대는 튀니지에서 패배했고, 연합군은 이탈리아를 침공했다. 스웨덴 정부는 독일 군대에게 자국 영토를 통과하는 권한을 부여한 독일과의 1940년 협정을 파기했다. 게다가 덴마크 노동자들은 한 걸음 더 나아가기로 결심했다. 덴마크 조선소에서 시위가 일어났고 거기서 항만 노동자들은 독일 선박의 수리를 거부하고 파업에 돌입했다. 독일군 사령관은 비상사태를 선포하고 군법을 적용했다. 힘러는 이때가 오랫동안 미루어온 유대인 문제의 해결책을 수행할 적시라고 생각했다.

힘러가 계산에 넣지 못한 것은, 덴마크인의 저항과는 별개로 이 나라에서 오랫동안 살았던 독일 관리들이 더는 옛날 같지 않다는 점이었다. 군사령관이었던 폰 하네켄 장군만 제국 전권대사 베르너 베스트 박사에게 부대를 내주기를 거부한 것이 아니었다. 뉘른베르크에서 베스트가 증언한 내용에 따르면, 덴마크에 주둔한 이동학살특공대(Einsatzkommandos)조차도 "중앙 기관들이 명령한 조치들"을 아주 자주 거부했다.

베스트는 과거 게슈타포 요원이었고, 하이드리히의 전 법률고문이었으며, 경찰에 관한 책을 저술하여 당시 유명했고, 파리의 군사정부를 위해 자신의 상관이 전적으로 만족할 만큼 업무를 수행했다. 이제 베스트 자신도 의심을 받게 되었다. 물론 그가 얼마나 철저하게 믿을 수 없는 위인이었는지를 베를린 정부가 알고 있었는지는 의문이다. 그러나 처음부터 일이 원만하게 진행되지 않았음은 분명했다. 그래서 아이히만의 사무실에서 가장 뛰어난 인물인 롤프 귄터가 덴마크로 보내졌다. 귄터는 그 누구에게도 필수적 자질인 '무자비한 강인성'을 소유하지 않았다고 지적당한 적이 없는 인물이었지만, 그는 코펜하겐에서 동료들에게 아무런 인상도 주지 못했다. 이제 폰 하네켄은 모든 유대인이 노동 신고를 하도록 요구하는 칙령을 발표하기조차 거부했다.

베스트는 베를린으로 가서 모든 덴마크 출신 유대인을 종류와 상관없이 테레지엔슈타트로 보내기로 약속받았다. 이는 나치의 관점에서 보면 아주 중요한 양보였다. 10월 1일 밤은 그들을 체포하고 즉시 추방하는 날로 정해졌다. 배가 항구에 준비되어 있었다. 덴마크인이나 유대인, 덴마크에 주둔한 독일 군대조차도 도움이 되리라 기대할 수 없어서 경찰 부대가 가택 수색을 위해 독일에서 왔다. 마지막 순간 베스트는 경찰 부대의 아파트 진입을 허용하지 않는다고 말했다. 그렇게 되면 덴마크 군대가 개입할 것인데, 그들은 덴마크인과 충돌하면 안 됐다. 따라서 그들은 자발적으로 문을 연 유대인만 체포할 수 있었다.

7,800명 이상이 되는 전체 유대인 가운데 문을 열어 그들을 들어오게 해서 체포된 자는 정확히 477명이었다. 운명의 날 며칠 전, 베스트에게서 귀띔을 받은 독일인 운송 요원인 게오르크 F. 두크비츠가 전체 계획을 덴마크 정부 관리들에게 알렸고, 이들은 다시 서둘러서 유대인 공동체 수장들에게 알렸다. 다른 나라 유대인 지도자들과는 아주 다르게, 덴마크의 유대인 지도자들은 이 소식을 신년 예배에서 공개적으로 전달했다. 유대인들은 때맞춰 자신의 아파트를 떠나 은신처로 갈 수 있었는데, 이는 덴마크에서는 아주 쉬운 일이었다. 판결문에 쓰인 대로 "왕에서 평범한 시민에 이르기까지 모든 계층의 덴마크인"은 그들을 맞을 준비가 되어 있었다.

만일 덴마크인에게 스웨덴이 이웃이라는 축복이 없었다면 유대인은 전쟁이 끝날 때까지 숨어 있어야 했을 것이다. 유대인이 스웨덴으로 배를 타고 건너는 것은 합리적이었고, 이 일은 덴마크 어부들의 도움으로 이루어졌다. 돈이 없는 사람들의 운송비, 1인당 약 100달러의 비용은 대체로 부유한 덴마크 시민이 지불했다. 이것은 그 어떤 일보다도 놀라운 일이었다. 당시 유대인은 자신의 강제이송에도 운임을 내야 했다. 유대인 중 부자는 (네덜란드와 슬로바키아에서, 나중에는 형가리에서도) 탈출 허가를 받으려고 지역 당국자들에게 뇌물을 바쳤다. 혹은 네덜란드에서처럼, 1인당 5,000에서 1만 달러에 달하는 금액을 오직 현금으로만 받고 탈출 허가증을 팔았던 친위대와 '합법적으로' 협상하는 경우도 있었다. 진정한 동정심과 도움을 주려는 기꺼운 마음으로 유대인을 맞은 곳에서도 운송비는 지불해야 했기 때문에, 가난한 사람들이 탈출할 기회는 없었던 것이다.

덴마크와 스웨덴을 갈라놓은 폭 8킬로미터에서 24킬로미터의 바다를 가로질러 유대인을 수송하는 데 10월 대부분이 지나갔다. 스웨덴은 5,919명의 난민을 받아들였는데, 이 가운데 적어도 1,000명은 독일 태생이었고 1,310명은 반쪽 유대인이었으며 686명은 유대인과 결혼한 비유대인이었다. (덴마크계 유대인의 거의 절반은 그 나라에 남아 은신처에서 전쟁 기간에 살아남은 것으로 보인다.) 비덴마크계 유대인은 전보다 살기가 나아졌고, 모두가 노동 허가를 받았다.

독일 경찰이 체포한 수백의 유대인은 테레지엔슈타트로 이송되었다. 그들은 늙거나 가난해서 제때 소식을 듣지 못했거나, 소식을 들었어도 그 의미를 이해하지 못한 이들이었다. 덴마크 기관과 민간인들이 끝없는 '소란'을 일으킨 덕에 그들은 게토에서 어느 다른 집단보다 더 큰 특혜를 누렸다. 48명이 죽었으나 이 숫자는 그 집단의 평균 연령을 고려해보았을 때 특별히 큰 것이 아니다. 이 모든 일이 지난 후 아이히만이 숙고해서 내린 의견은 "여러 이유에서 덴마크에서의 유대인에 대한 작전은 실패"라는 것이었다. 그러나 이 별난 베스트 박사는 "그 작전의 목표는 많은 수의 유대인을 체포하는 것이 아니라 덴마크를 유대인 없는 지역으로 만드는 것이었는데, 이 목표는 달성되었다"고 선언했다.

정치적으로 또 심리학적으로 이 사건의 가장 흥미로운 측면은 덴마크 내의 독일 당국이 취한 역할이다. 즉 베를린으로부터 온 명령에 대해 그들이 명백히 태업한 것이다. 이것은 나치가 원주민으로부터 공개적 저항을 받았다고 알려진 유일한 경우이며, 그 결과는 저항에 노출된 사람들의 마음을 변화시킨 것으로 보인다. 그들은 분명히 한 민족 전체의 절멸을 더는 당연시하지 않았다. 원칙에 근거한 저항에 부딪히자 그들의 '강인성'은 태양 아래 놓인 버터처럼 녹아내려, 그들은 진정한 용기를 몇 차례 조심스럽게 드러내기까지 했다.

'강인성'이라는 이상은, 아마도 몇몇 절반쯤 미친 야수를 예외로 하고는, 어떤 대가를 치르고서라도 순응하려는 무자비한 욕망을 감춘 자기기만의 신화에 불과하다는 것이 뉘른베르크 재판에서 명백하게 드러났다. 이 재판에서 피고들은 서로 고발하고 배신했으며, 자기는 '항상 거기에 반대했다'고 세상을 설득하려 하거나 아이히만처럼 자기 최고의 재능을 상관이 '오용'했다고 주장했다. (예루살렘에서 아이히만은 "권력자들"이 자신의 "복종심"을 오용했다고 고발했다. "좋은 정부의 신하가 되는 것은 행운이고, 나쁜 정부의 신하가 되는 것은 불운이다. 나는 운이 없었다.")

분위기는 바뀌었다. 그들 대부분은 자신이 처벌받을 것이라고 알았겠지만 그들 중 단 한 사람도 나치 이데올로기를 옹호할 배짱이 없었다. 베르너 베스트가 뉘른베르크에서 주장한 것은, 자신은 복잡한 이중역할을 수행했고, 덴마크 관리들이 임박한 파국에 대해 경고를 받은 것은 자기 덕분이었다는 것이다. 그러나 이와는 반대로 문헌 정보에 따르면 베를린에서 덴마크 작전을 제안한 사람은 바로 베스트였는데, 그는 이것이 모두 속임수의 일부였다고 설명했다. 그는 덴마크에서 재판을 받고 사형을 선고받았는데 이에 항소해서 놀라운 결과를 얻었다. '새로운 증거' 때문에 5년으로 감형된 그는 얼마 지나지 않아 곧 석방되었다. 그가 진정으로 최선을 다했음을 덴마크 법정이 만족할 만큼 입증할 수 있었던 것 같다.

이탈리아는 유럽 내에서 독일의 유일한 진정한 동맹이었고 동등한 취급을 받았으며 독립된 주권국가로 존중받았다. 그 동맹은 유사하지만 같지는 않은 새로운 형태의 두 정부를 서로 묶어주는 최고도의 공통된 이해관계에 의존했다. 무솔리니가 한때 독일의 나치 집단에서 크게 칭송받은 것은 사실이다. 그러나 전쟁이 발발하고 이탈리아가 잠시 머뭇거리다 독일제국과 연합했을 때 그것은 이미 과거의 일이었다.

나치는 자신들의 체제가 이탈리아 파시즘보다 스탈린식 공산주의와 더 많은 공통점을 가지고 있다는 것을 충분히 인식하고 있었다. 무솔리니의 편에서도 독일에 대한 큰 신뢰나 히틀러에 대한 큰 경애심을 갖고 있지 않았다. 그러나 이 모든 것은 특히 독일에서는 최고위층의 비밀에 속했으며, 전체주의 형태 정부와 파시즘 형태 정부의 심층적이고 결정적인 차이가 전반적으로 세상에 완전히 이해된 적은 없었다. 그 차이는 유대인 문제를 다루는 데에서 가장 명백하게 드러났다.

1943년 여름에 있었던 바돌리오 쿠데타[1] 이전, 독일이 로마와 북

----

1) 피에트로 바돌리오(Pietro Badoglio, 1871~1956)는 이탈리아 군인이자 정치인으로, 무솔리니 정권의 조력자였으나 제2차 세계대전 중인 1940년에 소극적으로 활동한다는 이유로 참모총장과 총사령관직을 사퇴했다. 1943년 7월 무솔리니가 실각하자 국왕 비토리오 에마누엘레 3세의 지명으로 총리에 올라 반파시스트 과도정부를 구성했고, 연합국과 협상 끝에 그해 9월 3일 휴전을 맺었다. 1944년 6월 로마가 해방되자 총리직을 사임했다.
바돌리오 쿠데타는 무솔리니 실각 이후 바돌리오가 총리가 된 뒤 이탈리아가 전쟁에서 이탈하는 전환점을 이룬 것을 말한다. 다만 쿠데타를 주도한 것은 바돌리오가 아니라 파시스트 대평의회와 국왕이었다.

이탈리아를 점령하기 이전에는 아이히만과 그의 요원들이 이탈리아에서 활동하는 것이 허용되지 않았다. 그러나 그들은 프랑스와 그리스, 유고슬라비아 등의 이탈리아 점령지역에서 이탈리아 방식, 즉 아무것도 해결하지 않는 방식에 부딪혔다. 처형될 유대인이 끊임없이 그 지역으로 탈출했다. 거기서 임시 망명권을 확보할 수 있었기 때문이다.

아이히만보다 훨씬 높은 계층의 사람들에게는 최종 해결책에 대한 이탈리아의 태업이 상당히 심각하게 다가왔는데, 이는 주로 유럽의 다른 파시스트 정부, 즉 프랑스의 페탱, 헝가리의 호르티, 루마니아의 안토네스쿠, 스페인의 프랑코 정부에 대한 무솔리니의 영향력 때문이었다. 만일 이탈리아가 자국의 유대인을 살려둔다면 독일의 위성국도 같은 시도를 할 것이었다. 독일이 호르티에게 강제로 임명하게 한 헝가리 수상 스토야이 되메(Sztójay Döme)가 반유대인 조치가 이루어질 때, 같은 규정이 이탈리아에도 적용될지 항상 궁금해했던 것처럼 말이다.

아이히만의 상관인 뮐러 소장은 이 주제에 대한 모든 점을 지적하는 장문의 편지를 외무부로 보냈다. 그러나 외무부 관리들은 여기에 대해 별다른 조치를 하지 않았다. 그들은 미묘하게 은폐된 같은 저항, 같은 약속, 같은 약속 불이행을 늘 마주했기 때문이었다. 이 태업은 공개적으로, 거의 조롱하는 투로 수행되었기 때문에 훨씬 더 당혹스러웠다. 무솔리니와 다른 고위 관료가 약속했고, 장성들이 그 약속을 이행하지 못했을 때 무솔리니는 '사고방식의 차이'를 이유로 그들을 용서하곤 했다. 분명한 거부에 부딪히는 것은 아주 가끔이었다. 로아타 장군이 유고슬라비아 내의 이탈리아 점령지역에서 유대인을 독일 당국자에게 넘기는 것은 "이탈리아군의 명예에 부합하지 않는다"라고 선언했을 때가 바로 그런 경우였다.

이탈리아인이 어떤 약속을 대략 완수한 경우에 사태는 상당히 악화되곤 했다. 한 사례는 연합군이 프랑스령 북아프리카에 당도했을 때 일어났다. 이때 남부에 있는 이탈리아 영역을 제외하고 프랑스 전 지역을 독일이 점령하고 있었는데, 이탈리아 지역에서는 대략 5만 명의 유대인이 안전하게 지내고 있었다. 독일이 상당한 압력을 행사하여 이탈리아인 '유대인 문제 최고위원회'가 설치되었다. 그들의 유일한 임무는 이 지역의 모든 유대인을 등록하고 지중해 연안에서 추방하는 것이었다.

2만 2,000명의 유대인이 실제로 체포되어 이탈리아 지역 내부로 이송되었고, 라이트링거에 따르면 그 결과로 "가장 가난한 계층의 유대인 1,000명이 이제르와 사부아의 최상급 호텔에서 살게 되었다." 이에 따라 아이히만은 자신의 요원 가운데 가장 무자비한 알로이스 브루너를 니스와 마르세유로 보냈는데, 그가 도착했을 때는 프랑스 경찰이 등록된 유대인 명단을 모두 폐기한 다음이었다.

1943년 가을, 이탈리아가 독일에 선전포고했을 때, 독일 군대는 마침내 니스로 진입했고, 아이히만 자신은 서둘러 코트다쥐르로 갔다. 거기서 그는 1만 또는 1만 5,000명의 유대인이 모나코에 숨어서 살고 있다고 들었(고 그렇게 믿었)다. (모나코는 약 2만 5,000명이 거주하는 공국으로, 그 영토는 『뉴욕타임스 매거진』에서 "센트럴파크 속에 집어넣을 수 있을 정도"라고 논평했다.) 이 때문에 국가보안본부에서 일종의 조사 프로그램을 시작했다. 이 일은 마치 전형적인 이탈리아 농담처럼 들린다. 여하튼 유대인은 거기에 더는 존재하지 않았다. 그들은 이탈리아로 제때 달아났고, 주변 산에 숨어 있던 사람들은 스위스나 스페인으로 갔다. 이탈리아가 유고슬라비아의 점령지를 포기했을 때도 같은 일이 일어났다. 유대인은 이탈리아 군대와 함께 떠나 피우메에서 피난처를 찾았다.

이탈리아가 자국의 강력한 친구이자 동맹에게 맞춰주려는 아주 신중한 노력을 기울이는 가운데도 익살극 같은 요소는 빠지지 않았다. 독일의 압력을 받은 무솔리니가 1930년대 후반에 반유대인 법률을 도입했을 때 그는 참전용사와 고급 훈장을 받은 유대인 등에 대한 통상적인 예외를 약속했다. 그러나 무솔리니는 한 가지 범주, 즉 과거의 파시스트당 요원 및 그의 부모와 조부모, 아내와 자녀 및 증손을 예외 목록에 추가했다.

이 문제와 관련된 통계는 전혀 없지만, 그 결과 수많은 이탈리아 유대인이 예외가 되었음은 분명하다. 유대인 가족 중에 파시스트 당원이 한 명도 없는 경우는 거의 없었다. 왜냐하면 다른 이탈리아인과 마찬가지로 유대인도 거의 20년 동안 파시스트 운동에 참여해왔고, 당시 공무원직은 오직 파시스트 당원만 할 수 있었기 때문이다. 원칙적으로 파시스트에 반대한 유대인, 즉 주로 사회주의자와 공산주의자는 이제 이 나라에 있지 않았다.

확신에 찬 이탈리아인 반유대주의자도 이 문제를 심각하게 받아들이지 않았다. 이탈리아 반유대주의 운동의 우두머리 로베르토 파리나치는 유대인 비서를 고용하기도 했다. 분명 이런 일은 독일에서도 일어났다. 아이히만도 언급했지만, 보통의 친위대원 가운데도 유대인이 있었다는 것을 믿지 못할 이유가 없다. 그러나 하이드리히와 밀히 등이 유대인 출신이라는 것은 극비사항이었고 소수의 사람만이 알고 있었다.

이탈리아에서는 이러한 일이 공개적으로, 말하자면 부지불식간에 일어났다. 이 수수께끼의 열쇠는, 이탈리아가 유럽에서 드물게 반유대인 조치가 단연코 인기를 끌지 못한 나라였다는 사실이다. 왜냐하면 치아노의 말처럼, 이 조치들은 "다행히도 존재하지 않은 문제를 제기"했기 때문이다.

자주 남용되는 말인 동화(assimilation)는 이탈리아에서 엄연한 사실이었다. 이탈리에에 살고 있는 원주민 유대인은 5만 명이 채 안 됐지만 그 역사는 로마제국까지 거슬러 올라간다. 이탈리아에서 동화는 모든 독일어권 국가에서처럼 믿어야만 하는 이데올로기이거나 또는 프랑스에서 나타난 것처럼 신화 또는 명백한 자기기만이 아니었다.

이탈리아 파시즘은 '무자비한 강인성'이란 면에서 뒤지지 않기 위해 전쟁이 일어나기 전에 외국계 및 무국적 유대인의 제거를 시도했다. 그 시도는 그다지 성공적이지 않았는데, 이탈리아 하급 공무원들이 일반적으로 '강인하게' 되기를 원하지 않았기 때문이다. 그리고 업무가 유대인의 생사 문제와 관련할 때 그들은 자국의 주권 유지라는 구실로 유대인 주민을 내치기를 거부했다. 그 대신 이탈리아인은 유대인을 이탈리아 내의 자국 수용소로 이송했고, 거기서 유대인은 독일이 이탈리아를 점령할 때까지 안전했다.

이 행위는 객관적 조건, 즉 '유대인 문제'가 없었다는 것만으로는 설명할 수 없다. 왜냐하면 외국계 유대인은 자연스럽게 이탈리아에서 문제를 일으켰기 때문이다. 이는 구성원의 인종적·문화적 동질성에 기초한 유럽의 모든 민족국가와 마찬가지인 상황이었다. 덴마크에서 진정한 정치적 의식을 가진 결과, 즉 시민권과 독립의 조건 및 책임에 관한 타고난 이해였던 것("덴마크인들에게는 … 유대인 문제가 정치적 문제였지 인류애 문제가 아니었다"*)이 이탈리아에서는 오랜 세월 문명화된 민족에게서 거의 자동적으로 나오는 보편 인류애(humanity)의 산물이었다.

더욱이 이탈리아인의 인류애는 전쟁 마지막 1년 반 동안 그 민족에게 내려온 공포라는 시험을 견뎌냈다. 1943년 12월 독일 외무부는

---

* Leni Yahil.

아이히만의 상관인 뮐러에게 공식적으로 도움을 요청하며 다음과 같이 말했다.

"총통의 지시에 따른 반유대인 조치의 시행에 있어 이탈리아 관리가 지난 수개월 동안 보여준 열성의 결여를 고려할 때, 외무부 소속인 우리는 그 조치의 시행을 … 독일 관리의 감독하에 두는 것이 긴급하고도 필수적이라고 여긴다."

이에 따라 루블린 지역의 죽음의 수용소에서 오딜로 글로보츠니크와 같은 유명한 유대인 킬러들이 이탈리아로 파송되었다. 군사 당국의 수장조차도 군인이 아니라 폴란드 갈리치아 지역의 전 총독인 오토 뵈흐터 중장이었다.

이로써 장난 같은 조치는 끝났다. 아이히만의 사무실은 예하 부서에 "이탈리아 국적의 유대인"은 즉각적으로 "필요한 조치"를 따라야 한다는 회람 통지를 내렸다. 최초의 타격은 로마에 있는 8,000명의 유대인에게 가해졌는데, 이들은 신뢰할 수 없는 이탈리아 경찰 대신 독일 경찰 부대에 의해 체포될 예정이었다. 유대인들은 옛 파시스트에게서 제때 빈번하게 경고를 받았고 7,000명이 탈출했다.

독일인은 늘 그렇듯이 저항에 부딪히면 양보했다. 이제 이탈리아 유대인의 경우, 면제 대상 범주에 속하지 않더라도 강제이송되지는 않고 단지 이탈리아 수용소에만 집결되었다. 이 '해결책'은 이탈리아에서 충분히 '최종적'이었다. 북이탈리아에서는 대략 3만 5,000명의 유대인이 체포되어 오스트리아 국경 근처의 강제수용소로 보내졌다.

1944년 봄, 붉은 군대가 루마니아를 점령하고 연합군이 로마에 진입하려고 할 때, 독일인은 약속을 깨고 유대인을 이탈리아에서 아우슈비츠로 추방하기 시작했다. 추방된 7,500명 가운데 겨우 600명만 돌아왔다. 그래도 이것은 당시 이탈리아에 살던 모든 유대인 수의 10퍼센트에 훨씬 못 미치는 숫자였다.

제11 장

발칸 지역에서의 추방
유고슬라비아, 불가리아, 그리스, 루마니아

재판 과정을 지켜보고 재판의 복잡하고 혼란스러운 '큰 그림'을 재구성한 판결문을 읽은 사람에게는, 나치가 통제한 동부 및 남동부 지역과 민족국가 체계를 가진 중부 및 서부 유럽을 확실히 나눈 경계선이 한 번도 언급되지 않은 것이 놀랍게 다가왔다. 북으로는 발트해에서 남으로는 아드리아해에 이르는 혼합 민족으로 이루어진 지대, 지금은 대부분 철의 장막[1] 안에 있는 이 지대는, 당시에는 제1차 세계대전 이후 승전국들에 의해 만들어진 이른바 계승국들[2]로 이루어져 있었다.

북으로는 러시아제국, 남으로는 오스트리아헝가리제국, 남동으로는 오스만제국 등 제국의 점령하에서 수 세기 동안 살아온 수많은 민족 집단에게는 새로운 정치적 질서가 부여되었다. 그 결과 생겨난 국민국가들 가운데, 그들이 정치 제도의 모델로 삼은 기존 유럽 국가들이 가졌던 민족적 동질성을 비슷하게라도 가진 나라는 하나도 없었

---

1) '철의 장막'(Iron Curtain)이란 냉전 시대 동안 소련과 그 위성국가인 동유럽 공산주의 진영을 서유럽의 자유민주주의 진영으로부터 분리시킨 이념적·물리적 경계선을 상징하는 말로, 정보의 흐름과 사람들의 이동을 차단했던 동구권의 폐쇄성을 의미한다.
2) 패전 후 소멸한 국가들의 부채를 승계한 나라들을 말한다.

다. 그 결과 이 나라들이 품은 거대한 민족 집단들은 정부에 격렬히 적대적인 태도를 취하게 되었다. 각 집단의 민족적 열망이 자신들보다 조금 더 숫자가 많은 이웃 민족에 의해 좌절되었기 때문이다.

최근에 수립된 이 국가들의 정치적 불안정성에 증거가 필요하다면 체코슬로바키아의 경우를 들 수 있다. 히틀러는 1939년 3월에 프라하로 행진해 들어갔을 때 독일계 소수민족인 주데텐도이치 민족뿐만 아니라 슬로바키아 민족에게서도 환영받았다. 히틀러는 슬로바키아 민족에게 '독립' 국가를 제공함으로써 그들을 '해방' 시킨 것이었다. 이와 똑같은 일이 나중에 유고슬라비아에서도 일어났다. 유고슬라비아에서 과거에 국가를 통치하던 세르비아계 다수민족은 적으로 여겨졌고, 크로아티아계 소수민족에게는 그들 민족만의 정부가 주어졌다.

게다가 이 지역의 인구 구성에는 굴곡이 심해서 어떤 자연적·역사적 경계도 존재하지 않았다. 트리아농 조약과 생제르맹 조약[3]을 통해 형성된 경계들은 완전히 자의적이었다. 따라서 헝가리와 루마니아, 불가리아는 자신의 영역을 넉넉하게 확장하기 위해 추축국의 파트너가 될 수 있었다. 새로운 합병 지역에 있는 유대인은 국민의 지위를 부정당했다. 그들은 자동적으로 무국적 상태가 되었고, 서부 유럽의 난민과 똑같은 운명을 겪게 되었다. 그들은 예외 없이 가장 먼저 강제 이송되고 학살되었다.

이 시절에 정교한 소수민족 조약의 체계 또한 붕괴했다. 이 조약을 통해 연합국은 민족국가의 정치적 틀로서는 해결할 수 없는 문제를 해결하려는 헛된 희망을 품었다. 유대인은 모든 계승국에서 공식적으로 인정받은 소수민족이었다. 이 지위는 그들에게 강제로 부여된

---

3) 1919년 생제르맹 조약을 통해 오스트리아헝가리제국이 해체되었으며, 1920년 트리아농 조약에 따라 헝가리는 체코슬로바키아와 유고슬라비아 등 주변국에 영토를 넘겨주었다.

것이 아니라 베르사유 평화협정에 참석한 유대인 대표가 제기한 주장과 협상의 결과였다. 이것은 유대인 역사에서 중요한 전환점을 이루었다. 서부의 유대인, 즉 동화된 유대인이 전체 유대인을 위한 대변인으로 인정받지 않은 첫 번째 경우였기 때문이다.

서부의 교육받은 유대인 '저명인사' 대다수가 놀라기도 하고 또 때때로 실망했던 사실은, 유대 민족 대다수가 정치적 자치가 아닌 일종의 사회적이고 문화적인 자율성을 원했다는 점이 드러난 것이다. 법적으로 동유럽 유대인의 지위는 여타 소수민족의 지위와 같았다. 그러나 그들은 정치적으로 '조국' 없이 그 지역에서 살아가는, 즉 자신들이 다수를 이루며 살아가는 지역이 없는 유일한 민족 집단이었다. 이것이 결정적이었다. 하지만 그들은 서부나 중부 유럽의 형제들처럼 흩어져서 산 것은 아니었다.

히틀러 이전에는 서부나 중부 유럽에서 유대인을 유대인이라고 부르는 것 자체가 반유대주의의 표지였지만, 동유럽의 유대인은 동지와 적 모두에게서 별개의 민족으로 인정받았다. 이는 동화된 동부 유대인의 지위에 있어서 아주 중요했다. 이런저런 방식의 동화가 규칙처럼 된 서부 유럽과는 유대인의 지위가 완전히 달랐기 때문이다. 서부와 중부 유럽에는 대규모 중산층 유대인이 존재했지만, 동부에서는 그렇지 않았다. 그 대신 동유럽에는 얇은 층의 중상층 유대인 가족이 있었고, 그들은 실제로 지배 계층에 속했다. 돈과 세례, 인종 간 결혼을 통해 이루어진 이방 사회에 대한 그들의 동화 정도는 서부 유대인 대부분의 동화 정도와 비교할 수 없을 정도로 컸다.

최종 해결책의 수행자들이 이러한 조건들을 직면한 최초의 국가들 가운데 하나는 유고슬라비아 내 괴뢰정부인 크로아티아였고, 그 수도는 자그레브였다. 안테 파벨리치[4] 박사가 이끄는 크로아티아 정부는 설립 3주 후에 반유대인 법안을 아주 순순히 도입했다. 독일에 있는 수십 명의 크로아티아계 유대인을 어떻게 할 것인지 질문을 받았을 때 정부는 그들이 "동부로의 강제이송을 감사하게 될 것"이라고 답했다. 제국 내무부 장관은 크로아티아가 1942년 2월까지 유대인 없는 지역이 되어야 한다고 요구했다. 아이히만은 최고돌격지도자 프란츠 아브로마이트를 보내 자그레브에 있는 독일 경찰 참사관과 함께 일하도록 했다.

강제이송 작업은 크로아티아인 스스로, 특히 강력한 파시스트 운동 조직인 우스타샤 요원들이 수행했다. 크로아티아인은 강제이송된 유대인 1인당 30마르크씩을 나치에게 지불했다. 그 대가로 그들은 추방자들의 모든 재산을 가졌다. 이것은 모든 유럽 국가에 적용되는 독일의 공식적 '점령지 원칙'을 따른 것이었다. 이 원칙에 따르면 국가는 자신의 국경 안에 거주하던 유대인이 살해당하면 그 재산을 상속받는다. 해당 유대인의 국적은 상관없었다.

(나치가 '점령지 원칙'을 항상 존중한 것은 결코 아니었다. 만일 문제를 일으켜 이익이 된다면 그 원칙을 우회할 방법은 많았다. 독일 사업가는 유대인이 강제이송되기 전 그들에게서 재산을 구매할 수 있었다. 또한 로젠베르크 특수단[5])은 처음에는 독일 반유대주의 연구 센터를 위해 모든 히브리 문헌과 유대 관련 자료를 몰수하는 임무를 받았다가, 곧 활동 영역을 고급 가구와 예

---

4) 안테 파벨리치(Ante Pavelić, 1889~1959)는 변호사이자 정치인으로, 크로아티아의 극우 파시스트 민족주의 단체인 우스타샤의 창설자이자 지도자였다. 1941년에 나치 독일의 지원으로 괴뢰정부인 크로아티아 독립국(NDN)이 수립되자 그 우두머리가 되어 독재 권력을 휘둘렀다. 파벨리치 정권은 반세르비아 및 반유대주의 정책을 시도했고, 그 결과 10만 명 이상의 유대인과 세르비아인이 학살당했다.

5) 로젠베르크 특수단(Einsatzstab Reichsleiter Rosenberg)은 제2차 세계대전 기간에 문화재 약탈에 집중한 나치당 조직이다. 이 조직은 나치당의 수석 이념가인 알프레트 로젠베르크가 이끌었다.

술 작품으로 확대했다.)

유대인이 크로아티아에서 이탈리아 점령지로 탈출할 수 있었기 때문에 원래 기한인 1942년 2월은 맞출 수 없었다. 그러나 바돌리오의 쿠데타 이후 아이히만의 또 다른 부하 헤르만 크루마이[6]가 자그레브에 도착했고, 1943년 가을까지 3만 명의 유대인이 죽음의 수용소로 강제이송되었다.

그제야 독일인은 이 나라가 아직도 유대인 없는 지역이 아니라는 사실을 깨달았다. 그들은 크로아티아 최초의 반유대인 법에서 '크로아티아의 이익'에 기여한 모든 유대인은 '명예 아리안'이 된다는 이상한 조항을 발견했다. 이런 유대인의 수가 독일의 개입 기간에 크게 늘어난 것은 당연했다. 다른 말로 하면, 자기 재산을 자발적으로 내놓은 아주 부유한 사람은 추방에서 제외되었다. 이보다 더 흥미로운 사실은 친위대 정보부(정보부는 돌격대지도자 빌헬름 회틀의 지휘하에 있었다. 그는 예루살렘에서 피고 측 증인으로 먼저 소환되었으나 그의 선서 진술서는 검찰이 사용했다)가 정부 수반에서 우스타샤 지도자에 이르기까지 크로아티아의 거의 모든 지배자가 유대인 여성과 결혼했다는 사실을 알게 된 것이다.

이 지역의 유대인 가운데 살아남은 1,500여 명은 모두 이처럼 고도로 동화된, 극도로 부유한 유대인 집단에 속했다. 그 수는 유고슬라비아 정부 보고서에 따르면 전체 유대인의 5퍼센트 정도였다. 동부의 유대인 집단 중 동화된 유대인의 비중이 약 5퍼센트로 추산되는 점을 고려하면, 동부에서는 동화가 가능하기만 했다면 유럽 다른 지역보다 생존 가능성이 훨씬 더 컸다고 결론 내리고 싶은 유혹이 든다.

---

6) 헤르만 크루마이(Herman Krumey, 1905~1981)는 게슈타포 요원으로 1969년 독일 법정에서 유대인 학살 관련 혐의로 종신형을 받았다.

인접한 나라인 세르비아의 상황은 크게 달랐다. 그곳에서 독일 점령군은 거의 첫날부터 러시아 전방에서의 전투와 비견할 만한 유격전을 치러야 했다. 나는 앞서 세르비아에서 일어난 유대인 절멸과 아이히만이 연결된 단 하나의 사건을 언급했다. 판결문에서는 "세르비아 유대인을 다루는 일상적 명령 체계가 우리에게 아주 확실하게 드러나지 않았다"는 점을 인정했다. 이에 대한 설명에 따르면 아이히만의 사무실은 이 지역의 일에 전혀 개입하지 않았는데 그 이유는 이곳에서 어떠한 유대인도 강제이송되지 않았기 때문이었다.

'문제'는 모두 현장에서 처리되었다. 독일군은 유격전에서 체포한 인질을 처형한다는 핑계로 유대인 남성을 사살했다. 여성과 아이는 보안경찰 사령관 에마누엘 셰퍼 박사에게 넘겼는데, 하이드리히의 부하였던 이 사람은 그들을 가스 차량에서 살해했다. 1942년 8월, 군사정부 민간 부서장인 하랄트 투르너 국무위원은 세르비아가 "유대인 문제와 집시 문제를 동시에 해결한 유일한 나라"라고 자랑스럽게 보고했고, 가스 차량을 베를린으로 돌려보냈다. 대략 5,000명의 유대인이 유격대에 가담했는데 이것이 유일한 탈출로였다.

셰퍼는 전후에 독일 형사 법정에 서야 했다. 6,280명의 여성과 아이를 가스로 살해한 죄로 그에게 6년 6개월 형이 선고되었다. 이 지역의 군정 통치자 프란츠 뵈메 장군은 자살했지만 투르너 국무위원은 유고슬라비아 정부로 넘겨져 사형을 선고받았다. 이제 같은 이야기가 계속해서 반복된다. 뉘른베르크 재판을 피하고 자신이 범죄를 저지른 나라로 송환되지 않은 자는 결국 재판받지 않거나 혹은 독일 법정에서 가능한 한 최고의 '양해'를 얻었다. 이는 불행히도 바이마르 공화국의 일을 떠올리게 한다. 바이마르 공화국의 특기는 폭력적인 반공화국 우파 집단에 속한 사람들의 정치적 살인을 관용하는 것이었다.

불가리아는 발칸 국가들 가운데 어느 나라보다도 나치 독일에 고마워해야 할 이유가 많았다. 불가리아는 루마니아와 유고슬라비아, 그리스를 희생시켜 상당한 영토를 확장했기 때문이다. 그러나 불가리아는 고마워하지 않았으며, 정부와 국민은 '무자비한 강인성'이 작동하도록 할 만큼 유약하지 않았다. 이런 태도는 유대인 문제에만 국한된 것이 아니었다. 불가리아 군주정은 자국의 파시스트 운동인 라트니크를 염려할 이유가 없었다. 왜냐하면 그 운동은 수적으로도 적고 정치적으로도 영향력이 없었으며, 의회는 매우 존중받는 정치체였고 왕과 부드러운 관계를 유지하고 있었기 때문이다. 따라서 그들은 감히 러시아에 선전포고하기를 거부했고, 동부전선에 상징적인 원정군으로 '자원병'을 보내지도 않았다.

놀라운 것은 혼합 민족 지대에서는 반유대주의가 이미 모든 인종 집단에 만연했고 히틀러가 오기 한참 전에 이미 정부의 공식 정책이 되어 있었다는 점이다. 이 지대에서 불가리아인은 '유대인 문제에 대한 이해'를 전혀 갖고 있지 않았다. 불가리아 군대가 새로운 합병지에 거주하는 1만 5,000명 정도의 유대인 전부를 추방하는 데 동의한 것은 사실이다. 합병지는 군정 관할이었고, 그 지역 주민은 반유대주의적 성향을 가지고 있었다. 그러나 그들이 '동부로의 재정착'의 실제 의미를 알았는지는 의문스럽다.

그보다 먼저 1941년 1월에 불가리아 정부는 몇 가지 반유대인 법률을 도입하는 데 동의하기도 했지만, 나치의 관점에서 보면 그것은 웃기는 정도일 뿐이었다. 그 내용은 6,000명가량의 노동 가능한 남자를 강제노동시키는 것이었다. 세례받은 모든 유대인은 개종 시기와 무관하게 예외가 되었고, 그 결과 개종은 순식간에 유행이 되었다. 대략 5만 명의 유대인 가운데 5,000명의 유대인이 추가로 특권을 부여받았다. 유대인 의사와 사업가에게는 인원 제한 제도가 도입되었는데 그 제한선이 다소 높았다. 왜냐하면 그 제도는 국가 전체가 아니라 해당 도시에 거주하는 유대인의 비율에 근거한 것이기 때문이었다.

이러한 조치들이 발효되었을 때 불가리아 정부 관리는 사태가 이제 모두를 만족시킬 만큼 안정화됐다고 공식적으로 선언했다. 분명한 것은 나치가 '유대인 문제 해결'을 위해 시행되어야 할 필수 조치들에 대해 그들을 계몽해야 했고, 법적 안정과 전체주의 운동은 타협의 대상이 아니라는 것을 가르쳐야만 했다는 것이다.

독일 당국은 앞에 놓인 난제에 대해 다소 의문을 품었을 것이다. 1942년 1월 아이히만은 외무부에 편지를 보내 "불가리아에서 유대인을 받아낼 충분한 가능성이 있다"고 선언했다. 그는 불가리아 정부에 접근할 것을 제안했고, 소피아의 경찰 참사관이 "강제이송의 기술적 시행을 처리할 것"이라고 외무부에 확언했다. (이 경찰 참사관은 자기 업무를 그리 열심히 하지 않았던 것 같다. 그 직후 아이히만은 자신의 부하 테오도어 단네커를 파리에서 불러 소피아에 '고문관' 자격으로 보냈기 때문이다.) 이 편지가 아이히만이 겨우 몇 달 전에 세르비아로 보낸 소식과 완전히 모순된다는 점은 아주 흥미롭다. 그 소식에서 아이히만은 유대인을 받아들일 어떤 시설도 아직 확보되지 않았고 제국 출신의 유대인조차도 강제이송할 수가 없다고 서술했기 때문이다.

불가리아를 유대인 없는 지역으로 만드는 과업에 최고 우선순위가 주어진 것은, 무엇이든 이루려면 상당한 속도가 필수적이라는 정확한 정보를 당시 베를린이 입수했기 때문이라고밖에 설명할 수 없다. 독일 대사관이 불가리아 측에 접근했다. 그러나 6개월이 지나서야 그들은 '근본적' 조치를 향한 첫걸음을 내디뎠다. 유대인 표지를 도입하는 일이었다.

나치에게는 이것조차도 커다란 실망으로 끝났다. 그들이 성실하게 보고한 내용에 따르면 첫째, 가슴에 붙이는 문양은 "아주 작은 별"일

따름이었다. 둘째, 유대인 대부분은 그것을 달지 않았다. 셋째, 그것을 단 사람은 "오도된 군중에게서 아주 큰 동정을 받아 그들은 오히려 자신이 단 문양에 자부심을 느꼈다." 이는 국가보안본부 방첩대장 발터 셸렌베르크가 보안국에 보낸 보고서 내용으로, 1942년 11월에 외무부로 제출되었다. 이 때문에 불가리아 정부는 칙령을 취소했다. 독일의 강한 압력을 받은 불가리아 정부는 결국 모든 유대인을 소피아에서 변방 지역으로 추방하기로 결정했다. 그러나 이 조치는 독일인이 원한 것이 결코 아니었다. 그 조치는 유대인을 집결시키는 대신 분산시켰기 때문이다.

이 추방은 상황 전체에서 실제로 중요한 전환점을 마련했다. 왜냐하면 소피아 주민들은 유대인이 기차역으로 가는 것을 막으려 했고 뒤이어 왕궁 앞에서 시위했기 때문이다. 독일은 보리스왕이 불가리아 유대인을 보호하는 일차적인 책임자라고 착각하고 있었다. 그래서 독일 정보 요원들이 그를 암살했다는 것이 합리적으로 볼 때 확실하다. 그러나 왕의 죽음도, 1943년 초에 단네커가 온 것도 상황을 조금도 바꾸지 못했다. 의회와 대중 모두가 분명히 유대인의 편으로 남아 있었기 때문이다. 단네커가 불가리아 유대인 문제 위원회와 6,000명의 '지도자급 유대인'을 트레블링카로 강제이송하기로 합의하는 데 성공했으나 이 유대인 가운데 아무도 이 나라를 떠나지 않았다.

이 합의 자체는 주목할 만하다. 왜냐하면 나치가 유대인 지도자를 자신의 목적에 맞게 처리하는 데 아무런 희망도 없다는 점을 보여주기 때문이다. 소피아의 최고 랍비는 소피아의 스테판 대주교[7]의 도움

7) 스테판 대주교는 당대 불가리아 정교회에서 가장 영향력 있는 종교 지도자였다. 나치의 반유대주의 정책에 초기부터 공개적으로 반대했으며, 1943년 5월 정부가 소피아의 유대인 추방 계획을 발표하자 강력한 비판 설교로 나치를 격노하게 했다. 그는 불가리아인이 유대인을 형제처럼 보호해야 한다고 선언했다.

으로 숨어 있었기 때문에 접촉할 수 없었다. 스테판 주교는 "하나님이 유대인의 운명을 결정했으며, 인간은 유대인을 고문하고 처형할 아무 런 권리가 없다"*고 공개적으로 선언했다. 이 선언은 바티칸이 했던 그 어떤 선언보다도 훨씬 더 강한 것이었다.

마침내 불가리아에서는 몇 달 후 덴마크에서 일어날 일과 똑같은 일이 일어났다. 지역 독일 관료들이 자신감을 잃어버렸고 더는 신뢰 할 수 없게 된 것이다. 유대인을 수색하여 체포해야 하는 친위대 요원 인 경찰 참사관도, 1943년 6월 외무부에 절망적인 상황을 보고한 소 피아 주재 독일대사 아돌프 베케를레도 마찬가지였다. "불가리아인은 아르메니아인, 그리스인 그리고 집시와 너무나 오래 살았기 때문에 유대인 문제에 대한 제대로 된 평가를 할 수" 없다는 것이었다.

이 평가는 완전한 난센스였다. 이런 말은 동부 및 남동부 유럽 모 든 국가에도 마찬가지로 적용되기 때문이다. 베케를레는 더는 할 수 있는 일이 없다고 명백하게 짜증을 담아 국가보안본부에 보고하기도 했다. 그 결과 붉은 군대의 진입과 더불어 반유대인 법안들이 폐기될 때까지 불가리아 유대인 가운데 강제이송되거나 자연사가 아닌 죽임 을 당한 사람은 단 한 명도 없었다.

나는 복합 민족 지대에서 이 독특한 불가리아인의 행동을 설명하 려는 그 어떤 시도에 대해서도 알지 못한다. 그럼에도 생각나는 사람 은 불가리아 공산주의자 게오르기 디미트로프다. 그는 나치가 권력 을 장악했을 때 독일에 있었는데, 나치는 1933년 2월 27일 베를린 국 회의사당에서 일어난 의문의 화재 사건 범인으로 그를 기소하기로 했다. 그는 독일 대법원에서 재판받았고 괴링과 대면했는데, 디미트로 프는 마치 자기가 재판을 진행하는 것처럼 괴링에게 질문했다. 판 데

* Hilberg.

르 루베를 제외한 모든 피고인이 무죄 석방된 것은 그의 덕분이었다. 그의 행동은 너무나 당당해 전 세계가 경탄했고, 독일도 예외는 아니었다. 사람들은 이렇게 말하곤 했다.

"독일에는 한 사람만 남아 있다. 그런데 그는 불가리아 사람이다."

독일인에게 북쪽을 점령당하고 이탈리아인에게 남쪽을 점령당한 그리스는 어떤 특별한 문제도 제기하지 않았고, 따라서 유대인 없는 지역이 될 차례를 기다리고 있었다. 1943년 2월 아이히만 휘하의 두 전문가인 최고돌격지도자 디터 비슬리케니와 알로이스 브루너는 유대인 강제이송 준비를 마치기 위해 테살로니키에 도착했다. 테살로니키는 그리스계 유대인의 3분의 2인 약 5만 5,000명이 수용된 곳이었다. 제IV국 B과 4계에서 받은 그들의 임명장에는 이 조치가 "유럽의 유대인 문제 최종 해결의 근본 틀"에 따른 것이라고 되어 있었다. 그들은 이 지역의 군 당국을 대변하는 막스 메르텐 박사라는 전쟁행정 고문(Kriegsverwaltungsrat)과 긴밀하게 작업했다. 그들은 즉시 통상적인 유대인위원회를 만들고 최고 랍비 코레츠를 위원장으로 세웠다.

테살로니키의 유대인 문제 특별부대(Sonderkommando für Jude-nangelegenheiten) 수장 비슬리케니는 노란 표지 제도를 도입했고 어떠한 예외도 허용하지 않을 것이라고 즉시 공표했다. 메르텐은 모든 유대인을 게토로 몰아넣었는데, 그곳은 기차역에서 가까웠기 때문에 유대인을 쉽게 제거할 수 있었다. 특권을 누린 이들은 외국 여권을 가진 유대인과 늘 그렇듯 유덴라트 위원뿐이었다. 이들은 수백 명을 넘지 않았는데, 이들도 결국 베르겐벨젠의 교환 수용소[8]로 모두 이

---

8) 베르겐벨젠 수용소에는 외국 여권을 가진 유대인이 주로 수용되었다. 이들은 독일인과 교환을 목적으로 수용되었으나, 실제로 교환은 거의 이루어지지 않았다.

송되었다.

이들에게는 남부로 도망치는 길을 제외하고는 탈출로가 없었다. 남부의 이탈리아인은 다른 곳과 마찬가지로 유대인을 독일인에게 넘기기를 거부했는데, 이탈리아에서의 안전은 길지 않았다. 그리스 대중은 기껏해야 무관심한 정도였고 일부 저항군 유격대원마저도 이 작전에 대해 '찬성'했다. 두 달 이내에 공동체 전체가 강제이송되었다. 아우슈비츠행 열차는 거의 매일 2,000명에서 2,500명을 화물칸에 싣고 떠났다. 같은 해 가을, 이탈리아군이 괴멸했을 때 아테네와 그리스 섬들을 포함한 그리스 남부지역 출신의 유대인 1만 3,000명가량의 소개가 신속히 완료되었다.

아우슈비츠에서는 많은 그리스계 유대인이 이른바 죽음의 부대에 고용되어 있었다. 이 부대는 가스실과 화장터를 운영했다. 그들은 헝가리 유대인이 절멸당하고 우치 게토가 해체된 1944년까지도 살아 있었다. 그해 여름 끝 무렵에 가스 살인이 곧 종료되고 시설물이 철거될 것이라는 소문이 돌자 수용소에서는 거의 일어나지 않던 폭동이 일어났다. 죽음의 부대원들이 곧 자신들도 살해당할 것이라고 확신한 것이다. 폭동은 완전한 재앙이었다. 오직 한 사람만이 살아남아 그 이야기를 전하고 있다.

유대인의 운명에 대한 그리스인의 무관심은 해방 이후에도 남아 있었던 것 같다. 아이히만 재판에서 피고 측 증인으로 나온 메르텐은 다소 앞뒤가 맞지 않는 논조로, 자신은 아무것도 몰랐다고 주장하면서 동시에 자기가 몰랐던 운명에서 유대인을 구해냈다고 주장했다. 그는 전쟁 후 조용히 그리스로 돌아가 여행사 대표로 살았다. 그는 체포되었지만 곧 석방되어 독일로 돌아가도 좋다는 허락을 받았다.

메르텐의 경우는 독특하다고 할 수 있다. 왜냐하면 독일이 아닌 다른 나라에서 벌어진 전범재판은 항상 가혹한 처벌로 귀결되었기 때문이다. 그가 베를린에서 피고와 검찰 양쪽의 대리인이 임석한 가운데 했던 피고를 위한 증언도 상당히 독특했다. 그는 아이히만이 테살로니키에 있던 약 2만 명의 여성과 아이를 구하는 데 상당히 도움을 주었으며, 또 모든 악행은 비슬리케니에게서 비롯되었다고 주장했다. 그러나 그는 증언하기 전에 린츠에서 변호사 일을 하는 아이히만의 형과 과거 친위대 요원들로 이루어진 한 독일 조직과 접촉했다고 결국 진술했다. 아이히만 본인은 이 모든 것을 부인했다. 테살로니키에 가본 적도 없고, 도움을 준 메르텐을 만난 적도 없다는 것이다.

아이히만은 자신의 조직화 능력, 즉 그의 사무실에서 이루어진 소개와 강제이송 작업 조정이 사실상 희생자에게 도움이 되었다고 여러 차례 주장했다. 유대인의 운명을 덜 고통스럽게 만들어주었다는 것이다. 그는 이 일이 어차피 이루어져야 했다면 질서정연하게 이루어지는 것이 더 나았다고 주장했다. 재판 기간에는 아무도, 심지어 피고 측 변호인도 이 주장에 전혀 주의를 기울이지 않았다. 그 주장은 자신이 '강제이주'를 통해 수만 명의 유대인의 생명을 구했다는 어리석고도 집요한 주장과 같은 범주에 속하는 말임이 분명했기 때문이다.

그런데 루마니아에서 일어난 일에 비추어 보면 의문이 들기 시작한다. 여기서도 모든 일이 뒤죽박죽이었지만, 게슈타포 요원조차도 베를린에서 온 명령에 태업했던 덴마크의 경우와는 달랐다. 루마니아에서는 친위대조차도 거대한 규모로 이루어진 구시대적이고 자발적인 집단학살(포그롬)에 경악했고 때때로 공포에 젖기까지 했다. 그들은 순전한 도살 행위로부터 유대인을 구하기 위해 종종 개입했으며, 그들에 따르면 살상이 문명화된 방식으로 이루어지도록 했다.

루마니아는 전쟁 전 유럽에서 반유대주의가 가장 심한 나라였다고 해도 과장이 아니다. 19세기에도 루마니아의 반유대주의는 잘 알려진 사실이었다. 1878년에 강대국들은 베를린 조약을 통해 개입하여 루마니아 정부가 유대인 거주자를 루마니아 국민으로 인정하도록 했다. 2등 시민으로라도 말이다. 하지만 이 시도는 성공하지 못했다. 제1차 세계대전이 끝날 무렵에 모든 루마니아계 유대인은 수백 명의 세파르디 가족과 일부 독일계 유대인을 제외하고 모두가 여전히 외국인 거주자 신분이었다.

평화협정 회담 기간에 연합군은 루마니아 정부가 소수민족 협정을 받아들여 유대인에게 소수민족 시민권을 부여하도록 '설득'하는 데 전력을 기울였다. 세계 여론에 등 떠밀린 이 양보는 1937년과 1938년에 취소되었다. 루마니아인은 히틀러 독일의 힘을 믿고 소수민족 협정을 자국의 '주권'에 대한 강압이라고 주장하며 위험을 무릅쓰고 무효를 선언하기로 한 것이다. 그들은 전체 유대인 인구의 약 4분의 1인 수십만 명의 유대인에게서 시민권을 박탈했다.

2년 후인 1940년 8월, 루마니아가 히틀러 독일 편으로 참전하기 몇 달 전, 새로운 철위대(Iron Guard) 독재 정부의 수장인 이온 안토네스쿠 원수는 평화협정 이전에 루마니아 시민이 된 수백 가구를 제외하고는 모든 루마니아 유대인이 무국적자라고 선포했다. 같은 달 그는 독일을 포함한 전 유럽에서 가장 혹독한 반유대인 법을 제도화했다. 참전용사와 1918년 이전에 루마니아인이 된 유대인으로 이루어진 특권층은 겨우 1만여 명으로, 전체 유대인 집단의 1퍼센트를 넘지 않았다. 히틀러는 독일이 루마니아보다 뒤처질 위기에 처해 있다고 깨닫고는, 최종 해결책을 명령하고 몇 주 후인 1941년 8월에 괴벨스에게 "안토네스쿠는 이 문제를 지금 우리보다 훨씬 더 철저하게 진행하고 있다"고 불평했다.

루마니아가 1941년 2월에 참전했고, 루마니아 군단은 곧 일어난 러시아 침공에서 무시할 수 없는 전력이 되었다. 루마니아군은 오데사에서만 6만 명을 학살한 책임이 있었다. 다른 발칸반도 국가의 정부와는 대조적으로 루마니아 정부는 처음부터 동부에서 이루어지던 유대인 학살에 대한 아주 정확한 정보를 갖고 있었다. 1941년 여름에 철위대가 축출된 후에도 루마니아 군인은 학살과 강제이송 계획을 이어 갔는데, 이는 같은 해 1월에 "부쿠레슈티에서 일어난 철위대의 폭동을 무색하게 만들 정도였다." 이 계획은 잔혹행위로 가득한 모든 역사 기록 속에서도 순전한 공포라는 측면에서 타의 추종을 불허했다.[*]

루마니아식 강제이송은 5,000명을 화물열차에 발 디딜 틈 없이 태우고는 여러 날 동안 목적지도 계획도 없이 들판을 계속 달리게 해 질식사시키는 것이었다. 이러한 살해 작전을 마치고 나서 루마니아인이 가장 즐겨 했던 일은 유대인 도살장에 시신을 전시하는 것이었다. 루마니아 강제수용소는 동부로 유대인을 강제이송할 수 없었던 루마니아인 스스로가 만들고 운영했다. 이 수용소의 참상은 우리가 독일에서 일어난 것으로 알고 있는 어떤 일보다도 더 교묘하고 잔혹했다.

아이히만이 유대인 문제 일반고문인 구스타프 리히터 최고돌격지도자를 부쿠레슈티로 보냈을 때, 리히터는 안토네스쿠가 이제는 11만 명의 유대인을 '부크강 너머 두 삼림지대'로 추방하기를 원한다고, 즉 독일이 장악한 러시아 영토에서 유대인을 절멸하기를 원한다고 보고했다. 독일인은 경악하여 모두가 이 현안에 개입했다. 군사령관, 점령지 동부지역의 로젠베르크 휘하 각료, 베를린의 외무부, 부쿠레슈티 주재 대사 프라이헤어 만프레트 폰 킬링거 등이었는데, 킬링거는 전직 돌격대 장교였고 룀의 개인적인 친구여서 친위대의 눈에는 의심스런 인물이었다. 아마도 그는 그에게 유대인 문제에 대해 자문한 리히터의 감시를 받고 있었을 것이다.

---

[*]　Hilberg.

그러나 이 문제에 대해 그들은 모두 의견이 일치했다. 아이히만은 이 단계에서 "유대인을 제거하기 위한" 루마니아의 이런 비조직적이고 미숙한 노력을 중지해달라고 1942년 4월 외무부에 보낸 한 편지에서 탄원했다. 루마니아인에게는 "이미 활발하게 진행되고 있는 독일계 유대인의 소개"가 우선되어야 한다고 이해시키려 했고, 그래서 그는 "보안경찰을 투입하겠다"고 협박하면서 글을 맺었다.

발칸반도 국가들을 위해 계획한 최종 해결책에서 루마니아에 최고의 우선순위를 제공하는 것을 독일인이 아무리 꺼렸다 해도, 상황을 피비린내 나는 혼란 상태로 빠뜨리지 않으려면 입장을 바꿔야 했다. 아이히만이 보안경찰을 보내겠다는 협박을 즐겼을지는 몰라도, 유대인을 구하는 일은 그들이 훈련받은 내용이 아니었다. 그리하여 루마니아인이 독일의 도움을 거의 받지 않고 30만에 가까운 유대인을 죽였던 8월 중순, 독일 외무부는 안토네스쿠와 "루마니아에서의 유대인 소개 작업을 독일 군대가 수행한다"는 협정을 체결했다. 아이히만은 20만 명의 유대인을 루블린 죽음의 수용소로 운송할 충분한 열차 편을 구하려고 독일 철도청과 협상을 시작했다.

그런데 모든 것이 준비되고 큰 양보를 받은 이때, 루마니아인이 갑자기 태도를 바꾸었다. 마른하늘에 날벼락처럼, 믿고 있었던 리히터로부터 한 통의 편지가 베를린에 도착했다. 안토네스쿠 원수가 마음을 바꾸었다는 것이었다. 킬링거 대사의 보고에 따르면 안토네스쿠는 이제 유대인을 "편안한 방식으로" 제거하고자 했다. 독일인이 고려하지 못한 것은, 이 나라는 단순 살인자의 비율이 과도할 뿐만 아니라 발칸에서 가장 부패한 국가라는 사실이었다.

대량학살과 나란히 면제 증명서 판매 사업이 폭발적으로 증가했다. 국가 차원과 지방 차원을 막론하고 거의 모든 공공기관이 신바람 나서 이 사업에 뛰어들었다. 정부만이 가진 특기는 높은 세금이었다. 세금이 특정 유대인 단체나 전체 유대인 공동체에 위험스러울 정도로 부과되었다. 이제 루마니아 정부는 유대인을 해외로 보내는 데 1인당 1,300달러의 현금을 받는 장사를 할 수 있다는 것을 알았고, 루마니아인은 유대인 이민에 아주 열광적으로 집착했다. 이것이 바로 루마니아가 전쟁 기간에 유대인을 팔레스타인으로 이주시킨 몇 안 되는 나라들 가운데 하나가 된 이유다. 붉은 군대가 다가옴에 따라 안토네스쿠는 훨씬 더 '온건'해져서, 이제는 유대인을 아무런 보상도 없이 기꺼이 나갈 수 있도록 해주었다.

안토네스쿠가 (히틀러의 생각처럼) 처음부터 끝까지 나치보다 더 '철저'했던 것이 아니라, 독일의 행로보다 늘 한 발짝만 앞서갔다는 것은 흥미로운 사실이다. 그는 처음으로 모든 유대인에게서 국적을 박탈했고, 또 나치가 아직 첫 실험을 하느라 바쁠 때 대량학살을 공개적으로 또 부끄러움 없이 자행하기 시작했다. 그는 힘러가 '피 대신 트럭' 거래를 제안하기 1년 전에 유대인 판매라는 생각을 해냈다. 그는 힘러가 그랬던 것처럼, 이 모든 일이 마치 농담이었다는 듯이 말하며 일을 종결했다.

1944년 8월에 루마니아는 붉은 군대에 항복했고, 소개 전문가였던 아이히만은 몇 명의 '인종적 독일인'을 구하기 위해 황급히 이 지역으로 파견되었지만 실패했다. 루마니아에 있던 85만 명의 유대인 가운데 절반가량이 살아남았다. 이들 중 상당수, 즉 수십만 명은 이스라엘로 갔다. 지금 이 나라에 얼마나 많은 유대인이 남아 있는지 아는 사람은 아무도 없다. 루마니아의 학살자들은 순리대로 모두 처형되었으며, 킬링거는 러시아인에게 체포당하기 전에 자살했다. 사실상 어떠한 행동도 할 기회를 얻지 못한 퇴역 최고돌격지도자 리히터는 1961년까지 독일에서 평화롭게 살다가 아이히만 재판의 뒤늦은 희생자가 되었다.

제 12 장

중부 유럽에서의 추방
헝가리, 슬로바키아

아이히만의 양심에 대한 어려운 문제와 관련해 앞서 헝가리를 언급했다. 헝가리는 헌법상으로는 왕국이었으나 왕은 존재하지 않았다. 이 나라는 바다에 접해 있지 않고 해군이나 상선도 없었지만 제독이자 섭정인 니콜라우스 폰 호르티가 통치했다. 그는 존재하지 않는 왕을 대신해 신탁통치를 한 셈이다. 왕권을 보여주는 유일한 표지는 존재하지 않는 왕실을 섬기는 수많은 왕궁 고문관의 존재였다.

옛날 옛적에는 신성로마제국의 황제가 헝가리의 왕이었고, 더 최근인 1806년 이후에는 다뉴브 지역에 제국-왕실 군주정이 오스트리아의 황제이자 헝가리의 왕인 합스부르크 가문에 의해 불안하게 유지되고 있었다. 1918년에 합스부르크 제국은 계승국으로 해체되었고 오스트리아는 이제 독일과의 합병을 희망하는 공화국이었다. 오토 폰 합스부르크는 망명 중이었고, 민족주의 성향이 강한 마자르인은 그를 결코 헝가리의 왕으로 받아들이지 않을 것이었다. 한편 진정한 헝가리 왕족은 역사적 기억으로도 존재하지 않았다. 그래서 인정받는 정부 형태로서 헝가리가 어떤 나라인지는 오직 호르티 제독만이 알고 있었다.

왕의 위엄이라는 허상 배후에는 세습적 봉건제 구조가 존재했다. 이 가난한 지역에서 땅 없는 농민들의 비참함은 다른 누구보다도 컸던 반면, 소수의 귀족 가문은 사치를 누렸다. 이 귀족 가문들은 '유럽의 의붓자식'의 고향이라고 불리던 이 나라를 글자 그대로 소유하고 있었다. 부다페스트 사회에 그만의 독특한 풍미를 부여한 배경은 바로 이런 해결되지 않은 사회적 문제와 전반적 후진성이었다. 헝가리는 마치 너무나 오랫동안 자기기만에 사로잡혀 부조화에 대한 모든 감각을 잃은 공상가 집단과도 같았다.

이탈리아 파시즘의 영향 아래 있던 1930년대 초에 헝가리인은 이른바 화살십자당(Arrow Cross men)이라는 강력한 파시스트 운동을 일으켰고, 1938년에는 이탈리아를 따라 최초의 반유대인 법을 통과시켰다. 이 나라에는 가톨릭교회의 영향력이 강력했음에도 불구하고 그 법은 1919년 이후 개종한 영세받은 유대인에게도 적용됐다. 그리고 그 시기 이전에 개종한 유대인도 3년이 지난 후에는 포함되었다.

그런데도 인종주의에 기반을 둔 전면적인 반유대주의가 정부의 공식 정책이 되었을 때조차, 열한 명의 유대인은 계속해서 의회 상의원에 자리를 지키고 있었다. 헝가리는 동부전선에 유대인 부대를 파병한 유일한 추축국이었다. 이 부대는 13만 명으로 비전투 지원부대였지만 헝가리 제복을 입었다. 이런 앞뒤가 맞지 않는 상황을 설명하자면, 헝가리인은 자신의 공식 정책에도 불구하고 다른 나라들보다 원주민 유대인과 동부 유대인의 구분, 즉 (다른 계승국과 마찬가지로 트리아농 조약에 따라 형성된) '트리아농 헝가리'의 '마자르화'한 유대인[1] 과 최근 합병된 지역의 유대인을 구분하는 데 있어서 훨씬 더 단호했

----

1) 제1차 세계대전 이후 오스트리아헝가리제국이 해체되면서, 헝가리는 1920년 트리아농 조약에 따라 전 국토의 3분의 2 이상과 인구의 절반 이상을 상실했다. 이 국경의 변화로 당시 헝가리인 가운데 3분의 1에 해당하는 300만 명 이상이 헝가리 국경 밖에서 살게 되었다. 이들은 새롭게 설정된 국가의 소수민족이 되거나, 헝가리로 이주해야 하는 상황에 처했다. 헝가리 본래의 민족은 마자르인이다. 이런 변화에 따라 유대인의 소속도 변화되었던 것이다.

다는 것이다.

1944년 3월까지 나치 정부가 헝가리의 주권을 존중해준 결과, 이 나라는 유대인에게 '파괴의 대양' 가운데 안전한 섬이 되었다. 붉은 군대가 카르파티아산맥을 넘어 접근해오고 헝가리 정부가 이탈리아의 예를 따라 단독 휴전을 맺으려 안간힘을 썼기 때문에, 독일 정부가 이 나라를 점령해야 했다는 점은 이해할 수 있다. 그러나 이 단계에서 '유대인 문제의 해결이 시대의 명령'이어야 했다는 것은 거의 믿을 수 없는 일이다. 베젠마이어가 1943년 12월에 외무부에 보낸 보고서에서 명시했듯이 유대인의 "해결"은 "헝가리를 전쟁에 참여시키는 전제 조건"이었던 것이다. 이 "문제"의 "해결"은 80만 명의 유대인과 약 10만 또는 15만 명의 개종 유대인의 소개를 포함했다.

아무튼 전에 말한 대로 아이히만은 이 일의 중대성 때문에 1944년 4월 그의 모든 부서원과 함께 부다페스트에 도착했다. 그가 부서원들을 쉽게 모을 수 있었던 것은 다른 곳에서의 일을 완료했기 때문이었다. 그는 비슬리케니와 브루너를 슬로바키아와 그리스에서, 아브로마이트를 유고슬라비아에서, 단네커를 파리와 불가리아에서, 지크프리트 자이들을 테레지엔슈타트의 사령관직에서 불러냈다. 빈에서는 헤르만 크루마이를 불렀는데, 그는 헝가리에서 아이히만의 부관이 되었다. 베를린에서는 부서 요원들 가운데 가장 중요한 사람들, 즉 그의 수석 대리인 롤프 귄터, 강제이송 담당 보좌관 프란츠 노박, 법률 전문가 오토 훈셰를 불러왔다. 그렇게 아이히만 특수작전특공대는 대략 열 명의 요원과 몇 명의 서기 보조원으로 구성되었고, 부다페스트에 본부를 차렸다.

그들이 도착한 날 밤 아이히만과 그의 요원들은 유대인 지도자들을 모이게 해 유대인위원회를 구성하라고 설득했다. 이 위원회를 통해 명령도 내리고, 그 대가로 헝가리의 모든 유대인에 대한 절대적 사법권을 부여하려고 했다. 바로 그때 그곳에서 이런 속임수는 결코 쉬운 일이 아니었다. 이때는 교황 대사의 말처럼 "전 세계가 강제이송의 실제 의미가 무엇인지를 알고 있"는 때였다. 뉘른베르크에서 카스트너는 부다페스트의 유대인에 대해 이렇게 증언했다.

"유럽 유대인의 운명을 지켜볼 특별한 기회가 있었습니다. 우리는 이동학살부대가 하는 일에 대해 필요 이상으로 많이 알고 있었습니다. 우리는 아우슈비츠에 대해 아주 잘 알고 있었습니다."

나치가 '마자르화'된 유대인과 동부 유대인 사이의 성스러운 구별을 인정하겠다고 설득하려면 아이히만이 가진 이른바 '최면의 힘' 이상의 어떤 것이 필요하다는 사실은 분명했다. "그런 일이 여기서는 일어날 수 없지요" "어떻게 그들이 헝가리 유대인을 헝가리 밖으로 내보낼 수 있겠어요?"라는 말을 모든 헝가리계 유대인 지도자가 믿게 하려면 그리고 매일매일의 현실이 그 말과 충돌하더라도 그렇게 계속 믿게 하려면 이 순간 자기기만은 고도의 예술로 발전해야 했다.

이런 일이 어떻게 달성되었는지는 증언대에서 발설된 가장 주목할 만한, 다음과 같은 말도 안 되는 논리에서 드러났다. 오늘날 헝가리 유대인위원회로 불리는 유대인중앙위원회의 위원들은 이웃 나라 슬로바키아에서, 지금 자신의 협상 대상자인 비슬리케니가 뒷돈을 잘 챙기는 사람이라는 말을 들었고, 뇌물을 다 받고서도 "슬로바키아의 유대인을 모두 강제이송해버렸다…"는 것도 알았다. 이러한 사실에서 프로이디거는 다음과 같이 결론을 내렸다.

"나는 비슬리케니와 관계를 형성할 수단과 방법을 찾을 필요가 있다고 이해했다."

이 어려운 협상에서 아이히만이 발휘한 가장 영악한 속임수는 그와 부하들이 부패한 것처럼 행동하는 것이었다. 유대인 공동체의 대표자이자 호르티의 추밀원 위원인 궁정 고문관 사무엘 슈테른은 홀륭한 예의를 갖춘 대우를 받았고 유대인위원회의 대표가 되는 데 동의했다. 그와 위원회의 다른 위원들은 타자기와 거울, 여성용 란제리, 오드코롱 향수, 오리지널 와토 가운, 심지어 여덟 대의 피아노를 달라고 요구받았을 때 안도감을 느꼈다. 최고돌격지도자 노박은 여덟 대의 피아노 중 일곱 대는 정중히 돌려주며 이렇게 말했다.

"여러분, 제가 피아노 가게를 열려는 것은 아닙니다. 피아노를 치고 싶을 뿐이에요."

아이히만 자신도 유대인 도서관과 유대인 박물관을 방문해서 사람들에게 이 모든 조치는 일시적일 뿐이라고 확언했다.

처음에는 기만전술로 부패한 척했지만, 곧 실제 상황이 되어버렸다. 물론 유대인이 바란 방식은 아니었다. 유대인이 그토록 많은 돈을 쓰고도 아무런 결과를 내지 못한 곳은 없었다. 그 이상한 카스트너의 말을 인용하자면, "자신과 가족의 목숨 때문에 떠는 유대인은 돈에 대한 모든 감각을 잃는다."

이 내용은 앞서 언급한 필리프 폰 프로이디거의 증언을 통해 그리고 헝가리의 다른 경쟁적 유대인 단체인 시온주의 구호구출위원회 대표 요엘 브란트의 증언을 통해 재판에서 확인되었다. 크루마이는 1944년 4월에 프로이디거에게 25만 달러나 받았고, 구출위원회는 비슬리케니와 친위대 정보부원 몇 명을 만나는 특권을 얻는 데에만 2만 달러를 냈다.

이 모임에서 참석자들은 각각 참가비로 1,000달러씩 추가로 냈고, 비슬리케니는 이른바 유럽 계획이라는 것을 다시 끄집어냈다. 유럽 계획은 그가 1942년에 제안했다가 무위로 돌아간 것이었다. 이 계획에 따르면 힘러는 폴란드 유대인을 제외한 모든 유대인에게 몸값으로 200만 또는 300만 달러를 받고 살려준다는 것이다. 오랫동안 책상 서랍 안에 있던 이 제안이 가진 힘 때문에 유대인은 이제 비슬리케니에게 몸값을 분할 납부하기 시작했다.

아이히만의 '이상주의' 조차도 이 전대미문으로 풍요로운 나라에서 무너졌다. 아이히만이 이 업무로 재정적 이익을 취했는지는 입증할 수 없었지만, 검찰은 아이히만이 부다페스트에서 아주 높은 수준의 생활을 했음을 제대로 강조했다. 그는 최고급 호텔에서 머무르며, 나중에 숙적이 된 쿠르트 베허가 준 잊지 못할 선물인 수륙양용차를 운전사에게 몰게 했으며, 사냥과 승마도 했고, 헝가리 정부에서 일하는 새로운 친구들의 도움을 받으면서 이전에 알지 못하던 온갖 종류의 사치를 즐겼다.

그러나 이 나라에는 적어도 지도자만은 자기기만에 빠지지 않았던 상당한 규모의 유대인 단체가 있었다. 시온주의 운동은 헝가리에서 늘 특히 강력했는데, 최근에 형성된 구호구출위원회(Vaadat Ezra va Haxalah)가 그 대표였다. 이 위원회는 팔레스타인 사무실과 긴밀하게 접촉하며 폴란드와 슬로바키아, 유고슬라비아와 루마니아에서 온 난민들을 돕고 있었다. 이 위원회는 자신의 활동에 재정적 지원을 하는 미국 연합기부위원회와 지속적으로 연락하고 있었고, 소수의 유대인을 합법적 또는 불법적으로 팔레스타인으로 보낼 수 있었다.

파국이 자기 나라를 덮치자 이 위원회는 세례 증명서인 '크리스천 서류'를 위조해서 그것을 가진 사람들이 쉽게 지하에 은닉할 수 있도록 했다. 그들이 어떤 사람이었든 간에 시온주의 지도자들은 그것이 불법적이라는 것을 알고 있었고 그래서 그에 어울리게 행동했다. 전쟁이 한창일 때 유대인 100만 명의 생명을 1만 대의 트럭과 바꾸자는 힘러의 제안을 연합군 측에 전달하기 위해 파견된 불행한 밀사 요엘 브란트는 구호구출위원회의 지도자급 간부 중 한 사람이었다. 그는 아이히만과의 이 거래에 대해 증언하기 위해, 헝가리에서 과거 자신의 경쟁자였던 필리프 폰 프로이디거와 마찬가지로 예루살렘으로

왔다.

어찌 된 일인지 아이히만은 당시 프로이디거를 전혀 기억하지 못했다. 프로이디거는 이 대담에서 자신이 당했던 무례한 일들을 기억해냈다. 브란트의 증언은 아이히만이 설명한 시온주의자와의 협상 방식을 사실상 대부분 확인해주었다. 브란트가 들었던 말은 '이상주의적 독일인'이 지금 '이상주의적 유대인'에게 말하고 있으며, 두 존경할 만한 적이 전투가 잠시 중단된 동안 동등한 관계로 만나고 있다는 것이었다. 아이히만은 브란트에게 이렇게 말했다.

"내일은 아마도 우리가 다시 전장에 있을 것이다."

이것은 물론 끔찍한 코미디였다. 아이히만은 진심 없이 남을 치켜세우는 말을 잘하지 못했는데, 이 코미디는 예루살렘 재판에서 내보인 그의 모습이 일부러 꾸민 것이 아니었음을 분명히 보여주었다.

더욱 흥미로운 것은, 아이히만이나 다른 특수작전특공대원들이 시온주의자들과 만날 때는, 유대인위원회 위원들에게 사용해온 새빨간 거짓말 전략을 사용하지 않았다는 점이다. 심지어 '언어규칙'도 유예되었으며, 항상 포장 없이 말했다. 게다가 심각한 협상, 즉 출국허가증의 가격, 유럽 계획, 유대인 포로와 트럭을 교환하는 건 등에 대한 협상에서는 아이히만뿐만 아니라 관계자 전원, 즉 비슬리케니, 베허, 요엘 브란트와 매일 아침 커피하우스에서 만나던 정보부 요원들까지 모두가 당연하다는 듯 시온주의자들을 주목했다. 구호구출위원회는 협상에 필요한 국제적 관계를 갖추고 있었고, 더 쉽게 외환을 마련할 수 있었기 때문이었다. 이에 반해 유대인위원회 위원들은 배후에 의지할 사람이 없었고 섭정 호르티의 의심스러운 보호만 있었을 뿐이었다.

또한 헝가리의 시온주의자 관계자들은 유대인위원회 위원에게 부여된 통상적인 일시적 체포 및 강제이송 면책권보다 더 큰 특권을 받았다. 시온주의자들은 실질적으로 원하는 대로 오갈 수 있는 자유가 있었고, 노란 별 달기가 면제되었으며, 헝가리 집단수용소 방문 허가증을 받았다. 구호구출위원회를 창시한 카스트너는 얼마 뒤 자신이 유대인임을 보여주는 증명서 없이 나치 독일 이곳저곳을 다니기까지 했다.

유대인위원회를 조직하는 일은 빈과 프라하, 베를린에서의 경험이 있는 아이히만에게 단 2주일이면 되는 늘 하던 일이었다. 문제는 이 정도 규모의 작전을 위해 필요한 도움을 헝가리 관리들에게서 받아낼 수 있는지였다. 아이히만에게 이것은 새로운 일이었다. 보통 경우라면 이런 일은 외무부와 그 대리인, 새로 임명된 제국 전권대사인 에드문트 베젠마이어 박사가 수행하고, 아이히만은 그에게 '유대인 고문관'을 보냈을 것이다. 아이히만 자신은 명백히 고문관의 역할을 할 의향이 없었다. 왜냐하면 고문관은 어디에서도 최고돌격지도자보다 높은 지위를 가진 자가 수행하지 않았고, 그는 두 계급 위인 상급돌격대지도자였기 때문이었다.

헝가리에서 아이히만이 이룬 가장 큰 업적은 자기가 직접 연줄을 만든 것이었다. 처음 관계를 맺은 사람은 세 사람이었다. 첫 번째는 라슬로 엔드레인데, 호르티조차도 "미쳤다"고 한 반유대주의자였다. 그는 최근 내무부 정치(유대인) 문제 담당 차관으로 임명받았다. 두 번째는 라슬로 바키인데 그 역시 내무부 차관으로 헝가리 경찰 헌병대(Gendarmerie)[2]를 책임졌다. 경찰관 페렌치 중령은 유대인 강제이송을 직접 책임진 사람이었다. 이들의 도움으로 아이히만은 모든 일, 즉 각 지역에서의 포고령 반포와 유대인 집결 등의 일을 '전광석화같이' 확실히 진행할 수 있었다.

---

2) 프랑스 경찰 조직을 본받아 헝가리가 만든 경찰 조직이다.

빈에서는 독일 국영 철도국과 특별 회의가 열렸다. 이 사안에는 거의 50만 명의 유대인 수송이 달려 있었기 때문이다. 아우슈비츠의 회스는 그의 상관인 행정경제본부의 리하르트 글뤼크스 장군에게서 이 계획에 대해 들었고 화장터에서 몇 미터 떨어진 곳까지 열차가 운행할 수 있도록 새로운 철로를 건설하라는 명령을 받았다.

가스실 운용에 투입된 죽음의 특공대원은 224명에서 860명으로 증가했으며, 하루에 6,000명에서 1만 2,000명을 죽일 수 있는 모든 준비가 이루어졌다. 열차가 도착하기 시작한 1944년 5월에 극소수의 '일할 수 있는 남성'이 노동을 위해 선발되었다. 이 소수는 아우슈비츠에 있는 크루프사의 퓨즈 공장에서 일했다. (크루프사가 독일에 있는 브레슬라우 근처에 새로 지은 베르타베르크 공장은 가능한 곳이라면 어디서나 유대인 인력을 선발했다. 그곳의 노동자들은 죽음의 수용소와 비교해도 나을 것이 없는 노동조건에서 일했다.)

헝가리에서의 모든 작전은 두 달도 지속되지 않았고, 7월에 들어서자 곧 중단됐다. 주로 시온주의자들 덕분에 이 작전은 유대인 파국의 다른 어떤 국면보다도 잘 알려졌다. 호르티에게는 중립국들과 바티칸의 항의가 쇄도했다. 교황 전권대사는 바티칸의 항의가 "가짜 동정심에서 비롯"하지 않았다고 설명하는 것이 적절하다고 생각했다. 이 말은 '무자비한 강인성'의 복음을 설파한 자들과 지속적으로 거래하고 타협하려 한 욕망이 교회 고위 성직자의 정신에 미친 영향을 나타내는 영속적 기념비와 같았다.

스웨덴은 입국 허가증을 발부하는 실질적 조치로서 길을 한 번 더 열어주었고, 스위스와 스페인 및 포르투갈도 스웨덴의 사례를 본받았다. 그래서 결국 3만 3,000명의 유대인이 중립국의 보호 아래 부다페스트의 특별 거주지에서 살게 됐다. 연합국은 주요 피의자로 지목된 일흔 명의 명단을 받아 이를 공개했고, 루스벨트는 "강제이송 작업을 중지하지 않으면 … 헝가리의 운명은 여타의 문명국과는 다르게 될 것”이라고 협박하는 최후통첩을 보냈다. 7월 2일 부다페스트에 감행된 특별 집중 공습이 이 점을 분명히 못 박았다.

사방에서 압박을 받은 호르티는 강제이송을 중지하라는 명령을 내렸다. 아이히만에게 불리한 최악의 증거 중 하나는 그가 “그 늙은 바보의” 명령에 복종하지 않고 7월 중순에 부다페스트 근교의 집단수용소에 억류되어 있던 또 다른 1,500명의 유대인을 강제이송했다는 사실이었다. 아이히만은 유대인 대표들이 호르티에게 보고하지 못하도록 사무실에 두 대표 집단의 위원들을 소집시켰고, 훈세는 열차가 헝가리 국경을 벗어날 때까지 다양한 이유를 들어 그들을 붙잡고 있었다. 예루살렘에서 아이히만은 이 에피소드에 대해 아무것도 기억하지 못했다. 재판관들이 “피고는 호르티에 대한 자신의 승리를 아주 잘 기억하고 있다고 확신”했지만, 아이히만에게 호르티는 그리 대단한 인물이 아니었기 때문에 정말 그랬는지는 의문스럽다.

그 열차는 헝가리를 떠나 아우슈비츠로 간 마지막 열차였다. 1944년 8월에 붉은 군대는 루마니아에 있었고, 아이히만은 가망 없는 일을 위해 그곳으로 보내졌다. 그가 돌아왔을 때 호르티 정부는 아이히만 특공대의 퇴각을 요구하는 용기를 내보였다. 아이히만도 자신과 요원들이 “이제 불필요하게 되었다”며 베를린에 귀환을 요청했다. 그러나 베를린은 아무런 조치도 취하지 않았는데 그것은 옳은 판단이었다. 왜냐하면 10월 중순에 상황이 한 번 더 급변했기 때문이다.

러시아인들이 부다페스트에서 불과 160킬로미터 떨어진 곳까지 진격하자 나치는 호르티 정부를 뒤집고 화살십자당의 리더 살러시 페렌츠를 국가수반으로 임명하는 데 성공했다. 아우슈비츠의 학살 시설이 거의 해체될 지경이었으므로 그곳으로의 운송이 더는 이루어지지 않았다. 같은 때 독일의 노동력 부족 상황은 전보다 훨씬 더 절망적이었다. 이제 제국 전권대사 베젠마이어가 16세에서 60세 사이의 남성과 40세 이하의 여성으로 이루어진 5만 명의 유대인을 제국으로 수송하는 허가를 받으려고 헝가리 내무장관과 협상했다. 그는 보고서에, 아이히만은 5만 명을 추가하기를 바랐다고 덧붙였다.

철도 시설을 더는 사용할 수 없었기에 1944년 11월에 도보 이동이 시작되었다. 이 이동은 힘러의 지시로 중단되었다. 도보로 이동하는 유대인들은 헝가리 경찰에 의해 무작위로 체포된 사람들이었다. 많은 사람에게 주어진 면제나 지시서에 명시된 나이 제한은 상관없었다. 화살십자당 당원들이 도보 이동자를 호송했는데, 그들은 유대인의 물건을 빼앗고 극도로 야만적으로 대했다. 이것이 끝이었다.

원래 80만 명이었던 헝가리의 유대인 인구 가운데 대략 16만 명 정도가 부다페스트 게토에 머물렀던 것 같다. 교외 지역은 유대인 없는 지역이 되었다. 그 16만 명 가운데 수만 명은 임의적인 학살의 희생자가 되었다. 1945년 2월 13일 이 나라는 붉은 군대에 항복했다.

이 학살에 관여한 헝가리의 주요 피의자는 모두 재판에서 사형을 선고받아 처형되었다. 아이히만을 제외하고는 독일인 주모자들 가운데 수년간의 징역형보다 센 벌을 받은 사람은 없다.

슬로바키아는 크로아티아와 마찬가지로 독일 외무부의 창작품이었다. 슬로바키아인은 1939년 3월 독일이 체코슬로바키아를 점령하기 전에 '독립'을 협상하기 위해 스스로 베를린에 왔다. 이때 그들은 괴링에게 유대인 문제 처리에 있어 독일을 충실히 따르겠다고 약속했다. 그런데 이때는 아무도 최종 해결책에 대해 듣지 못한 1938~39년 겨울이었다.

약 250만 명의 가난한 농부와 9만 명의 유대인으로 이루어진 이 작은 나라는 원시적이고 미개발 상태였으며 깊은 가톨릭 신앙을 품고 있었다. 당시 이 나라는 가톨릭 사제인 요제프 티소 신부가 통치하고 있었다. 이 나라의 파시스트 운동인 흘린카 전위대조차도 외견상 가톨릭의 모습을 하고 있었다. 이 성직자 파시스트들 또는 파시스트 성직자들의 열렬한 반유대주의는 그들의 스승인 독일의 초현대적 인종차별주의와는 스타일과 내용 모두에서 달랐다.

슬로바키아 정부 안에는 현대적 반유대주의자가 단 한 명 있었는데 그는 아이히만의 친한 친구인 내무장관 샤뇨 마흐였다. 다른 모든 이는 기독교인이거나 스스로 기독교인이라고 생각했지만, 나치는 당연히 원칙적으로 반유대적인 만큼이나 반기독교적이었다. 슬로바키아인에게 기독교인이라는 말의 의미는, 나치가 '진부한' 구분이라고 생각한 영세받은 유대인과 받지 않은 유대인의 차이를 강조할 의무를 느낀다는 것을 의미할 뿐 아니라, 이 모든 문제를 중세적 관점에서 생각한다는 것도 의미했다.

슬로바키아인에게 '해결책'이란 유대인을 추방하거나 그들의 재산을 뺏는 것을 의미했다. 그들은 때때로 살인하기를 꺼리지 않았으나 체계적인 '절멸'을 생각하지는 않았다. 유대인의 가장 큰 '죄'는 그들이 이방 '인종'이라는 것이 아니라, 그들이 부자라는 것이었다. 슬로바키아 유대인은 서구의 기준에서 보면 그다지 부자가 아니었다. 그러나 200달러 이상의 재산 소유를 신고하게 하고 이에 따라 5만 2,000명의 유대인이 재산을 공개했을 때, 그 모든 것을 합한 금액이 1억 달러에 달한다는 사실이 드러났다. 슬로바키아인에게는 분명 이들이 마치 크로이소스[3]의 화신처럼 보였을 것이다.

'독립' 이후 첫 1년 반 동안 슬로바키아인은 자신의 관점에서 유대인 문제를 해결하려고 분주했다. 그들은 대규모 유대인 사업체를 비

---

3) 기원전 6세기 리디아의 마지막 왕이며 큰 부자로 유명하다.

유대인에게 넘겼고, 반유대인 법률을 제정했다. 1918년 이전에 개종한 영세받은 유대인을 제외한다는, 독일인의 관점에는 '근본적 결함'을 가진 법률이었지만 말이다. 슬로바키아인은 '독일 총독령의 예를 따라' 게토 설립 계획을 세웠고, 유대인을 강제노동에 동원했다.

아주 이른 시기인 1940년 9월에 슬로바키아는 유대인 문제 고문관을 맞았다. 보안국에서 한때 아이히만이 아주 존경했던 상관이자 친구인 최고돌격지도자 디터 비슬리케니(아이히만은 자신의 장남 이름을 디터라고 지었다)가 이제는 그와 동등한 지위가 되어 브라티슬라바에 있는 독일 공사관에 소속되었다. 비슬리케니는 결혼하지 않았으므로 더는 진급할 수 없었고, 1년 후에는 아이히만보다 서열이 낮아져 그의 부하가 되었다. 아이히만은 이 일이 그의 마음에 사무쳤다고 생각했다. 아이히만은 이 때문에 뉘른베르크 재판에서 비슬리케니가 자신에 대해 불리한 증언을 하고, 자신이 숨은 장소를 찾아주겠다고 제안했다고 생각했다.

그러나 이는 의문스럽다. 비슬리케니는 다만 위험을 모면하는 데 관심이 있었던 것 같다. 그는 아이히만과 전적으로 달랐다. 그는 친위대에서도 교육받은 계층에 속했고, 책과 레코드 속에 파묻혀 살았으며, 헝가리에서는 유대인에게 자기를 '남작'이라고 부르게 했고, 대체로 자신의 경력에 조바심을 내기보다는 돈에 훨씬 더 관심이 있었다. 결론적으로 그는 친위대에서 '온건한' 경향을 발전시킨 최초의 사람들 가운데 하나였다.

이 초기 몇 년 동안 슬로바키아에서는 별다른 일이 없다가, 1942년 3월 아이히만이 '젊고 강한 노동 유대인' 2만 명을 소개하는 문제를 협상하기 위해 브라티슬라바에 나타났다. 4주 후 하이드리히는 지금까지 예외로 했던 개종한 유대인을 포함한 모든 유대인을 동부지역에 재정착시키도록 설득하기 위해 보이테크 투카 수상을 직접 만나러

왔다.

"유대인 1인당 500제국마르크를 받는 것 외에는 이들 유대인의 재산과 관련하여 독일은 아무런 주장도 하지 않"는 것을 알게 된 후, 성직자를 수장으로 하는 슬로바키아 정부는 종교를 이유로 기독교인과 유대인을 구별하는 법률상의 '근본 결함'을 수정하는 데 아무런 거리낌이 없었다. 오히려 정부는 "슬로바키아에서 이주하여 [독일이] 받아들인 유대인을 동부지역에 영원히 거주시켜 슬로바키아로 되돌아올 기회를 주지 않는다"는 추가 보장을 독일 외무부에 요구했다. 최고위층에서 이루어진 이 협상을 수행하기 위해 아이히만은 브라티슬라바를 두 번째 방문했다. 이때 하이드리히가 암살되었다. 슬로바키아 경찰은 1942년 6월까지 5만 2,000명의 유대인을 폴란드의 학살 센터로 강제이송했다.

이 나라에는 아직도 약 3만 5,000명의 유대인이 남아 있었다. 이들 모두는 예외 범주에 속해 있었는데, 개종한 유대인과 그 부모, 특정 직업인, 강제 노동 부대의 청년, 일부 사업가 등이었다. 유대인 대부분이 이미 '재정착'된 이때, 헝가리의 시온주의 단체와 자매 관계인 브라티슬라바의 유대인 구호구출위원회가 비슬리케니에게 뇌물을 주고 강제이송 속도를 늦추는 데 합의했고 또 이른바 유럽 계획도 제안했다. 이 계획은 비슬리케니가 나중에 부다페스트에서 다시 끄집어낼 것이었다. 비슬리케니는 책을 읽고 음악을 듣는 것 외에 어떤 다른 일을 했을 것 같지 않다. 물론 그는 자기가 받을 수 있는 것은 무엇이든 받았다.

그런데 바로 이때 바티칸이 가톨릭 성직자들에게 '재정착'의 진짜 의미가 무엇인지 알려주었다. 독일 대사 한스 엘라르트 루딘이 베를린의 외무부에 보고한 것처럼, 그때부터 강제이송 작업은 아주 평판이 나빠졌다. 슬로바키아 정부는 '재정착' 센터를 방문할 수 있도록 해달라고 독일인에게 요구하기 시작했다. 물론 비슬리케니와 아이히만은 이를 허용할 수 없었다. '재정착' 유대인은 더는 산 자들 사이에 있지 않았기 때문이다.

1943년 12월 에드문트 베젠마이어가 티소 신부를 직접 만나러 브라티슬라바에 왔다. 그는 히틀러가 보낸 사람이었고 히틀러의 명령은 베젠마이어가 티소에게 "현실적으로 행하라"(Fraktur mit ihm reden)고 말하도록 명시하고 있었다. 티소는 1만 6,000명에서 1만 8,000명의 개종하지 않은 유대인을 집단수용소에 보내고 약 1만 명의 영세받은 유대인을 위한 특별수용소를 만들기로 약속했지만, 강제이송에는 동의하지 않았다. 1944년 6월, 이제 헝가리의 제국 전권대사가 된 베젠마이어가 다시 나타나 남아 있는 유대인을 헝가리 작전에 포함하라고 요구했다. 티소는 또다시 거부했다.

1944년 8월에 붉은 군대가 점차 다가옴에 따라 제대로 된 폭동이 슬로바키아 전역에서 일어났고, 독일은 이 나라를 점령했다. 이때까지 비슬리케니는 헝가리에 있었고 아마도 더 이상 신뢰를 받지 못한 것 같다. 국가보안본부는 알로이스 브루너를 브라티슬라바로 보내 남아 있는 유대인을 체포하여 강제이송하게 했다. 브루너는 먼저 구호구출위원회 직원들을 체포하여 강제이송했고, 이어서 독일 친위대의 도움을 받아 또 다른 1만 2,000명 또는 1만 4,000명을 강제이송했다. 러시아인이 브라티슬라바에 도착한 1945년 4월 4일에 이 파국에서 살아남은 유대인은 대략 2만 명 정도였다.

제13장
동부의 학살센터들

나치가 말하는 동부는 폴란드와 발트해 연안 국가 그리고 점령된 러시아 영토를 의미했다. 이곳은 네 개의 행정 단위로 나뉘었다. 제국과 합병된 폴란드 서부지역으로 이루어진 바르테가우는 대관구 지도자 아르투어 그라이저의 관할이었다. 리투아니아와 라트비아, 에스토니아 그리고 다소 불명확한 지역인 백러시아를 포함하는 오스트란트의 경우, 점령 당국 본부는 리가에 있었다. 폴란드 중부지역의 총독령은 한스 프랑크의 관할이었다. 우크라이나는 알프레트 로젠베르크의 동부점령지역청 관할이었다. 이 나라들은 검찰의 소송장에 제시된 최초의 국가들이었으며, 판결문에는 마지막으로 다루어졌다.

검찰과 재판관 양측이 서로 반대되는 결정을 내리게 된 데에는 당연히 각자 탁월한 이유가 있었다. 동부는 유대인 고난의 중심 현장이자, 모든 강제이송 작업의 섬뜩한 최종 종착지였다. 이 장소에서는 어떠한 탈출도 불가능했고, 생존자의 수는 5퍼센트에도 미치지 못했다. 더욱이 동부는 전쟁 이전 유럽에서 유대인의 거주 중심지였다. 300만 명 이상의 유대인이 폴란드에 살았고 26만 명이 발트 국가들에, 300만으로 추산되는 러시아 유대인 가운데 절반 이상이 백러시아와 우크라이나와 크림반도에 살았다.

검찰은 유대 민족의 고통과 그들에게 자행된 '집단학살의 규모'에 일차적으로 관심이 있었다. 그래서 검찰에게는 여기서 시작해서 이 완전한 지옥에 대한 구체적인 책임을 피고에게 얼마나 전가할 수 있을지 살펴보는 것이 논리적 순서였다. 문제는 아이히만과 동부의 사태를 연결하는 증거가 '불충분'하다는 것이었다. 그렇게 된 것은 게슈타포의 파일, 특히 아이히만 부서의 파일을 나치가 파괴한 탓으로 보였다. 이 같은 문서상의 증거 부족은 검찰 측이 동부 사건에 대해 증언할 증인을 끝없이 소환할 좋은 구실이 되었을 것이다. 물론 이 목적만을 위한 소환은 아니었지만 말이다.

검찰 측은 생존한 이스라엘인들로부터 상당한 압력을 받았다. 이는 재판 중에도 암시되었고 나중에 이 부분이 (이스라엘의 나치 시기 문서 보관소 야드 바셈이 1962년 4월에 발간한 『특별 회보』에서) 자세히 묘사되기도 했다. 생존자들은 현재 이스라엘 인구의 20퍼센트가량을 이루고 있다. 이들은 재판 당국에 자발적으로 몰려가고, 또 일부 증거 문서 준비를 위탁받은 야드 바셈에 가서 자신이 증인이 되겠다고 나섰다. '아이히만이 결코 간 적이 없는 여러 곳에서 그를 보았다'는 식으로 부적절하게 '강력한 상상력'을 발휘하는 사람들은 배제되었다. 재판 당국이 '유대 민족의 고통에 대한 증인'이라고 이름 붙인 쉰여섯 명은 결국 원래 계획된 열다섯 명 내지 스무 명의 '배경 증인' 대신에 법정에 섰다.

전체 121회의 공판 가운데 23회가 전적으로 '배경' 문제에 할애되었는데, 이때 '배경'이란 말은 그 내용이 이 재판과 명백한 연관성이 없음을 의미했다. 검찰 측 증인들에 대해서는 피고나 재판관에 의한 반대신문이 거의 없었고, 판결문에서는 아이히만과 연관되는 증거라고 해도 그것이 어떤 다른 관련 사항과 함께 제시되지 않으면 채택되지 않았다.

(따라서 재판관들은 헝가리에서 있었던 유대인 소년에 대한 살인죄를 아

이히만에게 부과하는 것을 거부했다. 또 독일과 오스트리아에서 일어난 크리스탈나흐트 선동 건에 대해서도 죄를 묻지 않았다. 여기에 대해서 아이히만은 당시에는 아무것도 몰랐음이 확실한데, 예루살렘에서 그는 당시 일에 대해 잘 배우지 못한 학생만큼도 알지 못했다. 또한 리디체에서 일어난 어린이 아흔세 명의 살인에 대해서도 죄를 묻지 않았다. 이 아이들은 하이드리히의 암살 이후 우치로 강제이송되었다. 그 이유는 "우리 앞에 놓인 증거에 따르면 그들이 살해되었다는 것이 합당한 의심을 넘어설 정도로 입증되지 않았기 때문"이었다. 재판부는 "검찰이 제시한 모든 증거 가운데 가장 끔찍한 부분에 속한" 1005부대의 가공할 만한 작전에 대한 책임에 대해서도 죄를 부과하지 않았다. 이 작전은 학살 흔적을 모두 지우기 위해 다량의 시신이 묻힌 무덤을 파헤친 일이었다. 파울 블로벨 연대지도자가 이 작전을 지휘했는데, 뉘른베르크 재판에서 블로벨은 국가보안본부 제IV부의 수장 밀러에게 명령을 받았다고 증언했다. 전쟁이 끝나기 직전 몇 개월 동안 죽음의 수용소에서 살아남은 유대인이 독일의 강제수용소들, 특히 베르겐벨젠 수용소로 소개될 때 처한 아주 비참한 상황에 대해서도 죄를 부과하지 않았다.)

폴란드 게토의 환경, 다양한 죽음의 수용소에서 있었던 절차, 강제노동, 노동을 통한 전반적인 절멸 시도 등에 관해서 배경 증인들의 요점은 전혀 논란이 되지 않았다. 오히려 그들이 말한 것 가운데 그때까지 알려지지 않은 새로운 것은 거의 없었다. 아이히만의 이름이 거론되어도 그것은 '소문에 따르면'과 같은 풍문에 의한 증거여서 법적 타당성이 없었다. "제 눈으로 직접 보았습니다"라는 증언은 질문을 받자 모두 무너졌다. 그래서 판결문에는 "아이히만의 활동 중심지는 독일제국과 보호국, 서부와 북부, 남부, 남동부 그리고 중앙 유럽의 국가들", 즉 동부를 제외한 모든 곳이라고 기록되었다.

그렇다면 몇 주, 몇 달 동안이나 이어진 이 심리를 법정은 왜 생략하지 않았는가? 이 문제에 대해 판결문은 다소 변명조가 되어, 결국 일관성을 잃은 기묘한 설명을 내놓았다. "피고인은 기소된 모든 내용을 부정했기 때문에" 재판관들은 "사실적 배경에 대한 증언들"을 기각하지 않았다는 것이다. 그러나 피고는 기소된 이 사실들에 대해 부정한 적이 없었고, 다만 '기소된 의미로' 그 모든 일에 책임지기를 거부했을 뿐이다.

실제로 재판관들은 상당히 불편한 딜레마에 봉착해 있었다. 재판 초기에 세르바티우스는 재판관들의 공정성을 비판했다. 그의 의견에 따르면 어떠한 유대인도 최종 해결책의 수행자들에 대한 재판을 주재할 자격이 없다는 것이었다. 여기에 대해 재판관들은 다음과 같이 말했다.

"우리는 전문 재판관이며, 우리 앞에 제시된 증거의 무게를 가리고, 대중의 시선과 대중의 비판에 직면해서 우리의 일을 수행하는 데 익숙하며 또 그렇게 숙련되어 있습니다. … 재판정에서 판결을 내릴 때 판결문을 작성하는 재판관은 살과 피를 가진 인간이며, 감정과 감각을 갖고 있습니다. 그러나 재판관은 법에 따라 감정과 느낌을 제어할 의무가 있습니다. 그렇지 않다면 어떠한 재판관도 자신의 혐오감을 일으키는 형사재판을 심리할 수 없을 것입니다. … 나치의 홀로코스트에 대한 기억이 모든 유대인을 휘저을 것임을 부인할 수 없습니다. 그러나 우리가 이 재판을 진행하는 동안 그런 감정을 억제하는 것이 우리 의무가 될 것이며, 이 의무를 우리는 존중할 것입니다."

이는 충분히 옳으며 공정하다. 만일 세르바티우스가 말하고자 한 것이, 유대인이 이 세상의 민족들 가운데 자신들의 존재가 일으키는 문제를 적절히 이해하지 못하고 있으며 따라서 유대인에 대한 '최종 해결책'을 적절히 평가하지 못하리라는 것이 아니라면 말이다. 그런데 이 상황에는 하나의 아이러니가 깔려 있다. 만약 세르바티우스가 그런 주장을 했다면 이렇게 반박받았을 것이다. 피고인이 반복해서 강조하여 증언한 것처럼, 그는 유대인 문제에 대해 알고 있는 모든 것은 유대인 시온주의 저술가들, 즉 테오도어 헤르츨과 아돌프 뵘의 '기초적 저술들'에서 배웠다고 했다. 그렇다면 그를 재판할 자격이 있는 사람은 어린 시절부터 시온주의자였던 이 세 재판관 말고 누가 있겠는가?

재판관이 유대인이라는 사실, 이들이 다섯 명 가운데 한 명꼴로 살아남은 나라에서 살았다는 사실이 예민하고 거북스럽게 된 것은 피고에 관해서가 아니라 배경 증인들에 관해서였다. 하우스너는 희생된 '비극적 다수'를 모았는데, 이들 각자는 이 독특한 기회를 놓치지 않으려 했고, 또 자신에게 법정에서 시간을 가질 권리가 있다고 확신했다. 재판관들은 '큰 그림 그리기'를 위해서 이 기회를 이용하는 것이 지혜로운 것인지 또는 적절한 것인지에 대해 검사와 논쟁했다.

그러나 일단 증인이 증언대에 서면 증언 중간에 끼어들어 짧게 끝내게 하기는 어려운 일이었다. 란다우 판사가 말한 것처럼, "증인의 명예와 그가 말하려는 사안 때문"이었다. 인간적으로 말해, 이 사람들에게 증언을 못 하게 할 자가 있겠는가? 또한 인간적으로 말해 이들이 "증언대에서 자신의 피맺힌 한을 쏟아부을" 때 그 세부 사항이 정확한지에 대해 누가 감히 문제를 제기하겠는가? 물론 그들이 하려는 말이 "이 재판의 부산물로 여겨질" 뿐이라 하더라도 말이다.

다른 어려움도 있었다. 이스라엘뿐만 아니라 대부분의 다른 나라에서도 재판에 출두한 사람은 유죄로 판명될 때까지는 무죄로 간주된다. 그러나 아이히만 재판에서 이 규칙은 그저 허울이었다. 예루살렘에 등장하기 전에 그가 유죄로 확정되지 않았다면, 그 어떤 합리적인 의심의 여지 없이 유죄임이 확인되지 않았더라면, 이스라엘인이 감히 그를 납치하지도 또 납치하려 들지도 않았을 것이다. 벤구리온 수상은 아르헨티나 대통령에게 보낸 1960년 6월 3일 서신에서 왜 이스라엘이 "아르헨티나 법을 공식적으로 위반"했는지를 설명하면서, "전 유럽에 걸쳐 거대한 전례 없는 규모로 [우리 민족 600만 명의] 대량 학살을 조직적으로 수행한 사람이 바로 아이히만이다"라고 썼다.

통상적 형사사건의 경우 정상적인 구속은 범죄에 대한 의혹이 실질적이면서 합당하다고 입증되지만 합당한 의심의 여지가 없는 정도가 아닌 경우(이 부분은 뒤이어질 재판의 과제다)에 정당화될 수 있다. 하지만 아이히만의 불법 체포는 이 재판의 결과가 안전하게 예견될 수 있다는 사실에 의해서만 세계인의 눈앞에서 정당화된다.

이제 밝혀진 것처럼, 최종 해결책에 대한 그의 역할은 과장된 것이었다. 이는 부분적으로는 아이히만의 허풍 때문이고, 또 부분적으로는 뉘른베르크와 다른 전후 재판에 세워졌던 피고인들이 아이히만을 핑계로 자신의 결백을 증명하려 했기 때문이었다. 무엇보다 주된 이유는 아이히만이 '유대인 문제 전문가'로서 다른 어떤 문제도 다루지 않은 유일한 독일 관리였으며 유대인 관계자들과 밀접한 접촉을 했기 때문이었다.

검찰은 전혀 과장되지 않은 고통에 기초한 이 재판에서 그 내용을 터무니없이 과장했다. 아니, 항소심의 판결문이 나오기 전까지 사람들은 그랬다고 생각했다. 그러나 판결문에는 다음과 같은 내용이 적혀 있었다.

"항소인은 어떤 '상급자의 명령'도 받지 않았던 것이 사실이다. 그 자신이 최상급자였고, 유대인 문제에 관한 모든 명령을 그가 내렸다."

그 내용은 정확히 검찰의 주장과 같았다. 지방법원 판사들은 이 점을 수용하지 않았는데, 항소심 법정은 그 내용이 위험한 난센스였음에도 불구하고 전적으로 지지했다.

(이는 주로 1950년에 『죽기까지의 열흘』이라는 책을 쓴 대법관 마이클 A. 무스마노의 증언을 통해 입증된다. 그는 검찰 측을 위해 증인으로 미국에서

온 전 뉘른베르크 재판관이었다. 무스마노는 집단수용소 행정 요원과 동부지역의 이동학살부대 요원을 재판했다. 아이히만의 이름이 그 재판 과정에 등장하긴 했지만, 그는 판결문에서 오직 한 차례만 아이히만을 언급했다. 그런데 무스마노는 뉘른베르크의 피고인들과 감옥 안에서 인터뷰를 진행한 적이 있다. 거기서 리벤트로프는 만일 히틀러가 아이히만의 영향 아래 있지 않았더라면 어떤 문제도 일어나지 않았을 것이라고 그에게 말했다. 물론 무스마노는 리벤트로프가 말한 내용을 다 믿지 않았지만, 아이히만이 히틀러에게서 직접 임무를 부여받았고 아이히만의 권력이 "힘러와 하이드리히를 통해 구두로 주어졌다"고 믿었다.

몇 차례의 공판이 있은 다음 1947년에 『뉘른베르크 일기』를 쓴 롱아일랜드 대학교 심리학 교수인 구스타브 M. 길버트가 검찰 측 증인으로 나왔다. 뉘른베르크에서 무스마노 대법관을 피고인들에게 소개한 그는 무스마노보다 더 조심스러운 인물이었다. 길버트는 "주요 나치 전범들이 아이히만을 … 당시에는 … 그리 대단하게 생각하지 않았다"고 증언했다. 길버트와 무스마노 둘 다 아이히만이 죽었다고 생각했기 때문에 이들 사이의 전쟁범죄에 대한 논의에서 아이히만은 언급된 적이 없었다고 말했다.)

지방법원 판사들은 검찰의 과장을 간파했고 또한 아이히만을 힘러의 상관이자 히틀러에게 영감을 준 사람으로 만들고 싶지 않았기 때문에, 피고인을 옹호해야 하는 상황이 되었다. 이러한 거북함과는 별개로 그 문제는 재판이나 판결문에서 전혀 중요하지 않았다.

"우리의 생각에는, 희생자를 죽음으로 몰아넣은 그의 법적·도덕적 책임이 피해자를 죽인 자의 직책상의 책무만큼 크거나 그보다 훨씬 더 크기 때문이다."

재판관들은 이 모든 난제에서 벗어나기 위해 타협안을 택했다. 판결문은 두 부분으로 이루어져 있었는데, 이 가운데 비중이 큰 부분은 검찰 측의 주장을 재작성한 것이었다. 재판관들은 독일에서 시작하여 동부에 대한 언급으로 끝냄으로써 그들이 근본적으로 다른 접근을 하고 있음을 보여주었다. 이는 유대인의 수난이 무엇이었는지보다도 어떤 일이 일어났는지에 집중하려 했음을 의미했다. 검찰 측 주장을 명백히 반박하면서 재판관들은 그토록 엄청난 규모로 이루어진 고난이 "인간의 이해를 넘어서며" 이는 "위대한 저술가와 시인"을 위한 사안이지 일개 법정에 속한 사안이 아니라고 분명히 말했다.

그러나 그 행위들, 그것을 일으킨 동기는 이해를 넘어선 것도 또 재판이 불가능한 것도 아니었다. 재판관들은 자신들의 방식에 따라 자신들이 발견한 자료를 정리했다. 실제로 그들이 앞서 말한 엄청난 양의 작업을 수행하지 않았더라면 사실상 제대로 판결하지 못했을 것이다. 재판관들은 나치의 파괴 기계를 이루는 복잡한 관료적 구성을 확실하게 이해했으며, 따라서 피고의 입장을 이해할 수 있었다.

이미 책으로 출간된 하우스너의 모두진술과는 대조적으로, 이 판결문은 이 시기에 대해 역사적 관심을 가진 사람들에게 유익한 연구 대상이 될 것이다. 그러나 값싼 감상적 웅변을 깔끔하게 회피한 이 판결문은 검찰의 주장을 완전히 무너뜨릴 수도 있었다. 만약 아이히만이 자백한 주요 범죄, 즉 자신의 일에 대해 명확하게 인식한 상태에서 사람들을 사지로 수송했다는 사실 외에도 동부에서 일어난 일에 대한 일부 책임을 아이히만에게 부과하지 않았더라면 말이다.

네 가지 점이 주된 논쟁점이었다. 첫째, 동부에서 이동학살부대가 자행한 대량학살에 아이히만이 참여했는지 여부였다. 이 학살은 1941년 3월에 열린 회의에서 하이드리히가 계획한 것이며, 이때 아이히만도 그 회의에 참석했다. 그러나 이동학살부대 지휘관들은 친위대의 지적 엘리트 요원들이었다. 그들의 부대는 범죄자나 처벌에 따라 징집된 일반 군인으로 이루어졌고 지원병은 없었다. 아이히만은 살인자들에게서 받은 보고서를 요약하여 상급자에게 보고한 점에서만 최종 해결책의 이 중요한 단계에 관련되었다. 이 보고서는 비록 '일급비밀'이었지만 등사되어 제국 내의 50개에서 70개 정도의 다른 사무실로 보내졌다. 각 사무실에는 고위행정관이 있어서 이 내용을 그 위 상관에게 요약해서 보고했다.

그외에도 무스마노 판사의 증언이 있었다. 그는 하이드리히와 발터 폰 브라우히치 장군 사이의 합의서 초고를 작성한 발터 셸렌베르크가 뉘른베르크에서 자신에게 말한 내용을 진술했다. 그 합의는 이동학살부대가 "시민에 대한 계획을 실행하는"데, 즉 민간인을 살해하는 데 전적인 자유를 누릴 수 있다는 점을 명시하고 있었다. 재판관들은 '신중을 이유로' 셸렌베르크의 이 확인되지 않은 주장에 의존하고 싶어 하지 않았고, 그래서 이 증거를 기각했다. 셸렌베르크는 뉘른베르크 재판관들과 제3제국의 미로 같은 행정 구조를 철저히 이해하는 그들의 능력을 아주 낮게 평가했음이 분명했다. 따라서 남은 것은 아이히만이 동부에서 일어난 일의 정보를 잘 접하고 있었다는 증거뿐이었고, 이 점에 대해서는 논란의 여지가 없었다. 그래서 판결문은 놀랍게도 이 증거가 실질적인 참여의 증거로 충분하다고 결론을 맺었다.

둘째 논쟁점은 유대인을 폴란드 게토에서 인근의 학살 센터로 강제이송하는 문제를 다룬 것으로, 더 설득력 있는 부분이었다. 이송 전문가가 총독령하의 지역에서 활동했다고 추정하는 것은 실제로 '논리적'이었다. 그런데 우리는 다른 많은 자료로부터 친위대 및 경찰 고위지도자가 이 지역 전체에서 추방에 책임을 지고 있었음을 알고 있다. 이 점을 상당히 유감스럽게 생각했던 총독 한스 프랑크는 일기에 아이히만의 이름을 한 번도 언급하지 않은 채 이 문제에 대한 개입에 끊임없이 불평했다.

피고 측 증인으로 나온 아이히만의 추방 담당자 프란츠 노박은 아이히만의 입장을 확인해주었다. 그들은 물론 이따금 동부 철도, 즉 오스트반(Ostbahn) 운영자와 협상해야 했다. 왜냐하면 서부 유럽에서 오는 수송 수단을 지역의 작전에 맞추어 조정해야 했기 때문이다. (이 거래에 대해 비슬리케니는 뉘른베르크에서 충분히 설명했다. 노박은 교통부와 접촉하곤 했다. 기차가 전쟁 지역으로 들어가면 교통부는 다시 군에서 출차 승인을 얻어야 했다. 군대는 수송을 거부할 수 있었다. 비슬리케니가 말하지 않은 것, 더욱 흥미로운 사실은 독일 군대가 오직 초기, 즉 독일군이 공세를 취하고 있었을 때만 거부권을 행사했다는 점이다. 1944년 필사적으로 도망치던 모든 독일 육군의 후퇴선이 헝가리 유대인 강제이송으로 인해 방해받았을 때는 어떠한 거부권도 행사하지 않았다.)

그러나 예컨대 1942년에 바르샤바 게토에서 유대인이 하루에 5,000명꼴로 소개되었을 때 힘러는 직접 철도 당국과 협상을 진행했고, 아이히만과 그의 동료는 이 협상과 관련된 아무런 일도 하지 않았다. 결국 판결문에서는 회스 재판에서 한 증인이 말한, 총독령에서 온 일부 유대인이 비알리스토크에서 온 유대인과 함께 아우슈비츠에 도착했다는 증언에 의존했다. 비알리스토크는 독일령 동프로이센으로 통합되어 아이히만의 관할권이 된 폴란드 도시였다. 그런데 제국의 영역인 바르테가우에서 학살과 강제이송 책임자는 국가보안본부가 아니라 바르테가우의 대관구 지도자 그라이저였다. 1944년 1월에 아이히만이 동부에서 가장 큰 규모이며 가장 늦게 해체되었던 우치 게토를 방문하기는 했지만, 한 달 후 그라이저를 보러 와 우치의 해체를 명령한 사람은 힘러였다.

아이히만이 힘러의 명령에 영향을 줬다는 검찰의 터무니없는 주장을 받아들이지 않는다면, 아이히만이 유대인을 아우슈비츠로 이송했다는 단순한 사실은 아우슈비츠에 도착한 모든 유대인을 아이히만이 이송했다는 증거가 되지 않는다. 아이히만이 강력히 부인했고 또 보충 증거가 전적으로 결여했음을 고려할 때, 이 점에 대한 판결문의 결론은 불행하게도, '의심스러울 때는 피고에게 유리하게'라는 원칙을 뒤집은 '의심스러울 때는 피고에게 불리하게'에 해당하는 것으로 보인다.

셋째로 고려해야 할 항목은 죽음의 수용소에서 일어난 일에 대한 아이히만의 책임 문제였다. 검찰에 따르면 아이히만은 죽음의 수용소에서 상당한 권위를 누렸다. 재판관들이 이 문제에 대한 증언을 모두 버렸다는 사실은 그들의 높은 독립성과 공정성을 명백하게 보여준다. 이에 대한 재판관들의 주장은 간단명료했고, 상황 전체를 제대로 이해하고 있음을 보여주었다. 재판관들은 수용소에 두 범주의 유대인이 있었다는 점을 설명하면서 시작했다.

한 범주는 이른바 '이송된 유대인'으로 다수를 이루고 있었고, 나치의 눈으로 보기에도 법을 한 차례도 위반하지 않은 사람들이었다. 다른 범주는 '보호관리대상' 유대인으로 어떤 범죄 때문에 독일 강제수용소에 갇힌 사람들이었다. '무고한 사람'들을 완전한 공포 아래 두려는 정부의 전체주의적 원칙에 따라, 제국을 유대인 없는 지역으로 만들려는 목적으로 제국 내부의 강제수용소에서 동부로 이송되는 와중에도 보호관리대상은 다른 사람들보다 훨씬 더 나은 상태에 있었다. (아우슈비츠에 대한 훌륭한 증인인 라야 카간 부인의 말에 의하면, 이는 "아우슈비츠의 커다란 역설이었습니다. 범죄행위로 체포된 자들이 다른 사람보다 더 나은 대우를 받았으니 말이죠." 그들은 선택의 대상에 속하지 않았기 때문에 규정상 살아남았다.)

아이히만은 보호관리대상과는 무관했다. 그가 전문적으로 처리한 수송된 유대인의 경우, 수용소 노동을 위해 선택된 신체가 특별히 건강한 사람 25퍼센트를 제외하고는 규정상 죽게 되어 있었다. 그러나 판결문에 쓰인 내용에서 그 문제는 더는 쟁점이 되지 않았다. 물론 아이히만은 이 희생자 가운데 상당수가 죽을 운명임을 알고 있었다. 그러나 노동을 위한 선별은 현장에서 친위대가 수행했고 추방 대상자 명단은 보통 자국에서 유덴라트나 치안경찰이 작성했다. 아이히만이나 그 부하들의 일이 아니었기 때문에, 누가 살고 죽을 것인지를 말할 권한이 실제로 그에게는 없었다. 아이히만은 그것을 알 수조차 없었다.

문제는 아이히만이 "저는 그 문제에 관한 한, 단 한 사람의 유대인도 죽이지 않았습니다. 저는 유대인이 아닌 사람도 죽이지 않았어요. … 저는 유대인을 죽이라는 명령도, 유대인이 아닌 사람을 죽이라는 명령도 내린 적이 없습니다"라고 한 말이 과연 거짓이 아닌가 하는 점이었다. 아무도 죽이지 않은 (특히 이 경우에는 죽일 배짱조차도 갖지 못한) 대량학살범을 이해할 수 없었던 검찰은 개별 살인을 입증하려고 계속 애썼다.

이는 우리를 넷째 문제, 즉 동부에서 아이히만이 가졌던 일반적 권위에 대한 문제로 나아가게 한다. 이 문제는 게토에서의 생활 환경에 대한, 거기서 견뎌야 했던 말할 수 없는 비참함에 대한. 대부분의 증인이 증언한 최종적 절멸에 대한 책임 문제였다. 아이히만은 이에 대해서도 완전한 정보를 가지고 있었지만, 이 가운데 어떤 것도 그의 직책과 관계가 없었다. 검찰은 아이히만이 관여했음을 공들여 입증하려고 노력했다. 그는 이 문제에 대한 지휘권이 늘 바뀌었기 때문에 폴란드에 갇힌 외국계 유대인과 관련된 일을 이따금 직접 결정해야만 했다고 자유로운 상태에서 인정했는데, 이것이 근거였다. 그는 이것이 외무부를 포함한 '국가적 중대성'을 가진 문제였고 지역 당국의 '차원을 넘어선다'고 말했다.

그런 유대인에 관해서 독일 각 사무실에는 두 가지 다른 경향이 있었다. 그 하나는 '급진적' 입장으로서 모든 차이를 무시하고 유대인은 유대인일 뿐이라고 보았다. 다른 하나는 '온건한' 입장으로서 유대인을 교환 목적으로 '남겨두는' 것이 낫다고 생각하는 입장이었다. (교환 유대인이라는 생각은 힘러의 아이디어였던 것으로 보인다. 미국이 참전한 이후 그는 1942년 12월에 뮐러에게 다음과 같이 썼다. "미국에 영향력이 있는 친척을 가진 모든 유대인은 특별수용소로 보내야 합니다. … 살아 있는 채로 말입니다." 그러고는 다음과 같이 덧붙였다. "그런 유대인은 우리에게 귀중한 인질입니다. 저는 1만 명 정도로 생각하고 있습니다.")

말할 필요도 없이 아이히만은 '급진주의자'에 속했고, 행정적 이유에서뿐만 아니라 '이상적' 이유에서도 예외를 두는 것에 반대했다. 그러나 1942년 4월 그는 외무부에 "미래에는 외국 국적자들도 바르샤바 게토 내에서 보안경찰이 취하는 조치에 포함될 것이다"라고 편지를 썼다. 그전까지 외국 여권을 가진 유대인은 사전에 잘 숨겨졌다. 이때 아이히만은 동부에서 '국가보안본부를 대표하는 결정권자'로 행동하지 않았으며, 거기서 '실행력'을 갖고 있지 않았음이 분명하다. 하이드리히나 힘러가 지역 사령관에게 어떤 명령을 내릴 때 아이히만을 통해서 이루어졌다는 사실이 아이히만에게 그런 권력 또는 권위가 있었다는 걸 입증할 수도 없다.

어떤 점에서 사태의 진실은 예루살렘 법정이 추정한 것보다 더 나빴다. 판결문에서 주장한 것은 하이드리히가 지역 제한 없이 최종 해결책 이행에 대한 중심적 권위를 부여받았고, 따라서 이 영역에서 하이드리히의 최고 대리인이었던 아이히만에게는 어디에서나 같은 책임이 있었다는 것이다. 이는 최종 해결책의 틀로 보아서는 상당히 옳다. 그러나 하이드리히가 조정을 목적으로 한스 프랑크의 총독부 대표자인 국무부 부장관 요제프 뷜러 박사를 반제회의에 소환했음에도, 최종 해결책은 동부의 점령지역에 제대로 적용되지 않았다. 그곳 유대인의 운명이 고민거리조차 아니라는 단순한 이유에서였다.

폴란드 유대인에 대한 학살은 1941년 5월이나 6월, 즉 최종 해결책의 명령이 내려진 그때가 아니라 1939년 9월에 히틀러에 의해 결정되었다. 여기에 대해 재판관들은 독일 정보부의 에르빈 라호우젠이 뉘른베르크에서 한 "이미 1939년 9월에 히틀러는 폴란드 유대인의 살해를 결정했다"는 증언을 통해서 알고 있었다. (따라서 유대인의 별은 1939년 11월에 이 지역이 점령된 직후 총독령에 도입된 반면, 독일제국에서는 1941년 최종 해결책이 나왔을 때 도입됐다.)

재판관들은 전쟁이 발발했을 무렵에 열린 두 회의의 회의록을 가지고 있었다. 그중 한 회의는 하이드리히가 1939년 9월 21일에 소집한 것으로, '각 부서의 장과 이동학살부대의 지휘관' 회의였다. 이때 아이히만은 아직 고작 최고돌격지도자의 신분으로 베를린 유대인 이주센터를 대표하고 있었다. 다른 하나는 1940년 1월 30일에 열려 '소개와 재정착 문제'를 다루었다. 두 회의에서 점령지의 전체 원주민의 운명이 논의되었다. 즉 '유대인 문제'뿐만 아니라 폴란드 문제의 '해결'까지도 논의된 것이다.

이처럼 이른 시기에 '폴란드 문제의 해결'은 상당히 진전되어 있었다. "정치 지도자들" 가운데 겨우 3퍼센트만 남아 있었던 것으로 보고되었다. "이 3퍼센트를 무해하게 만들기 위해" 이들은 "강제수용소로 보내져야만" 했다. 폴란드 지식인으로 구성된 중간 계층, 즉 "교사, 성직자, 귀족, 재향군인, 퇴직 공무원 등"은 등록되고 체포되었다. 한편 "원시적인 폴란드인"은 "이주 노동자"로 독일 인력에 보충되어, 그들의 고향에서 "소개"될 예정이었다.

"목표는 폴란드인을 영원한 예비적 노동자이자 이주 노동자로 만드는 것이며, 그들의 영구 거주지는 크라쿠프 지방에 있어야만 한다."

유대인은 도시의 중심지로 집결시켜, "쉽게 통제되고 편리하게 소개되도록 게토에 모여 있게 했다."

제국으로 편입된 동부지역, 즉 바르테가우, 서프로이센, 그단크스, 포즈난 지역, 상부 슐레지엔에서 유대인은 즉각적으로 제거되었다. 이들은 3만 명의 집시와 함께 화물열차에 실려 총독령으로 수송되었다. 힘러는 마침내 '독일 민족 강화를 위한 제국 감독관' 자격으로, 폴란드 국민 상당수를 최근 제국에 합병된 이 지역에서 소개하라는 명령을 내렸다. 판결문에서 표현한 것처럼 이런 "조직적인 민족 이주"의 실행은 주 업무가 '이주 및 소개'였던 국가보안본부의 하위부서 제IV국 D과 4계 수장인 아이히만에게 부여되었다.

(이 '인구 감소 정책'이 동부에서 독일이 승리한 결과로 즉흥적으로 이루어진 것이 결코 아님을 기억해야 한다. 이 정책은 이미 1937년 11월에 히틀러가 독일 고급 지휘관들에게 행한 비밀 연설에서 그 윤곽이 나타났다.[*] 히틀러는 외국 국민을 정복한다는 모든 생각을 거부한다면서, 자신이 요구하는 것은 독일인의 이주를 위한 동부의 '빈 공간'이라고 지적했다. 연설의 청중, 특히 블롬베르크, 프리치, 뢰더 등은 그런 '빈 공간'이 존재하지 않는다는 점을 아주 잘 알고 있었다. 따라서 동부에서 독일의 승리는 자동적으로 전체 원주민의 소개로 이어질 것이라는 점을 그들은 알았을 것이다. 동부 유대인에 대한 조치는 반유대주의의 결과일 뿐 아니라 포괄적인 인구 정책의 일부였다. 이 과정에서 만일 독일이 전쟁에서 승리했다면 폴란드인은 유대인과 동일한 운명, 즉 종족 학살을 겪었을 것이다. 이것은 단순한 추정이 아니다. 독일에 있는 폴란드인은 이미 유대인의 별 대신에 'P'자가 있는 특별 표지를 달고 다니도록 강요받고 있었다. 이런 조치는 우리가 알고 있는 대로, 파괴 과정의 제도화 가운데 경찰이 취하는 첫 번째 조치였다.)

9월 회의 이후 이동학살부대의 지휘관들에게 보내진 속달 편지가 재판에 제출된 문서 가운데 있었고, 특별한 관심을 끌었다. 그것은 단

---

* 회스바흐 회의록을 참조하라.

지 '점령지역의 유대인 문제'만을 다루고 있었고, 비밀로 지켜야만 할 '최종 목표'와 거기에 도달하기 위한 '예비적 조치'를 구분하고 있었다. 그 문서는 예비적 조치 가운데 철도 가까운 곳에 유대인을 수용하라고 분명히 언급하고 있다. 특이한 점은 '유대인 문제의 최종 해결책'이라는 구절이 등장하지 않는다는 점이다. 이 '최종 목표'란 아마도 폴란드 유대인의 파멸을 의미했을 것이며, 이는 그 회의 참석자에게는 새로운 것이 아니었음이 분명하다. 새로운 내용은 제국에 새로 합병된 지역에 살고 있는 유대인은 폴란드로 소개돼야 한다는 것이었다. 왜냐하면 이것이 독일을 유대인 없는 지역으로 만드는, 따라서 최종 해결책을 향한 첫 번째 단계였기 때문이다.

이 문서들은 아이히만이 동부에서 일어난 일에 대해 이 단계에서도 거의 아무런 관련이 없었다는 점을 분명히 보여준다. 여기서도 역시 그의 역할은 '이송'과 '이주' 전문가였다. 동부에서는 '유대인 전문가'가 필요하지 않았고, 그 어떤 특별한 '지시'도 요구되지 않았으며, 어떠한 특권적 범주도 존재하지 않았다. 유대인위원회 위원조차도 게토가 마침내 청산될 때 예외 없이 처형되었다. 예외는 없었다. 노예 노동자에게 부여된 운명은 단지 또 다른 종류의 느린 죽음이었다. 따라서 행정적 대량학살에서 그 역할이 아주 본질적이라고 여겨진 유대인 관료 조직은, '유대인장로회' 기구가 즉각적으로 설립될 만큼 중요하게 간주되었음에도 유대인을 체포하고 수용하는 데 아무런 역할을 하지 못했다.

이 모든 사건은 군대 뒤편에서 이루어진 초기의 야만적 대량학살이 종식되었음을 알리는 신호였다. 군 지휘관들은 민간인을 대량학살하는 데 저항했던 것 같다. 하이드리히는 유대인, 폴란드 지식인, 가톨릭 성직자, 귀족을 완전히 '즉각적으로 청소'한다는 원칙을 수립하기로 독일 고위 지휘부와 합의했다. 그러나 200만 명이나 되는 유

대인이 '청소'되어야 하는 작전의 규모 때문에 그들을 먼저 게토에
수용하기로 결정했다.

재판에서 증인들이 반복적으로 들려준 모골 송연한 이 이야기들에
대해 재판관들이 아이히만의 혐의를 완전히 지웠더라도, 재판관들은
아이히만의 죄에 대한 다른 판단에 도달하지 못했을 것이고, 아이히
만의 사형은 불가피했을 것이다. 그 결과는 같았을 것이다. 그러나 그
랬다면 검찰이 제시한 방식을 완전히 그리고 타협 없이 허물어버려
야 했을 것이다.

제 14 장

증거와 증인들

전쟁의 마지막 몇 주 동안 친위대 관료 조직은 주로 신분증을 위조하고 또 6년간의 체계적인 살인을 입증하는 산더미 같은 서류를 없애느라 정신이 없었다. 아이히만의 부서는 다른 곳보다 더 성공적으로 자기 파일을 불태웠지만 물론 이는 그다지 효과가 없었다. 왜냐하면 아이히만의 부서에서 나온 모든 서신은 다른 국가나 당 사무실로 발송되었고, 그 사무실들의 파일이 연합군의 손으로 넘어갔기 때문이다.

최종 해결책에 대해 이야기하는 문서는 넘치도록 남아 있었다. 대부분은 뉘른베르크 재판 및 뒤이은 재판을 통해 이미 드러났고, 서약이 이루어진 진술 혹은 그렇지 않은 진술을 통해 입증되었다. 진술은 보통 이전 재판에서 증인과 피고 측이 주장한 것이었고, 이제 더는 생존해 있지 않은 자의 증언도 종종 있었다. (이 모든 것뿐만 아니라 상당량의 풍문으로 들은 증언 역시 아이히만 재판이 근거한 법 15조에 따라 증거로 채택되었다. 이 법은 법원이 "증거 관련 규정을 따르지 않아도 되며" 이 경우 그런 예외가 "필요한 이유를 기록해두어야 한다"고 명시하고 있다.)

문서적 증거는 해외에서, 즉 독일과 오스트리아 그리고 이탈리아의 법원에서 이루어진 증언을 통해 보충되었다. 이 증언은 예루살렘에 오지 못한 열여섯 명의 증인에게 수집되었는데, 그들이 불참한 이유는 검찰총장이 "그들을 유대 민족에 대한 범죄를 이유로 재판에 회부할 의사가 있다"고 선언했기 때문이다. 검찰총장은 첫 번째 공판에서 "만일 피고 측에 증인이 되어 와줄 사람이 있다면, 나는 막지 않겠다"고 말했지만, 나중에 증인에게 면책권을 부여하기를 거부했다. (그런 면책권은 정부의 선의에 전적으로 의존한 것이었다. '나치와 나치 부역자 처벌법'에 따른 기소는 의무 사항이 아니었다.)

누구도 어떤 상황에도 그 열여섯 명이 이스라엘로 오리라 기대하지 않았다. 그중 일곱 명은 수감 중이었다. 이것은 형식적인 문제였지만 그래도 상당히 중요한 문제였다. 이는 이스라엘에 증거와 증인이 "다른 어떤 나라보다 풍부"하므로 "최종 해결책 실행자를 재판하는 데 가장 적합하다"는 이스라엘의 주장을 반박하는 근거가 되었다. 증거 자료 관련 주장도 여하튼 미심쩍은데, 이스라엘 자료관인 야드 바셈은 상대적으로 늦은 시기에 건립되었고 다른 자료관에 비해 더 뛰어나다고 결코 말할 수 없기 때문이다.

이스라엘은 갑자기 피고 측 증인의 진술을 들을 수 없는, 또 이전 공판에서 서면 진술서를 제출한 검찰 측 몇몇 증인에게 피고 측이 반대신문할 수 없는 지상에서 유일한 국가가 되어버렸다. 피고인과 변호인이 사실상 '자신의 변호를 위한 자료를 획득할 수 없는 입장'이 되어버린 까닭에 이는 더욱 심각한 문제였다. (세르바티우스는 검찰 측이 제출한 1,500건의 문서에 대응해서 110건의 문서를 제출했는데, 피고 측이 제출한 문서 중 변호인 측에서 직접 마련한 것은 대략 10여 건에 불과했고, 이것도 대체로 폴리아코프와 라이트링거의 저서들에서 발췌한 것이었다. 나머지는 아이히만이 그린 열일곱 장의 도표를 제외하고는 모두 검사 측과 이스라엘 경찰이 수집한 많은 자료에서 뽑은 것이었다. 피고 측은 명백히 부자의 식탁에서 떨어진 빵 부스러기를 받아먹은 것이다.)

피고인은 사실상 이 사태를 적절히 다룰 '수단도 시간도' 없었고,

‘전 세계의 자료실이나 정부의 도구들’을 사용할 수도 없었다. 같은 비난이 뉘른베르크 재판에 대해서도 있었는데, 거기서 검찰과 피고 측의 지위상 불평등은 한층 더 심각했다. 뉘른베르크에서처럼 예루살렘에서도 피고 측의 주요 약점은 자료 더미를 뒤져 이 사건에 유용한 모든 것을 찾아내는 훈련된 연구 보조원이 없었다는 것이다. 전쟁이 끝난 지 18년이 지난 오늘날에도 나치 정권에 대한 엄청난 양의 수집 자료에 대한 우리의 지식은 기소 목적으로 이루어진 선별에 대다수 의존하고 있다.

피고에 대한 이 같은 결정적인 불이익에 대해 세르바티우스보다 더 잘 아는 사람도 없을 것이다. 그는 뉘른베르크에서 피고 측 변호인단의 일원이었다. 우선 세르바티우스가 왜 이 일을 하겠다고 했는지가 가장 궁금할 것이다. 이 질문에 대한 그의 대답은, 이는 “단지 일 문제일 뿐”이며, “돈을 벌기 위한” 일이라는 것이었다. 그런데 이스라엘 정부가 그에게 지불한 액수는 그 자신의 요구대로 2만 달러였다. 세르바티우스는 이 액수가 우스꽝스러울 정도로 부적절했음을 뉘른베르크에서의 경험으로부터 알았을 것이다. 비록 린츠에 있는 아이히만 가족에게서 별도로 1만 5,000마르크를 받기로 했지만 말이다.

세르바티우스는 거의 재판 첫날부터 자신의 보수가 적다고 불평하기 시작했다. 그후 곧 아이히만이 ‘미래의 세대’를 위해 어떤 형태로든 쓴 옥중 ‘비망록’을 자신이 판매할 수 있기를 바란다고 공공연히 말했다. 이런 사업적 거래가 적절한지 아닌지 따지기를 그만두고라도, 이스라엘 정부가 아이히만이 옥중에서 쓴 모든 문서를 압류했기 때문에 그의 희망은 좌절되었다. (그 문서들은 지금 국립문서고에 보관되어 있다.) 아이히만은 재판이 휴정한 8월부터 판결이 이루어진 12월까지 한 권의 ‘책’을 썼다. 피고 측은 항소심이 열리기 전의 검토 과정에서 그것을 ‘새로운 사실적 증거’로 제시했는데, 물론 새롭게 쓴 책은 사실적 증거가 아니었다.

피고의 입장에 대해 말하자면, 법원은 재판을 준비하는 데 필요했던 11개월 동안 피고가 이스라엘 경찰신문관에게 진술하고 또 수많은 자필 메모로 보충한 상세한 진술서에 의존할 수 있었다. 이것이 자발적인 진술서라는 데 아무런 의문도 제기되지 않았다. 그 진술서 내용의 대부분은 질문을 통해 유도된 대답도 아니었다. 아이히만은 1,600건의 문서를 맞닥뜨렸는데, 그중 일부는 그가 전에 봤던 것으로 밝혀졌다. 아이히만이 아르헨티나에서 자센과 인터뷰할 때 검토한 문서들이었다. 하우스너는 이 인터뷰를 '예행연습'이라고 불렀는데, 그렇게 부를 이유가 없는 것도 아니었다.

아이히만은 예루살렘에 와서야 그 문서를 신중하게 살펴보기 시작했다. 아이히만이 피고인석에 섰을 때 곧 그가 시간을 낭비하지 않았음이 명백하게 나타났다. 이제 아이히만은 자료를 읽는 방법을 알게 되었다. 경찰신문 동안에는 몰랐던 능력이었다. 이 일에서 그는 변호인보다 더 뛰어났다.

아이히만의 법정 진술은 이 사건에서 가장 중요한 증거임이 드러났다. 그의 변호인은 6월 20일의 일흔다섯 번째 공판에서 그를 피고인석에 세웠고, 7월 7일까지 열네 차례의 공판에서 거의 끊임없이 그와 질의응답을 나누었다. 바로 그날, 여든여덟 번째 공판에서 검찰의 반대신문이 시작되어 7월 20일까지 열일곱 차례 공판 동안 계속되었다. 이때 몇 가지 사건이 있었다. 아이히만은 한 번은 모스크바식으로 신문당할 때처럼 "없는 죄까지 다 불어버리겠다"고 협박하기도 했고, 또 한 번은 자기를 "스테이크 익히듯 달달 볶았다"고 불평하기도 했다. 그러나 대체로 그는 아주 침착했고, 더는 질문에 답하지 않겠다고 협박할 때도 진지하게 말한 것은 아니었다.

아이히만은 할레비 재판관에게 "이번 기회에 [자기를] 15년간 짓누르고 있던 비진실에서 진실을 골라낼 기회를 가져 얼마나 기쁜지 모르겠다"고, 그 이전의 어떤 신문보다 더 오랫동안 진행된 반대신문의 주인공이 되어 얼마나 자랑스러운지 모른다고 말했다. 한 차례 공판의 일부에서 자신의 변호인과 짧은 신문을 한 뒤 그는 세 재판관에게 질문을 받았다. 재판관들은 검찰이 열일곱 차례의 공판에서 밝혀낸 것보다 더 많은 것을 두 차례 반의 짧은 공판에서 이끌어냈다.

아이히만은 6월 20일에서 7월 24일까지 전부 33회와 절반의 공판에 섰다. 그것의 거의 배가 되는 전체 121회의 공판 가운데 62회의 공판에 여러 나라 출신 100명의 검찰 측 증인이 나와 자신의 끔찍한 이야기를 해주었다. 그들의 증언은 4월 24일에서 6월 12일까지 지속되었고, 그사이 모든 시간은 문서 제출에 할애되었다. 검찰총장은 그 문서 대부분을 낭독하여 법원 공판 기록에 포함시켰으며, 이것은 매일 언론에 전달되었다. 증인 가운데 일부만 제외하고 모두 이스라엘 시민이었는데, 이들은 수만 명의 신청자 가운데 선정된 사람들이었다. (엄밀히 말하자면 그들 중 아흔 명이 생존자였는데, 그들은 이런저런 형태로 나치에 체포되었다가 전쟁이 끝날 때까지 살아남은 사람들이었다.)

이런 압력을 완전히 견뎌내 자원자가 아닌 사람들 가운데서 증인을 찾았더라면 얼마나 더 현명한 일이었을까! (어느 시점까지는 잘 견뎌냈다. 이스라엘의 두 언론인이 제공한 자료에 근거하여 쿠엔틴 레이놀즈가 쓰고 1960년에 출간된 『죽음의 사제』*Minister of Death*에서 언급된 잠정적 증인들 가운데 누구도 증인석에 서지 않았다.) 이 점을 입증이라도 하듯 검사는 한 작가를 소환했다. 이 작가는 아우슈비츠의 매춘부와 동성애자 그리고 다른 '인간적으로 흥미 있는 이야기들'을 다룬 책의 저자로서 K-제트닉(강제수용소 수감자를 말하는 은어)이라는 이름으로 대서양 양안에 잘 알려진 사람이었다. 그는 많은 대중 집회에서 그랬던 것처럼 자기가 사용하는 이름을 설명하며 이야기를 시작했다. 그는 그것이 필명이 아니라고 말했다.

"한 사람이 십자가에서 죽은 이후 인류가 일어난 것처럼 … 민족이 십자가형을 당한 뒤 세계가 깨어나지 않는 한 나는 이 이름을 지니고 있어야만 합니다."

그는 점성술로 약간 빗나가면서 이야기를 계속했다.

"아우슈비츠의 잿더미 위에 있던 별과 같은 방식으로 우리의 운명에 영향을 미치던 그 별이 우리의 행성을 바라보면서 우리 행성을 향해 빛을 발산하고 있습니다."

그러고는 지금까지 그를 지탱해준 "자연 위에 있는 비자연적 힘"에 대한 이야기에 도달했을 때 그는 숨을 고르기 위해 처음으로 잠시 멈추었는데, 이때 심지어 하우스너조차도 이러한 '증언'에 대해 뭔가를 해야겠다고 느꼈다. 그래서 하우스너는 아주 조심스럽고 공손하게 그의 말을 끊으며 말했다.

"만일 동의해주신다면 몇 가지 질문을 하고 싶군요."

이때 재판장도 기회를 보고 있다가 다음과 같이 말했다.

"디노르 씨, 제발, 제발, 하우스너 씨와 제 말씀을 들어주세요."

이에 실망한 증인은 아마도 마음의 상처를 깊이 받아서인지 기절했고, 더 이상 질문에 대답하지 않았다.

이는 물론 예외적인 경우였다. 그러나 이 예외가 대부분의 증인은 정상적이었다는 점을 입증했을지는 몰라도, 증인들이 단순하고 일관되게 증언할 수 있다는 점까지 증명하지는 못했다. 하물며 16년, 때로는 20년도 더 전에 이야기꾼 자신에게 일어났던 일과, 그사이에 읽고 듣고 상상했던 것을 구별하는 드문 능력은 더더욱 증명하지 못했다. 이러한 난점들은 어쩔 수 없는 것이었지만, 검찰이 저명인사 증인들을 선호하는 경향 때문에 상황은 나아지지 않았다. 이 증인들 가운데 다수는 자신의 경험을 책으로 출간했는데, 이제는 이미 썼던 내용을 그대로 말하거나, 여러 차례 되풀이했던 이야기를 다시 할 뿐이었다.

연대기 순으로 진행하려는 성과 없는 시도에 따라 독일에서 온 증인 여덟 명의 행렬이 시작됐는데, 이들 모두가 진실하기는 했으나 '생존자'가 아니었다. 그들은 독일에서 고위직을 지낸 유대인 관리였고 지금은 이스라엘의 공적 영역에서 널리 알려진 인물들이었다. 이들 모두는 전쟁 시작 전에 독일을 떠났다. 프라하에서 온 다섯 명의 증인이 뒤를 이었고, 이어서 오스트리아에서 단 한 명의 증인이 나왔다. 오스트리아에 대해 검찰은 전쟁이 끝날 무렵에서 종전 직후까지의 기간에 작성된 고 뢰벤헤르츠 박사의 값진 보고서를 제출했다. 프랑스와 네덜란드, 덴마크, 노르웨이, 룩셈부르크, 이탈리아, 그리스, 소련에서 각각 한 명의 증인이 등장했다. 유고슬라비아에서는 두 명, 루마니아와 슬로바키아에서 각각 세 명이 나왔다. 헝가리에서는 열세 명이 왔다. 폴란드와 리투아니아에서는 증인이 무더기로 쉰세 명이나 왔는데, 이곳에서는 아이히만의 역량과 권위가 거의 제로에 가까웠다. (벨기에와 불가리아는 증인을 세우지 않았다.)

이들은 모두 '배경을 설명하는 증인'이었다. 법정에서 아우슈비츠(열 명)와 트레블링카(네 명)에 대해 그리고 헤움노와 마이다네크에 대해 말한 열여섯 명의 남녀도 마찬가지였다. 테레지엔슈타트에 대해 증언한 자들은 달랐다. 이곳은 아이히만의 권력이 실제로 상당했던 유일한 수용소였고, 제국령에 속한 오래된 게토였다. 테레지엔슈타트에 대해서는 네 명의 증인이 나왔고, 베르겐벨젠의 교환 수용소에 대해서는 한 명이 나왔다.

야드 바셈의 『회보』는 이 증언을 다음과 같이 요약했다. 이 행렬에는 "증인들이 부적절할 권리"가 너무나 확고히 서 있어서, 하우스너가 일흔세 번째 공판에서 "자기의 큰 그림을 완성하기 위해" 법원에 허가를 요청한 것은 단순한 형식적 절차일 뿐이었다. 그래서 대략 쉰 번째 공판 전쯤에 이 '큰 그림'에 대해 그토록 강하게 저항했던 란다우 재판관도 전 유대인 여단의 한 요원이 증언하겠다고 요구하자 즉각 동의했다. 유대인 여단은 전시 영국 제8군에 소속된 팔레스타인 유대인 전투부대였다.

검찰 측의 마지막 증인은 현재 이스라엘에서 변호사로 활동 중인 아하론 호테르이샤이였다. 그는 알리야 베스의 후원하에 유럽 내의 유대인 생존자들을 찾기 위한 모든 노력을 조정하는 임무를 부여받았다. 알리야 베스는 팔레스타인으로의 불법 이민을 책임진 조직이었다.

생존 유대인들은 유럽 전역의 약 800만 난민 가운데 흩어져 있었다. 연합군은 이 난민 집단을 가능한 한 빨리 본국으로 송환하려고 했다. 문제는 유대인도 그들의 원래 고향으로 송환될지 모른다는 점이었다. 호테르이샤이는 자신과 자신의 동료가 '참전 유대인 국가'의 일원이라고 자기소개를 했을 때 얼마나 환영받았는지 그리고 죽음 직전의 무기력에 빠진 유대인들을 깨우는 데 '다윗의 별을 종이에 잉크로 그려 빗자루 막대기에 핀으로 꼽는 것이 얼마나 효과적이었는지'를 증언했다.

또 호테르이샤이는 그들 중 일부가 어떻게 해서 '이주자 수용소를 떠나 고향으로 갔다가' 결국 다른 수용소로 가게 되었는지 증언했다. 예를 들어 유대인 6,000명의 '고향'은 작은 폴란드 마을이었는데, 그들 가운데 열다섯 명만 생존했다. 이 생존자 중 네 명이 돌아오자마자 폴란드인에 의해 살해당했던 것이다. 호테르이샤이는 마침내 자신과 동료가 어떻게 연합군의 송환 시도를 막으려고 했는지 그리고 그들이 얼마나 자주 너무 늦게 도착했는지를 묘사했다.

"테레지엔슈타트에는 3만 2,000명의 생존자가 있었습니다. 몇 주후 우리가 마주한 건 고작 4,000명이었습니다. 약 2만 8,000명이 되돌아가거나 송환되었습니다. 우리가 거기서 만난 4,000명 중 누구도 자신의 출신지로 돌아가지 않았습니다. 그새 그 길이 그들에게 제시되었기 때문이었습니다."

그 길이란 당시 팔레스타인, 즉 이스라엘이 될 곳으로 가는 길을 말한다. 이 증언에서는 이전의 어떤 것보다 더 강력한 선전의 냄새가 났다. 그가 제시한 사실은 오해를 불러일으킬 수 있었다.

1944년 11월에 테레지엔슈타트에서 아우슈비츠로 가는 마지막 이송이 이루어졌을 때 원 수감자 중 대략 1만 명만 남았다. 1945년 2월에 새로 6,000에서 8,000명이 도착했는데, 이들은 혼합결혼을 한 유대인 배우자들이었다.

1945년 5월 9일, 러시아가 수용소를 해방했을 때, 처음부터 테레지엔슈타트에 있었던 많은 체코 유대인은 즉시 수용소를 떠나 고향으로 돌아갔다. 그들은 자기 나라에 있었기 때문이다. 전염병이 돌아 러시아군이 내린 방역 격리 명령이 해제되었을 때 유대인 다수는 스스로 그곳을 떠났다. 그래서 팔레스타인 특사들이 마주친 나머지 수감자들은 여러 이유에서, 즉 병자이거나 고령이거나 혹은 가족 가운데 혼자 살아남아 어디로 돌아갈지 모르는 독신의 외로운 생존자들이었다.

하지만 호테르이샤이는 단순한 진리를 말했다. 게토와 수용소의 생존자들은 절대적 무력함과 버려짐이라는 악몽에서 살아남았다. 마치 전 세계가 정글이고 자신들은 사냥감인 듯, 그들이 가진 유일한 소망은 비유대인을 다시는 보지 않아도 되는 곳으로 가는 것이었다. 생존자들은 합법적으로든 불법적으로든, 무슨 수를 써서든 돌아갈 곳이 있으며 그곳에서 환영받을 것임을 확인하기 위해 팔레스타인의 유대인 특사들을 필요로 했다. 그들을 설득하기 위해 특사들이 필요했던 것은 아니었다.

가끔씩 사람들은 란다우 재판관이 이 전투에서 진 것을 기쁘게 받아들였다. 그 첫 번째 순간은 이 전투가 시작되기도 전에 등장했다. 하우스너의 첫 번째 배경 증인은 자원해서 나온 사람이 아닌 것 같았다. 그는 노인으로, 유대인 전통 모자인 키파를 썼고, 작고 아주 연약해보였으며, 듬성듬성 흰머리가 나고 수염을 길렀고, 몸을 꼿꼿이 세우고 있었다. 어떤 의미에서 그의 이름은 '유명'했기 때문에, 사람들은 검찰이 왜 그를 큰 그림의 시작점으로 삼았는지 이해할 수 있었다.

그는 진델 그린슈판으로, 헤르셸 그린슈판의 아버지였다. 헤르셸 그린슈판은 1938년 11월 7일에 17세의 나이로 파리 주재 독일 대사관에 걸어 들어가 3등 서기관인 젊은 참사관 에른스트 폰 라트를 총으로 살해했다. 이 암살은 독일과 오스트리아에서 일어난 집단학살(포그롬), 즉 11월 9일의 크리스탈나흐트를 촉발했는데, 이것은 사실상 이른바 최종 해결책의 서곡이었다. 그러나 아이히만은 최종 해결책의 준비 단계와는 아무런 상관이 없었다.

그린슈판의 동기는 분명히 밝혀진 적이 없는데, 검찰이 함께 법정에 세운 그의 형은 이상할 정도로 그 점에 대해 말하기를 꺼렸다. 그린슈판의 가족이 포함된 약 1만 7,000명의 폴란드 유대인을 1938년 10월의 마지막 며칠 동안 독일 영토에서 추방한 것에 대한 복수였다고 법원은 당연시했지만, 이 설명은 가능성이 떨어진다고 일반적으로 알려져 있다.

사이코패스였던 헤르셸 그린슈판은 학교를 끝까지 다닐 수 없었으며, 수년 동안 파리와 브뤼셀에 있는 학교의 문을 두드려보았지만 두 지역 모두에서 쫓겨났다. 그를 재판한 프랑스 법원에서 변호인은 그가 살해당한 자와 동성애 관계였다는 혼란스러운 이야기를 끄집어냈고, 나중에 그를 인도받아 기소했던 독일인은 그를 법정에 세우지 않았다. (그가 전쟁이 끝날 때까지 살아 있었다는 소문이 있다. 마치 형법을 위반한 유대인은 살려두었다는 '아우슈비츠의 역설'을 실증하는 것처럼 말이다.)

죽은 폰 라트는 특히 부적합한 희생자였다. 그는 반나치적 관점과 유대인에 대한 동정심 때문에 게슈타포에게 감시받고 있었다. 그가 동성애자라는 이야기는 아마도 게슈타포가 조작한 것 같다. 그린슈판은 파리에 있던 게슈타포 요원들에 의해 부지불식간에 도구로 이용되었을 수도 있다. 게슈타포는 일석이조, 즉 독일에서 대량학살을 일으킬 구실을 만들고 동시에 나치 정권의 반대자 제거를 노렸을 수도 있다. 그러나 그들은 이 두 길을 동시에 갈 수 없다는 것을 깨닫지 못했다. 폰 라트를 유대인 소년과 부적절한 관계를 맺은 동성애자라고 중상하면서 동시에 그를 '세계유대주의'의 희생자이자 순교자로 만들 수는 없었던 것이다.

여하튼, 1938년 가을 폴란드 정부가 독일에 거주하는 모든 폴란드계 유대인은 10월 29일부로 폴란드 국적을 상실한다고 포고한 것은 사실이다. 이는 독일 정부가 그 유대인들을 폴란드로 추방하려고 한다는 정보를 폴란드 정부가 입수해 이를 막으려고 했기 때문인 것 같다. 진델 그린슈판 같은 사람이 그러한 포고가 존재했다는 것을 과연 알았을지는 매우 의심스럽다. 그는 1911년에 25세의 젊은 나이로 독일로 가서 하노버에 잡화점을 열었고, 거기서 지내면서 여덟 자녀를 낳았다. 1938년 파국이 다가왔을 때 그는 독일에서 27년째 살고 있었다. 자신과 같은 수많은 다른 이와 마찬가지로 그는 자신의 서류를 변경하여 귀화를 신청하려고 하지 않았다.

이제 그린슈판은 자신의 이야기를 하러 나왔고, 검찰이 한 질문에 조심스럽게 대답했다. 그는 명확하고 확고하게, 윤색하지 않고 최소한의 단어를 쓰며 말했다.

"1938년 10월 27일, 목요일 밤 8시에 경찰이 와서 우리에게 11번

구역 경찰서로 오라고 했습니다. 그는 '바로 되돌아올 수 있으니 여권 외에는 아무것도 지참하지 말고 오시오'라고 말했습니다."

그린슈판은 가족, 즉 아들과 딸과 아내와 함께 경찰서로 갔다. 그가 경찰서에 도착했을 때 "일부는 앉아 있고, 일부는 서 있고, 일부는 소리 내 울고 있는 많은 사람을" 보았다.

"그들[경찰]은 '서명, 서명, 서명'이라고 소리질렀고 … 저는 서명해야 했습니다. 모두가 그랬습니다. 한 사람이 서명하지 않았는데 그 사람 이름은 내 기억에, 게르숀 질베르였던 것 같은데, 그는 구석에서 24시간 동안 서 있어야 했습니다. 그들은 우리를 콘서트홀로 데리고 갔는데 … 거기에는 마을 전체에서 온 600명가량의 사람이 있었습니다. 거기서 우리는 금요일 밤까지 약 24시간 정도 대기했는데 … 맞아요, 금요일 밤까지였어요. … 그러고는 우리를 경찰 트럭에, 죄수를 싣는 화물차에 차 한 대당 대략 스무 명씩 태워 기차역으로 데리고 갔습니다. 거리는 '유대인 놈들을 팔레스타인으로!'라고 외치는 사람들로 가득 차 있었습니다. … 그들은 우리를 기차에 태워 독일과 폴란드 국경에 있는 노이벤셴으로 데리고 갔습니다. 우리가 거기에 도착한 것은 안식일 아침 6시였습니다. 거기로 라이프치히, 쾰른, 뒤셀도르프, 에센, 비더펠트, 브레멘 등 온갖 곳에서 기차들이 왔습니다. 우리는 1만 2,000명가량 되었습니다. … 그날은 안식일인 10월 29일이었습니다. … 국경에 도착했을 때 우리는 누가 돈을 가지고 있는지, 누가 10마르크 이상을 가졌는지 검색당했습니다. 10마르크 이상이 되는 돈은 뺏겼지요. 그것이 독일 법이었습니다. 10마르크 이상은 독일 밖으로 가져갈 수 없다는 것이죠. 독일인들은 '당신들이 그 이상을 갖고 독일로 오지 않았으니, 그 이상을 가지고 나갈 수 없다'고 했습니다."

그들은 폴란드 국경으로 1.6킬로미터 조금 넘게 걸어가야 했다. 독일인은 그들을 폴란드 영토로 몰래 들여보내려 했기 때문이었다.

"친위대가 머뭇거리며 떠나지 못하는 우리에게 채찍질을 해댔고, 길에는 피가 흘렀습니다. 그들은 우리에게서 짐가방을 빼앗아 던져버렸고, 우리를 아주 야만스럽게 대했습니다. 이것이 제가 독일인의 포악한 야수성을 본 첫 순간이었습니다. 그들은 우리에게 '달려! 달려!'라고 소리를 질렀습니다. 저는 얻어맞고 도랑에 빠졌습니다. 제 아들이 저를 도와주며 '달려요 아빠, 달려요. 아니면 죽어요!'라고 했습니다. 우리가 출입이 자유로운 국경에 다다랐는데 … 여자들이 먼저 도착했지요. 폴란드인들은 무슨 일인지 알지 못했어요. 그들은 한 폴란드 장성을 불렀고, 우리의 서류를 검토할 장교들도 몇 명을 불렀어요. 그들은 우리가 폴란드 시민이며, 우리가 특별 여권을 가지고 있다는 것을 확인했고, 우리를 들이기로 했습니다. 그들은 우리를 약 6,000명이 사는 마을로 데리고 갔는데, 우리는 1만 2,000명이었어요. 비는 심하게 내리고 있었고 사람들은 기절할 정도였습니다. 곳곳에 노인과 여성이 보였어요. 우리는 엄청난 고통을 당했지요. 음식은 없었고, 목요일 이후로 우리는 아무것도 먹질 못했어요…"

그들은 군사기지로 옮겨져 "다른 곳에 방이 없어서 마구간 같은 곳에" 수용되었다.

"제 생각에 그날은 [폴란드에서] 둘째 날이었던 것 같아요. 첫째 날에는 빵을 실은 트럭이 포즈난에서 왔는데 그날은 일요일이었어요. 그래서 저는 프랑스로 편지를 썼지요. … 제 아들에게요. '독일로는 편지를 보내지 마라. 우리는 지금 즈봉신에 있다'고 말입니다."

이 이야기를 하는 데 10분밖에 걸리지 않았다. 27년의 세월을 24시간도 채 안 되는 순간에 파괴한 이 무자비하고 불필요한 행위에 관한 이야기가 끝났을 때, 사람들은 어리석게도 이렇게 생각했다. 모두가, 그야말로 모든 사람이 법정에서 자기 시간을 가져야 한다고. 뒤이은 끝없는 공판 가운데 발견하게 된 것은 그 이야기를 하는 것이 아주 어렵다는 사실이었다. 시처럼 변형이 이루어지는 영역이 아니고서는, 이런 이야기를 하려면 오직 의로운 자만이 가지는 영혼의 순수성, 되돌아봄 없이 자신의 마음을 그대로 드러내는 결백성이 필요했다는 점이 드러났다. 이전이나 이후에, 그 누구도 진델 그린슈판과 같은 빛나는 정직성을 가진 이는 없었다.

그린슈판의 '극적인 순간'에 대한 증언이 조금이라도 의도된 것이었다고는 아무도 주장할 수 없을 것이다. 그런데 그런 극적인 순간이 몇 주 후에 예상치 않게 나타났다. 란다우 재판관이 정상적인 형사재판 절차에 따라 재판이 이루어지도록 필사적으로 노력하고 있을 때였다. 증언대에 '시인이자 저술가'인 아바 코브너가 섰다. 그는 증언을 했다기보다는 대중 연설에 익숙한 태도로 편안하게 방청석을 향해 연설했으며, 제지당하는 것을 못마땅해했다. 그는 주심 재판관으로부터 간결하게 답하라는 요구를 받았는데, 여기에 대해 분명히 싫은 내색을 했다. 자신의 증인을 지지했던 하우스너는 '법원의 인내심 부족에 대해 불평'을 해서는 안 된다는 말을 들었다. 물론 그 역시 이 말을 좋아하지 않았다.

약간의 긴장이 발생한 이 순간, 증인은 독일군 부사관 안톤 슈미트를 언급했다. 이는 청중들이 전혀 모르는 이름이 아니었다. 야드 바셈이 수년 전 히브리어판『회보』에 슈미트에 관한 이야기를 썼고, 미국의 수많은 이디시어 신문이 그 내용을 받아썼기 때문이다. 안톤 슈미트는 폴란드에서 대열에서 이탈한 독일 군인을 모으는 순찰 임무를 수행 중이었다. 이 일을 하던 도중 그는 유대인 지하 요원들과 마주쳤는데, 그 가운데 유명한 코브너도 있었다.

슈미트는 위조 서류와 군 트럭을 제공해 유대인 유격대원들을 도와주었다. 가장 중요한 부분은 '그가 돈을 위해 그렇게 하지 않았다'

는 것이다. 이런 일이 1941년 10월에서 1942년 3월까지 5개월 동안 지속되다가 슈미트는 체포되어 처형되었다. (검찰이 이 이야기를 꺼낸 것은 코브너가 아이히만이라는 이름을 슈미트에게서 처음으로 들었다고 말했기 때문이다. 슈미트는 코브너에게 '모든 것을 조정' 한 사람은 아이히만이라는 소문을 군대에서 들었다고 말했다.)

외부로부터, 즉 비유대인 세계로부터 받은 도움이 언급된 것은 이번이 처음은 아니었다. 할레비 재판관은 증인들에게 "유대인은 어떤 도움을 받은 적이 있나요"라고 물었다. 검사는 그만큼이나 자주 "당신은 왜 반항하지 않았습니까"라고 물었다. 대답은 다양했고 결론을 내리기 어려웠다. "모두가 우리를 등졌다"는 답변이 있는가 하면, 기독교 가정에 숨은 유대인은 "한 손으로 셀 수 있을 정도"여서 전체 1만 3,000명 가운데 대여섯에 불과했다는 답변도 있었다. 그러나 놀랍게도 전반적인 상황은 다른 동부 유럽 국가들보다 폴란드가 나았다. (불가리아에 대한 증인이 한 사람도 없었다는 점은 앞서 말했다.)

현재 폴란드 여성과 결혼하여 이스라엘에 사는 한 유대인은 전쟁 기간에 자기 아내가 어떻게 자기와 열두 명의 다른 유대인을 숨겨주었는지 증언했다. 다른 유대인은 전쟁 전부터 사귀어온 기독교인 친구가 있었는데, 수용소에서 탈출해 이 기독교인 친구에게 가서 도움을 받았다. 이 기독교인 친구는 나중에 유대인을 도왔다는 이유로 처형되었다. 한 증인은 폴란드 지하조직이 많은 유대인에게 무기를 공급했고, 또 수천 명의 유대인 아이를 폴란드인 가정으로 데려가 그들의 목숨을 구했다고 주장했다. 그 위험은 엄청나게 컸다. 어떤 폴란드인 가정이 여섯 살 난 유대인 여자아이를 입양했다는 이유로 가장 야만적인 방법으로 모든 가족이 몰살되었다는 이야기도 있었다.

그러나 슈미트에 대한 이 언급은 이런 이야기가 독일인에 대해 나왔던 처음이자 마지막 경우였다. 독일인과 연관된 유일한 다른 사건은 단지 하나의 문서 기록으로만 언급되어 있었다. 군 장교 한 사람이 경찰의 특정한 명령에 태업으로 반응해서 간접적으로 도움을 준 일이었다. 그에게는 아무런 일도 일어나지 않았지만, 이 문제는 힘러와 보어만 사이의 서신에 언급될 정도로 아주 심각하게 여겨졌다.

코브너가 독일 하사관에게 받은 도움에 대해 말하는 데 걸린 몇 분 동안 법원은 침묵에 잠겼다. 마치 청중들이 안톤 슈미트라는 이름의 사나이를 기리기 위해 통상적인 2분간의 묵념을 하기로 자발적으로 결정한 것 같았다. 앞을 보지 못하는 칠흑같은 암흑 한가운데 갑작스레 비친 섬광 같았던 이 2분 동안에, 어떤 한 생각이 명백히, 논란의 여지 없이, 그 어떤 의문의 여지도 없이 떠올랐다. 오늘 이 법정에서, 이스라엘에서, 독일에서, 모든 유럽 국가에서 그리고 아마도 전 세계 모든 나라에서 오직 그런 이야기들만 증언되었다면 모든 것은 완전히 달라지지 않았을까 하는 생각이 말이다.

물론 이런 이야기가 곤혹스러울 만큼 부족한 데 대한 설명이 있는데, 이는 여러 차례 반복해서 말해왔던 바다. 나는 이러한 설명의 요지를, 독일에서 발간된 전쟁에 대한 몇몇 주관적으로 진술한 비망록 가운데 한 곳에서 나온 표현을 빌려 말해보겠다. 러시아 전선에서 근무한 독일 의무관 외과의사 페터 밤은 『보이지 않는 국기』*에서 세바스토폴에서 있었던 유대인 학살에 대해 말한다. 이 책은 일반 병사들이 품격이 있었다고 칭송했다. 이런 일반 병사와 구별해서 '다른 사람들'이라고 불린 친위대 이동학살부대는 유대인들을 선별했다. 이 유대인들은 밤의 막사가 있었던 장교 숙소 근처의 정보부 교도소 제한구역에 투옥되었다. 이후 유대인들은 이동식 가스 차량에 태워져 몇 분 만에 죽었다. 운전기사는 시신을 시외로 운송하여 큰 구덩이에 쏟

---

* Peter Bamm, *Die Unsichtbare Flagge*, 1952.

아부었다.

"우리는 이것을 알고 있었다. 우리는 아무것도 하지 않았다. 학살부대에 심각하게 저항하거나 반대하는 어떤 행동을 한 사람은 24시간 이내에 체포되어 사라져버렸을 것이다. 적들로 하여금 자신의 신념에 따른 위대하고 극적인 순교자적 죽음을 허락하지 않는 것은 우리 시대의 전체주의 정부가 교묘하게 꾸며낸 일이다. 그런 죽음이 가능했다면 우리 가운데 수많은 사람이 그런 죽음을 받아들였을 것이다. 전체주의 국가는 그들의 적들을 조용히 익명으로 사라지게 한다. 조용히 범죄를 용인하기보다 차라리 죽으려 한 사람은 누구라도 자신의 생명을 헛되이 희생해야만 했을 것이다. 그런 희생이 도덕적으로 무의미했다고 말하는 게 아니다. 실질적으로 무익했다는 말일 뿐이다. 우리 가운데는 더 고차원적인 도덕적 의미를 위해 실질적으로 무익한 희생을 선택할 만큼 확신이 깊은 사람이 없었다."

덧붙일 필요도 없이, 이 저자는 "더 고차원적인 도덕적 의미"가 부재한 상황에서 자신이 그토록 강조했던 '품위'가 얼마나 공허한지를 여전히 깨닫지 못하고 있다.

그런 상황에서 품위란 체면을 말할 뿐이다. 하지만 안톤 슈미트 부사관의 사례가 명백하게 나타내는 것은 그런 체면의 공허성이 아니다. 언뜻 보기에 실망스럽게도 상당히 그럴듯하게 들리는 이 논증은 치명적인 오류를 갖고 있다. 전체주의적 지배가 선이든 악이든 모든 행위가 사라지는 이런 망각의 구멍을 구축하려고 애쓰는 것은 사실이다. 하지만 1942년 6월 이래로 이루어진 대량학살의 흔적을 모두 지우려는 소란스러운 시도들, 즉 화장, 구덩이에서의 시체 소각, 폭약과 화염방사기와 뼈 분쇄기를 이용한 시도들이 모두 실패할 운명이었던 것과 마찬가지로, 그들의 적이 "조용히 익명으로 사라지게" 하려는 모든 노력은 허사였다.

망각의 구멍은 존재하지 않는다. 인간적인 어떤 것도 그렇게 완전하지 않으며, 망각이 가능하기에는 이 세계에 너무나 많은 사람이 존재한다. 이야기를 들려줄 단 한 사람은 항상 살아남아 있을 것이다. 따라서 그 어떤 것도 "실질적으로 무익"하지 않다. 적어도 장기적으로는 그렇다. 만일 그런 이야기가 더 많이 존재한다면, 이는 오늘의 독일을 위해서, 즉 단지 국제적인 독일의 위신을 위해서뿐만 아니라 독일의 슬프리만큼 혼란스러운 내적 상태를 위해서도 실질적으로 아주 유익할 것이다. 왜냐하면 그런 이야기의 교훈은 단순하며 모든 사람이 이해할 수 있기 때문이다.

정치적으로 말하자면, 그 교훈은 공포의 조건 아래서 대부분은 순응하지만 어떤 사람은 순응하지 않는다는 것이다. 최종 해결책을 제안받은 나라들 가운데 대부분 지역에서 '그 일이 일어날 수 있었지만' 그러나 그 일이 어디서나 일어나지는 않았다는 교훈과 마찬가지로 말이다. 인간적으로 말하자면, 이 행성이 인간이 거주하기에 적합한 장소로 남아 있기 위해서 그 이상이 필요하지도 않고, 또 그 이상이 합리적으로 요구될 수도 없다。

제 15 장

판결, 항소, 처형

아이히만은 전쟁이 끝나기 전 수개월 동안 베를린에서 아무 일도 하지 않은 채 국가보안본부의 다른 부서장과 교류 없이 대기 상태로 지냈다. 부서장들은 아이히만의 사무실이 있는 같은 건물에서 매일 함께 점심을 먹었지만, 그에게 식사를 같이 하자고 요청한 적은 단 한 번도 없었다. 아이히만은 베를린을 지키기 위한 '마지막 전투'를 대비해 방어책을 마련하느라 바빴다. 그의 유일한 직책상 임무는 테레지엔슈타트에 이따금씩 방문하여 적십자 대표단에게 시설물들을 보여주는 것이었다. 아이히만은 그들에게 유대인 문제에 대한 힘러의 새로운 '인도적인 노선'에 대한 자신의 심중을 털어놓았다. 그 노선은 '다음에 만들' 강제수용소가 '영국의 모델'을 따르게 될 것이라는 서약을 담은 것이었다.

1945년 4월 아이히만은 힘러와 가졌던 몇 차례 안 되는 면담 가운데 마지막 면담을 가졌다. 힘러는 그에게 '테레지엔슈타트에 있는 100명 또는 200명의 저명한 유대인'을 선별하라고 지시했다. 그들을 오스트리아로 이송해서 호텔에 수용하고, 이들을 자신이 앞으로 가질 아이젠하워와의 협상 때 '인질'로 사용할 수 있게 하라고 명령했다.

이 임무가 얼마나 어리석은 일인지를 아이히만은 깨닫지 못한 것 같다. 그는 '자신이 생각한 방어책을 포기해야만 하는 데 대해 진심으로 유감스러워하며' 그곳으로 떠났지만, 모든 길이 러시아 군대의 진격으로 막혀서 테레지엔슈타트에 들어가지 못했다. 대신 아이히만은 오스트리아에 있는 알트아우스제로 갔는데, 거기에는 칼텐브루너가 도피해 있었다. 칼텐브루너는 힘러가 말한 '저명한 유대인'에 대해서는 관심이 없었고 아이히만에게 오스트리아 산맥에서 유격전을 벌일 부대를 조직하라고 말했다. 아이히만은 아주 열광적으로 여기에 응했다.

"이 일이야말로 할 만한 가치가 있는, 내가 하고 싶은 과업이었습니다."

아이히만은 이 일에 어울리지 않는 100여 명의 인원을 모집했다. 이들은 소총을 한 번도 본 적이 없었고, 가진 것이라고는 버려진 온갖 종류의 무기들뿐이었다. 아이히만은 이들을 모으자마자 힘러의 새로운 명령을 받았다.

"영국인이나 미국인에게 사격하지 말라."

이것이 끝이었다. 아이히만은 병사들을 집으로 보내고, 자신이 신뢰하던 법률 자문인 행정관 훈세에게 지폐와 금화를 담은 작은 금고를 주었다.

"왜냐하면 그는 고급 공무원 출신이라 자금을 적절히 관리할 것이고 자신이 사용한 비용을 잘 적어둘 것이라고 믿었기 때문입니다. … 저는 그때까지도 언젠가는 그 자금에 대해 정산을 요구받을 것이라고 믿고 있었습니다."

이 말로 아이히만은 경찰신문관에게 자발적으로 전달한 자서전을 마무리했다. 자서전은 며칠 만에 끝났고, 녹취록을 타이핑한 전체 3,564페이지 중 315페이지 분량에 불과했다. 그는 계속 저술하고 싶어 했고 또 그 이야기의 나머지 부분을 경찰에게 밝혔으나 재판 당국은 여러 이유에서 종전 이후 시기를 다루는 어떠한 증언도 채택하지 않기로 결정을 내렸다.

그런데 뉘른베르크에서 제시된 진술서에서 더 중요하게는 전 이스라엘 공무원인 모세 펄만이 누설해 많은 논쟁을 일으킨 기밀을 통해서 그 이야기를 완성할 수 있다. 펄만의 책『아돌프 아이히만의 체포』(*The Capture of Adolf Eichmann*)는 재판이 열리기 4주 전 런던에서 출판되었다. 펄만의 설명은 명백히 제6국의 자료에 기초한 것인데, 이 부서는 재판 준비를 책임진 경찰서였다. (펄만의 말로는 아이히만이 납치되기 3주 전에 공무원직에서 은퇴했기 때문에 그 책을 '사적 개인'으로 썼다고 했지만, 이 말은 별로 신빙성이 없다. 그가 은퇴하기 수개월 전에 이스라엘 경찰이 아이히만을 곧 납치하리라는 사실을 알고 있었을 것이기 때문이다.)

이 책은 이스라엘 측에 상당한 당혹감을 불러일으켰다. 이는 펄만이 조급하게 중요한 검찰 문건을 폭로하면서 재판 당국이 아이히만의 증언에 대해 불신하기로 미리 정하고 있었다고 서술했기 때문만은 아니었다. 아이히만이 부에노스아이레스에서 어떻게 체포되었는지에 대한 신뢰할 만한 설명은 당국이 공개하기를 원치 않던 내용이었기 때문이다.

펄만의 이야기는 이전 이야기들에 근거한 다양한 소문에 비해 훨씬 흥미가 떨어진다. 아이히만은 근동이나 중동 지방에 가본 적이 없었고, 어떤 아랍 국가와도 연결되지 않았으며, 아르헨티나에서 독일로 돌아온 적도 없었고, 라틴아메리카에 있는 다른 나라에 가본 적도 없었으며, 전후의 나치 활동이나 조직에서 어떤 역할을 담당하지도 않았다.

종전 후 그는 여전히 알트아우스제에서 혼자 카드놀이를 하며 지내던 칼텐브루너와 대화를 한 차례 더 시도했다. 이 아이히만의 전 상관은 그를 만날 기분이 아니었는데, "이 사람에게서 아무런 희망도 보지 못했기 때문이다." (칼텐브루너 자신에게도 희망이 없는 것은 마찬가지였다. 그는 뉘른베르크에서 교수형에 처해졌다.)

아이히만은 그후 즉시 미군에 체포되어 친위대 요원 수용소에 수용되었는데, 거기서 여러 차례의 신문을 거치면서도 그의 정체는 탄로나지 않았다. 동료 수감자 일부가 그의 정체를 알아차렸지만 말이다. 아이히만은 조심스러웠다. 가족들에게 편지를 쓰지 않았고, 자기가 죽었다고 그들이 믿도록 만들었다. 그의 아내는 사망증명서를 받으려 했으나 남편의 죽음을 증언한 유일한 '증인'이 그녀의 시동생이라는 사실이 밝혀져 받지 못했다. 그녀는 빈털터리가 되었으나 린츠에 있는 아이히만의 가족이 그녀와 세 아이를 부양했다.

1945년 11월 뉘른베르크에서 주요 전범의 재판이 벌어졌을 때 아이히만의 이름이 거북할 정도로 자주 등장하기 시작했다. 1946년 1월 비슬리케니가 검찰 측 증인으로 나와 아이히만의 유죄에 대한 결정적 증거를 제시했다. 이에 따라 아이히만은 모습을 감추는 편이 낫겠다고 결심했다. 그는 다른 수감자의 도움을 받아 수용소를 탈출하여 뤼네부르거하이데로 갔다. 그곳은 함부르크에서 남쪽으로 80킬로미터 정도 떨어져 있는 미개간지였다. 거기서 동료 수감자의 형제가 그에게 벌채 노동자 일자리를 주었다. 아이히만은 거기서 오토 헤닝거라는 이름으로 4년간 머물렀는데, 아마도 거기서 그는 지겨워 죽을 지경이었던 것 같다.

1950년 초 그는 친위대 퇴역군인 비밀조직인 오데사(ODESSA)와 연락이 닿았고 그해 5월 오스트리아를 거쳐 이탈리아로 넘어갔다. 거기서 그의 정체를 알고 있는 한 프란체스코회 신부가 그에게 리카르도 클레멘트라는 이름으로 망명자 여권을 만들어 부에노스아이레스로 보내주었다. 그는 7월 중순 그곳에 도착하여 아무런 어려움 없이 리카르도 클레멘트 명의로 신분증과 노동 허가를 받았다. 가톨릭 신자, 미혼자, 무국적자, 나이는 실제보다 일곱 살 어린 37세로 기록되었다.

아이히만은 여전히 조심스러웠지만, 이제는 자기 아내에게 친필로 편지를 써서 '그녀의 아이들의 삼촌'이 살아 있다고 알렸다. 그는 외판원, 세탁소 일, 토끼 농장의 인부 등 여러 임시직을 전전했다. 임금은 형편없었지만, 1952년 여름 아내와 아이들을 불러왔다. (아이히만 부인은 당시 오스트리아 주민이었지만 스위스 취리히에서 독일 여권을 취득했다. 이름은 본명을 사용했고 아이히만의 '이혼녀'라고 되어 있었다. 어떻게 여권 취득이 가능했는지는 미스터리로 남아 있는데, 그녀의 신청서 파일은 취리히 독일 영사관에서 사라졌다.)

그녀가 아르헨티나에 도착했을 때 아이히만은 부에노스아이레스 외곽 수아레스에 있는 메르세데스 벤츠 공장에서 처음으로 안정적인 일자리를 얻었다. 그는 처음에는 기능공으로, 나중에는 감독으로 일했다. 넷째 아이가 태어났을 때 아이히만은 아내와 다시 결혼했다. 클레멘트라는 이름으로 결혼한 것으로 추정되었으나, 실제로는 그렇지 않아 보인다. 왜냐하면 그 아이는 리카르도 프란체스코 클레멘트 아이히만*으로 출생신고가 되어 있었기 때문이다.

이것은 시간이 지나면서 아이히만이 흘린 많은 힌트 가운데 하나일 뿐이다. 그러나 그가 아이들에게 자신을 아돌프 아이히만의 동생이라고 말한 것은 사실로 보인다. 물론 아이들이 린츠에 있는 조부모와 삼촌들을 잘 알고 있었기 때문에 그 말을 믿었다면 상당히 아둔한 일이지만 말이다. 적어도 그의 장남은 아버지를 아홉 살에 마지막으로 봤기 때문에 7년 후 아르헨티나에서 자기 아버지를 알아봤을 것이다.

---

* 이 이름에 들어 있는 프란체스코는 아이히만의 탈출을 도와준 이탈리아 사제를 기념하기 위한 것으로 보인다.

더욱이 아이히만 부인의 아르헨티나 신분증 이름(베로니카 리벨 드 아이히만)은 원래 이름과 달라지지 않았다. 1959년 아이히만의 양어머니가 사망했을 때 그리고 1년 후 그의 아버지가 죽었을 때 린츠에서 발간된 신문의 부고에는 생존 유족 중에 아이히만 부인의 이름이 실려 있어, 이혼과 재혼에 대한 이야기를 반박해주었다.

1960년 초 아이히만이 체포되기 몇 달 전 그와 그의 아이들은 부에노스아이레스의 가난한 외곽 지역에 소박한 벽돌집을 지었다. 전기도 수도도 없는 이곳에 아이히만의 가족은 정착했다. 그들은 몹시 가난했을 것이며 아이히만은 음울하고 따분한 삶을 살았음이 분명하다. 아이들조차도 이러한 삶에 도움이 되지 못했던 것 같다. 아이들은 "교육받는 데 전혀 관심이 없었고 재능을 계발하려고 노력하지 않았기" 때문이다.

아이히만은 자신의 정체를 기꺼이 인정해 드러냈던 나치 공동체 사람들과 끊임없이 대화할 때 유일하게 위로를 받았다. 1955년에 이 일은 마침내 전 무장친위대 요원인 네덜란드 언론인 빌렘 S. 자센과의 인터뷰로 이어졌다. 자센은 전쟁 기간에 네덜란드 국적을 버리고 독일 여권을 취득했는데, 나중에 벨기에에서 궐석재판을 받아 전범으로 사형을 선고받은 인물이다.

아이히만은 인터뷰를 위해 많은 양의 메모를 작성했다. 인터뷰는 먼저 녹취를 한 뒤 자센이 다시 작성했는데, 그 내용의 상당 부분이 윤색되었다. 아이히만이 손으로 쓴 메모가 발견되어 재판에 증거로 제출되었는데 모든 내용이 제출된 것은 아니었다. 자센의 인터뷰는 먼저 요약된 형태로 1960년 7월 독일의 화보 잡지 『슈테른』에 게재되었고, 이어 11월과 12월 『라이프』에 연재 기사로 나왔다. 자센은 그로부터 4년 전에도 아이히만의 동의를 분명히 받아, 부에노스아이레스에 파견된 『타임라이프』 특파원에게 이 이야기를 제공했다. 비록 아이히만의 이름이 빠져 있었지만 그 내용만으로도 정보의 원출처에 대해 의심의 여지가 없었을 것이다.

사실 아이히만은 익명 상태에서 벗어나려고 많이 노력했다. 오히려 이상한 것은 이스라엘 정보부가 아이히만이 리카르도 클레멘트라는 이름으로 아르헨티나에 살고 있다는 것을 아는 데 (1959년 8월까지) 수년이 걸렸다는 사실이다. 이스라엘은 이 정보를 어디서 얻었는지 누설한 적이 없다. 지금 적어도 여섯 명이 자기가 아이히만을 발견했다고 주장하고 있고, 유럽의 '정보통'에 따르면 그 정보를 흘린 쪽은 러시아 정보부다. 어찌 되었든 간에, 이스라엘 정보부가 아이히만의 은신처를 어떻게 알았는지보다는, 어째서 더 일찍 알지 못했는지가 수수께끼다. 물론 이것은 이스라엘이 이러한 조사를 수년간 진행해 왔다는 전제에서 하는 말이다. 사실에 비추어 보건대 실제로 조사를 했는지 미심쩍다.

체포자의 신원에 대해서는 아무런 의심의 여지가 없다. 사적인 '복수자들'이 아이히만을 체포했다는 이야기는, 벤구리온이 1960년 5월 23일 이스라엘 의회에서 아이히만을 "이스라엘 정보부가 발견했다"고 보고하여 환호를 받은 것과 처음부터 모순된다. 세르바티우스는 아이히만을 그곳에서 데려온 엘알항공 비행기의 주 조종사 츠비 토하르와 아르헨티나의 항공사 직원 야드 시모니를 지방법원과 항소심에 증인으로 소환하려고 줄기차게 노력했지만 성공하지 못했다. 그러자 세르바티우스는 벤구리온의 보고를 언급했다.

검찰총장은 총리가 "아이히만을 발견한 것은 정보부였다고 인정했을 뿐"이며, 정부 요원이 아이히만을 납치했다고는 말하지 않았다고 반박했다. 그런데 사실은 그와 반대인 것 같다. 정보부 요원이 그를 '발견'했던 것이 아니다. 그들은 입수한 정보가 사실인지 확인하는 몇 가지 기본 조사를 한 뒤 그냥 데려오기만 했다. 이 일조차도 아주 전문적이지 못한 방법으로 이루어졌다. 아이히만은 자신이 추적받고 있다는 것을 잘 알고 있었기 때문이다.

"몇 달 전, 제가 발각되었음을 알고 있었는지 물었을 때 저는 그렇게 생각한 분명한 이유를 말해드렸습니다. [이 내용은 경찰신문에서 이루어진 것인데 언론에는 공개되지 않았다.] … 어떤 사람이 내 이웃에게 봉제 가공 공장을 건설한다며 부동산 구매에 관해 묻고 다녔다는 것을 알게 되었어요. 그런 일은 있을 수 없었지요. 그 지역에는 전기도 수도도 들어오지 않았거든요. 게다가 그 사람들이 북아메리카에서 온 유대인들이라는 거예요. 저는 쉽게 잠적해버릴 수도 있었지만 그렇게 하지 않았지요. 저는 여느 때처럼 다녔고, 일이 그냥 일어나게 했지요. 어디로 가도 제가 가진 서류와 소개장으로 아무 어려움 없이 일자리를 찾을 수 있었을 거예요. 그러나 그러고 싶지 않았어요."

아이히만이 기꺼이 이스라엘로 와서 재판받으려 했다는 증거는 예루살렘에서 드러난 것보다 더 많았다. 물론 피고 측 변호인은 무엇보다도 피고가 납치되었고 따라서 '국제법에 저촉되는 방식으로 이스라엘로 송환되었다'는 점을 강조해야만 했다. 그래야 법원이 그를 처벌할 권리에 대해 문제 삼을 수 있기 때문이다. 검찰이나 재판관이 그러한 납치가 '국가적 행위'였다고 인정한 적은 없었지만 이를 부정하지도 않았다. 그들은 국제법 침해가 아르헨티나와 이스라엘 두 국가에만 관계될 뿐 피고인의 권리와는 무관하다고 주장했다. 이 침해는 1960년 8월 3일에 있었던 양 정부의 공동선언을 통해 '해소'되었다고 주장했다. 즉 양국은 "아르헨티나의 국가적 기본권을 침해한 이스라엘 시민의 행위로 야기된 사건이 해결되었다고 보기로 결정했다." 법원은 이 이스라엘인들이 기관원인지 민간인인지는 중요하지 않다고 결정했다.

피고 측이나 법원이 언급하지 않은 사실은, 아이히만이 아르헨티나 시민이었더라면 아르헨티나는 자신의 권리를 그렇게 쉽사리 포기하지 않았을 것이라는 점이다. 그는 거기서 '리카르도 클레멘트'(아르헨티나 신분증에는 남티롤 지역에 있는 볼차노에서 1913년 5월 23일에 태어났다고 기록되어 있었다)라는 가짜 이름을 사용하여 국가의 보호를 받을 권리를 스스로 버리는 결과를 낳았다. 물론 아이히만은 자신이 '독일 시민권자'임을 천명하기는 했지만 말이다. 그는 망명이라는 불확실한 권리를 주장한 적이 없었다. 만일 주장했더라도 별 도움이 되지 않았을 것이다. 아르헨티나가 실제로 많은 유명 나치 범죄자에게 망명을 허용하기는 했으나, 반인륜적 범죄자는 '정치범이 될 수 없다'는 국제 협약에 서명했기 때문이다.

이 모든 사실에도 불구하고 아이히만은 무국적 상태가 되지 않았고, 또 독일 국적을 법적으로 박탈당하지도 않았다. 하지만 오히려 그 때문에 독일은 통상적으로 해외 거주 시민에게 제공하는 보호를 보류할 좋은 구실을 얻었다. 다른 말로 하면, 수많은 전례에 근거한 수많은 법적 논쟁 끝에 납치가 가장 흔한 체포 유형이라는 인상을 주게 되었음에도 불구하고, 예루살렘 법원이 아이히만을 재판할 수 있었던 근거는 아이히만이 사실상 무국적 상태라는 점뿐이었다.

아이히만은 법률 전문가가 아니었지만 이 점을 잘 알았을 것이다. 경험에 비추어 보건대, 그는 오직 무국적 상태에 있는 자들만 원하는 대로 다룰 수 있음을 알았기 때문이다. 유대인은 절멸당하기 전에 먼저 국적을 상실해야 했다. 그러나 그는 이런 세세한 점까지 생각할 상태가 아니었던 것 같다. 아이히만이 재판을 받으려고 이스라엘로 자발적으로 왔다는 것이 허구라 하더라도, 그는 사람들의 예상과 달리 거의 저항하지 않았기 때문이다. 실제로 그는 아무런 문제도 일으키지 않았다.

1960년 5월 11일 저녁 6시 30분, 아이히만이 평소처럼 직장에서 집으로 오는 버스에서 내리자마자 세 사람이 그를 체포했다. 그들은 1분도 안 되는 시간에 대기하던 차에 아이히만을 싣고 부에노스아이레스에서 멀리 떨어진 외곽의 미리 빌려놓은 집으로 데려갔다. 어떤 약물이나 밧줄, 수갑 등도 사용하지 않았다. 아이히만은 이것이 전문가의 솜씨임을 즉각 알아차렸다. 불필요한 폭력이 전혀 이루어지지 않았기 때문이다. 그는 다치지 않았다. 신분을 묻자 그는 즉각 독일어로 "아돌프 아이히만이다"(Ich bin Adolf Eichmann)라고 말했다. 그러고는 놀랍게도 "내가 이스라엘 사람들 손에 있다는 것을 안다"고 덧붙였다. (나중에 그는 어느 신문에서 자기를 찾아 체포하라는 벤구리온의 명령을 읽은 적이 있다고 설명했다.)

이스라엘인들이 자신들과 죄수를 이스라엘로 데려다줄 엘알 비행기를 기다리는 8일 동안 아이히만은 침대에 묶여 있었다. 이것이 이 모든 일 가운데 그가 불평한 유일한 부분이었다. 체포 다음 날 아이히만은 이스라엘 법원에서 재판받는 데 이의가 없다는 것을 서면으로 진술하도록 요구받았다. 물론 진술서는 미리 준비되어 있었고 그가 해야 할 일은 그것을 옮겨 쓰는 것뿐이었다. 그러나 놀랍게도 그는 자신의 문장으로 쓰겠다고 고집했다. 아이히만이 쓴 진술서는 다음과 같은데, 준비된 진술서의 첫 문장은 그대로 쓴 것 같다.

"서명인, 나 아돌프 아이히만은, 이제 나의 진짜 정체가 밝혀졌으므로 더 이상 재판을 회피하려는 시도가 무의미함을 명확히 알기에, 나의 자유의지에 따라 다음과 같이 선언한다. 여기서 나는 권위 있는 법정인 이스라엘의 재판 법정에 서기 위해 이스라엘로 갈 준비가 되었음을 표명한다. 내가 법적 조언을 받으리라는 점은 분명히 이해했다. [여기까지는 아마도 준비된 문안을 베껴 쓴 것 같다.] 나는 미래의 세대가 진실된 실상을 알 수 있도록, 독일에서의 내 공적 활동 마지막 몇 년간의 사실들을 어떤 윤색도 없이 기록하고자 노력할 것이다. 이 선언은 위협이나 밀약에 따라 한 것이 아니라 나 자신의 자유의지에 따라 한 것이다. 나는 마침내 자신과 화해하기를 바란다. 내가 모든 세부 사항을 다 기억할 수는 없고 또 여러 사실에 대해 착각할 수 있으므로, 진실을 추구하는 내 노력을 돕기 위해 보고서와 선서 진술서를 이용할 수 있도록 요구하는 바다. 서명: 아돌프 아이히만, 부에노스아이레스, 1960년 5월."

(이 문서는 의심의 여지 없이 진본이지만 한 가지 독특한 점이 있다. 서명 날짜가 빠져 있다. 이러한 누락 때문에 이 문서가 아르헨티나에서 작성된 것이 아니라, 5월 22일 도착 후 예루살렘에서 작성되었다는 의심을 사게 되었다. 검찰이 이 문서를 증거로 제출하기는 했지만, 재판을 위해 그리 필요한 것이 아니었고 검찰이 큰 의미를 부여하지도 않았다. 그보다는 이 문서가 아르헨티나 정부에게 첨부해 보낸 이스라엘 최초의 공식 해명 문건이라는 데 의미가 있었다.

법정에서 이 문서에 대해 아이히만에게 질문한 세르바티우스는 날짜 관련 특이점을 언급하지 않았다. 아이히만 자신은 이 점을 잘 언급할 수 없었는데, 변호인이 이끌어가는 질문에 대답하는 가운데 아이히만은 이 진술서가 부에노스아이레스의 교외에서 침대에 묶여 지내는 동안 강압받아 제출한 것이라고 다소 마지못해서 확인했기 때문이다. 여기에 대해 더 잘 알고 있는 듯한 검사는 이 점에 대해 반대신문을 하지 않았다. 이 문제에 대해서는 적게 언급할수록 좋다고 생각한 것으로 보인다.)

아이히만의 부인은 아르헨티나 경찰에 자기 남편의 실종을 신고했지만, 남편의 정체를 노출하지 않았기 때문에 역이나 고속도로, 공항 등에 대한 수색은 이루어지지 않았다. 이스라엘인들은 운이 좋았다. 만일 경찰이 적절히 경계를 갖췄더라면 그를 체포한 지 열흘이나 지나서 국외로 납치해 나갈 수는 결코 없었을 것이다.

아이히만은 자신이 재판 당국에 놀라울 정도로 협조한 일에 대해

두 가지 이유를 제시했다. ("왜 피고인은 자신의 고백이 아니면 어떠한 증거도 존재하지 않음이 분명한, 유죄를 입증하게 될 수많은 세부 사항, 특히 자신의 눈으로 참혹상을 보았다고 한 동부지역으로의 여행에 대한 사항을 경찰 감독관 레스에게 고백했을까?" 아이히만을 단정적으로 거짓말쟁이라고 주장한 재판관들조차도 이 질문에 대해서는 모른다고 인정해야만 했다.) 아이히만은 체포되기 수년 전에 아르헨티나에서 자신이 무명으로 지내는 것이 얼마나 지긋지긋한지 쓴 적이 있었다. 자신에 대한 글을 읽으면 읽을수록 그는 더욱더 지겨워졌음이 분명하다. 아이히만이 이스라엘에 와서 제시한 두 번째 이유는 더 극적이었다.

"1년 반쯤 전, 즉 1959년 봄에 독일에 갔다 온 지인에게서, 어떤 죄책감과 같은 느낌이 일부 독일 청년의 마음을 사로잡고 있다고 들었습니다. … 이러한 죄책감 콤플렉스와 같은 사실이 제게는 말하자면 인간을 태운 우주선이 달에 처음으로 도착한 것과 같은 획기적인 사건이었습니다. 그것은 저의 내면 생활의 본질적인 한 점이 되었고, 그 점 주위로 많은 생각이 결정체처럼 얽혔지요. 이것이 바로 … 수색대가 제게 가까워지고 있다는 것을 알고도 … 제가 도망가지 않은 이유입니다. 제게 그토록 깊은 인상을 준 독일의 젊은이들 사이의 죄책감에 대한 그런 대화 이후에 제게는 사라질 권리가 더는 없다고 느꼈죠. 이 일은 또한 제가 이 신문이 시작될 때 서면 진술서에서 … 저를 공개 교수형에 처하라고 제안한 이유입니다. 저는 독일 청년의 죄책감을 덜기 위해 제가 할 일을 하고 싶었어요. 이 젊은이들은 이 사건들에 대해, 또 지난 전쟁 기간에 자신들의 아버지가 한 일에 대해 결백하기 때문이죠."

아이히만은 이 '지난 전쟁'을 다른 맥락에서는 여전히 '독일제국에 강요된 전쟁'이라고 불렀다. 물론 이 모든 것은 공허한 말이었다. 왜 그는 자유의지에 따라 자수하고 독일로 돌아가지 않았는가? 이 질문을 받고 아이히만은 독일 법원이 자기 같은 사람들을 다루는 데 필요한 '객관성'을 여전히 결여하고 있다고 생각한다고 대답했다. 만일 그가 스스로 말한 대로, 실낱같은 가능성으로라도 이스라엘 법원에서 재판받기를 진정 원했다면 그는 이스라엘 정부의 시간과 수고를 상당히 줄여줄 수 있었을 것이다.

우리는 앞서 이런 대화가 그에게 고양감을 안겨준다는 것을 보았다. 이런 대화는 실제로 그가 이스라엘 감옥에 머무르는 동안 줄곧 그럭저럭 기분 좋은 상태를 유지하게 해주었다. 심지어 아이히만은 죽음마저도 상당히 침착하게 바라볼 수 있었다. 경찰신문 초기에 이렇게 공언한 것이다.

"나에 대한 사형선고가 준비되어 있음을 알고 있다."

이 공허한 말 뒤에는 약간의 진실도 있었다. 이 진실은 그가 변호 문제를 마주했을 때 아주 분명하게 드러났다. 명백한 이유에서 이스라엘 정부는 아이히만이 외국인 변호사를 선임할 수 있도록 허용했다. 그래서 경찰신문이 시작된 지 6주가 지난 1960년 7월 14일에 아이히만의 분명한 동의에 따라, 그를 도와줄 세 사람의 변호사 가운데 한 사람을 선택할 수 있게 되었다. 그의 가족이 추천한 로베르트 세르바티우스(세르바티우스는 린츠에 있는 아이히만의 이복형제에게 장거리 전화를 걸어 변호를 제의했다)와 칠레에 거주하는 다른 독일인 변호사 그리고 재판 당국과 접촉한 뉴욕의 한 미국계 법률회사 등이었다. (이 가운데 오직 세르바티우스의 이름만 공개되었다.)

물론 다른 가능성이 존재했고, 아이히만은 다른 가능성을 선택할 권리가 있었으며, 시간 여유를 갖고 선택할 수 있다는 말을 여러 차례 들었다. 그는 다른 가능성을 택하지 않고, 즉석에서 세르바티우스를 선택하겠다고 말했다. 왜냐하면 그가 자기 이복형제의 지인인 것 같았고, 또 다른 전범들을 변호한 경력이 있었기 때문이다. 아이히만은 즉시 필요한 서류에 서명하겠다고 고집했다.

30분이 지난 뒤 아이히만은 이 재판이 '세계적 차원'을 띠게 되고, '괴물 같은 소송'이 될 수도 있으며, 검찰 측에는 여러 변호사가 있을 것이므로 세르바티우스 혼자서는 '모든 자료를 소화'해내기가 거의 불가능할 것이라는 생각을 하게 되었다. 법적 대리권을 요청하는 편지에서 세르바티우스가 "여러 변호사를 이끌 것"이라고 밝힌 것을 아이히만은 떠올렸다. (세르바티우스는 그렇게 하지 않았다.) 경찰은 이렇게 덧붙였다.

"세르바티우스 혼자서 나타나지는 않겠죠. 그건 물리적으로 불가능할 겁니다."

그러나 세르바티우스는 대부분의 시간에 혼자 등장했다. 그 결과 아이히만은 자기 변호인의 주 보조원이 되어버렸고, '미래 세대들을 위한' 책을 쓰는 일과는 별개로 재판 기간 줄곧 아주 열심히 일하게 되었다.

공판이 시작된 4월 11일에서 10주가 지난 1961년 6월 29일, 검찰은 신문을 끝냈고 세르바티우스는 피고인을 위한 변론을 개시했다. 8월 14일, 114회 회기 후 소송 절차가 종결되었다. 법원은 4개월 동안 휴정했고 12월 11일에 판결을 선고하기 위해 다시 개정했다. 이틀 동안 세 명의 재판관은 다섯 차례로 나누어 244개 조항으로 이루어진 판결문을 낭독했다. 검찰의 '공모' 혐의는 기각했다. 이 혐의는 아이히만을 '주요 전범'으로 규정하여 최종 해결책과 관련된 모든 일에 자동으로 책임지게 할 수 있었다. 재판관들은 일부 항목에 대해서는 무죄를 선고했지만 아이히만이 기소된 열다섯 개의 혐의에 대해서 모두 유죄판결을 내렸다.

아이히만은 "다른 사람과 함께" "유대 민족에 대한" 죄를 범했는데,

이는 유대 민족을 파멸하려는 의도로 다음의 네 가지 혐의, 즉 (1) "수백만 명의 유대인을 살해"하고 (2) "수백만 명의 유대인을 신체적 파멸로 이어지는 상황"에 처하게 하고 (3) 그들에게 "심각한 신체적·정신적 피해를 가했"으며 (4) 테레지엔슈타트에서 "유대인 여성들의 출산을 금하고 임신을 중단하게 함"으로써, 유대인에 대한 범죄를 저질렀다.

그러나 재판관들은 총통의 명령이 전달된 1941년 8월 이전 기간과 관련된 혐의에 대해서는 무죄를 선고했다. 베를린, 빈, 프라하에서의 이전 활동에는 "유대 민족을 파멸하려는" 의도가 없었다는 것이다. 이것은 공소장의 첫 네 가지 혐의였다.

5번에서 12번까지의 혐의는 '인류에 대한 범죄'를 다룬 것이었다. 이 혐의는 이스라엘 법에 이질적인 개념인데, (집시와 폴란드인 같은) 비유대인에 대한 학살과, 유대인과 비유대인을 막론하고 이들에게 저지른 살인을 포함한 모든 다른 범죄를 포함했다. 민족 전체의 파멸을 의도한 가운데 저질러지지 않은 것들만 말이다. 따라서 아이히만이 총통의 명령 이전에 저지른 모든 일과 비유대인에 대한 모든 범죄는 반인륜적 범죄로 총괄되었다. 여기에다 유대인에 대한 그 이후의 범죄들도 일반 범죄이므로 다시 한번 추가되었다.

그 결과 아이히만은 5번 혐의에 대해 1번과 2번에서 열거된 것과 같은 범죄로 유죄판결을 받았고, 6번에 대해서는 "인종적·종교적·정치적 이유로 유대인을 박해"한 혐의로 유죄판결을 받았다. 7번은 "유대인 살해와 연관된 … 재산 약탈"을 다루고 있으며, 8번은 이 모든 행위를 '전쟁범죄'로 다시 합했는데, 그 대부분이 전쟁 기간에 저질러졌기 때문이었다. 9번에서 12번까지는 비유대인에 대한 범죄를 다루고 있다. 9번은 "수십만 명의 폴란드인을 고향에서 … 추방한" 혐의를 다루며, 10번은 유고슬라비아에서 "1만 4,000명의 슬로베니아인을 추방한” 혐의를, 11번에서는 “수만 명의 집시를” 아우슈비츠로 강제이송한 혐의에 대해 유죄판결을 내렸다. 그러나 재판부는 “집시들이 파멸에 이를 것을 피고인이 알고서 이송했는지가 입증되지 않았다”고 판단했다. 이는 ‘유대인에 대한 범죄’를 제외하고 어떠한 집단학살 혐의도 인정하지 않은 것이다.

이것은 이해하기 어려운 일이었다. 왜냐하면 집시 학살이 잘 알려졌다는 사실을 제외하고서도 아이히만은 경찰 조사 때 그 일에 대해 알고 있었다고 인정했기 때문이다. 그 일이 힘러의 명령이었다는 것, 유대인에 대한 것과 같은 ‘지시 사항’이 집시에 대해서는 없었다는 것, ‘집시 문제’에 대해 그 “기원과 관습, 습관, 조직 … 민요 … 경제” 등에 대한 어떠한 ‘조사’가 이루어지지 않았던 것을 아이히만은 희미하게나마 기억했다.

아이히만의 부서는 제국 영토에서 3만 명의 집시를 ‘소개’하는 업무를 위임받았다. 그가 세부 사항을 잘 기억할 수 없었던 것은 누구도 이 문제에 간섭하지 않았기 때문이었다. 그러나 집시도 유대인과 마찬가지로 절멸을 목적으로 이송되었다는 점을 그는 결코 의심하지 않았다. 그는 유대인 절멸에 대해 유죄 선고된 것과 똑같은 방식으로 집시 절멸에 대해서도 유죄를 선고받았다.

12번은 리디체에서 아흔세 명의 아이를 강제이송한 혐의였는데, 리디체는 하이드리히가 암살당한 후 주민이 학살당한 체코의 마을이었다. 아이히만은 이 아이들의 학살에 대해서는 당연히 무죄판결을 받았다.

마지막 세 항목은 뉘른베르크 재판에서 ‘범죄적’이라고 분류된 네 개의 조직 가운데 세 조직, 즉 친위대, 보안정보부, 게슈타포에 소속한 혐의였다. (네 번째 조직인 나치당 지도부는 언급되지 않았는데, 아이히만은 명백히 당 지도자의 일원이 아니었기 때문이다.)

아이히만이 1940년 5월 이전에 이들 조직에 속했던 것은 경범죄 공소시효(20년)에 해당했다. (아이히만이 재판을 받은 1950년 법에는 중대 범죄에 대해서 공소시효가 없으며, 기결사항이라는 논거는 무효라고 명시되어 있었다. 즉 "어떤 사람이 국제재판소나 외국 법정에서 같은 범죄로 재판을 받았다 하더라도" 이스라엘에서 재판받을 수 있다.) 1번에서 12번까지 열거된 모든 범죄는 사형에 해당했다.

아이히만은 자신이 기소된 범죄 가운데 '방조'에 대해서만 유죄이며, 명백한 범죄를 저지른 적이 없다고 줄곧 주장했다. 다행히도 판결문은 검찰이 이 점에서 아이히만의 유죄를 입증하는 데 성공하지 못했음을 어떻든 인정했다. 이 점은 중요했다. 이 문제는 일반적이지 않은 이 범죄의 핵심을 건드리고 있으며, 평범하지 않은 이 범죄자의 본질을 건드리고 있기 때문이다. 판결은 함축적으로 죽음의 수용소에서 실제로 '치명적인 도구를 손으로 조작한' 자들이 보통의 수감자와 희생자였다는 섬뜩한 사실도 인정한 것이다. 이 점에 대해 판결문에서 말한 내용은 정확한 것 이상으로 진실이었다.

"우리 형법 제23조에 따라 그의 행동을 표현하면, 타인에게 조언이나 충고를 함으로써 범죄를 교사하는 자의 행위이자, 타인의 [범죄적] 행위를 가능하게 하거나 방조하는 자의 행위라고 말해야 한다."

"[하지만] 우리가 현재 살피고 있는 범죄의 경우처럼 거대하고 복잡한 사례, 즉 수많은 사람이 다양한 차원에서 그리고 다양한 행동 방식으로, 즉 다양한 지위에 따라 기획자, 조직자, 실행자 등으로 참여한 경우, 범죄를 저지르도록 자문하고 요구했다는 일반적 개념을 사용하는 것은 의미가 없다. 이러한 범죄는 희생자의 수 측면에서만 아니라 범죄에 개입한 사람의 수 측면에서도 거대하게 이루어졌기 때문에, 이 많은 범죄자 가운데 희생자를 실제로 죽인 자와 얼마나 가까웠는지 또는 멀리 떨어져 있었는지는 책임의 척도와 관련된 한 아무런 의미가 없다. 오히려 일반적으로 살상 도구를 자신의 손으로 사용한 사람에게서 멀리 떨어져 있을수록 책임의 정도는 증가한다.”

판결문 낭독 이후에는 모든 일이 관례대로 진행되었다. 검찰은 다시 일어나 사형을 선고해야 한다는 다소 긴 연설을 했는데, 정상참작 사유가 없는 한 당연한 구형이었다. 세르바티우스는 이전보다 훨씬 더 간결하게 응답했다. 피고인은 ‘국가행위’를 수행했고, 그에게 일어난 일은 앞으로 누구에게나 일어날 수 있는 일이며, 전체 문명 세계가 이 문제를 직면할 것이고, 아이히만은 현 독일 정부가 책임을 면하기 위해 국제법에 반해 예루살렘 법정에 버린 ‘희생양’이라고.

세르바티우스는 예루살렘 법원의 권한을 인정하지 않았다. 그에게 이 법원의 권한은 ‘[독일 법원에] 부여된 법적 권한을 대신하는 대리인 자격으로’ 피고를 재판한 것으로만 이해될 수 있었다. (실제로 한 독일 주 검사가 예루살렘 법원의 과제를 그렇게 정식화한 적이 있었다.) 앞서 세르바티우스는 법원이 피고를 무죄 방면해야 한다고 주장했다. 아르헨티나의 공소시효에 따라 ‘납치되기 직전’인 1960년 5월 7일에 그에 대한 형사소송 책임이 중단되었기 때문이라는 것이다. 이제 그는 같은 논지로 사형을 선고해서는 안 된다고 주장했는데 독일에서는 사형이 무조건적으로 폐지되었기 때문이었다.

이후 아이히만의 최후진술이 있었다. 정의에 대한 자신의 희망은 좌절되었고, 자신은 최선을 다해 진실을 말했으나 법원은 자신을 믿지 않았다고 했다. 자신은 결코 유대인 혐오자가 아니었고, 자신은 결코 인간을 살인할 의지를 가진 적이 없었지만, 법원은 자신을 이해하지 않았다. 자신의 죄는 복종에서 나왔고, 복종은 미덕으로 칭송받는다. 자신의 미덕을 나치 지도자들이 오용했다. 자신은 지배 집단의 일원이 아니었고, 자신은 희생자였으며, 오직 지도자들만 처벌받아야 한다. (아이히만은 다른 하급 전범들처럼 말하지는 않았다. 그들은 ‘책임’에 대해 염려할 필요가 없다는 말을 들었다는데, 이제 책임을 져야 할 사람들이 자살하거나 교수형을 당해 '도망쳐버렸거나' 자기들을 '내버렸기' 때문에 이를 설명해달라고 소환할 수도 없다며 씁쓸하게 불만을 말했다.)

아이히만은 이렇게 말했다.

"저는 괴물이 아닙니다, 저는 괴물로 만들어진 것입니다."

"저는 오류의 희생자입니다."

아이히만은 '희생양'이라는 단어를 사용하지 않았지만, 세르바티우스가 한 말을 확인해주었다. 그것은 "[아이히만이] 다른 사람들의 행위를 대신해서 고통받아야 한다는 깊은 확신"이었다. 이틀 후인 1961년 12월 15일 금요일 아침 9시에, 사형이 선고되었다.

3개월이 지난 1962년 3월 22일, 이스라엘 대법원에서 항소심이 열렸다. 다섯 명의 재판관 가운데 이츠하크 올샨이 주심을 맡았다. 검찰 측에서는 하우스너가 네 명의 검사보와 함께 다시 나왔고, 피고 측에서는 세르바티우스가 조수 없이 나왔다.

피고 측 변호인은 이스라엘 법원의 권한에 반대하는 이전의 논지를 재차 반복했다. 서독 정부를 설득해 아이히만을 본국으로 인도하는 절차를 시작하려는 모든 노력이 헛되이 끝났기 때문에, 이제 이스라엘이 직접 아이히만을 본국으로 송환하라고 주장했다. 그는 새로운 증인 명단을 제시했지만, 그 가운데 '새로운 증거' 비슷한 것을 제시할 만한 사람은 없었다. 세르바티우스의 명단에 한스 글롭케가 있었지만 아이히만은 그를 평생 본 적이 없었고 아마도 예루살렘에서 그의 이름을 처음 들었을 것이다. 더 황당한 이름은 하임 바이츠만 박사였는데, 그는 10년 전에 사망했다.

변론은 믿을 수 없을 만큼 엉망진창이었다. 예를 들어 변호인은 검찰이 이미 제출한 문서의 프랑스어 번역본을 새로운 증거라며 제출했고, 또 다른 두 경우에는 서류를 단순히 잘못 읽었다. 세르바티우스의 부주의함은 법원에 불쾌감을 줄 수 있는 일부 발언을 다소 신중하게 언급하던 모습과 생생히 대조되었다. 가스의 사용을 다시 '의학적 문제'라고 불렀고, 유대인의 법원은 유대인이 아닌 리디체 아이들의 운명에 대해 재판할 권리가 없다고도 했다.

세르바티우스는 이스라엘의 법적 절차가 피고에게 자신의 변론을 위한 증거를 제공하도록 요구한다는 점에서 대륙법 절차와 상충한다고 주장했다. 아이히만은 대륙 출신이기 때문에 응당 그 절차를 따를 권리가 있지만, 이스라엘에서는 증인이나 변호 문서를 구할 수 없었다는 것이다. 한마디로 재판은 공정하지 못했고, 판결은 옳지 않다는 것이었다.

항소심 절차는 일주일밖에 걸리지 않았고, 이후 법원은 두 달간 휴정했다. 1962년 5월 29일 두 번째 판결문이 낭독되었다. 첫 번째 판결문보다 분량이 적었고, 여전히 리걸 사이즈 용지에 단일 간격으로 51쪽 작성되어 있었다. 이 판결문은 지방법원의 판결을 모두 재확인한 것인데, 이런 인정을 하는 데는 두 달의 시간도 51쪽의 분량도 필요가 없었을 것이다. 명시적으로 밝히지는 않았지만, 항소심 판결은 사실상 하급심 판결문을 수정한 것이었다. 원심 판결문과 명백히 다른 점은 다음과 같이 밝힌 점이었다.

"항소인은 '상관의 명령'을 전혀 받지 않았다. 그는 스스로의 상관이었으며, 유대인 문제와 관련된 모든 사안에 대해 모두 스스로 명령했다."

더욱이 아이히만은 "중요성에 있어서는 뮐러를 포함한 그의 모든 상관을 능가했다." 아이히만이 존재하지 않았더라도 유대인의 운명이 더 나아지지는 않았을 것이라는 피고 측의 주장에 대해, 재판관들은 이제 이렇게 서술했다.

"항소인과 그 공범자들의 억누를 수 없는 광신적 열정과 피의 갈증이 없었다면 최종 해결책이라는 아이디어는 수백만 유대인의 벗겨진 살갗과 고문당한 육체라는 극악무도한 형태로 나타나지 않았을 것이다."

이스라엘 대법원은 검찰의 주장을 받아들였을 뿐만 아니라 그 언어 자체도 차용했다.

같은 날인 5월 29일에 이스라엘 대통령 이츠하크 벤즈비는 "변호인의 지시를 받아" 친필로 쓴 아이히만의 자필 탄원서 네 장을 린츠에 있는 그의 아내와 가족으로부터 온 편지와 함께 받았다. 대통령은 또한 전 세계로부터 사면 혹은 감형을 호소하는 수백 통의 편지와 전문을 받았다. 이들 가운데 미국 개혁주의 유대교 대표 단체인 미국랍비중앙회와 마르틴 부버가 이끄는 예루살렘의 히브리 대학 교수진이 눈에 띄었다. 부버는 처음부터 이 재판에 반대했으며, 이제는 벤구리온에게 관대한 조치를 위해 개입하도록 설득하려고 했다.

대법원 판결 이틀 후인 5월 31일에 벤즈비는 모든 자비 청원을 거부했다. 같은 날 몇 시간이 지난 뒤, 자정 직전에 아이히만은 교수형에 처해졌다. 그날은 목요일이었다. 그의 시신은 화장되었고 재는 지중해의 이스라엘 수역 밖에 뿌려졌다.

사형을 집행한 그 속도는 실로 놀라운 것이었다. 금요일(이슬람교), 토요일(유대교), 일요일(기독교)은 각각 이 나라에 있는 세 종교 중 하나의 종교적 성일이어서, 목요일 밤이 월요일 이전에 사형이 가능한 마지막 시간이라는 점을 고려하더라도 말이다. 아이히만이 자비 청원 거부 통보를 들은 지 두 시간도 채 되지 않아 형이 집행되었다. 마지막 식사를 할 시간도 없었다.

여기에 대한 설명은 세르바티우스가 마지막으로 고객을 위해 시도했던 두 가지 행동에서 찾을 수 있을 것이다. 그 하나는 지금이라도 독일 정부가 아이히만의 신병 인도를 요구하도록 독일 법원에 신청하는 것이었고, 다른 하나는 '인권 및 기본적 자유 보호 협약' 제25조 발동을 호소하겠다는 위협이었다. 아이히만의 청원이 기각되던 때 세르바티우스와 그의 보조원은 이스라엘에 있지 않았다. 이스라엘 정부는 피고인 측이 사형 집행 연기를 신청하기 전에 2년간 진행되어 온 이 사건을 종결하고 싶었던 것 같다.

사형선고는 예상된 일이어서 이에 대해 이의를 제기할 사람은 거의 없었다. 그러나 이스라엘이 사형을 집행했다는 사실이 알려지자 상황은 완전히 달라졌다. 잠깐이었지만 광범위하게 항의가 일어났고, 또 영향력과 명성 있는 인사들이 목소리를 냈다. 가장 일반적인 주장은 아이히만의 행위가 인간적 처벌 가능성을 뛰어넘으며, 그토록 엄청난 규모의 범죄에 대해 사형을 선고하는 것은 무의미하다는 것이었다. 수백만 명을 살해한 사람이 바로 그 이유 때문에 처벌을 면해야 한다는 것을 의미하지만 않는다면, 이러한 주장은 어떤 의미에서 사실이었다.

더 통속적인 수준에서는 사형선고를 '상상력의 부족'이라고 불렀으며, 매우 상상력이 풍부한 대안들이 제시되었다. 아이히만이 '네게브의 건조한 불모지에서 유대인의 조국을 개간하도록 땀 흘려 고된 노동을 하면서 남은 평생을 보내게 해야 한다'는 제안이 즉시 나왔다. 그러나 이스라엘의 남부 사막 지역이 유형지로 여겨질 수 없을 뿐 아니라, 아이히만은 이런 형벌에서 단 하루도 살아남지 못할 것이었다. 또 매디슨 애비뉴[1] 스타일로, '아이히만을 체포하고 재판하고 선고를 내린 모든 사람을 공개 기념식에 부르고, 아이히만은 수갑을 채워 거기에 세운 상태로, 텔레비전과 라디오를 동원해 그들을 세기의 영웅

---

1) 미국 뉴욕시의 거리로 언론사와 방송사들이 위치해 있다.

으로 만들어' 줌으로써, 이스라엘은 '이해 가능한 법적·정치적, 심지어 인간적 고려사항들'을 능가하는 '신성한 높이'에 도달했어야 한다는 주장도 있었다.

마르틴 부버는 아이히만의 처형을 "역사적 차원에서의 실수"라고 불렀다. 이 처형이 "독일의 많은 젊은이가 느끼는 죄책감을 내려놓는 데 도움을 줄" 것이라고 보았기 때문이다. 이 주장은 이상하게도 아이히만의 생각을 반영한다. 물론 부버는 아이히만이 독일 청년의 어깨에서 죄책감을 덜기 위해 자신을 공개 처형하기를 원했음을 아마 알지 못했을 것이다.

(저명할 뿐만 아니라 아주 위대한 지성인 부버가 이렇게 널리 대중화된 죄책감이 필연적으로 얼마나 기만적인지를 알지 못했다니 참으로 이상한 일이다. 아무런 잘못도 저지르지 않았는데도 죄책감을 느낀다면 이는 기뻐할 일일 것이다. 이 얼마나 고귀한가! 반면 죄를 인정하고 회개하는 것은 다소 어렵고 분명히 우울한 일이다. 독일의 젊은이들은 생활의 모든 면과 모든 행로에서 실제로 죄가 크면서도 죄책감을 느끼지 못하는 정부와 공직자들에게 둘러싸여 있다. 이런 사태에 대한 정상적 반응은 분노여야 하지만, 분노는 상당히 위험하다. 생명과 신체에 위험이 되지는 않지만, 취업에는 결정적으로 장애가 되기 때문이다. 아주 가끔씩,『안네의 일기』와 같은 소동이나 아이히만 재판 같은 경우가 생길 때 히스테리적인 죄책감의 분출로 우리들을 대하는 독일 청년 남녀는 과거의 부담, 즉 아버지의 죄 아래에서 비틀거리지 않는다. 오히려 그들은 현재의 현실적인 문제가 주는 부담으로부터 값싼 감정 속으로 도망하려는 것이다.)

부버 교수는 계속해서 자신은 아이히만에게 "동정을 전혀" 느끼지 못한다고 말했다. 자기는 "내가 마음속으로 이해하는 행위를 한 사람에 대해서만" 동정심을 느낄 수 있기 때문이라고 했다. 그는 독일에서 수년 전에 했던 말, 즉 자신은 제3제국의 행위에 "참여한 사람들과는 단지 형식적인 의미에서만 공통적인 인간성을" 갖고 있다는 말을 강조했다. 물론 이러한 고결한 태도는 아이히만을 재판해야 하는 사람들이 지닐 여유가 있는 태도보다 사치스러운 태도라고 할 수 있을 것이다. 왜냐하면 재판관들의 법은 우리가 고발하고 재판하고 정죄한 사람들과 동일한 인간성을 가지고 있다는 점을 명백히 전제하기 때문이다.

내가 알고 있는 한, 부버는 아이히만의 처형 문제에 대해 공개적인 기록을 남긴 유일한 철학자다. (재판이 시작하기 직전 카를 야스퍼스는 바젤에 있는 한 라디오 방송 인터뷰에서 이 재판은 국제재판소에서 다루어져야 한다고 주장했다. 이 내용은 나중에 『모나트』Der Monat에 실렸다.) 부버가 아이히만 및 그의 행위가 제기한 바로 그 문제를 가장 높은 수준에서 얼버무리고 있음을 보게 된 것은 실망스러웠다.

사형 제도를 원칙에 근거해 무조건적으로 반대하는 사람들에게서는 아무런 말도 들려오지 않았다. 그들은 이 특별한 경우를 위해 자신의 주장을 구체화할 필요가 없었고 그 주장은 여전히 타당했다. 그들은 이 사건이 사형제 찬반을 두고 다툴 만한 아주 바람직한 사건이라고 느끼지 못한 것 같다. 나는 그 판단이 옳았다고 생각한다.

아돌프 아이히만은 매우 품위 있게 교수대에 올랐다. 그는 붉은 포도주 한 병을 요청해 절반을 마셨다. 그는 성경을 함께 읽자고 제안한 개신교 목사 윌리엄 헐의 제안을 거절했다. 그에게 남은 시간은 두 시간밖에 없었고, 따라서 '낭비할 시간'이 없다는 것이었다. 아이히만은 손이 뒤로 묶인 채 감방에서 형장에 이르는 45미터를 조용히 꼿꼿하게 걸어갔다.

간수들이 아이히만의 발목과 무릎을 묶었을 때, 그는 간수들에게 똑바로 설 수 있도록 헐렁하게 해달라고 요청했다. 검은색 두건을 쓰겠냐고 물었을 때 "필요 없습니다"라고 대답했다. 그는 자신을 완전히 통제하고 있었다. 아니, 그 이상이었다. 그는 완벽하게 자기 자신이었다. 아이히만의 마지막 말에 담긴 기괴한 어리석음보다 이를 더 설득력 있게 입증할 수 있는 것은 없을 것이다.

아이히만은 자기가 신을 믿는 자라고 분명하게 말했다. 자기는 기독교인이 아니며 죽음 이후의 삶을 믿지 않는다는 것을 일반적인 나치 방식으로 표현한 것이었다. 그런 다음 그는 이렇게 말했다.

"여러분, 잠시 후 우리는 모두 다시 만날 것입니다. 이것이 모든 인간의 운명입니다. 독일 만세, 아르헨티나 만세, 오스트리아 만세. 나는 이 나라들을 잊지 않을 것입니다."

죽음을 앞두고 그는 장례 연설에서 사용되는 상투어를 생각해냈다. 교수대 아래에서 그의 기억력은 마지막 속임수를 부렸다. 그는 '의기양양' 해져, 이것이 자신의 장례식이라는 사실을 잊어버렸다.

이 마지막 순간에, 아이히만은 인간의 사악함 가운데 이루어진 이 오랜 과정이 우리에게 가르쳐준 교훈을 요약하는 듯했다. 두려운 교훈, 즉 말과 생각을 허용하지 않는 **악의 평범성**(the banality of evil)을.

에필로그

예루살렘 재판에는 불규칙성과 비정상적인 점이 너무나 많고 다양했으며 또 매우 복합적이었다. 재판 기간 내내 그리고 재판 이후에 나온 놀랍도록 적은 수의 문헌에서마저도, 재판 과정에서 불가피하게 등장한 도덕적·정치적 심지어 법적 문제들이 가려져버렸다. 이스라엘은 벤구리온 수상의 재판 전 발언과 검찰이 틀을 짠 기소 방식을 통해, 재판에서 달성해야 하는 목적을 다수 열거함으로써 문제를 더욱 혼란스럽게 만들었다.

그런 모든 목적은 법과 법정 절차와 관련해볼 때 부차적이었다. 재판의 목적은 정의를 드러내는 것이며 그외에는 없다. 뉘른베르크에서 재판 집행 자문관 로버트 G. 스토리(Robert G. Storey)가 표현한 것처럼 "역사의 시험을 견뎌낼 수 있는, 히틀러 정권에 대한 기록을 남기는 것" 같은 가장 고귀한 부차적 목적이라고 해도, 법의 주된 업무, 즉 피고에게 제기된 혐의를 평가하고 판결을 내리며 정당한 처벌을 부과하는 것을 방해할 뿐이다.

아이히만 재판 판결문의 첫 두 부분은 법정 안팎에서 표명된 '상위 목적 이론'(the higher purpose theory)에 답하여 작성된 것이다. 이 점에 있어서 판결문은 더 분명할 수도, 더 핵심을 잘 지적할 수도 없었을 것이다. 재판의 범위를 확대하려는 모든 시도는 격퇴되어야 했다.

왜냐하면 법원은 "그 자신의 영역 밖으로 나가도록 부추겨질 수 없기 때문이다. … 사법 절차에는 고유한 방식이 있는데, 이는 법으로 규정되어 있고 또 재판의 주제가 무엇이든 바뀌지 않는다." 더욱이 법원이 이러한 한계를 넘어선다면 모든 것이 '완전한 실패로' 끝나게 될 것이다.

법원은 '일반적인 문제를 조사하는 데 필요한 도구'를 가지고 있지 않을 뿐만 아니라, 바로 그 제한에 의존하는 권위를 가지고 말한다. 법의 영역 밖에 있는 문제에 대해 "누구도 우리를 재판관으로 임명하지 않았고" 또 그러한 문제에 대해 "연구하고 숙고한 자의 의견보다 우리의 의견에 더욱 큰 무게를 부여할 수 없다." 따라서 아이히만의 재판에 대해 가장 흔히 제기되는 질문, "이 재판이 무슨 소용인가?"라는 질문에 대한 유일한 대답은 이것뿐이다.

"이 재판은 정의를 실현할 것이다."

아이히만 재판에 제기된 반론들은 다음과 같은 세 유형이었다. 첫째, 뉘른베르크 재판에서 제기되었던 반론이 다시 제기되었다. 아이히만이 소급 적용된 법에 따라 재판을 받았으며, 승자의 법정에 출두했다는 것이다. 둘째, 오직 예루살렘 법정에만 적용되는 반론인데, 법원의 권한 자체 혹은 납치 행위를 고려하지 않았음에 대해 문제를 제기하는 것이었다. 끝으로 가장 중요한 것은, 아이히만이 '인류에 대한' 범죄가 아니라 '유대 민족에 대한' 범죄를 저질렀다는 혐의 자체에 대한 반론, 즉 그가 재판을 받은 법에 대해 제기된 것이다. 이 반론은 이런 범죄를 심판할 수 있는 유일하게 적절한 곳은 국제재판소라는 논리적 결론으로 이어진다.

첫째 반론에 대한 법원의 답변은 간단했다. 뉘른베르크 재판은 예루살렘에서 타당한 판례로 인용되었다. 1950년의 '나치와 나치 부역자 처벌법' 자체가 이러한 판례를 기반으로 했기 때문에 국내법에 따르는 재판관들이 달리 어찌할 방도가 없다는 것이다. 판결문이 지적하듯이 "이 특별 입법은 형법에서 일반적인 다른 입법과는 전혀 다르다." 그 이유는 이 법이 다루는 범죄의 본질에 놓여 있다. 이 법의 소급성은 "법률이 없으면 범죄도 없고 형벌도 없다"(nullum crimen, nulla poena sine lege)는 원칙을 단지 형식적으로만 위반할 뿐, 실질적으로는 위반한 것이 아니라는 것이다. 이 원칙은 입법자에게 알려진 행위들에만 의미 있게 적용되기 때문이다.

만일 집단학살과 같이 이전에는 몰랐던 범죄가 갑자기 등장한다면, 정의는 스스로 새로운 법에 따른 판단을 요구한다. 뉘른베르크의 경우 이 새로운 법은 '헌장'[1]이었고, 이스라엘의 경우에는 1950년 법이었다. 이러한 법들은 당연히 소급적일 수밖에 없으며, 문제는 그 법들이 과연 소급적인가의 여부가 아니라 과연 그 법이 적절했는가, 즉 그 법이 이전에 몰랐던 범죄에만 적용되었는가 하는 점이다. 이러한 소급입법의 전제 조건은 뉘른베르크 국제군사재판소 설립을 위한 헌장에서 심각하게 훼손되었다. 이 문제들에 대한 논의가 아직까지 다소 혼란스럽게 남아 있는 것도 바로 이러한 이유일 것이다.

헌장은 세 종류의 범죄에 대한 재판관할권을 부여했다. 그 세 범죄란, 재판소가 "자체 안에 전체의 집적된 악을 포함하는 최고 국제 범죄"라고 불렀던 '평화에 대한 범죄' 그리고 '전쟁범죄'와 '인류에 대한 범죄'였다. 이 가운데 마지막의 것, 즉 인류에 대한 범죄만이 새롭고 전례가 없는 것이었다. 공격전은 적어도 역사만큼이나 오랜 것인데, 이전에도 수차례 '범죄적'이라고 공공연히 비난받기는 했어도 이처

---

1) 뉘른베르크 헌장은 1945년 8월 8일에 런던 협정에 따라 영국, 미국, 소련, 프랑스 등 연합국에 의해 런던에서 제정되었다. 이 헌장은 국제군사재판소를 설립하여 제2차 세계대전 기간에 저질러진 전쟁범죄에 대해 나치 독일 전범들을 재판할 수 있는 법적 근거를 마련한 것이었다.

럼 공식적 의미에서 범죄로 인정된 적은 없었다.

(이 사안에 대한 뉘른베르크 법원의 관할권을 정당화하려는 시도 중 어느 것도 크게 인정받지 못했다. 제1차 세계대전 이후 전 독일 카이저인 빌헬름 2세가 연합군의 법정에 소환되었지만, 그가 받은 범죄 혐의는 전쟁이 아니라 조약 위반, 구체적으로 벨기에의 중립성 침해였다.[2] 또한 1928년 8월에 체결된 브리앙-켈로그 조약이 국가정책 이행 수단으로서의 전쟁을 배제했지만, 이 조약은 공격의 기준을 설정하지 않았고 위반에 대한 제재를 언급하지도 않았다. 이 조약이 이루려 했던 안보 체계는 전쟁이 발발하기 전에 이미 붕괴했다.)

게다가 심판국 중 하나인 소련은 '너도 마찬가지'(tu-quoque)라는 주장의 대상이 될 수 있었다. 러시아는 1939년에 핀란드를 공격하고 폴란드를 분할했지만 처벌받지 않았다.

한편 '평화에 대한 범죄' 못지않게 전례가 있었던 '전쟁범죄'는 국제법으로 다루어졌다. 헤이그와 제네바 협약은 이러한 '전쟁 법규 및 관습의 위반'을 정의했는데, 이는 주로 포로에 대한 학대와 민간인에 대한 전쟁행위로 구성되었다. 여기에는 소급적 효력을 가지는 새로운 법이 필요하지 않았다. 뉘른베르크에서 직면한 주된 어려움은 여기서 다시 '너도 마찬가지' 주장이 적용된다는 반박 불가능한 사실에 있었다. 헤이그 협약에 서명하지 않은 러시아는 (참고로 이탈리아도 이를 비준하지 않았다) 포로 학대에 대해 단순한 의심 이상을 받고 있었다. 최근 조사에 따르면 러시아는 (러시아 스몰렌스크 인근에 있는) 카틴 숲에서 시신으로 발견된 폴란드 장교 1만 5,000명을 학살한 책임

---

2) 독일의 마지막 황제 빌헬름 2세는 제1차 세계대전 이후 베르사유 조약에 따라 연합국에 의해 '국제 도의와 조약의 신성함을 침해한 최고 범죄' 혐의로 재판에 회부될 예정이었으나 네덜란드로 망명하여 은둔했다. 네덜란드 정부의 비호를 받은 그는 연합국의 요구에도 신병 인도되지 않았고 망명지에서 생을 마감했다.

이 있는 것으로 보인다.

더 심각한 것은 개방된 도시에 무차별 폭격을 가한 것, 특히 히로시마와 나가사키에 원자폭탄을 투하한 것은 헤이그 협약의 의미에서 명백히 전쟁범죄에 해당한다는 사실이다. 독일 도시들에 대한 폭격은 런던, 코번트리, 로테르담에 대한 폭격 등 적에 의해 유발된 것이었다. 하지만 그 존재를 다른 여러 방식으로 알리거나 시연할 수도 있었던 완전히 새롭고 압도적으로 강력한 무기의 사용에 대해서는 똑같이 말할 수 없다.

물론 연합군에 의한 헤이그 협정의 위반 사실들이 법률적으로 한 번도 논의된 적이 없었던 가장 명백한 이유는 국제군사재판소가 말로만 국제적이었을 뿐, 사실상은 승자의 법정이었기 때문이다. 여하튼 재판의 권위는 의심받았는데, 이는 전쟁에 승리하여 이런 연합 사업에 착수한 동맹이 해체될 때까지도 더 나아지지 않았다. 동맹은 오토 키르히하이머의 말을 인용하자면 "뉘른베르크 판결문의 잉크가 채 마르기도 전에" 해체되었다.

하지만 이 명확한 이유는 헤이그 협약의 의미에서 연합군의 전쟁범죄가 인용되지도 또 기소되지도 않은 유일한 이유가 아니며 또 가장 유력한 이유도 아닌 것 같다. 뉘른베르크 법원은 '너도 마찬가지' 주장이 가능한 혐의로 독일인 피고인들을 유죄판결하는 데 매우 신중했다는 말을 덧붙이는 것이 공정하다. 사실은 제2차 세계대전이 끝날 무렵, 폭력 수단의 기술적 발전으로 '범죄적인' 전쟁 방식의 채택이 불가피해졌다는 것을 모두가 알게 된 것이다.

헤이그 협약의 전쟁범죄에 대한 정의가 의존하고 있었던 군인과 민간인, 군대와 일반 시민, 군사적 목표와 개방된 도시의 구분은 진부하게 되어버렸다. 따라서 이러한 새로운 조건 아래서, 전쟁범죄란 오직 모든 군사적 필요에서 벗어나 고의적인 반인륜적 목적이 입증되는 행위에 한정된다고 여겨졌다.

이러한 불필요한 잔인성의 요소는 당시 상황에서 무엇이 전쟁범죄를 구성하는지 판단하는 데 유효한 기준이었다. 이 기준은 유일하게 완전히 새로운 범죄인 '인류에 대한 범죄'에는 유효하지 않았지만, 불행하게도 그 어설픈 정의 속에 포함되고 말았다. 헌장(6-c 조항)은 이 범죄를 '반인륜적 행위'로 정의했다. 마치 이 범죄 역시 전쟁과 승리를 추구하는 가운데 이루어지는 범죄의 과도성 문제인 것처럼 말이다.

그러나 처칠이 말한 것처럼 "전범에 대한 처벌은 전쟁의 주요 목표 가운데 하나"라고 연합군이 선언한 것은 결코 이런 종류의 잘 알려진 범죄 때문이 아니었다. 오히려 그것은 전례 없는 잔혹행위, 전체 민족의 말살, 특정 지역의 원주민 '청소'에 대한 보고 때문이었다. 이는 "어떠한 군사적 필요성으로도 용납될 수 없는" 범죄들일 뿐만 아니라, 사실상 전쟁과는 독립적으로 발생했고 평화 시에도 지속될 체계적 살인 정책을 선언하는 범죄였다.

이러한 범죄는 실제로 국제법이나 국내법으로 다루어지지 않았으며 게다가 '너도 마찬가지' 주장이 적용되지 않는 유일한 범죄다. 그런데도 뉘른베르크 재판관들은 이러한 범죄를 가장 불편하게 느꼈고, 가장 애매한 상태로 남겨두었다. 뉘른베르크 재판에 대한 최고의 분석 가운데 하나를 남긴 프랑스인 재판관 돈느디외 드 바브르(Donnedieu de Vabres)의 말처럼, "헌장이 작은 문을 통해 들어오게 한 인류에 대한 범죄라는 범주는 그 법원의 판결에 의해 증발되었다"는 것은 전적으로 옳다.

그러나 이 재판관들은 헌장 자체만큼이나 일관성이 없었다. 재판관들은 키르히하이머가 말한 것처럼 "모든 전통적인 일반 범죄를 포괄하는 전쟁범죄라는 혐의"에 대해서 유죄를 내리는 것을 선호하면서도 "인류에 대한 범죄 혐의에 대해서는 가능한 한 경시했다." 그러나 선고를 내릴 때 그들은 실제로 최고형, 즉 사형을 선고함으로써 자신들의 진정한 감정을 드러냈다. 사형은 '인류에 대한 범죄' 또는 프랑스 검사 프랑수아 드 망통(François de Menthon)이 더 정확히 표현했듯이 "인간의 지위에 대한 범죄"를 실제로 구성하는 매우 특이한 잔혹 행위를 저지른 사람들에게만 내려졌다. 평화에 반하는 '공모' 혐의로는 유죄판결을 받지 않았던 많은 사람에게 사형이 선고될 때, 침략이 '최고의 국제 범죄'라는 개념은 조용히 폐기되었다.

아이히만 재판을 정당화하는 가운데, 지난 전쟁에서 저질러진 최악의 범죄가 유대인에게 행해졌음에도 유대인은 뉘른베르크에서 방관자에 불과했다는 점이 자주 언급되었다. 예루살렘 법원의 판결문은 이제 처음으로 유대인의 파국이 "재판 과정에서 핵심적 지위를 차지했고, 바로 이 점에서 이 재판과" 뉘른베르크 및 다른 지역에서 있었던 "이전 재판은 구별된다"고 지적했다. 그런데 이것은 기껏해야 절반의 진실일 뿐이다. 애초에 연합군이 '인류에 대한 범죄'를 구상하게 한 것이 유대인의 파국이었다. 줄리어스 스톤이 『국제분쟁의 법적 통제』(*Legal Controls of International Conflict*, 1954)에서 쓴 것처럼, "학살당한 유대인들이 독일의 자국민이라면 그 학살은 오직 인도주의를 명분으로 해서만 다룰 수 있기 때문이다."

뉘른베르크 전범재판소가 이 범죄를 온전히 공정하게 다룰 수 없었던 것은 그 희생자가 유대인이라는 사실 때문이 아니다. 오히려 이 범죄가 전쟁과는 너무나 상관이 없고, 실제로 그 범죄 수행이 전쟁 행위와 충돌하거나 방해했는데도 이 범죄를 다른 범죄와 묶어야 한다고 헌장이 요구했기 때문이다. 뉘른베르크의 재판관들이 유대인에게 저질러진 만행에 대해 얼마나 깊은 경각심을 갖고 있었는지를 가장 잘 알아볼 수 있는 것은, 인류에 대한 범죄 하나만으로 사형을 선고받은 유일한 피고인이 반유대주의적 외설을 전문적으로 유포한 율리우스 슈트라이허였다는 사실이다. 이 경우에 재판관들은 모든 다른 고려 사항을 무시했다.

예루살렘 재판이 이전의 재판과 달랐던 점은 유대 민족이 중심적 위치를 차지했다는 것이 아니었다. 오히려 이 점에서는 폴란드와 헝가리, 유고슬라비아와 그리스, 소련과 프랑스, 요컨대 과거의 나치 점령국에서 전후에 열린 모든 재판과 유사하다고 할 수 있다. 뉘른베르크 국제군사재판소는 특정 지역에 한정되지 않는 범죄를 저지른 전범들을 위해서 설립되었고, 그외 다른 모든 전범은 그들이 범죄를 저지른 나라로 보내졌다. 오직 '주요 전범들'만 지역 제한 없이 활동했고, 아이히만은 분명히 그런 사람들 중 한 명이 아니었다. (이것이 아이히만이 뉘른베르크에서 기소되지 않은 이유였다. 흔히 언급되는 것처럼 그의 잠적이 이유가 아니었다. 예컨대 마르틴 보어만은 궐석재판을 통해 기소, 재판받고 사형을 선고받았다.)

만일 아이히만의 활동이 점령지 유럽 전역에 걸쳐 이루어졌다면, 그것은 그가 너무나 중요해서 지역적 제한이 적용되지 않았기 때문이 아니라, 그의 업무가 본질상 모든 유대인을 모아서 강제이송하는 일이라서 그와 그의 부하가 대륙을 돌아다녔기 때문이다. 유대인이 지역적으로 분산되어 있었다는 사실이 유대인에 대한 범죄를 뉘른베르크 헌장의 제한적이고 법적인 의미에서 '국제적' 관심사로 만들었다. 일단 유대인들이 자신의 영역, 즉 이스라엘 국가를 갖게 되자, 폴란드인이 폴란드에서 저질러진 범죄를 심판한 것과 같은 권리를 유대인은 자기 민족에 대해 저질러진 범죄에 대해 분명하게 가지게 되었다.

영토 관할권 원칙에 기초하여 예루살렘 재판에 대해 제기된 모든 이의는 극도로 법률적이었다. 법원이 이 모든 이의를 논의하느라 여러 번 심리를 진행했지만 실제로는 크게 중요하지 않았다. 유대인이 국적과 상관없이 단지 유대인이라는 이유에서 살해되었음은 의심할 여지도 없었다. 나치가 자신의 민족적 출신을 부정하기로 선택한 많은 유대인을 살해했고, 또 살해된 유대인 일부가 프랑스인으로나 독일인으로서 죽기를 원했던 것이 사실이지만, 이 경우에도 범죄자들의 의도와 목적을 고려해야만 정의는 실현될 수 있었다.

내 생각에는 유대인 재판관들의 불공정 가능성에 대한, 특히 재판관들이 유대인 국가의 시민이라면 자신과 관련된 사안을 심판하는 것이라는 훨씬 더 자주 제기된 주장도 이와 마찬가지로 근거가 없다. 폴란드 재판관들은 폴란드 국민에게 행해진 범죄에 대해 재판했고, 체코의 재판관들은 프라하와 브라티슬라바에서 일어난 일에 대해 재판했다. 이 점에 있어서 유대인 재판관들이 다른 계승국 재판의 동료들과 얼마나 달랐는지 알기 어렵다.

(『새터데이 이브닝 포스트』에 게재한 일련의 기사 중 마지막 기사에서 하우스너는 무심코 이 논쟁에 새로운 불씨를 지폈다. 그는 '직업적 의무'와 '민족적 감정' 사이에 충돌이 생길 것이기 때문에 이스라엘 변호사가 아이히만을 변호할 수 없다는 것을 검찰이 곧 깨닫게 되었다고 말했다. 이러한 충돌은 유대인 재판관에 대한 모든 반대 의견의 핵심을 구성한다. 재판관을 옹호하는 하우스너의 주장, 즉 재판관이 죄는 미워해도 범죄자에게는 공정할 수 있다는 주장은 피고 측 변호인에게도 마찬가지로 적용된다. 살인자를 변호하는 변호사라고 해서 살인을 옹호하는 것은 아니다. 사실 아무리 좋게 말해도, 법정 밖의 압력을 고려하면 이스라엘 시민에게 아이히만의 변호를 맡기는 것은 현명하지 못한 일이었다.)

끝으로, 범죄가 저질러진 시점에 유대인 국가가 존재하지 않았다는 주장은 분명 너무 형식주의적이며, 현실과 맞지 않고 또 정의 실현의 모든 요구와도 동떨어져 있다. 이 문제는 전문가들의 현학적인 논쟁에나 맡겨두면 그만이다. 정의는 특정 절차에 대한 우려와는 구별되며, 그 절차는 법의 주된 관심사인 정의를 압도해서는 안 된다. 이런 정의에 대한 관심에서 예루살렘 법원은 자신의 관할권을 입증하기 위해 수동적 속인주의[3]나 보편적 관할권 원칙[4]을 필요로 하지 않았다.

수동적 속인주의는 희생자가 유대인이었으니 유대인만이 자신의 이름으로 말할 자격이 있다는 주장이고, 보편적 관할권 원칙은 아이히만이 인류의 적(hostis generis humani)이기 때문에 해적행위에 적용되는 규칙을 그에게 적용해야 한다는 주장이다. 예루살렘 법원 안팎에서 길게 논의되었던 이 두 이론은 모두 실제로는 문제의 핵심을 흐려버렸고, 또 나치 및 그 부역자를 처벌하기 위해 특별법이 마찬가지로 제정되었던 다른 나라의 이전 재판과 예루살렘 재판 사이의 명확

---

3) 수동적 속인주의(the principle of passive personality)란 국가가 자국 영토 밖에서 외국인이 자국민에게 저지른 범죄에 대해서 관할권을 행사할 수 있다는 국제법 원칙이다. 즉, 가해자가 아닌 피해자의 국적을 기준으로 관할권을 주장하는 것이다. 이스라엘은 아이히만의 범죄 피해자들이 유대인이므로 이스라엘이 관할권을 갖는다고 주장했다. 그러나 한나 아렌트는 수동적 속인주의에 의존하는 것이 재판의 목적을 '인류에 대한 범죄'를 단죄하는 것이 아니라 '유대인 피해자들의 복수'를 위한 것으로 보이게 만들 위험이 있다고 지적한다. 아렌트에게 있어서 아이히만의 범죄는 단순히 유대인에 대한 범죄를 넘어, 인류 전체의 질서를 파괴한 것이었다.

4) 보편적 관할권 원칙(the principle of universal jurisdiction)이란, 집단학살이나 반인도적 범죄와 같이 국제 사회 전체에 해를 끼치는 특정 중대 범죄에 대해서는 모든 국가가 범죄 발생 장소나 범죄자 및 피해자의 국적과 관계없이 재판 관할권을 행사하며 범죄자를 기소하고 처벌할 수 있다는 국제법 원칙이다. 이스라엘 법원은 아이히만이 저지른 '인류에 대한 범죄'가 전통적으로 보편적 관할권이 적용되어온 해적행위(piracy)와 유사하므로 이스라엘 법정이 그를 심판할 수 있다고 주장했다. 한나 아렌트는 이스라엘이 보편적인 인류의 대표자로서가 아니라 유대 민족의 특별한 대표자로 재판을 진행했기 때문에 보편적 원칙을 끌어오는 것은 모순이며, 해적의 비유도 아이히만이 어떤 국가에도 소속되지 않고 법 밖에서 활동하는 무법자가 아니라 범죄적인 국가의 법률 아래에서 성실하게 임무를 수행한 공무원이라는 점에서 부적절하다고 비판하고 있다.

한 유사성을 모호하게 만들었다.

예루살렘에서 수동적 속인주의 원칙은 드로스트(P.N. Drost)가 『국가의 범죄』(*Crime of State*, 1959)에서 제시한 학설에 기초했는데, 이는 특정 상황에서는 "희생자의 본국 법정(forum patriae victimae)이 해당 사건을 재판할 관할권을 가질 수 있다"는 것이다. 이는 불행하게도 형사소송은 희생자의 이름으로 정부가 개시하며, 희생자는 복수할 권리를 가진다고 가정한다. 이것은 실제로 검찰의 입장이었는데, 하우스너는 자신의 연설을 다음과 같은 말로 시작했다.

"제가 이 법정에서 아돌프 아이히만을 고소하기 위해 재판관 여러분 앞에 섰을 때 저는 혼자 서 있지 않습니다. 이 순간 이 자리에 600만 명의 고발인이 저와 함께 서 있습니다. 그러나 애석하게도, 그들은 일어나 저 유리로 된 피고석을 향해 손가락질하며 저기에 앉아 있는 남자에게 '나는 고발한다'(J'accuse)라고 소리칠 수가 없습니다. … 그들의 피는 하늘을 향해 소리치지만 그들의 음성은 들리지 않습니다. 그래서 그들의 대변인이 되어 그들의 이름으로 이 극악한 고발을 전하는 것이 저의 소임이 되었습니다."

검찰은 이런 수사법을 동원하여, 재판이 정의의 요구를 만족시키기 위해서가 아니라 희생자들의 복수에 대한 갈망 혹은 권리를 충족시키기 위해 열렸다는 재판 반대자들의 주된 주장에 실체를 부여했다.

형사재판은 의무적이며 비록 희생자가 용서하고 또 잊기를 원한다 해도 개시되어야 한다. 그래서 『뉴욕타임스 매거진』에 기고한 텔퍼드 테일러(Telford Taylor)의 말을 인용하자면 "형사적 범죄는 본질적으로 희생자에게만 저질러지는 것이 아니라 위반된 법을 가진 공동체에 대해 일차적으로 저질러지는 것"이다.

악행자가 재판을 받는 이유는 그의 행위가 공동체 전체를 어지럽혔고 심각한 위험에 빠뜨렸기 때문이지, 민사재판의 경우에서처럼 배상을 받을 권리가 있는 개인에게 해를 끼쳤기 때문이 아니다. 형사사건에서 이루어지는 배상은 전적으로 다른 본질을 갖고 있다. '회복'되어야 할 필요가 있는 것은 정치체 자체다. 말하자면, 고장이 났기 때문에 복구되어야 하는 것은 일반적인 공공질서다. 다시 말해, 승리해야 할 것은 법이지 원고가 아니다.

수동적 속인주의 원칙에 이 재판의 근거를 두려는 검찰의 노력보다도 더 정당성이 부족했던 것은 보편적 관할권의 이름으로 관할권을 주장하려는 법원의 경향이었다. 이는 아이히만이 재판을 받은 법률뿐만 아니라 재판의 진행 방식과도 심각한 충돌을 일으켰기 때문이다. 보편적 관할권 원칙은 인류에 대한 범죄가 오래된 범죄인 해적 행위와 유사하므로 적용 가능했다. 그런 범죄를 저지른 자는 전통적인 국제법에서의 해적처럼 인류의 적이 되었다. 그러나 아이히만은 주로 유대 민족에 대한 범죄로 기소되었고, 보편적 관할권 이론에 따라 정당화하려 했던 그의 체포는 그가 인류에 대한 범죄를 저질렀기 때문이 아니라, 유대인 문제의 최종 해결책에서 그가 맡은 역할 때문이었다.

이스라엘의 아이히만 납치가 그가 인류의 적이었기 때문이지 유대인의 적(hostis judaeorum)이어서가 아니었다 하더라도, 그의 체포의 합법성을 정당화하기란 어려웠을 것이다. 국제 형법이 부재한 상황에서 유일하게 유효한 법 원칙으로 남아 있는 속지주의 원칙에 대해 해적이 예외가 되는 것은, 해적이 만인의 적이어서 만인에게 재판받을 수 있기 때문이 아니라, 그 범죄가 누구의 영토도 아닌 공해상에서 저질러지기 때문이다.

게다가 해적은 '모든 법에 도전하고 어떤 깃발에도 복종하지 않으며,'* 정의상 전적으로 자기 자신을 위해서만 일한다. 그는 모든 조직화한 공동체 외부에 있기로 선택했기 때문에 무법자이며, 그가 '모두의 적'이 된 것도 바로 이 이유에서다. 아이히만이 자기만을 위해 일했다거나 그가 어떠한 깃발에도 복종하지 않았다고 주장할 사람은 분명히 없을 것이다. 이런 점에서 해적 이론은 이런 종류의 범죄가 야기한 근본적인 문제들 가운데 하나, 즉 이러한 범죄들이 범죄적 **법률** 아래에서만 또 범죄적 **국가**에 의해서만 저질러졌고 또 저질러질 수밖에 없었다는 점을 회피하는 역할만 했을 뿐이다.

집단학살과 해적행위 사이의 유비는 새로운 것이 아니다. 따라서 1948년 12월 9일 유엔총회에서 결의안이 채택된 집단학살 협약(the Genocide Convention)이 보편적 관할권 주장을 명시적으로 거부하고 그 대신 "집단학살 혐의자는 … 해당 행위가 범해진 국가의 관할 재판소 또는 관할권을 가질 수 있는 국제형사재판소에서 재판받아야 한다"라고 규정한 점에 주목해야 한다. 이스라엘도 서명한 이 협약에 따라 법원은 국제재판소를 설립하려고 노력하거나 속지주의 원칙을 이스라엘에 적용되도록 재구성해야 했다. 이 두 대안 모두 분명히 가능한 영역 내에 있었고, 법원의 권한 내에 있었다.

국제재판소를 설치하는 가능성은 뒤에서 논의할 이유에 따라 법원에 의해 서둘러 기각되었다. 그런데 속지주의 원칙을 의미 있게 재정의하려는 시도가 없었던 이유, 그래서 법원이 최종적으로 수동적 속인주의와 보편적 관할권뿐만 아니라 속지주의라는 세 개의 전적으로 다른 원칙을 단순히 합쳐놓기만 하면 타당한 주장이 귀결되는 듯이 세 원칙 모두를 근거로 관할권을 주장했던 이유는, 모든 관계자가 새로운 근거를 개척하여 선례 없이 행동하기를 극도로 꺼리는 것과 분명히 밀접한 관계가 있었다.

만일 이스라엘이 '영토'를 법에서 이해하는 것처럼 단순히 지리적

---

* H. Zeisel, *Britannica Book of the Year*, 1962.

용어가 아니라 정치적·법적 개념이라고 설명하기만 했더라면 속지주의적 관할권을 쉽게 주장할 수 있었을 것이다. 그것은 땅 한 조각보다는 집단 내 개인들의 관계 속 공간에 더 밀접하게 관계된다. 이 개인들은 공통의 언어와 종교, 역사, 관습, 법을 바탕에 두고 모든 종류의 관계로 서로 결합하면서도 동시에 분리되고 보호받는 구성원들이다. 구성원들이 서로 관련되고 교류하는 공간을 구성할 때 그런 관계는 공간적으로 명백히 드러난다.

만일 유대 민족이 흩어져 살던 오랜 세월 동안, 즉 그들의 옛 영토를 회복하기 전에, 그들 자신의 특정한 사이 공간(in-between space)을 만들고 유지하지 못했더라면 어떠한 이스라엘 국가도 결코 탄생하지 않았을 것이다. 그런데 법원은 선례 없던 일에 대해, 심지어 이스라엘 국가의 기원이라는 전례 없는 본질에 관해서도 도전하지 않았다. 이는 분명히 그들의 마음과 생각에 가장 가까운 것이었는데도 말이다. 오히려 법원은 판결문의 첫 53개 항에 해당하는 내용을 다룬 재판 첫 주의 심리에서 소송 절차를 수많은 선례 속에 파묻어버렸다. 그 선례들 대부분은 적어도 보통 사람들의 귀에는 정교한 궤변처럼 들렸다.

아이히만 재판은 실제로는 뉘른베르크 재판에 뒤이은 수많은 계승국 재판 가운데 가장 마지막 재판 그 이상도 이하도 아니었다. 그리고 기소장은 당시 법무부 장관이었던 핀하스 로젠(Pinhas Rosen)이 1950년 법에 대해 공식적으로 해석한 것을 아주 적절하게 부록에 수록하고 있었는데, 이는 더할 나위 없이 명백했고 애매함이 없었다.

"다른 민족들은 전쟁이 끝난 직후 또는 심지어 그전에도 나치 및 그 부역자를 처벌하기 위한 적절한 법률을 통과시켰지만 유대 민족은 … 국가를 수립하기 전까지는 나치 전범과 부역자들을 법정에 세울 정치적 권한을 갖지 못했다."

따라서 아이히만 재판은 오직 한 점에 있어서 다른 후속 재판과 달랐다. 그것은 피고인이 적법하게 체포되어 이스라엘로 압송되지 않았다는 점이다. 이스라엘은 그를 법정에 세우기 위해 국제법을 명백히 위반했다. 앞서 우리는 아이히만이 사실상의 무국적 상태에 있다는 사실에 의해서만 이스라엘은 그를 납치한 일을 무마할 수 있었다고 언급했다.

납치행위를 정당화하기 위해 이스라엘이 인용한 수많은 선례 가운데 유일하게 적절한 선례는, 1935년에 게슈타포 요원들이 스위스에서 독일계 좌파 유대인 언론인 베르톨트 야코프(Berthold Jakob)를 납치한 일이었다. 이 사건은 결코 언급되지 않았다. (다른 선례는 적용되지 않았다. 왜냐하면 다른 예들은 모두 유효한 영장을 발부했거나 발부할 수 있었던 법원에 의해 범죄 장소로 송환된 도주자들과 관련이 있었는데, 이스라엘은 이 조건을 충족할 수 없었기 때문이다.)

이 경우 이스라엘은 분명히 속지주의 원칙을 침해했다. 지구에 많은 민족이 거주하고 있고 이 민족들이 각기 다른 법의 지배를 받고 있기 때문에 속지주의 원칙은 중요하다. 한 영토의 법이 그 타당성의 경계와 한계를 넘어 확장할 경우, 즉시 다른 영토의 법과 충돌한다는 것이다.

이는 불행하게도 아이히만 재판 전체에서 거의 전례가 없는 유일한 특징이었고, 분명히 그것은 타당한 선례가 될 자격이 가장 적은 것이었다. (만일 내일 어떤 아프리카 국가가 요원들을 미시시피로 보내 거기서 흑백분리운동 지도자 한 명을 납치한다면 우리는 뭐라 말할 것인가? 만일 가나와 콩고 법원이 아이히만 재판을 선례로 인용한다면 우리는 뭐라고 응답할 것인가?) 이를 정당화하는 것은 이러한 범죄에 전례가 없었다는 점 그리고 유대인 국가가 탄생했다는 점이었다. 게다가 아이히만을 정말로 법정에 세우고자 했다면 실질적인 대안이 거의 없었다는 점이 중요한 정상참작 사유가 되었다.

아르헨티나는 나치 전범들을 인도하지 않는 인상적인 전적을 갖고 있었다. 이스라엘과 아르헨티나 사이에 범죄인 인도 조약이 있었더라도 인도 요청이 받아들여지지 않았을 것이 거의 확실했다. 아이히만을 서독으로 송환하도록 아르헨티나 경찰에게 넘겼더라도 도움이 되지 않았을 것이다. 서독 정부가 일찍이 카를 클링엔푸스(Karl Klingenfuss)와 요제프 멩겔레(Josef Mengele) 같은 유명한 나치 전범들을 아르헨티나에서 인도받으려고 했지만 한 차례도 성공하지 못했다. 멩겔레는 아우슈비츠에서 있었던 가장 끔찍한 의학 실험에서 '선별'[5]을 담당했다는 혐의가 있었다.

아이히만의 경우 그런 요구는 두 배로 희망 없는 일이었을 것이다. 왜냐하면 아르헨티나의 법에 따르면 지난 전쟁과 관련된 모든 범죄는 종전 후 15년이 지나 공소시효가 만료되므로, 1960년 5월 7일 이후 아이히만은 법적으로 인도될 수 없었기 때문이다. 간단히 말해, 납치의 대안이 될만한 것이 합법성의 영역에는 존재하지 않았다.

정의, 오직 정의만이 법의 목적이라고 확신하는 사람들은 납치 행위를 용인하고 싶을 것이다. 선례 때문이 아니라 오히려 국제법의 불만족스러운 상태 때문에 불가피했던, 절실하고 유례가 없으며 선례로 남아서는 안 될 행위로서 용서할 것이다. 이러한 관점에서 볼 때, 이스라엘이 한 일에 대한 실질적 대안은 유일했다. 아이히만을 납치해 이스라엘로 데려오는 대신, 이스라엘 요원들이 바로 그때 거기에서, 즉 부에노스아이레스 거리에서 그를 사살할 수 있었다는 것이다.

이런 방안은 이 사건에 대한 논쟁 가운데 자주 언급되었고, 이상하게도 납치로 가장 충격받은 사람들이 가장 열렬하게 권장했다. 이 사

5) 선별(selection)이란 우생학적 기준에 의거해 인위적으로 특정 종을 도태시키거나 번식시키는 것으로 나치가 인종에 대한 우생학적 기준을 적용한 것을 가리키는 말이다.

건과 관련된 사실은 의심의 여지가 없었기 때문에 그런 견해도 장점이 없지 않았다. 그러나 그 제안자들은, 사적(私的)으로 법을 집행하는 사람은 법이 다시 작동할 수 있도록 상황을 전환시키고, 자신의 행위가 (적어도 사후에라도) 정당성을 인정받도록 할 의지가 있을 때에만 정의에 기여한다는 사실을 잊고 있었다.

가까운 과거에 있었던 두 가지 선례가 즉시 떠오른다. 하나는 숄렘 슈바르츠바르트의 사례로, 그는 1926년 5월 25일 파리에서 시몬 페틀류라를 살해했다. 페틀류라는 우크라이나군의 전 사령관으로, 러시아 내전이 있었던 1917년과 1920년 사이에 10만여 명의 희생자를 낸 집단학살(포그롬)에 책임이 있는 자였다. 또 아르메니아인인 테흘리리안의 사례가 있다. 그는 튀르키예 내 아르메니아인의 3분의 1, 약 60만 명이 살해당한 것으로 추정되는 1915년 아르메니아인 집단학살(포그롬)의 주범인 탈라트 베이를 1921년 베를린 한복판에서 총으로 쏘아 죽였다.

핵심은 이 두 암살자 모두 '자신의' 범죄자를 살해하는 데 만족하지 않았고, 경찰에 바로 투항하여 재판받겠다고 고집했다는 점이다. 각자는 자신에 대한 재판을 통해 자기 민족에게 어떤 범죄가 저질러졌으며 또 그 범죄가 어떻게 처벌받지 않고 지나갔는지를 재판 절차를 통해 세계에 보여주었다. 특히 슈바르츠바르트 재판에서는 아이히만 재판과 아주 유사한 방법이 사용되었다.

범죄에 대한 광범위한 문헌화에 대해 동일한 강조가 있었지만, 그때는 변호인 측을 위해 자료가 준비되었고,* 이와 마찬가지로 그 당

---

* 레오 모츠킨(Leo Motzkin) 박사가 의장으로 있었던 유대인대표위원회(Comité des Délégations Juives)가 준비했는데, 1년 반 동안 자료를 수집하여 1927년에 이를 『1917~20년의 우크라이나 정부에 의한 우크라이나 대학살』(*Les Pogromes en Ukraine sous les gouvernements ukrainiens 1917-1920*, 1927)로 출간했다.

시에도 피고인과 그의 변호사가 희생자들의 이름으로 발언했다. 덧붙여 말하자면 바로 그 순간에도 '결코 스스로를 방어하지 않았던' 유대인들에 대한 문제를 제기했다.* 두 사람은 모두 무죄로 석방되었으며, 조르주 쉬아레즈가 숄렘 슈바르츠바르트 사건에 대해 경탄하며 말한 것처럼, 그들의 태도는 "그들의 동족이 마침내 자신을 방어하기로 결정하고, 그들의 정신적 포기 상태를 뒤로하며, 모욕 앞에서의 체념을 극복했다는 것을 의미한다"고 생각되었다.

정의 실현을 방해하는 법적 문제에 대해 이 해결책이 갖는 장점은 명백하다. 이 재판은 다시금 '쇼' 재판 아니 그냥 쇼라고 할 수 있지만, 그 '주인공,'[6] 즉 모든 시선이 집중되는 연극의 중심에 서 있는 인물은 이제 진정한 영웅이다. 이와 동시에 소송의 재판적 성격은 보호된다. 왜냐하면 재판은 '결과가 미리 정해진 구경거리'가 아니라, 키르히하이머에 따르면 모든 형사재판에서 필수 불가결한 요소인 '줄일 수 없는 근본적인 위험' 요소를 지니고 있기 때문이다. 또한 희생자의 관점에서는 필수 불가결한 '나는 고발한다'(J'accuse)는 외침이, 아무런 위험도 감수하지 않는 정부 임명 대리인의 목소리보다 자기 손으로 법을 집행해야만 했던 자의 입에서 나올 때 훨씬 더 신빙성 있게 들리는 것은 당연하다.

1920년대 파리와 베를린에서 피고인에게 제공된 것과 동일한 권리 보장과 공개성을 1960년대 부에노스아이레스가 거의 제공하지 못한다는 등의 실제적인 고려 사항과는 별개로, 이러한 해결책이 아이히만 사건에서도 정당화될 수 있었을지는 매우 의심스럽다. 만일 그 일이 정부 요원에 의해 수행되었다면 정당화가 전적으로 불가능

---

* Henri Torrès, *Le Procès des Pogromes*, 1928에 나오는 변론 참조.
6) hero, 주인공으로도 옮길 수 있다.

하게 되어버렸을 것은 명백하다. 슈바르츠바르트와 테흘리리안에게 유리한 점은 그들이 자신만의 국가와 사법 체계를 갖지 못한 민족 집단의 일원이었다는 점, 즉 각 집단이 자기들의 희생자를 위해 재판받을 수 있는 법정이 세상에 존재하지 않았다는 점이다.

유대인 국가가 선포되기 10년도 더 이전인 1938년에 죽은 슈바르츠바르트는 시온주의자도, 또 어떤 종류의 민족주의자도 아니었다. 그러나 그가 이스라엘 건국을 열렬히 환영했으리라는 점은 의심의 여지가 없다. 그 국가는 그토록 자주 처벌받지 않은 채 지나간 범죄들에 대한 법정을 열어주었을 것이라는 바로 그 이유 때문이다. 그의 정의감은 충족되었을 것이다. 그는 파리의 감옥에서 오데사에 있는 그의 형제자매에게 이렇게 편지를 썼다.

"발타와 프로스쿠리우, 체르카시, 우만, 지토미르 등의 마을로 가서 알리시오. … 그곳에 이 계몽적인 메시지를 전하시오. … 유대인의 증오가 복수를 이루었소. 세계적인 도시인 파리에서 솟구친 암살자 페틀류라의 피는 … 잔혹한 범죄를 기억하게 할 것이오. … 가난하고 버림받은 유대인에게 저질러진 그 범죄를…"

이 편지를 읽을 때, 아마도 우리는 하우스너가 실제로 재판에서 말한 언어와는 달리(숄렘 슈바르츠바르트의 언어는 훨씬 더 품위가 있고 더 감동적이다), 즉각 그것이 호소하고 있는 전 세계 유대인의 정서와 심리 상태를 분명히 인식하게 된다.

나는 1927년 파리의 슈바르츠바르트 재판과 1961년 예루살렘의 아이히만 재판 사이에 유사점이 있다고 주장했다. 이 두 재판은 이스라엘이 일반 유대 민족과 마찬가지로, 아이히만이 기소된 범죄들 속에서 전례 없는 범죄를 인식할 준비가 얼마나 되어 있지 않았는지 그리고 그 인식이 유대인에게는 얼마나 어려운 일이었는지를 정확히 보여주기 때문이다. 오직 자신의 역사를 중심으로만 생각하는 유대인의 눈에는, 히틀러 치하에서 그들에게 닥친 민족의 3분의 1이 파멸한 그 재앙이 가장 최근의 범죄, 즉 전례 없는 집단학살 범죄로 보이지 않았다. 오히려 그들이 알고 기억하는 가장 오래된 범죄로 보였다.

우리가 유대인의 역사적 사실만을 생각하지 않고 현재 유대인의 역사적 자기 이해를 더 중요하게 고려한다면 이런 오해는 거의 불가피하다고 볼 수 있다. 이 오해는 사실상 예루살렘 재판에서 나타난 모든 실패와 결함의 근본 원인이 된다. 재판 참가자들 가운데 누구도 과거의 모든 잔학행위와는 다른 본질을 가진 아우슈비츠의 진정한 공포를 명확히 이해하지 못했다. 그것은 검찰과 재판관 모두에게 유대인 역사에서 가장 끔찍한 집단학살(포그롬) 그 이상으로 보이지 않았기 때문이다. 따라서 그들은 나치 정당의 초기 반유대주의에서 뉘른베르크 법으로 그리고 거기에서 유대인의 제국 추방으로 그리고 최종적으로 가스실로 이어지는 직접적인 연결선이 존재한다고 믿었다. 그러나 정치적으로나 법적으로 이는 심각성 정도만 다를 뿐 아니라 본질에서도 다른 '범죄'였다。

1935년의 뉘른베르크 법은 독일의 다수민족이 유대인 소수민족에 대해 이전부터 해오던 차별을 합법화했다. 국제법에 따르면, 독일이 만든 소수민족 관련 법률이 국제적으로 인정된 소수민족 조약 및 협정에 의해 확립된 권리와 신변 보장을 준수하는 한에서, 자국 인구 중 적절하다고 판단하는 일부를 소수민족으로 선언하는 것은 주권을 가진 독일 국가의 특권이었다. 따라서 국제 유대인 단체들은 즉각적으로 이 새로운 소수민족에게 동유럽 및 남동유럽의 유대인이 제네바에서 부여받은 것과 같은 권리와 보장을 얻어주려고 노력했다. 하지만 이런 보호가 부여되지 않았어도 뉘른베르크 법은 다른 국가들에 의해 독일 법의 일부로 일반적으로 인정되었다. 그래서 예컨대 독일 국민이 네덜란드에서 '혼합결혼'을 할 수 없게 되었다.

뉘른베르크 법의 범죄는 국가적 범죄였다. 이는 국가적·헌법적 권리와 자유를 침해했지만, 국가 간의 우호 관계와는 아무런 관련이 없었다. 그러나 1938년 이후 공식적으로 진행된 '강제이주' 혹은 추방은 국제 공동체의 관심사였다. 그 이유는 단순했다. 추방당한 사람들이 다른 나라의 국경에 나타났기 때문이다. 그 국가들은 초대받지 않은 손님들을 받아들이거나 또는 그들을 받아들이려고 하지 않는 다른 나라로 잠입하게 만들어야 했다. 다른 말로 하면, 국민의 추방은 이미 인류에 대한 범죄다. '인류'라는 말을 단지 국가 간의 우호 관계로만 이해하더라도 말이다.

법에 의한 박해에 해당하는 합법화된 차별이라는 국가적 범죄도 또 추방이라는 국제적 범죄도 모두 근대 시대에 전례가 없었던 일이 아니다. 합법화된 차별은 모든 발칸 국가에서 시행되었고, 대규모 추방은 여러 혁명 후에도 발생했다. 나치 정권이 독일 국민은 어떠한 유대인도 독일에 있기를 원하지 않을 뿐만 아니라 유대 민족 전체를 지구상에서 사라지게 만들고 싶다고 선언했을 때, 새로운 범죄, 즉 '인간의 지위에 반하는' 또는 인류의 본질 자체에 반하는 범죄라는 의미에서의 인류에 대한 범죄가 나타났다.

추방과 집단학살은 둘 다 국제범죄지만, 분명히 구분되어야 한다. 추방은 동료 국가들에 대한 범죄지만, 집단학살은 인간의 다양성 자체, 즉 그것이 없다면 '인류' 또는 '인간성'이라는 말[7] 자체가 의미를

---

7) 지금까지는 '인류'라는 말로 옮긴 단어는 'humanity'였지만 여기서는 'mankind'를 '인류'로, 'humanity'를 '인간성'으로 옮겼다. 이후에는 이 두 단어 모두를 '인류'로 옮긴다. 'mankind'는 분류학상으로 인류를 의미하고, 'humanity'는 인간성 또는 인간다움을 전제로 한 인류 개념을 의미하므로 'the crime against mankind'와 'the crime against humanity'는 외연은 같다고 해도 내포에 약간의 차이가 있다.

잃어버리게 되는 '인간의 지위'의 특징에 대한 공격이다.

예루살렘 법원이 차별, 추방 그리고 집단학살 사이에 구분이 있다는 것을 이해했더라면, 법원이 직면한 최대의 범죄가 무엇인지 즉시 명확해졌을 것이다. 즉 유대 민족의 신체적 절멸은 유대 민족의 몸에 범해진 인류에 대한 범죄였다는 점 그리고 유대인 혐오와 반유대주의의 오랜 역사에서 도출된 것은 이 범죄의 본질이 아니라 유대인을 희생자로 선택한 점이라는 사실이 즉시 명확해졌을 것이다.

희생자가 유대인이었던 한, 유대인의 법원이 재판하는 것은 옳고도 적절하다. 그러나 범죄가 인류에 대한 범죄인 한, 그 범죄에 대한 정의를 실현하는 데는 국제재판소가 필요했다. (법원이 이러한 차이점을 인식하는 데 실패했다는 것은 놀랄 만한 일이었는데, 전 이스라엘 법무장관 로젠이 그 차이를 이미 구분했기 때문이다. 그는 1950년에 "[유대 민족에 대한 범죄에 관한] 이 법안과 집단학살 방지 및 처벌법의 차이점"을 주장했다. 이러한 구분은 당시 이스라엘 의회에서 논의되었으나 통과되지는 않았다. 법원은 국내법의 한계를 넘어설 권한이 없기에 이스라엘의 법에서 다루지 않는 집단학살은 적절한 고려 대상이 될 수 없었음이 분명했다.)

예루살렘에서의 재판에 반대하며 국제재판소를 지지한 수많은 식견 있는 목소리 가운데 오직 하나, 카를 야스퍼스의 목소리만이 "유대인에 대한 범죄는 인류에 대한 범죄"이며 "따라서 판결은 모든 인류를 대표하는 법원에서만 내려질 수 있다"고 명백하고 분명하게 말했다. 이는 재판 시작 전에 있었던 라디오 인터뷰에서 한 말로, 나중에 『모나트』지에 실렸다. 야스퍼스는 예루살렘 법원이 사실 증거를 청취한 뒤 판결에 대한 '관할권 없음'을 공표하면서 판결을 내릴 권리를 '철회'할 것을 제안했다. 왜냐하면 문제가 된 범죄의 법적 성격이 여전히 논쟁의 여지가 있었고, 그다음 질문, 즉 국가의 명령에 따라 저질러진 범죄에 대해 누가 판결을 내릴 자격이 있는가 하는 질문도 역시 논쟁의 여지가 있기 때문이다. 나아가 야스퍼스는 한 가지 점만은 확실하다고 주장했다.

"이 범죄는 일반 살인 이상이면서 동시에 그 이하다."

비록 그것이 '전쟁범죄'가 아니었다 하더라도 "국가들이 그러한 범죄를 저지르는 것이 허용된다면 인류는 확실히 파괴될 것이다."

야스퍼스의 제안에 대해 이스라엘에서는 아무도 논의조차 하지 않았지만, 순전히 기술적인 관점에서 볼 때 이런 형식은 실행 불가능했을 것이다. 법원의 관할권 문제는 재판이 시작하기 전에 결정되어야만 한다. 일단 법원에 관할권이 있다고 선언되었다면 판결 또한 반드시 내려져야 한다. 그러나 야스퍼스가 이를 법원이 아니라 이스라엘 국가에, 일단 법원이 판결을 내린 후 그 법원의 판결이 전례가 없는 성격을 지녔음을 감안하여 형 집행 권한을 포기하라고 요청했더라면, 이러한 순전히 형식주의적인 반론은 쉽게 해결될 수 있었을 것이다. 그때 이스라엘은 유엔에 도움을 요청하여 가지고 있는 모든 증거를 이용해, 인류 전체에 대해 저질러진 이러한 새로운 범죄를 고려할 때 국제형사재판소의 필요가 긴급하다는 것을 입증할 수 있었을 것이다.

이스라엘은 자신이 감옥에 억류하고 있는 이 사람을 어떻게 할 것인지를 또다시 물어가면서 문제를 일으키고, '건전한 소동을 만들어 나갈' 수 있었을 것이다. 이를 지속적으로 반복함으로써 전 세계 여론에 항구적인 국제형사재판소가 필요하다는 것을 각인시킬 수 있었을 것이다. 이런 방식으로 모든 민족의 대표자들과 관계되는 '당황스런 상황'을 만듦으로써만 "인류가 안심하고 잊어버리는 것"과 "유대인의 학살이 … 아마도 앞으로 있을 수도 있는 범죄의 모델이 되는 것을, 미래 집단학살의 작고 보잘것없는 본보기가 되는 것을" 막을 수 있게 될 것이다. 이 사건들의 끔찍함은 한 민족만을 대표하는 재판정 앞에서는 '축소'된다.

국제재판소 설립을 선호하는 이 주장은 불행하게도 중요성이 훨씬 떨어지는 다른 제안들과 혼동되었다. 유대인과 비유대인을 막론하고 이스라엘을 지지하는 많은 사람은 재판이 이스라엘의 위신을 훼손하고 전 세계의 유대인에 대한 반발을 불러일으킬까 봐 우려했다. 유대인은 자신의 사건에서 재판관으로 나설 권리가 없고, 오직 고발자로서만 행동할 수 있다고 여겨졌다. 따라서 이스라엘은 유엔이 특별재판소를 설립하여 아이히만을 재판할 때까지 그를 죄수로 억류하고 있어야 한다는 것이다. 아이히만에 대한 재판 과정에서 이스라엘은 독일 점령을 겪었던 모든 국가가 행했던 것을 따랐을 뿐이라는 사실과는 완전히 별개로, 그래서 이스라엘의 위신이나 유대 민족의 위신이 아니라 정의가 핵심이라는 사실과는 완전히 별개로, 이 모든 제안은 한 가지 공통적인 결함을 갖고 있었다. 이 제안들은 이스라엘이 너무나 쉽게 반박할 수 있다는 것이다.

사실, 유엔 총회가 "상설 국제형사재판소의 설립을 고려하자는 제안을 두 차례 거부"*했다는 사실에 비추어볼 때 그러한 제안들은 아주 비현실적이었다. 그런데 실행 가능성이 있다는 바로 그 이유 때문에 언급되지 않는 좀더 실용적인 제안이 세계유대인회의 회장 나훔 골드만(Nahum Goldmann) 박사에 의해 제기되었다. 골드만은 벤구리온에게 나치 점령으로 고통을 받은 각 나라의 판사들로 구성된 국제재판소를 예루살렘에 설립할 것을 제안했다. 물론 이것만으로는 충분치 않았을 것이다. 이는 계승국 재판의 확장에 불과했을 것이고, 또 재판이 승자의 법정에서 열린다는 정의의 주된 결함도 해결되지 않았을 것이다. 하지만 바른 방향으로 가는 실질적인 단계가 되었을 것

---

* *A.D.L. Bulletin.*

이다。

기억하겠지만, 이스라엘은 이 모든 제안에 대해 매우 격렬하게 반응했다. 요살 로거트(Yosal Rogat)가 지적한 것처럼,* 벤구리온은 "'왜 그가 국제재판소에서 재판받으면 안 됩니까'라는 질문을 받았을 때마다 완전히 오해한 것 같았다." 그러나 그 질문을 한 사람들도, 이 재판이 이스라엘에게 갖는 유일하게 전례 없는 특징을 이해하지 못했다. 그것은 바로 (로마인이 예루살렘을 파괴한 서기 70년 이래로) 처음으로 유대인이 자기 민족에게 저질러진 범죄를 심판하는 자리에 앉을 수 있게 되었다는 점과, 처음으로 유대인이 보호와 정의를 위해 타인에게 호소하거나 또는 인간의 권리라는 타협된 문구에 의존할 필요가 없었다는 점이다.

유대인들이 누구보다도 더 잘 알듯이, 그 권리란 자신만의 '영국인의 권리'를 수호하거나 스스로의 법을 집행하기에는 너무나 약한 민족들만 주장하는 것이었다. (이스라엘이 그러한 재판을 집행할 수 있는 자체적인 법을 지녔다는 바로 그 사실은, 아이히만 재판 훨씬 전인 1950년 법안의 1차 심의 당시 이스라엘 의회Knesset에서 로젠에 의해 "유대 민족의 정치적 지위에 일어난 혁명적 전환"이라고 불렸다.) 바로 이러한 생생한 경험과 열망을 배경으로 벤구리온은 말했다.

"이스라엘은 국제재판소의 보호가 필요 없다."

더욱이, 국제재판소를 위한 타당한 제안들이 기반을 둔, 유대 민족에 대한 범죄가 무엇보다도 인류에 대한 범죄라는 주장은 아이히만이 재판받았던 법률과 명백히 모순된다. 따라서 이스라엘이 자신의 죄수를 포기해야 한다고 제안한 사람들은 한 걸음 더 나아가, 1950년의

---

* 민주주의 연구 센터(The Center for the Study of Democratic Institutions)에서 발행한 *The Eichmann Trial and the Rule of Law*(Santa Barbara, California, 1962) 참조.

나치 및 나치 부역자 처벌법은 잘못되었고, 실제로 일어난 일과 모순되며, 사실을 제대로 다루지 못한다고 주장해야만 했을 것이다. 이는 실제로 상당히 옳은 말이었을 것이다. 살인자가 처벌받는 이유는 그가 공동체의 법을 위반했기 때문이지 그가 스미스 가족에게서 남편이자 아빠, 가장을 빼앗았기 때문이 아닌 것처럼, 현대의 국가에 소속된 대량 살인자들이 기소되어야 하는 이유 역시 그들이 인류의 질서를 위반했기 때문이지 그들이 수백만 명을 죽였기 때문이 아니다.

이러한 새로운 범죄에 대한 이해에서 가장 해로운 것이자, 새로운 범죄를 처리할 수 있는 국제 형사법의 등장을 가장 방해하는 것은, 살인죄와 집단학살이 본질적으로 동일하므로 후자는 '엄밀히 말해 새로운 범죄가 아니다'라는 흔한 착각이다. 집단학살이라는 범죄의 핵심은 완전히 다른 질서 전체가 붕괴되고 완전히 다른 공동체 전체가 훼손된다는 점이다. 실제로 벤구리온이 이스라엘의 법 절차를 비판한 사람들에게 단순히 격렬하게 대응했을 뿐만 아니라 악의적으로 대응한 것은, 이 모든 논의가 사실상 이스라엘 법의 유효성에 관한 것임을 아주 잘 알고 있었기 때문이었다. 그는 이러한 '소위 전문가들'이 말한 것이 무엇이든 간에 그들의 주장은 반유대주의에 고무된, 유대인이 제안한 경우 열등의식에서 비롯한 '궤변'이라고 일축했다.

"전 세계는 알아야 한다. 우리는 우리의 죄수를 포기하지 않을 것이다."

이스라엘에서 진행된 재판의 분위기가 결코 이러하지는 않았다는 점을 말해두는 편이 공정할 것이다. 그러나 나는 이 마지막 계승국 재판이 그 이전의 재판들보다 더, 아니 그만큼조차도, 미래의 유사 범죄 재판을 위한 유효한 선례가 되지 못할 것이라고 예측한다. 이 점은 예루살렘 재판의 주요 목적, 즉 아돌프 아이히만을 기소하고 변호하고 판결을 내리고 처벌하는 것이 달성되었다는 점을 고려한다면 거의 중요하지 않을 수 있다. 유사한 범죄가 미래에 다시 저질러질 수 있다는, 다소 불편하지만 부정할 수 없는 가능성만 없다면 말이다.

이러한 불길한 잠재력을 예견하는 이유는 특수한 동시에 일반적이다. 인간사의 본질상, 일단 한번 등장하여 인류 역사에 기록된 모든 행위는 그 일이 한참 과거의 일이 된 뒤에도 인류에게 여전히 하나의 잠재력으로 남는다. 어떤 처벌도 범죄의 발생을 막을 만큼 충분한 억제력을 가진 적이 없었다. 오히려 어떤 범죄가 처음 발생하고 나면, 처벌이 무엇이든 간에 그 범죄의 재출현은 그 최초의 출현보다 훨씬 가능성이 높아진다.

나치가 저지른 범죄가 반복될 가능성을 시사하는 몇몇 이유는 훨씬 더 설득력이 있다. 현대의 인구 폭발과 자동화를 통해 노동력 면에서조차도 인구의 많은 부분을 '잉여'로 만들어버리는 기술 장치들의 발견이 동시에 일어났다는 사실은 섬뜩하다. 게다가 핵에너지를 통해 이러한 이중적 위협에 대처하는 도구들을 사용할 수 있고, 이 도구들이 히틀러의 가스실을 사악한 아이의 어설픈 장난감처럼 보이게 한다는 점은 우리를 전율케 한다.

본질적으로 바로 그러한 이유에서 전례 없는 일이 일단 발생하면 그것은 미래에 선례가 될 것이므로, '인류에 대한 범죄'와 관련된 모든 재판은 오늘날 아직 '이상'(理想)인 기준에 따라 심판되어야만 한다. 만일 집단학살이 미래에도 실제로 일어날 수 있는 일이라면, 이스라엘 내외의 유대 민족을 포함한 지상의 어떤 민족도 국제법의 도움과 보호 없이는 지속적인 생존을 합리적으로 확신할 수 없다. 이제껏 전례 없는 일들을 다루는 것의 성공과 실패는 이러한 처리가 국제 형사법으로 가는 길에 대한 얼마나 유효한 선례로 작용할 수 있는지에 달려 있다. 그러한 재판에서 재판관들에게 요구되는 것은 도에 지나치거나 비합리적인 기대가 아니다.

뉘른베르크에서 잭슨 판사가 지적한 것처럼, 국제법은 "국가 간의 조약과 협정 그리고 통용되는 관습의 산물이다. 그런데 모든 관습은 어떤 단일한 행위에 그 기원을 갖는다. … 우리 시대는 스스로 보다 새롭고 강화된 국제법의 근원이 될 관습을 구성하고 협정을 체결할 권리를 가진다." 잭슨 판사가 지적하지 못한 것은, 아직 미완결된 국제법의 본질로 인해, 실정법의 도움 없이 또는 실정법이 설정한 제한을 넘어서 판결을 내려야 하는 과제가 일반 재판관들에게 남겨졌다는 점이다. 재판관에게 이것은 곤혹스런 일일 것이며, 또한 재판관은 자신에게 요구된 '단일 행위'가 자신이 수행해야 할 일이 아니라 입법자의 소관이라고 항의할 가능성이 너무나 크다.

실제로 예루살렘 재판의 성공과 실패에 대해 어떤 결론을 내리기 전에, 우리는 재판관들이 입법가가 될 권한이 없다는 것, 한편으로는 이스라엘의 법 그리고 다른 한편으로는 일반적으로 통용되는 법적 견해의 한계 내에서 자신의 업무를 수행해야 한다는 그들의 확고한 신념을 강조해야 한다. 더욱이 그들의 실패는 뉘른베르크 재판이나 다른 유럽 국가에서 있었던 계승국 재판의 실패보다 종류나 정도에 있어서 더 크지 않았다는 점을 인정해야 한다. 오히려 예루살렘 재판의 실패 중 일부는 뉘른베르크의 전례를 가능한 한 모든 부분에서 너무나 열심히 따르려 한 데 기인한다.

요약하면, 예루살렘 재판의 실패는 뉘른베르크 재판소 설립 이래로 폭넓게 논의되고 또 충분히 인식된 세 가지 근본적인 문제 모두를 제대로 해결하지 못한 데 있었다. 그 문제들은 승자의 법정에서 손상된 정의의 문제, '인류에 대한 범죄'의 타당한 정의와 이러한 범죄를 저지른 새로운 유형의 범죄자에 대한 분명한 인식이었다.

이 가운데 첫 번째 문제에 대해 말하자면, 정의는 뉘른베르크에서보다 예루살렘에서 더 심각하게 훼손되었다. 왜냐하면 법원이 피고 측 증인들을 허용하지 않았기 때문이다. 법의 공정하고 적법한 절차에 대한 전통적 필수 조건으로 볼 때, 이것은 예루살렘 재판 절차에서 가장 심각한 결함이었다. 승자의 법정에서 이루어지는 재판은 전쟁이 끝날 무렵에는 아마도 불가피했을 것이다. (뉘른베르크에서 잭슨 판사가 말한 "승자가 패자를 심판하거나, 패자들이 스스로를 심판하도록 내버려두어야 한다"라는 주장에는, "모든 것을 걸었던 그들에게 중립을 인정할 수 없다"* 는 연합국 측의 납득할 만한 정서를 덧붙여야 한다.) 하지만 16년 후에는 상황이 달랐으며, 중립국의 입회에 반대하는 주장이 더는 합리적이지 않은 상황이었다.

두 번째 문제에 관한 한, 예루살렘 법원의 성과는 뉘른베르크의 경우보다 비교할 수 없을 정도로 뛰어났다. 나는 앞서 뉘른베르크 헌장에 나오는, '인류에 대한 범죄'를 '비인간적 행위'로 정의한 것에 대해 언급했는데, 이 말은 독일어로는 인간성에 대한 침해(Verbrechen gegen die Menschlichkeit)로 번역되었다. 이는 나치가 단지 인간적 친절이 부족했을 뿐인 것처럼 여겨질 수 있는, 이 세기에 일어난 일을 저평가한 표현이었다. 분명히 말해 예루살렘의 재판 진행이 전적으로 검찰 측에 달려 있었더라면, 기본적인 오해는 뉘른베르크에서보다도 훨씬 더 심각했을 것이다. 하지만 판결문은 이 범죄의 기본적인 성격이 수많은 잔혹행위 속에 함몰되지 않도록 했다. 또 이 범죄를 통상적인 전쟁범죄와 동일시하는 함정에 빠지지도 않았다.

뉘른베르크에서는 단지 이따금씩 그리고 말하자면 주변적으로만 언급되었던 내용, 즉 "증거가 보여주듯이 … 대학살과 잔혹행위는 단순히 반대 세력을 진압하려는 목적에서만 저질러진 것이 아니라" "전체 원주민을 제거하려는 계획의 일부로서 자행되었다"는 점이 예루

---

* Donnedieu de Vabres, *Le Procés de Nuremberg*, Paris, 1947.

살렘 재판 과정에서는 핵심이었다. 이는 아이히만이 유대인에 대한 범죄, 즉 어떠한 공리주의적인 목적에 의해서도 설명될 수 없는 범죄로 기소되어 있었다는 명백한 이유 때문이다. 유대인은 동부에서뿐만 아니라 유럽 전역에서 살해되었고, 그들의 멸절은 '독일인이 식민화를 위해 사용할 수 있는' 영토를 얻으려는 욕망 때문이 아니었다.

유대 민족에 대한 범죄가 재판의 중심이 된 것은 큰 이점이었다. 이를 통해 유격대원 살해나 인질 살해와 같은 전쟁범죄와 침략자가 식민지화를 위해 원주민을 '추방하고 절멸시키는' 것과 같은 '비인간적 행위' 사이의 차이점이 충분히 분명해져 미래의 국제 형사법의 일부가 될 수 있었다. 그뿐만 아니라 (식민지 확장을 위한 것이든 다른 것이든, 비록 범죄적이기는 하지만 잘 알려진 목적을 위해 자행되는) '비인간적 행위'와 그 목적과 의도가 전례 없는 '인류에 대한 범죄' 사이의 차이점도 명확하게 규명되었다. 그러나 예루살렘 재판 과정이나 판결문 어디에서도, 유대인이나 폴란드인이나 집시 등 전체 민족 집단의 절멸이 단순히 해당 민족에 대한 범죄를 넘어 국제 질서와 인류 전체에 심각한 해를 입히거나 위험에 빠트릴 가능성을 언급조차 하지 않았다.

이러한 실패는 재판관들이 가장 피할 수 없었던 과제, 즉 그들이 심판하게 된 범죄자를 이해하는 과제에 직면했을 때 경험한 뚜렷한 무력감과 밀접하게 연관되어 있었다. 피고를 '도착적 가학증 환자'로 명백히 잘못 묘사한 검찰 측 의견에 재판관들이 따르지 않은 것만으로는 충분치 않았다. 하우스너는 세상에 지금까지 나타난 가장 비정상적인 괴물을 재판하면서 동시에 그를 통해 '그와 같은 많은 사람'은 물론 '나치 운동 전체와 반유대주의 전반'까지도 재판하려 했는데, 재판관들이 한 걸음 더 나아가 검찰 측 주장의 이런 비일관성을 지적했더라도 충분하지 않았을 것이다.

물론 재판관들은 아이히만이 괴물이라고 믿는 것이 큰 위안이 될 것임을 알고 있었다. 만일 그가 실제로 괴물이었더라면, 그에 대한 이스라엘의 소송은 좌절되거나 최소한 모든 관심을 잃어버리게 될 터인데도 말이다. 전 세계의 주목을 끌고 온 세상의 기자들을 긁어모아 전시하려 한 것이 고작 푸른 수염[8] 같은 괴물이었을 리 없다.

아이히만 사건의 문제점은 바로 아이히만 같은 사람이 너무 많았고, 그 많은 사람이 도착적이지도 가학적이지도 않았으며, 오히려 끔찍할 정도로 또 무서울 만큼 정상적이었고, 지금도 여전히 정상적이라는 점이다. 우리 법률 기관의 관점과 판결에 대한 우리의 도덕 기준에서 볼 때, 이러한 정상성은 모든 잔혹행위를 합쳐놓은 것보다 훨씬 더 끔찍했다. 뉘른베르크에서 피고들과 그들의 변호사들이 거듭 말했듯이, 사실상 인류의 적인 이러한 새로운 유형의 범죄자는 자기가 잘못하고 있음을 알거나 느낄 수 없게 만드는 상황에서 범죄를 저질렀기 때문이다.

이런 점에서 아이히만 재판에서 나온 증거는 주요 전범 재판에서 제시된 증거보다 훨씬 더 신빙성이 있었다. 양심에 부끄럽지 않다는 주요 전범들의 항변은 쉽게 기각되었는데, '상부의 명령'에 복종했다는 주장과 더불어 가끔 명령에 불복종했다는 온갖 자랑을 늘어놓았기 때문이다. 그런데 피고인들의 악의가 명백했음에도, 그들이 양심의 가책을 느꼈다고 입증할 수 있는 유일한 근거는 나치, 특히 아이히만이 소속된 범죄 조직들이 전쟁 마지막 몇 달 동안 자신들의 범죄 증거를 그토록 열심히 파괴했다는 사실뿐이었다. 이 근거는 다소 위태롭다.

증거 파괴는, 대량학살을 명령하는 새로운 법이 아직 다른 나라들

---

8) 푸른 수염(Bluebeard)은 프랑스의 옛이야기에 나오는 전설적인 인물로 잔혹한 연쇄살인마의 전형으로 알려져 있다.

로부터 인정받지 못했다는 사실을 그들 스스로 인정한 것에 불과했다. 나치의 언어로 말하자면, 그들은 '하등 인간들의 지배', 특히 시온 장로들의 지배로부터 인간을 '해방'하는 싸움에서 패배했음을 인정한 것에 불과했다. 일상적인 언어로 말하면, 그것은 단지 패배를 인정한 것에 지나지 않았다. 만일 그들이 승리했다면 그들 중 누구라도 양심의 가책으로 고통받았겠는가.

아이히만 재판에서 가장 중요하게 다루어진 문제들 중 으뜸은 잘못을 저지르려는 의도가 범죄 성립에 필수적이라는, 모든 현대 법체계에서 통용되는 가정이었다. 문명화된 사법제도가 이러한 주관적 요소를 고려하는 것보다 더 자부심을 가지는 곳은 없었을 것이다. 이러한 의도가 부재하거나, 어떤 이유에서든 심지어 도덕적 광기로 인해 옳고 그름을 구별하는 능력이 손상된 경우에도, 우리는 어떠한 범죄도 저질러지지 않았다고 생각한다. 우리는 "거대한 범죄는 자연을 거스르기 때문에 바로 지구가 복수를 부르짖는다, 악은 자연의 조화를 침해하며 이는 오직 보복을 통해서만 회복될 수 있다, 피해를 입은 집단은 도덕 명령에 따라 범죄자를 처벌할 의무가 있다"*는 명제들을 거부하며, 이를 야만적이라고 간주한다.

하지만 나는, 아이히만이 애초에 정의의 심판을 받게 된 것이 바로 이처럼 오랫동안 잊혔던 명제들에 근거했으며, 따라서 이 명제들이 사형선고에 대한 최고의 정당화였다는 점을 부인할 수 없다고 생각한다. 아이히만은 특정 '인종들'을 지구상에서 완전히 제거하는 것을 공개적 목적으로 하는 기획에 연루되어 핵심적인 역할을 했기 때문에, 그는 제거되어야 했다. "정의는 실현되어야 할 뿐 아니라, 실현되는 모습도 보여야 한다"는 말이 옳다고 할 때, 재판관들이 피고인에게 다

---

* Yosal Rogat, *The Eichmann Trial and the Rule of Law*, The Center for the Study of Democratic Institutions, Santa Barbara, California, 1961.

음과 같이 과감하게 말했더라면, 예루살렘에서 행해진 정의는 만인에게 드러나 보였을 것이다.

"피고는 전쟁 중 유대인에게 저지른 범죄가 역사상 가장 큰 범죄라는 것을 시인했고, 그 과정에서 자신이 한 역할도 인정했습니다. 그런데 피고는 자신이 결코 저급한 동기로 행동한 적이 없으며, 누구를 죽이려는 마음을 가져본 적도 없고, 유대인을 증오한 적도 없다고 말했습니다. 그러면서도 그와 다르게 행동할 수는 없었고, 죄책감도 느끼지 않는다고 말했습니다. 우리는 이러한 것을 믿기가 완전히 불가능하진 않더라도 그러기 어렵다고 판단합니다. 이러한 동기와 양심의 문제에서, 합리적 의심을 넘어 입증될 수 있는 피고에 대한 증거가 비록 많지는 않아도 어느 정도는 존재합니다.

피고는 또한 최종 해결책에서 자신이 역할을 맡은 것은 우연한 일이었고, 누구라도 자신의 역할을 떠맡았을 수 있으며, 따라서 잠재적으로는 거의 모든 독일인이 똑같이 유죄라고 말했습니다. 피고가 말하려는 의도는, 모두 또는 거의 모두가 유죄인 곳에서는 아무도 유죄가 아니라는 것이었습니다. 이것은 실로 매우 흔한 결론이지만, 우리가 인정하려는 결론은 아닙니다. 만일 피고가 우리의 반론을 이해하지 못한다면, 우리는 성서에 나오는 두 이웃 도시인 소돔과 고모라의 이야기에 주목해볼 것을 권합니다. 이 두 도시는 거기에 사는 모든 주민이 똑같이 죄를 지었기 때문에 하늘에서 내린 불로 파괴되었습니다.

덧붙여 말하자면, 이는 '집단적 죄'라는 신조어 개념과는 무관합니다. 이 개념에 따르면 사람들은 자신들이 직접 저지르지 않았더라도 자신들의 이름으로 행해진 일, 즉 자신들이 참여하지도 않았고 이익을 취하지도 않은 일에 대해 죄가 있다거나 죄책감을 느낀다고 합니다. 다시 말해, 법 앞에서 유죄와 무죄는 객관적인 본질을 가집니다. 따라서 비록 8,000만 독일인이 피고처럼 행동했다 하더라도 그것이 피고의 변명이 될 수는 없을 것입니다.

다행히도 우리가 그만큼 멀리 갈 필요는 없습니다. 피고는 스스로, 전대미문의 범죄를 저지르는 것이 주된 정치적 목적이 된 국가에서 살았던 모든 사람의 죄가 현실적인 것이 아니라 오직 잠재적인 것이라고 주장했습니다. 피고가 어떤 내외적 우연으로 범죄의 길로 내몰렸든 간에, 피고가 행한 일의 현실성과 다른 사람들이 했을지도 모르는 일의 잠재성 사이에는 심연이 존재합니다. 우리는 여기서 오직 피고가 실제로 행한 일에 관심을 둘 뿐, 피고의 내면적 삶과 동기의 비범죄적 본질 또는 주변 인물들의 잠재적 범죄 가능성에는 관여하지 않습니다.

피고는 자신의 이야기를 불운한 사연처럼 들려주었습니다. 그러한 정황을 알고 있는 우리는, 더욱 유리한 상황이었다면 피고가 우리 앞이나 다른 형사재판소에 서지 않았을 가능성이 매우 높다는 점을 어느 정도 인정할 용의가 있습니다. 논증을 위해, 피고가 대학살 조직의 자발적인 도구가 된 것이 단순히 불운 때문이었다고 가정해봅시다. 그럼에도 피고는 대학살 정책을 수행했고, 따라서 이를 적극적으로 지지했다는 사실은 여전히 남아 있습니다.

정치는 유치원과 같지 않습니다. 정치에서는 복종과 지지가 동일합니다. 마치 피고와 상관들에게 누가 이 세상에 거주할 수 있고 없는지를 결정할 권한이라도 있는 것처럼, 피고가 유대인 및 수많은 다른 민족 사람들과 이 지구를 공유하려 하지 않는 정책을 지지하고 수행했듯이, 우리는 그 누구도, 즉 인류 구성원 어느 누구도 피고와 이 지구를 공유하기를 원하리라고 기대할 수 없음을 확인합니다. 이것이 바로 피고가 교수형에 처해져야 하는 유일한 이유입니다.”

후기

이 책은 '재판 보고서' 내용을 담고 있으며 그 주된 출처는 예루살렘에서 언론에 배포된 재판 속기록이다. 검찰 측의 모두진술과 변호인 측의 일반 변론을 제외하고, 재판 기록은 출판되지 않았고 쉽게 구할 수 없다. 법정에서 사용된 언어는 히브리어였다. 언론에 배부된 자료는 "문체적으로 완벽하거나 언어적 오류가 없는 것으로 간주해서는 안 되는" "동시통역을 편집하거나 수정하지 않은 속기록"이라고 명시되어 있었다. 나는 재판이 독일어로 진행된 경우를 제외하고는 줄곧 영어본을 사용했다. 독일어 속기록에 원문 그대로의 표현이 담겨 있을 때는 자유롭게 내가 스스로 번역하여 사용했다.

검사의 모두진술과 최종 판결의 번역본은 법정 밖에서 동시통역과는 별개로 준비되었으므로 예외지만, 그외의 기록들 중 어떤 것도 절대적으로 신뢰할 만하다고 볼 수 없다. 유일한 권위 있는 판본은 히브리어로 된 공식 기록이지만, 나는 이것을 사용하지 않았다. 그럼에도 불구하고 이 모든 자료는 기자들이 활용할 수 있도록 공식적으로 제공되었으며, 내가 아는 한 공식적 히브리어 기록과 번역본 사이에 중대한 불일치가 지적된 적은 없었다. 독일어 동시통역은 매우 형편없었지만, 영어와 프랑스어 번역본은 신뢰할 만하다고 추정할 수 있다.

다음과 같은 법정 자료들과 관련해서는 출처의 신뢰성에 대한 어떠한 의심도 제기되지 않았다. 이 자료들은 한 가지 예외를 제외하고는 예루살렘 당국이 언론에 제공한 것이었다.

1) 아이히만에 대한 경찰신문 독일어 속기록. 이는 테이프로 녹음된 후 타이핑되었으며, 아이히만에게 제공되어 그가 직접 수정했다. 법정심리 속기록과 더불어 가장 중요한 자료다.

2) 검찰 측이 제출한 문서 및 검찰을 통해 입수 가능했던 '법률 자료.'

3) 변호인 측이 최초에 소환한 증인 16인의 선서 진술서. 이들 증언의 일부는 검찰 측이 사용하기도 했다. 해당 증인은 에리히 폰 뎀 바흐첼레프스키, 리하르트 베어, 쿠르트 베허, 호르스트 그렐, 빌헬름 회틀 박사, 발터 후펜코트헨, 한스 위트너, 헤르베르트 카플러, 헤르만 크루마이, 프란츠 노박, 알프레트 요제프 슬라비크, 막스 메르텐 박사, 알프레트 직스 교수, 에버하르트 폰 타덴 박사, 에드문트 베젠마이어 박사, 오토 빙켈만 등이었다.

4) 마지막으로, 나는 아이히만이 작성한 70쪽 분량의 타이핑된 원고도 활용했다. 이 원고는 검찰 측이 증거로 제출해서 법원에서 채택되었으나 언론에는 공개되지 않았다. 원고의 제목을 번역하면 "주제: '유대인 문제' 및 1933년에서 1945년 사이 이 문제의 해결책과 관련한 독일제국 국가사회주의 정부의 조치들에 대한 나의 견해"였다. 이 원고에는 아이히만이 자센과의 인터뷰를 준비하면서 아르헨티나에서 작성한 노트(참고문헌에 수록된 "Eichmann Tells His Own Daming Story" 참조)가 담겨 있었다.

참고문헌 목록에는 내가 실제로 사용한 자료들만을 기재했는데, 아이히만이 납치된 때부터 처형되기까지의 2년여 동안 읽고 수집한 수많은 책, 논문, 신문 기사는 포함하지 않았다. 이처럼 불완전한 목록에 대해 내가 유감스럽게 여기는 부분은 독일, 스위스, 프랑스, 영국 및 미국 언론 특파원들의 보고서가 누락된 점이다. 왜냐하면 이 보고서들은 책이나 잡지에서 이 주제를 과장되게 다룬 것보다 훨씬 수준 높게 작성되었기 때문이다. 하지만 이 모두를 수록하는 것은 지나치게 방대한 작업이었을 것이다. 따라서 나는 이 개정판의 참고문헌에 내 책 출간 이후에 발표된 책과 잡지 기사들을 선별하여 추가하는 것으로 만족했는데, 이 경우 그 내용이 검찰 주장을 재탕하는 것 이상의 내용을 담고 있는 경우에 한했다.

그중에는 내가 내린 결론과 놀라울 정도로 유사한 결론에 도달한 재판에 대한 설명서 두 편이 있었고, 또 제3제국의 주요 인물에 관한 연구가 한 편 있어서 배경 자료로 목록에 추가했다. 이는 로베르트 펜도르프가 쓴 『살인자와 피살자: 아이히만과 제3제국의 유대인 정책』(*Mörder und Ermordete. Eichmann und die Judenpolitik des Dritten Reiches*)이다. 이 책은 최종 해결책에서 유대인위원회의 역할을 다루고 있다. 『형사사건 40/61』(*Strafsache 40/61*, 나는 독일어 번역본을 사용했다)의 저자인 네덜란드 특파원 하리 뮐리스는 피고의 인물됨을 보고서의 중심 주제로 삼은 유일한 저자인데, 아이히만에 대한 그의 평가는 몇몇 핵심적인 점에서 나의 평가와 일치했다. 끝으로 T.C. 페스트가 쓴 『제3제국의 모습』(*Das Gesicht des Dritten Reiches*)은 나치 지도자들에 대한 탁월한 묘사를 담고 있다. 페스트는 지식이 아주 풍부한 사람으로, 그의 판단은 놀라울 만큼 높은 수준이다.

보고서의 저자가 직면한 문제들은 역사 분야 단행본의 저술에 수반하는 문제들과 가장 잘 비교될 수 있다. 어떤 경우에서든 일의 본질은 일차 문헌과 이차 문헌의 사용을 깊이 숙고하여 구별할 것을 요구한다. 일차 문헌은 특정 주제(이 경우는 재판 자체)를 다루는 데에만 사용될 수 있다. 반면 이차 문헌은 역사적 배경을 구성하는 모든 것을 위해 인용될 수 있다. 따라서 내가 인용한 자료들조차도 극히 일부

를 제외하고는 재판에서 증거로 제출(이 경우 나의 일차 문헌이 되었다)
되거나 문제가 된 시기를 다루는 권위 있는 책에서 나온 것이다. 본문
에 나오는 것처럼 나는 제럴드 라이트링거의 『최종 해결책』(*The Final
Solution*)을 사용했다. 나는 라울 힐베르크의 『유럽 유대인의 파멸』(*The
Destruction of the European Jews*)을 훨씬 더 많이 참고했는데, 이 책은 재
판 이후에 나왔으며 제3제국의 유대인 정책에 대해 가장 철저하고
또 자료에 가장 확실히 근거해 설명하고 있다.

『예루살렘의 아이히만』은 출판도 되기 전에 논쟁의 중심이 된 동
시에 조직적 캠페인의 대상이 되었다. 이미지 만들기와 여론 조작 등
잘 알려진 수단 전부가 동원되어 이루어진 이 시위는 논쟁보다도 더
많은 주목을 끌어서, 논쟁은 시위가 일으킨 인위적 소음에 의해 다소
묻히고 지워졌다. 이러한 현상은 논쟁과 시위라는 이상한 혼합물이
거의 동일한 표현을 통해 미국에서 영국으로 그리고 이 책이 아직 출
간되지 않은 유럽으로 전달되었을 때 특히 분명해졌다. 이 책에 반대
하여, 더 빈번히는 저자에게 반대하여 쓰인 글들은 마치 (메리 매카시
의 표현을 빌리자면) '복사기에서 찍어낸 듯' 똑같았다. 이러한 현상이
가능했던 이유는 이 책에 대한 허구의 '이미지'로 아우성이 집중되었
으며, 또한 이 아우성이 내가 언급하지 않았을 뿐 아니라 이전에 내
가 생각지도 않은 주제를 다루고 있었기 때문이다.

논쟁은 (그걸 정말 논쟁이라고 할 수 있다면) 결코 흥미롭지 않은 일은
아니었을 것이다. 여론 조작은 잘 정의된 이해관계에 의해 움직이는
한 그 목표가 제한적이다. 그러나 그것이 우연하게라도 여론의 진정
한 관심 사안을 건드리게 된다면, 그 영향은 더 이상 조작자들의 통제
하에 있지 않고, 그들이 결코 예측하거나 의도하지 않은 결과를 쉽게
낳는다. 이제 드러난 것은 거대하고 전례가 없는 범죄들로 가득했던

히틀러 정권 시대가 '극복되지 않은 과거'를 이룬다는 사실이다. 독일 국민과 전 세계 유대인뿐만 아니라, 유럽의 심장에서 일어난 이 거대한 파국을 잊지 못하고 또한 제대로 받아들이거나 극복하지 못했던 이 세계의 나머지 사람 모두에게 그렇다. 더욱이 오늘날 사람들의 마음을 괴롭히고 그들의 마음을 무겁게 짓누를 것이라고는 전혀 생각하지 않았고 예상할 수도 없었던, 복잡하고 현대적 난해함을 지닌 일반적·도덕적 문제들이 갑자기 대중적 관심의 전면에 등장했다.

논쟁은 최종 해결책이 진행되는 기간 동안 유대인의 행위에 주목했다. 이스라엘 검찰이 처음 제기한 문제, 즉 유대인이 과연 스스로를 방어할 수 있었는지 혹은 방어했어야 했는지에 대한 질문을 이어받은 것이었다. 나는 이 질문이 어리석고 또 잔인한 것이라고 생각하여 배제했다. 이는 당시 상황에 대한 치명적인 무지를 증명하는 것이었기 때문이다. 지겹도록 논의된 이 질문에서 정말 놀라운 결론들이 도출되었다.

널리 알려진 역사사회학적 구성물인 '게토 심리'(ghetto mentality, 이 말은 이스라엘 역사 교과서에 등재되었고, 미국에서는 미국 유대교의 공식적이고 격렬한 저항에도 불구하고 심리학자 브루노 베텔하임이 주로 주장했다)는 유대인에게만 국한되지 않으며 특별히 유대인적 요소로 설명될 수 없음에도 최종 해결책 시기 유대인들의 행동을 설명하기 위해 반복해서 억지로 도입되었다. 이러한 의견들이 걷잡을 수 없이 퍼져나가면서, 급기야 이 모든 논의가 너무 따분하다고 느낀 누군가가 프로이트의 이론을 들먹이며 전체 유대인에게 '죽음의 소망'(물론 무의식적인)을 귀속시키는 기발한 생각을 내놓기까지 했다. 이는 특정 이익 집단이 만들어낸 이 책의 '이미지'에서 일부 논평가가 끌어내려고 선택한 예기치 않은 결론이었다. 이러한 결론에서 나는 유대인들이 스스로를 살해했다고 주장한 것처럼 되어 있었다. 물론 '자기혐오'

때문에 말이다.

유대인 지도자들의 역할이 재판대에 올랐고, 내가 이에 대해 보고하고 또 논평했기 때문에 이 문제 역시 토론되는 것은 불가피했다. 내 의견으로 이것은 심각한 문제였지만, 이 점은 논쟁을 통해 거의 해명되지 않았다. 이는 최근 이스라엘에서 있었던 한 재판을 통해서도 알 수 있다. 폴란드 도시의 전직 유대인 경찰서장이자 현 이스라엘 오페라단 지휘자인 히르슈 비른블라트가 처음에는 지방법원에서 5년 금고형을 선고받았다가, 나중에 예루살렘 대법원에서 무죄를 선고받았다. 대법원의 만장일치 의견은 유대인위원회 전반에 대해 간접적으로 무죄를 선고한 것이었고, 이는 유대인 주류 사회가 이 문제에 대해 심각하게 분열되어 있음을 보여준다.

그런데 그 토론에서 가장 목소리가 컸던 참가자들은 유대인과 그들의 지도층을 동일시했다. (이는 생존자들의 거의 모든 보고서에서 이루어진 명확한 구분과는 극명한 대조를 이루는데, 그 구분은 과거 테레지엔슈타트 수용소의 한 수감자가 남긴 다음과 같은 말로 잘 요약될 수 있을 것이다. "유대 민족 전체는 당당히 행동했다. 다만 지도층만이 실패했다.") 또는 유대인 지도층 인사들이 전쟁 이전, 특히 최종 해결책 시기 이전에 제공했던 훌륭한 봉사들을 인용하면서 마치 유대인의 이주를 돕는 것과 나치의 유대인 강제이송을 돕는 것 사이에 아무런 차이가 없는 것처럼 말하며 유대인 지도층을 정당화했다.

이러한 주제들은 비록 지나치게 부풀려지기는 했지만 이 책과 어느 정도 연관이 있었던 반면, 이 책과 전혀 관련이 없는 다른 주제들도 있었다. 예를 들면 히틀러 정권 초기부터 이어진 독일 저항 운동에 대한 뜨거운 논쟁이 있었다. 나는 당연히 이 논의에 대해 다루지 않았는데, 그 이유는 아이히만의 양심의 문제나 그를 둘러싼 상황이 오직 전쟁 및 최종 해결책 시기에만 관련되기 때문이다. 그런데 더욱 터무니없는 문제들도 있었다. 상당히 많은 사람이, 박해의 희생자가 살해자보다 '더 추악할' 수도 있지 않느냐는 문제에 대해 논쟁을 시작한 것이다. 또 현장에 있지 않았던 사람들이 과거에 대한 '재판석에 앉을' 자격이 있는지, 재판에서 피고인과 피해자 중 누가 중심에 서야 하는지에 대한 문제도 있었다. 후자의 문제에서 어떤 이들은 내가 아이히만이 어떤 인물이었는지에 대해 관심을 가진 것이 잘못이었을 뿐 아니라, 그에게 발언 기회조차 주어지지 않았어야 했다고 주장하기까지 했다. 즉 재판이 아무런 변호도 없이 진행되었어야 했다는 것이다.

격정적으로 진행되는 토론에서 흔히 그렇듯, 전적으로 사실적인 문제에만 관심을 가지고 따라서 사실을 왜곡하려고 애를 썼던 어떤 집단들의 실제적인 이해관계는 곧바로 또 불가피하게 지성인들의 제약받지 않는 영감과 얽혀들게 되었다. 이 지성인들은 그와 반대로 사실에는 전혀 관심이 없었고, 사실을 단지 '이념'을 향한 도약대로만 여겼을 뿐이다. 그런데 이러한 허울뿐인 싸움들 속에서도 종종 어떤 진지함, 어느 정도의 진정한 관심이 감지되었다. 심지어 내 책을 읽지 않았다고 자랑하며 또 결코 앞으로도 읽지 않을 것이라고 공언했던 사람들의 발언에서도 그러했다.

아주 멀리 벗어난 이러한 토론들과 비교할 때, 이 책은 안타깝게도 제한적인 주제를 다룬다. 재판의 보고서는 재판 과정에서 다루어졌거나 또는 정의를 위해 다루어졌어야 할 문제들만을 논의할 수 있다. 만일 재판이 진행되는 국가의 전반적인 상황이 재판 진행에 중요하다면, 그것도 역시 고려되어야 한다. 따라서 이 책은 유대인에게 닥친 가장 큰 재난의 역사를 다루지 않으며, 전체주의에 대한 설명이나 제3제국 시절 독일 국민의 역사도 다루지 않고, 무엇보다도 악의 본질에 관한 이론적 연구가 아니다.

모든 재판의 초점은 항상 독특한 개인사, 특성과 고유성, 행동 양식 그리고 환경을 지닌, 살과 피를 가진 한 인간인 피고의 인격에 맞춰져 있다. 이를 넘어선 모든 것, 즉 디아스포라 유대 민족의 역사나 반유대주의, 독일 국민이나 다른 민족의 행위 또는 당시의 이데올로기와 제3제국의 정부 기구 등은 피고가 저지른 행위의 배경과 조건을 형성하는 한에서만 재판에 영향을 미친다. 피고가 접촉하지 않았거나 그에게 영향을 미치지 않은 모든 것은 재판 과정에서 생략되어야 하며, 따라서 이에 대한 보고서에서도 생략되어야 한다.

이러한 문제들에 관해 이야기하기 시작하자마자 우리는 '왜 독일인이 그랬어야 했는가?' '왜 유대인이 그랬어야 했는가?' '전체주의 통치의 본질은 무엇인가?'와 같은 일반적인 질문들을 무의식적으로 던지게 된다. 어떤 종류의 범죄로 한 사람이 재판받고 있는지, 정의가 선포될 대상인 피고의 본성은 어떠한지에 대한 질문보다 이런 문제들이 훨씬 더 중요하다고 주장할 수 있을 것이다. 또한 제2차 세계대전 이래로 반복적으로 다루어야 했던 이 특별한 유형의 범죄와 범죄자를 우리의 현재 사법 체제가 얼마나 잘 대처할 수 있는지에 대한 질문보다도 더 중요하다고 주장할 수 있을 것이다. 문제는 특정한 한 인간, 부스 안에 앉은 한 명의 확실한 개인이 아니라, 오히려 독일인 전체 혹은 모든 형태의 반유대주의 혹은 근대사 전체 혹은 인간과 원죄의 본질이라고 주장할 수 있을 것이다. 결국 전 인류가 부스 안의 피고인 옆에 보이지 않게 앉아 있는 셈이다.

이런 주장은 여러 차례 제기되었으며, 특히 '우리 각자 안의 아이히만'을 찾아낼 때까지 멈추지 않을 사람들이 그렇게 주장했다. 만일 피고가 상징적인 존재로 간주되고, 재판이 한 사람의 유무죄보다도 명백히 더욱 중요한 문제들을 다루기 위한 구실로 이용된다면, 일관성을 위해서 아이히만과 그의 변호사가 한 주장을 받아들여야 할 것이다. 그들의 주장은, 아이히만은 독일연방공화국뿐만 아니라 사건

466

전체를 위해서 그리고 그러한 사건들을 가능하게 한 반유대주의와 전체주의 정부, 나아가 인류 전체의 잘못과 원죄를 속죄하기 위한 희생양으로서 처벌받았다는 것이다.

내가 이러한 관점들을 공유했다면 예루살렘으로 결코 가지 않았을 것임은 굳이 말할 필요도 없다. 나는 이 재판이 오직 정의를 위해서만 진행되어야 했다는 견해를 가졌고, 지금도 그러하다. 나는 또한 판사들이 판결문에서 "이스라엘 국가가 수립되어 유대인의 국가로 인정받았으며", 따라서 유대 민족에게 저지른 범죄에 대해 사법권을 가진다고 강조한 것이 전적으로 옳았다고 생각한다. 처벌의 의미와 유용성에 대한 현재 법조계의 혼란을 고려할 때, 판결문이 그로티우스를 인용한 것을 나는 기쁘게 생각한다. 그로티우스는 더 오래된 저술가를 인용하여 처벌은 "범죄로 인해 침해당한 주체의 명예와 권위를 수호하고, 가해자를 처벌하지 않음으로써 그 권위가 실추되는 것을 막기 위해" 필요하다고 설명했다.

재판 자체뿐 아니라 피고와 그의 행위의 본질이 예루살렘에서 다루어진 문제들보다 훨씬 광범위한 일반적인 성격의 문제들을 제기한다는 점은 물론 의심할 여지가 없다. 나는 이러한 문제들 중 일부를 단순한 보고를 넘어선 에필로그에서 다루려고 시도했다. 만일 사람들이 내가 다룬 내용이 불충분하다고 생각했더라도 나는 놀라지 않았을 것이다. 나는 사실 전체의 일반적 중요성에 대한 토론을 환영했을 것이다. 그러한 토론이 구체적인 사건들을 더 직접 언급할수록 의미가 훨씬 더 깊어졌을 것이다.

나는 또한 이 책의 부제에 관해 진지한 논쟁이 일어났다고 충분히 짐작할 수 있다. 악의 평범성에 대해 말할 때, 나는 오직 재판에서 눈앞에 펼쳐진 현상을 순전히 사실적인 차원에서 지적한 것이다. 아이히만은 이아고도 맥베스도 아니었고, 또한 리처드 3세처럼 "악인임을 입증하기로” 결심하는 것은 그의 마음과 전혀 동떨어져 있는 일이었다. 개인적인 출세를 위해 비범한 근면함을 보인 것을 제외하고, 그에게는 어떠한 동기도 없었다. 이러한 근면성 자체는 결코 범죄적인 것이 아니다. 아이히만은 결코 상관을 죽여 그의 자리를 차지할 사람이 아니었다.

이 문제를 흔히 하는 말로 하면, 아이히만은 단지 자기가 무엇을 하고 있는지 결코 깨닫지 못한 것이다. 경찰신문을 담당한 독일계 유대인과 수개월 내내 마주 앉아 자신의 마음을 털어놓으면서, 자신이 왜 친위대 중령까지밖에 오르지 못했는지, 진급하지 못한 것이 왜 자신의 잘못이 아니었는지를 거듭 설명할 수 있었던 것은 바로 이러한 상상력의 결여 때문이었다.

원칙적으로 아이히만은 이 모든 일의 의미를 아주 잘 알고 있었다. 실제로 법정에서의 최후진술에서 그는 “[나치] 정부가 지시한 가치의 재평가”에 대해 언급했다. 그는 어리석지 않았다. 그 시대의 가장 큰 범죄자 중 한 명이 되도록 아이히만을 이끈 것은 결코 어리석음과는 같지 않은, 순전한 무사유(sheer thoughtlessness)였다. 만일 이것이 ‘평범한’ 것이고 심지어 우스꽝스러운 것이라도, 비록 온 힘을 다해도 아이히만에게서 어떤 극악무도하거나 악마적인 내면을 찾아낼 수 없다 하더라도, 그렇다고 해서 그것을 흔한 일이라고 단정할 수는 없다.

죽음을 눈앞에 둔 사람이, 더구나 교수대 아래 서 있는 사람이 장례식장에서 들었던 말 외에는 아무것도 생각해낼 수 없었다는 사실, 이러한 ‘고상한 말’이 자신에게 닥친 죽음이라는 현실을 완전히 흐리게 만들어버렸다는 것은 결코 흔한 일이 아닐 것이다. 이처럼 현실로부터 동떨어진 태도와 이러한 무사유가 인간에게 내재한 모든 악한 본능을 합친 것보다도 더 큰 파멸을 가져올 수 있다는 것, 이것이 바로 예루살렘에서 배울 수 있는 교훈이었다. 그런데 그것은 교훈이지 현상에 대한 설명도 아니고 그에 대한 이론도 아니다.

무사유와 악의 기묘한 상호 연관성을 고찰하는 것보다 복잡하게 보이지만 사실상 훨씬 더 단순한 질문이 있다. 여기에 어떤 종류의 범죄가 실제로 개입되어 있느냐는 질문이다. 이 범죄는 게다가 모두가 전례 없다고 동의하는 범죄이기도 하다. 이전에 알려지지 않은 범죄를 다루기 위해 명시적으로 도입한 집단학살(genocide) 개념은 어느 정도까지는 적용 가능하지만, 전적으로 적합하지는 않다. 민족 전체에 대한 학살이 전례 없는 일이 아니었다는 단순한 이유 때문이다. 이런 일은 고대에 일상적인 질서였고, 수 세기에 걸친 식민화와 제국주의는 이러한 시도가 다소 성공을 거둔 수많은 사례를 제공한다.

'행정적 학살'(administrative massacres)이라는 표현이 더 적합해 보인다. 이 용어는 영국의 제국주의와 연관이 있다. 영국은 인도에 대한 지배를 유지하는 수단으로서 그러한 절차들을 고의로 거부했다. 이 표현은 그런 끔찍한 행위가 오직 외국 민족이나 다른 인종에게만 저질러질 수 있다는 편견을 해소하는 장점을 지닌다. 히틀러는 '치료 불가능한 환자'들에게 '안락사'를 부여하면서 대량 살해를 시작했으며, '유전적으로 손상된' 독일인들(심장과 폐 질환 환자)을 제거하면서 절멸 프로젝트를 마무리하려고 했다. 그런데 이러한 살인은 어떤 집단이든 겨냥할 수 있다. 즉 선별의 원칙은 상황에 따라서 달라질 수 있다. 머지않은 미래의 자동화된 경제에서 지능지수가 일정 수준 이하인 모든 사람을 제거하려는 유혹을 받을 수도 있다는 것은 충분히 상상할 수 있는 일이다.

예루살렘에서는 이 문제가 불충분하게 토론되었는데, 왜냐하면 이 문제를 법적으로 파악하기가 실제로 아주 어렵기 때문이다. 우리는 아이히만이 최종 해결책이라는 거대한 기계 속 하나의 '작은 톱니바퀴'에 불과했다는 변호인 측의 주장을 들었고, 검찰 측은 아이히만이 그 기계의 실제 원동력이라고 믿는다는 입장을 표명했다. 나는 이 두 이론에 대해 예루살렘 법정이 부여한 중요성 이상으로 주목하지 않았다. 왜냐하면 톱니바퀴 이론은 법적으로 무의미하며, 따라서 아이히만이라는 '톱니바퀴'에 어떤 크기가 부여되는지는 전혀 중요하지 않기 때문이다.

법원은 판결문에서 그런 범죄는 정부의 재원을 이용한 거대한 관료제에 의해서만 저질러질 수 있다는 점을 당연히 인정했다. 그러나 그것이 재판의 전제가 되는 범죄인 한, 법정에서 그 거대한 기계의 모든 톱니바퀴는 아무리 사소하더라도 즉시 범죄를 실행한 자, 즉 인간으로 변모한다. 만일 피고가 자신이 인간으로서가 아니라 단순히 기능을 수행하는 존재로 행동했고, 그 기능은 다른 누구라도 쉽게 수행할 수 있었다는 근거로 변명한다면, 그것은 마치 범죄자가 특정 장소에서 하루에 몇 건의 범죄가 발생한다는 범죄 통계표를 가리키며 자신은 통계적으로 예상되는 일을 했을 뿐이라고 선언하는 것과 같다. 나아가 자기가 그렇게 하고 다른 사람이 하지 않은 것은 단지 우연일 뿐이며, 어차피 누군가는 그 일을 해야 했다는 것과 다르지 않다.

물론 전체주의 정부의 본질, 어쩌면 모든 관료제의 본질이 인간을 기능인이나 행정 기계의 단순한 톱니바퀴로 만들고, 이로써 그들을 비인간화한다는 사실은 정치 및 사회과학에서 중요하다. 그 누구도 통치하지 않는 통치(the rule of Nobody), 즉 관료주의로 알려진 정치 형태의 본질에 대해 오랜 시간 유익한 토론을 할 수 있을 것이다. 다만 사람들은 법의 집행이 이러한 요소들을 범죄의 정황으로만 고려할 수 있음을 분명히 인식해야 한다. 이는 절도 사건에서 도둑의 경제적 궁핍이 고려될 수는 있지만, 그렇다고 절도 행위를 용서하거나 모든 것을 없었던 일로 해주지는 않는 것과 마찬가지다.

우리는 현대 관료제뿐만 아니라 현대 심리학과 사회학을 통해, 행위자의 행위에 대한 책임을 이러저러한 종류의 결정론 탓으로 돌려 회피하는 데 아주 익숙해졌다. 인간 행위에 대해 보다 심층적인 듯한 그러한 설명이 옳은지 그른지는 논쟁의 여지가 있다. 그런데 논쟁의 여지가 없는 것은, 그러한 설명에 근거해서는 어떠한 법적 절차도 불가능하며, 그런 이론을 잣대로 삼는다면 사법 정의 집행은 구식일 뿐만 아니라 극히 비근대적인 제도라는 점이다. 히틀러가 언젠가 독일에서 법관이 되는 것이 '불명예'로 여겨지는 날이 올 것이라고 말했을 때, 그는 완벽한 관료제에 대한 자신의 꿈에 완벽히 부합하는 발언을 한 것이다.

내가 아는 한 법학은 이러한 일련의 문제들을 다루는 데 오직 두 가지 범주만을 활용할 수 있는데, 내 생각에는 이 둘 모두 이 사안을 다루기에 아주 부적절하다. 이는 '국가행위'와 '상관의 명령에 따른' 행위라는 개념이다. 여하튼, 이런 종류의 재판에서 이런 문제는 보통 피고인의 요청에 따라 이 두 개념으로만 논의된다. 국가의 행위 이론은 한 주권국가가 다른 주권국가에 대해 재판권을 갖지 않는다(par in parem non habet jurisdictionem)는 주장에 기초하고 있다.

실질적으로 말하면, 이러한 주장은 이미 뉘른베르크에서 폐기되었다. 처음부터 승산이 없었다. 만일 그 주장이 받아들여졌다면 진정으로 책임 있는 유일한 인물인 히틀러에게조차도 책임을 물을 수 없게 되었을 것이기 때문이다. 이는 가장 기본적인 정의감마저 침해하는 상황이다.

하지만 실천적 수준에서 승산이 없는 논증이라도 이론적 수준에서 반드시 붕괴하는 것은 아니다. 통상적인 회피, 즉 제3제국 시절의 독일이 주권과 동등한 대우를 부여하기 어려운 범죄자 집단에 의해 지배되었다는 주장은 거의 쓸모가 없었다. 그 이유는 한편으로는 범죄자 집단에 대한 비유가 극히 제한적으로만 적용될 뿐, 사실상 거의 적용될 수가 없다는 점을 모두가 알고 있고, 다른 한편으로 이러한 범죄들이 부정할 수 없이 '법적' 질서 내에서 발생했기 때문이다. 실로 그것이야말로 이 범죄들의 가장 두드러진 특징이었다.

만일 국가행위 개념의 배후에 국가이성(raison d'état) 이론이 있다는 것을 깨닫는다면 문제에 더 가까이 접근할 수 있을 것이다. 그 이론에 따르면, 국가의 생존과 그 안에서 통용되는 법률에 책임이 있는 국가의 행위는 해당 국가 시민의 행위와 동일한 규칙에 종속되지 않는다. 폭력과 만인의 만인에 대한 전쟁 상태를 제거하기 위해 고안된 법의 지배조차도 자신의 존립을 위해서는 항상 폭력적 수단이 필요한 것처럼, 정부 역시 자신의 생존과 합법성 유지를 위해 일반적으로 범죄로 여겨지는 행위를 저지르도록 강요받을 때가 있다. 전쟁은 종종 이러한 근거에서 정당화되지만, 국가의 범죄행위는 국제 관계의 영역에서만 발생하지 않는다. 문명화된 국가들의 역사를 보면 그러한 예를 많이 찾아볼 수 있는데, 나폴레옹의 앙기엥 공작(Duc d'Enghien) 암살부터 무솔리니가 사주한 것으로 추정되는 사회주의자 마테오티(Matteotti)의 살해에 이르기까지 다양하다.

국가이성은 (옳든 그르든 간에) 필연성에 호소한다. 그 이름으로 저질러진, 그 범죄가 발생한 나라를 지배하는 법적 체계를 기준으로 보면 전적으로 범죄적인 국가적 범죄들은 권력을 유지하고 기존 법적 질서 전체의 지속성을 확보하려는 긴급 조치, 즉 현실정치(Realpolitik)의 긴박성에 따른 양보로 간주된다. 정상적인 정치적·법적 체계에서는 이러한 범죄들이 규칙의 예외로서 발생하며, 법적 처벌을 받지 않는다. 국가의 존립 자체가 위태로운 상황이기 때문이다. (독일 법 이론의 표현처럼 재판으로부터 자유로운gerichtsfrei 것이다.) 또한, 어떠한 외부 정치체도 한 국가의 존립을 부정하거나 그 국가가 어떻게 존립을 유지할 것인지를 지시할 권리가 없다.

그러나 제3제국의 유대인 정책 역사에서 우리가 배울 수 있었듯이, 범죄적 원리 위에 수립된 국가에서 상황은 반전된다. 그때는 비범죄 행위, 예를 들면 1944년 늦여름에 힘러가 유대인 강제이송을 중지하라는 명령을 내린 것과 같은 행위가 현실, 즉 임박한 패배가 부과한 필연성에 대한 양보가 된다.

여기서 그러한 체제의 주권은 어떤 성격을 갖느냐는 문제가 제기된다. 그것은 국제법이 인정하는 동등성(par in parem non habet juris-dictionem)을 침해하는 것은 아닌가? 동등성은 주권의 겉치레에 불과한가? 아니면 실체적 동등성 혹은 그와 유사한 것을 의미하는가? 범죄와 폭력이 예외적이고 경계선적인 사례에 불과한 정부 기구에 적용되는 원리를, 범죄가 합법적이고 규칙에 들어맞는 정치 질서에도 똑같이 적용할 수 있는가.

이 모든 재판의 핵심 주제였던 범죄적 사실들을 다루는 데 있어 법적 개념들이 얼마나 부적절한지는 상관의 명령에 따른 행위라는 개념에서 훨씬 더 분명하게 나타난다. 예루살렘 법정은 피고 측이 제시한 주장에 대해 문명국가들, 특히 독일의 형법 및 군사법 규정집을 길게 인용하며 반박했다. 히틀러 치하에서 그 규정들은 결코 폐지된 적이 없기 때문이다. 이 모든 법은 한 가지 점, 즉 명백히 범죄적인 명령에 복종해서는 안 된다는 점에서 일치한다. 게다가 법정은 수년 전에 이스라엘에서 있었던 사건을 참조했다. 시나이 작전[1]이 시작되기 직전에 국경 지역 아랍인 마을의 민간인 거주자들을 학살한 죄로 이스라엘 군인들이 재판에 회부된 사건이었다. 마을 사람들은 통행금지 시간을 알지 못했고, 군사 통행금지 시간에 집 밖에 있었다.

불행히도, 자세히 검토해보면 이 비교에는 두 가지 결함이 있다.

---

1) 1956년에 이집트가 수에즈 운하의 국유화를 선언한 데 따라 발생한 제2차 중동 전쟁에서 이스라엘이 시나이반도의 군사 요충지를 점령한 것을 말한다.

첫째, 부하가 명령을 실행할 때 명령의 범죄성을 알아차리는 데 가장 중요한 '규칙과 예외'의 관계가 아이히만의 행동에서는 뒤바뀌어 있었다. 따라서 이러한 주장에 기초하면, 아이히만이 힘러의 특정 명령에 불복종하거나 주저하며 복종했던 행위는 사실 옹호될 수 있다. 그런 행위들은 당시의 지배적인 규칙에 대한 분명한 예외였기 때문이다.

판결문은 이 점이 특히 피고의 유죄를 입증하는 것이라고 보았는데, 이는 분명 이해할 만하지만 일관성이 없었다. 이 점은 판사들이 지지하며 인용한 이스라엘 군사법원의 관련 판례로부터도 쉽게 알 수 있다. 그 내용은, 불복종해야 할 명령은 "명백히 불법적"이어야 하며, 불법성은 "'금지!'라는 경고가 쓰인 검은 깃발처럼 머리 위에 휘날려야 한다"는 것이다. 다른 말로 하면, 병사가 어떤 명령이 '분명히 불법적'이라고 인식하려면, 그 명령은 병사에게 익숙한 법체계의 규범들을 그 비일상적인 특성을 통해 위반해야 한다는 것이다. 이 문제에 대한 이스라엘의 법 이론은 다른 나라들과 완전히 일치한다.

의심할 나위 없이, 이 규정을 만든 입법가들은 갑자기 정신이상이 되어 부하들에게 다른 장교를 사살하라고 명령하는 장교의 경우를 염두에 두었을 것이다. 그러한 경우에 정상적인 재판이라면, 병사가 양심의 소리에 귀 기울이라고 요구받지 않았다는 점이 즉각적으로 명백해질 것이다. 또한 "법률책에 익숙하지 않은 사람이라도 … 눈이 멀지 않고 심장이 돌 같거나 타락하지 않았다면, 모든 인간의 양심 속에 깊이 자리한 합법성에 대한 느낌"에 귀를 기울이라고 요구받지도 않았을 것이다. 그보다 병사는 규칙과 그 규칙에 대한 분명한 예외를 구별할 수 있어야 한다고 요구받는다. 여하튼 독일 군사법전에는 양심으로는 충분하지 않다는 것이 명백히 서술되어 있다. 독일 군사법전 제48조는 다음과 같다.

"어떤 행위나 부작위에 대한 처벌 가능성은, 해당인이 자신의 양심이나 종교적 명령에 따라 자신의 행동이 요구된다고 여겼다는 이유로 배제되지 않는다."

이스라엘 법정의 논리 전개에서 두드러진 특징은, 모든 사람의 내면에 자리한 정의감 개념이 법에 대한 숙지를 대체하는 것으로 제시되었다는 점이다. 이 논리의 타당성은, 법이란 모든 인간의 양심이 어떤 방식으로든 그에게 말해줄 내용만을 표현한다는 가정에 의존한다.

만일 이 모든 추론을 아이히만의 경우에 의미 있게 적용한다면, 우리는 그가 자신에게 요구된 종류의 판단 기준 내에서 전적으로 행동했다고 결론 내릴 수밖에 없다. 즉 그는 규칙에 따라 행동했으며, 자신에게 내려진 명령의 '명백한' 합법성, 다시 말해 규칙성을 검토했다. 그는 자신의 '양심'에 의지할 필요가 없었다. 왜냐하면 그가 자기 나라의 법을 잘 알지 못했던 사람이 아니었기 때문이다. 오히려 그 정반대였다.

비교를 근거로 한 주장에 결함이 있음을 드러내는 두 번째 설명은, 법원이 '상관의 명령'이라는 항변을 중요한 정상참작 사유로 인정하는 관행에 관한 것이다. 이러한 관행은 판결문에 명시적으로 언급되었다. 판결문은 내가 위에서 언급했던 크파르 카셈 아랍 주민 학살 사건을 사례로 들어, 이스라엘 사법부는 피고가 받은 '상관의 명령'에도 불구하고 피고의 책임을 면제하지 않는다는 점을 증명했다. 사실 이스라엘 병사들은 살인 혐의로 기소되었지만, '상관의 명령'이라는 주장은 정상참작의 아주 중요한 논거가 되어 그들은 비교적 짧은 형을 선고받았다.

물론 이 사건은 단발성 행위였을 뿐, 아이히만의 경우처럼 범죄가 꼬리를 물고 수년간 이어진 활동은 아니었다. 그럼에도 아이히만이

'상관의 명령'에 따라 행동했다는 점은 부인할 수 없고, 일반적인 이스라엘의 법 규정이 그에게 적용되었다면 최고형을 부과하기는 정말 어려웠을 것이다. 사실 이스라엘 법은 다른 나라들의 사법부와 마찬가지로 이론과 실제 양면에서, '상관의 명령'이라는 사실이 그 불법성이 '명확하더라도' 인간 양심의 정상적인 작용을 심각하게 교란할 수 있다는 점을 인정하지 않을 수 없다.

이것은 국가 기구에 의해 조직된 행정적 학살이라는 사실을 다루는 데 있어, 현행 법체계와 현행 법적 개념들이 얼마나 부적절한지를 보여주는 수많은 사례 중 하나일 뿐이다. 우리가 이 문제를 더 자세히 살펴보면, 이 모든 재판에서 판사들이 끔찍한 행위 그 자체에만 근거하여 판결을 내렸다는 것을 어렵지 않게 알 수 있다. 다시 말해, 그들은 말하자면 자유롭게 판결을 내렸고, 자신의 결정을 그럭저럭 설득력 있게 정당화하려 내세운 기준과 법적 선례에 실제로는 의존하지 않았다.

이런 태도는 이미 뉘른베르크에서 분명히 나타났다. 그곳에서 판사들은 한편으로는 '평화에 대한 범죄'가 다른 모든 범죄를 포함하기 때문에 자신들이 다루어야 할 죄목 중 가장 중대한 것이라고 선언했다. 다른 한편으로 판사들은 행정적 대학살이라는 새로운 죄목에 연루된 피고들에게만 실제로 사형을 선고했다. 이 행정적 대학살은 평화에 반하는 음모보다 덜 중대한 죄목으로 추정되었음에도 말이다. 법학처럼 일관성에 상당히 집착하는 분야에서 이러한 비일관성과 유사한 점을 파고드는 것은 분명 유혹적인 일이다. 그러나 물론 이 책에서 그럴 수는 없다.

하지만 이 모든 전후 재판에서 암묵적으로 존재했던, 여기서 언급해야 할 한 가지 근본적인 문제가 남아 있다. 이 문제는 모든 시대의 중심적인 도덕 문제들 가운데 하나, 즉 인간 판단의 본질과 기능에 닿아 있다. 피고들이 '합법적' 범죄를 저지른 이 재판들에서 우리가 요구했던 것은, 인간이 오직 자신의 판단에만 의존해야 할 때조차도, 게다가 그 판단이 주위 모든 사람의 만장일치된 의견과 완전히 상충하는 상황에서조차도 옳고 그름을 구별할 수 있어야 한다는 것이었다. 오직 자신의 판단만을 신뢰할 정도로 '오만했던' 소수의 사람이, 오래된 가치를 고수하거나 종교적 신념에 따라 행동했던 사람들과 반드시 동일하지는 않다는 것을 우리가 알기 때문에, 이 질문은 한층 더 심각하다.

존경받을 만한 사회 전체가 이런저런 방식으로 히틀러에게 굴복했기 때문에, 사회적 행동을 규정하는 도덕적 준칙들과 양심을 이끄는 종교적 계명들 즉 "살인하지 말라!"라는 계명은 사실상 소멸해버렸다. 옳고 그름을 여전히 구별할 수 있었던 소수의 사람은 오직 자신들의 판단만을 따랐으며, 그렇게 자유롭게 행동했다. 그들이 직면한 구체적인 상황을 포괄할 만한, 지켜야 할 규칙은 존재하지 않았다. 그들은 각각의 상황이 발행할 때마다 결정을 내려야만 했다. 전례 없는 일에는 규칙이 존재하지 않기 때문이다.

우리 시대의 사람들이 판단에 대한 이 문제 또는 흔히 말하듯 감히 '재판석에 앉은' 사람들에 의해 얼마나 곤혹스러워하는지는 이 책에 대해 한 논쟁에서뿐만 아니라, 여러 면에서 호흐후트의『대리인』(*The Deputy*)에 대한 논쟁에서도 드러났다. 여기서 드러난 것은 예상했던 허무주의나 냉소주의가 아니라, 도덕성의 기초적인 질문들에 대한 아주 이례적인 혼란이었다. 마치 그러한 문제에 있어 본능이라는 것이 우리 시대에는 절대로 당연시될 수 없는 요소인 것처럼 말이다.

이러한 논쟁들이 진행되는 동안 제기된 수많은 흥미로운 의견은 특히 의미심장했다. 이에 따라 일부 미국 문인은 유혹과 강요는 사실상 동일한 것이며, 누구에게도 유혹을 참으라고 요구해서는 안 된다는 순진한 믿음을 고백하기도 했다. (만일 누군가가 권총을 당신의 가슴에 겨누고 당신의 가장 친한 친구를 쏘라고 명령한다면, 당신은 그를 쏠 수밖에 없을 것이다. 또는 수년 전 한 대학교수가 대중을 속였던 퀴즈 프로그램 스캔들과 연관하여 논의되었듯이, 아주 많은 돈이 걸려 있다면 누가 감히 저항할 수 있겠는가?) 우리가 직접 현장에 없었거나 관계되지 않았다면 판단할 수 없다는 주장은 어디에서나 모두를 설득하는 듯 보인다. 이러한 주장이 타당하다면, 법의 집행이나 역사 기술은 결코 불가능하다는 점은 분명하지만 말이다.

이러한 혼돈과는 대조적으로, 판단하는 자들에게 제기되는 독선적이라는 비난은 오래된 것이다. 오래되었다고 이런 비난이 더 타당하지는 않다. 살인자를 유죄판결한 판사도 퇴근길에 "신의 은총이 아니었으면, 재판대에 내가 서 있었을지도 몰라"라고 말할 수 있다. 모든 독일계 유대인은 1933년 독일 국민을 휩쓸고 하루아침에 유대인을 버림받은 자(패리아)로 만들어버린 나치화의 물결을 이구동성으로 비난해왔다. 유대인 중 그 누구도, 만약 유대 민족이 독일인처럼 나치 체제에 참여하는 것이 허용되었다면 과연 얼마나 많은 이가 똑같은 짓을 했을지를 스스로에게 물어보지 않았다고 생각할 수 있는가? 그러나 오늘날 바로 그러한 이유에서 그들의 비난이 덜 올바르다고 할 수 있는가?

만일 당신이 같은 상황에 있었다면 같은 잘못을 저질렀을 수도 있다는 반성은 용서의 정신을 불러일으킨다. 그러나 오늘날 기독교적 사랑을 언급하는 사람들은 이 문제에서 이상하리만큼 혼란스러워한다. 예를 들어, 개신교회인 독일복음주의교회가 전후에 발표한 성명서에는 다음과 같이 쓰여 있다.

"자비의 하나님 앞에서, 우리는 우리 민족이 유대인에게 저지른 만행에 대해 침묵과 방관을 통해 공범이 되었음을 선언합니다."*

내 생각에는, 기독교인이 악을 악으로 갚는다면 **자비**의 하나님 앞에서 유죄이며, 따라서 수백만의 유대인이 그들이 범한 어떤 죄에 대한 벌로 살해되었다면 교회는 자비에 대한 죄를 지은 것이라고 볼 수 있다. 그러나 교회가 스스로 증언한 것처럼, 만행 그 자체에 대한 죄를 공유했다면, 이 문제는 마땅히 **정의**의 하나님의 관할 범위에 속하는 것으로 간주되어야만 할 것이다.

이런 실언은 결코 우연이 아니다. 자비가 아닌 정의가 바로 판단의 문제다. 다른 사람을 판단할 권리는 누구에게도 없다는 점만큼 어디에서나 여론이 기쁘게 동의하는 사안은 없다. 여론이 우리에게 판단하게 하고 심지어 비난하도록 허용하는 대상은 유행 또는 집단 전체다. 이 집단은 클수록 더 좋다. 간단히 말해, 너무나 일반적이어서 개인적인 구별을 할 수 없고 특정 인물의 이름조차 언급할 수 없는 그런 대상이다. 덧붙일 필요도 없이, 이러한 금기는 유명인이나 고위직에 있는 사람의 행동이나 말이 문제가 될 때는 두 배로 적용된다.

이는 오늘날 거창한 주장으로 표현된다. 세부 사항을 고집하고 개인을 언급하는 것은 '피상적'인 반면, 모든 고양이는 회색이고 우리는 모두 똑같이 유죄라는 식의 일반적인 이야기를 하는 것이야말로 세련됨의 증거라는 주장이다. 따라서 호흐후트가 교황 한 사람, 즉 쉽게 식별할 수 있고 이름이 있는 한 개인에게 제기한 고발은 모든 기독교에 대한 고발로 취급돼 즉각 반박되었다. 2,000년의 역사를 지닌 기독교 전체에 대한 비난은 증명될 수 없으며, 만일 증명된다면 그것은 끔찍한 일이 될 것이다. 어떤 개인이 연루되지 않는 한 아무도 이런

---

* 이 내용은 호흐후트(Hochhuth)의 연극에 대한 비판적 논평집 *Summa Iniuria* (Rowohl Verlag), p.195에 실린 폰 위헨(Aurel v. Jüchen) 목사의 글에서 인용한 것이다.

고발을 개의치 않는 듯하며, 한 걸음 더 나아가, "중대한 고발의 이유가 의심할 나위 없이 존재하지만, 그 피고는 인류 전체다"*라고 주장하는 것은 아주 안전한 일이 된다.

확인 가능한 사실들과 개인적 책임이라는 영역에서 벗어나려는 또 다른 방식은 수많은 이론이다. 이것들은 너무나 일반적이어서 모든 사건과 모든 행동을 설명하고 정당화하는, 시대정신부터 오이디푸스 콤플렉스에 이르는 불특정적이고 추상적이며 가설적인 가정들에 기반한다. 이런 이론들 아래서는 실제로 일어난 일에 대한 어떠한 대안도 고려되지 않으며, 그 누구도 자신이 행한 방식과 다르게 행동할 수 없었을 것이라고 여겨진다.

모든 세부 사항을 모호하게 만들면서 모든 것을 '설명하는' 이론 중에는 유럽 유대인들 사이에 존재한다는 '게토 심리'라는 개념이 있다. 역사에 대한 임시방편적인(ad hoc) 해석에서 도출된 독일 민족의 집단적 죄책감 또는 이와 마찬가지로 터무니없는 유대 민족의 집단적 무고함에 대한 주장도 찾아볼 수 있다. 이러한 모든 상투어는 판단을 불필요하게 만들고, 그것을 입 밖에 내는 데 아무런 위험이 없다는 공통점을 갖는다.

우리는 재앙에 직접 영향받은 사람들, 즉 독일인과 유대인이 전반적인 도덕적 붕괴 속에서도 훼손되지 않았거나 마땅히 훼손되지 않았어야 할 집단이나 개인들, 즉 기독교 교회들, 유대인 지도부, 1944년 7월 20일 반히틀러 음모 가담자들의 행동을 너무 면밀하게 조사하는 것을 꺼리는 심정을 이해할 수 있다. 그러나 이처럼 이해할 만한 꺼림은 개인의 도덕적 책임을 기준으로 판단을 내리는 데 대한 전반적인

---

* 이 내용은 앞서 인용한 *Summa Iniuria*에 나오는 로베르트 벨치의 말이다. 강조는 아렌트가 추가했다.

480

주저함을 설명하기에는 불충분하다。

오늘날 많은 사람은 집단적 유죄나 집단적 무죄가 존재하지 않으며, 만일 그런 것이 있다면 어떤 개인도 유죄나 무죄일 수 없을 것라는 점에 동의할 것이다. 물론 이것은 **정치적 책임**이라는 것이 존재하지 않는다는 뜻이 아니다. 그러나 **정치적 책임**은 집단 개개인이 행한 일과는 완전히 별개로 존재하므로, 도덕적 관점에서 판단하거나 형사재판에 회부할 수 없다. 모든 정부는 선임 정부의 행위와 과실에 대한 정치적 책임을 지며, 모든 국가 또한 과거의 행위와 과실에 대한 정치적 책임을 진다. 나폴레옹이 혁명 후 프랑스에서 정권을 장악하며, 자기가 생루이 시대부터 공안위원회에 이르기까지 프랑스가 행한 모든 일에 대한 책임을 질 것이라고 말했을 때, 그는 모든 정치적 삶의 기본적 사실을 다소 강조하여 진술했을 뿐이다. 일반적으로 말해, 이는 모든 세대가 역사적 연속성 속에 태어나 선조들의 업적 아래 축복받는 것과 마찬가지로, 그들의 죄 역시 짊어진다는 것을 의미한다.

우리가 여기에서 말하는 것은 이런 종류의 책임이 아니다. 그것은 개인적인 책임이 아니며, 자신이 아닌 아버지나 민족이 한 일에 대해 죄책감을 느낀다고 말하는 것은 단지 은유적 의미에서만 가능하다. (도덕적으로 볼 때, 어떤 사람이 특정한 잘못을 저지르지 않고서도 죄책감을 느끼는 것은, 실제로 어떤 일에 죄가 있는데도 모든 죄에 대해서 자유롭게 느끼는 것만큼이나 잘못된 일이다.) 언젠가 국가 간의 특정 정치적 책임이 국제재판소에서 심판되는 것은 충분히 상상할 수 있는 일이다. 그러나 그런 법정이 개인의 유무죄를 선고하는 형사재판소가 되는 것은 상상하기 어렵다.

개인의 유무죄에 대한 문제, 즉 피고와 피해자 모두에게 정의를 실현하는 행위만이 형사재판소에서 다루는 유일한 사안이다. 아이히만 재판도 예외는 아니었다. 당시 법원이 법전에서 찾아볼 수 없는 범죄 그리고 적어도 뉘른베르크 재판 이전에는 그 유례를 찾아볼 수 없었던 범죄자를 마주하고 있었지만 말이다. 이 보고서는 예루살렘 법원이 정의의 요구를 충족하는 데 어느 정도 성공했느냐는 것 외에는 어떤 것도 다루고 있지 않다.

참고문헌

Adler, H.G., *Theresienstadt 1941~45*, Tübingen, 1955.

———, *Die verheimlichte Wahrheit. Theresienstädter Dokumente*, Tübingen, 1958.

American Jewish Committee, *The Eichmann Case in the American Press*, New York, n.d.

Anti-Defamation League, *Bulletin*, March, 1961.

Baade, Hans W., "Some Legal Aspects of the Eichmann Trial," in *Duke Law Journal*, 1961.

Bamm, Peter, *Die unsichtbare Flagge*, Munich, 1952.

Barkai, Meyer, *The Fighting Ghettos*, New York, 1962.

Baumann, Jürgen, "Gedanken zum Eichmann-Urteil," in *Juristenzeitung*, 1963, Nr.4.

Benton, Wilbourn E., and Grimm, Georg, eds., *Nuremberg: German Views of the War Trials*, Dallas, 1955.

Bertelsen, Aage, *October '43*, New York, 1954. (About Denmark)

Bondy, François, "Karl Jaspers zum Eichmann-Prozess," *Der Monat*, May, 1961.

Buchheim, Hans, "Die SS in der Verfassung des Dritten Reichs," *Vierteljahrshefte für Zeitgeschichte*, April, 1955.

Centre de Documentation Juive Contemporaine, *Le Dossier Eichmann*, Paris, 1960.

de Jong, Louis, "Jews and Non-Jews in Nazi-occupied Holland," in *On the Track of Tyranny*, ed. M. Beloff, Wiener Library, London.

Dicey, Albert Venn, *Introduction to the Study of the Law of the Constitution*, 9th edition, New York, 1939.

Drost, Pieter N., *The Crime of State*, 2 vols., Leyden, 1959.

"Eichmann Tells His Own Damning Story," *Life*, November 28 and December 5, 1960.

Einstein, Siegfried, *Eichmann, Chefbuchhalter des Todes*, Frankfurt, 1961.

Fest, T.C., *Das Gesicht des Dritten Reiches*, Munich, 1963.

Finch, George A., "The Nuremberg Trials and International Law," *American Journal for International Law*, vol.XLI, 1947.

Flender, Harold, *Rescue in Denmark*, New York, 1963.

Frank, Hans, *Die Technik des Staates*, Munich, 1942.

Globke, Hans, *Kommentare zur deutschen Rassegesetzgebung*, Munich–Berlin, 1936.

Green, L.C., "The Eichmann Case," *Modern Law Review*, vol.XXIII, London, 1960.

Hausner, Gideon, "Eichmann and His Trial," *Saturday Evening Post*, November 3, 10, and 17, 1962.

Heiber, Helmut, "Der Fall Grünspan," *Vierteljahrshefte für Zeitgeschichte*, April, 1957.

Henk, Emil, *Die Tragödie des 20. Juli 1944*, 1946.

Hesse, Fritz, *Das Spiel um Deutschland*, Munich, 1953.

Hilberg, Raul, *The Destruction of the European Jews*, Chicago, 1961.

Höss, Rudolf, *Commandant of Auschwitz*, New York, 1960.

Hofer, Walther, *Der Nationalsozialismus. Dokumente 1933–45*, Frankfurt, 1957.

Holborn, Louise, ed., *War and Peace Aims of the United Nations*, 2 vols., Boston, 1943, 1948.

Jäger, Herbert, "Betrachtungen zum Eichmann-Prozess," in *Kriminologie und Strafrechtsreform*, Heft 3/4, 1962.

Jaspers, Karl, "Beispiel für das Verhängnis des Vorrangs national-politischen Denkens," in *Lebensfragen der deutschen Politik*, 1963.

Kaltenbrunner, Ernst, *Spiegelbild einer Verschwörung*, Stuttgart, 1961.

Kastner, Rudolf, *Der Kastner Bericht*, Munich, 1961.

Kempner, Robert M.W., *Eichmann und Komplizen*, Zurich, 1961. (Contains the complete minutes of the Wannsee Conference)

Kimche, Jon and David, *The Secret Roads. The "Illegal" Migration of a People, 1938-48*, London, 1954.

Kirchheimer, Otto, *Political Justice*, Princeton, 1961.

Kirchhoff, Hans, "What Saved the Danish Jews?" in *Peace News*, London, November 8, 1963.

Klein, Bernard, "The Judenrat," in *Jewish Social Studies*, vol.22, January, 1960.

Knierim, August von, *The Nuremberg Trials*, Chicago, 1959.

Krug, Mark M., "Young Israelis and Jews Abroad – A Study of Selected History Textbooks," in *Comparative Education Review*, October, 1963.

Lamm, Hans, *Über die Entwicklung des deutschen Judentums im Dritten Reich*, mimeographed dissertation, Erlangen, 1951.

————, *Der Eichmannprozess in der deutschen öffentlichen Meinung*, Frankfurt, 1961.

Lankin, Doris, *The Legal System*, "Israel Today" series, No.19, Jerusalem, 1961.

Lederer, Zdenek, *Ghetto Theresienstadt*, London, 1953

Lehnsdorff, Hans Graf von, *Ostpreussisches Tagebuch*, Munich, 1961.

Lévai, Eugene, *Black Book on the Martyrdom of Hungarian Jews*, Zurich, 1948

Lösener, Bernhard, *Die Nürnberger Gesetze*, Sammlung Vahlen, vol.XXIII, Berlin, 1936.

Maschmann, Melitta, *Fazit*, Stuttgart, 1963.

Maunz, Theodor, *Gestalt und Recht der Polizei*, Hamburg, 1943.

Monneray, Henri, *La Persécution des Juifs en France*, Paris, 1947.

Motzkin, Leo, ed., *Les Pogromes en Ukraine sous les gouvernements ukrainiens 1917-20*, Comité des Délégations Juives, Paris, 1927.

Mulisch, Harry, *Strafsache 40/61*, Köln, 1963.

Nazi Conspiracy and Aggression, 11 vols., Washington, 1946~48.

Oppenheim, L., and Lauterpacht, Sir Hersch, *International Law*, 7th ed., 1952.

Paechter, Henry, "The Legend of the 20th of July, 1944," in *Social Research*, Spring, 1962.

Pearlman, Moshe, *The Capture of Adolf Eichmann*, London, 1961.

Pendorf, Robert, *Mörder und Ermordete. Eichmann und die Judenpolitik des Dritten*

Reiches, Hamburg, 1961.

Poliakov, Léon, *Auschwitz*, Paris, 1964.

Poliakov, Léon, and Wulf, Josef, *Das Dritte Reich und die Juden*, Berlin, 1955.

Reck-Malleczewen, Friedrich P., *Tagebuch eines Verzweifelten*, Stuttgart, 1947.

Reitlinger, Gerald, *The Final Solution*, New York, 1953; Perpetua ed., 1961.

Reynolds, Quentin; Katz, Ephraim; and Aldouby, Zwy, *Minister of Death*, New York, 1960.

Ritter, Gerhard, *The German Resistance: Carl Goerdeler's Struggle against Tyranny*, New York, 1958.

Robinson, Jacob, "Eichmann and the Question of Jurisdiction," *Commentary*, July, 1960.

Robinson, Jacob, and Friedman, Philip, *Guide to Jewish History under Nazi Impact*, a bibliography published jointly by YIVO Institute for Jewish Research and Yad Vashem, New York and Jerusalem, 1960.

Rogat, Yosal, *The Eichmann Trial and the Rule of Law*, published by the Center for the Study of Democratic Institutions, Santa Barbara, California, 1961.

Romoser, George K., *The Crisis of Political Direction in the German Resistance to Nazism*, University of Chicago dissertation, 1958.

————, "The Politics of Uncertainty: The German Resistance Movement," in *Social Research*, Spring, 1964.

Rothfels, Hans, *German Opposition to Hitler*, Chicago, 1948.

Rotkirchen, Livia, *The Destruction of Slovak Jewry*, Jerusalem, 1961.

Rousset, David, *Les Jours de notre mort*, Paris, 1947.

Schneider, Hans, *Gerichtsfreie Hoheitsakte*, Tübingen, 1950.

Schramm, Percy Ernst, "Adolf Hitler – Anatomie eines Diktators," in *Hitlers Tischgespräche*, 1964.

Servatius, Robert, *Verteidigung Adolf Eichmann, Plädoyer*, Bad Kreuznach, 1961.

Silving, Helen, "In Re Eichmann: A Dilemma of Law and Morality," *American Journal of International Law*, vol.LV, 1961.

Stone, Julius, *Legal Controls of International Conflict*, New York, 1954.

Strauss, Walter, "Das Reichsministerium des Innern und die Judengesetzgebung.

Aufzeichnungen von Bernhard Lösener," *Vierteljahrshefte für Zeitgeschichte*, July, 1961.

Strecker, Reinhard, ed., *Dr. Hans Globke*, Hamburg, n.d.

Taylor, Telford, "Large Questions in the Eichmann Case," *New York Times Magazine*, January 22, 1961.

Torrès, Henri, *Le Procès des Pogromes*, Paris, 1928.

Trial of the Major War Criminals, The, 42 vols., Nuremberg, 1947~48.

Trials of War Criminals before the Nuremberg Military Tribunals, 15 vols., Washington, 1949~53.

Vabres, Donnedieu de, *Le Procès de Nuremberg*, Paris, 1947.

Wade, E.C.S., "Act of State in English Law," *British Year Book of International Law*, 1934.

Wechsler, Herbert, "The Issues of the Nuremberg Trials," *Principles, Politics, and Fundamental Law*, New York, 1961.

Weisenborn, Günther, *Der lautlose Aufstand*, Hamburg, 1953.

Wighton, Charles, *Eichmann, His Career and His Crimes*, London, 1961.

Woetzel, Robert K., *The Nuremberg Trials in International Law*, New York, 1960.

Wucher, Albert, *Eichmanns gab es Viele*, Munich–Zurich, 1961.

Wulf, Josef, *Lodz, Das letzte Ghetto auf polnischem Boden*, Schriftenreihe der Bundeszentrale für Heimatdienst, vol.LIX, Bonn, 1962.

————, *Vom Leben, Kampf und Tod im Ghetto Warschau*, op.cit., vol.XXXII, Bonn, 1960.

Yad Vashem, *Bulletin*, Jerusalem, April, 1961 and April–May, 1962.

Zaborowski, Jan, *Dr. Hans Globke, the Good Clerk*, Poznan, 1962.

Zeisel, Hans, "Eichmann, Adolf," *Britannica Book of the Year*, 1962.

찾아보기

역사법학파 108

영웅주의 94, 96

예루살렘 85, 88, 94, 98, 100, 105,
107, 109, 111~113, 118, 129,
130, 135, 140, 143, 150, 151,
156, 170, 174, 182, 185, 188,
192, 196, 200, 201, 219, 244,
245, 249, 258, 263, 265, 267,
274, 279, 281, 283, 284, 287,
291, 294, 295, 298, 301, 307,
312, 321, 333, 352, 353, 356,
365, 367, 375, 381, 383, 384,
406, 407, 409, 416, 417, 419,
425, 426, 431, 432, 434, 435,
443, 444, 446, 448~450, 452~
454, 457, 459, 460, 462, 464,
467~470, 473, 482

예루살렘 법정 143, 263, 307, 375,
416, 426, 470, 473

예루살렘 재판 100, 112, 258, 291,
353, 425, 432, 434, 444, 450,
452~454

예루살렘 지방법원 85, 94, 111, 174,
244, 281, 295

오이디푸스 콤플렉스 480

올샨, 이츠하크 417

외국인 혐오 306

요들, 알프레트 289

용, 루이 더 258

우치 205, 215, 216, 249, 340, 365,
372

우치 게토 205, 215, 340, 372

위트너, 한스 460

유대인장로회 244, 378

유대인 지도자 173, 247, 249, 310,
319, 337, 349, 350, 464

유대인에 대한 범죄 88, 413, 414,
432, 434, 446, 454

유대인위원회 95, 211, 247, 249, 250,
252, 255, 257, 258, 310, 314,
339, 349~351, 353, 354, 378,
461, 464

유대인협회 166, 167, 172, 300

의무 91, 104, 106, 107, 112, 140,
144, 151, 174, 183, 184, 213,
225, 231, 237, 243, 245, 265,
271~275, 277, 279, 281, 283,
285, 287, 289, 306~309, 340,
358, 366, 382, 396, 433, 435,
456

이상주의자 141, 142, 162

이스라엘 83~86, 89~96, 99, 104,
106, 109, 111~113, 119, 121,
123, 127, 142, 145, 169, 170,
188, 197, 213, 249, 252, 253,
263, 281, 294, 345, 364, 367,
382~385, 387~389, 395, 396,
401, 405~411, 413, 415, 417~
421, 425, 427, 432~433, 436~
440, 443, 446~452, 455, 463,
464, 467, 474~476

이스라엘 대법원 281, 417, 419

지은이 한나 아렌트 Hannah Arendt, 1906~75

독일 하노버에서 태어났다. 철학과 신학에 관심이 많았던 아렌트는
마르부르크 대학으로 가 불트만과 하이데거에게 배운다.
거기서 하이데거와 사랑에 빠졌던 아렌트는 곧 그를 떠나
하이델베르크의 야스퍼스를 찾아 그의 지도로
「아우구스티누스의 사랑 개념」이란 주제로 철학박사 학위를 받는다.
이후 아렌트는 정치적 억압과 유대인 박해가 점차 심해지던 독일에서
시온주의자들을 위해 활동하다 체포되어 심문을 받은 뒤,
1933년에 프랑스로 망명하고 또 거기서 수용소에 갇혔다가
결국 탈출하여 1941년에 미국으로 망명한다.
첫 번째 주저인 『전체주의의 기원』(1951)의 발간과 더불어
아렌트는 본격적인 정치사상가의 길을 걷는다.
이후 『라헬 파른하겐』(1957), 『인간의 조건』(1958),
『과거와 미래 사이』(1961), 『예루살렘의 아이히만』(1963), 『혁명론』(1963),
『공화국의 위기』(1972) 등 중요 저작들을 연이어 출간했다.
특히 유대인 학살의 핵심 책임자 아이히만이 아르헨티나에서 체포되고
예루살렘으로 압송되어 재판을 받자 아렌트는
예루살렘에 머물면서 그 재판에 대한 보고서
『예루살렘의 아이히만』을 쓰게 된다.
이 책을 통해 설명한 악의 평범성 개념은 수많은 논쟁을 낳았다.
이 경험을 바탕으로 아렌트는 정치적 악을 유발하는 정신의 문제에 집중하여
『정신의 삶』(1978)을 남긴다. 아렌트의 판단이론의 강의내용을 담은
『칸트의 정치철학』(1982)이 아렌트 사후에 출간되었고,
또 유고를 정리해 『이해에 대한 에세이』(1994),
『정치의 약속』(2005), 『판단과 책임』(2005),
『난간 없이 사유하기』(2023) 등이 출간되었다.

옮긴이 김선욱 金善郁, 1960~

숭실대학교 철학과 명예교수, 국제철학연맹(FISP) 운영위원,
제8회 세계인문학포럼 운영위원장, 국가교육위원회 인문사회특위 위원.
뉴욕주립대 버펄로대학에서 철학박사를 취득했고,
뉴스쿨과 UC 어바인(Irvine)에서 풀브라이트 연구교수를 지냈다.
숭실대학교 학사부총장을 역임했고,
한국아렌트학회 회장 및 제55대 한국철학회 회장을 역임했다.
지은 책으로는『칸트 수업』『한나 아렌트와 차 한잔』
『한나 아렌트의 생각』등 다수의 저서 및 공저가 있고,
옮긴 책으로는『공화국의 위기』『정치의 약속』
『우리는 왜 한나 아렌트를 읽는가』등이 있다.
마이클 샌델과『마이클 샌델과의 대화』를 공저했고,
그의 저서 번역본 대부분을 감수하거나 공역했다.
JTBC, 3ProTV 등에서 사유의 문제, 정치철학의 주제 등을 강의한
다수 영상이 유튜브에 탑재되어 있다.

HANGIL GREAT BOOKS 081

예루살렘의 아이히만

지은이 한나 아렌트
옮긴이 김선욱
펴낸이 김언호

펴낸곳 (주)도서출판 한길사
등록 1976년 12월 24일
주소 10881 경기도 파주시 광인사길 37
홈페이지 www.hangilsa.co.kr
전자우편 hangilsa@hangilsa.co.kr
전화 031-955-2000~3 **팩스** 031-955-2005

부사장 박관순 **총괄이사** 김서영 **관리이사** 곽명호
경영이사 김관영 **편집주간** 백은숙
편집 바흥민 노유연 배소현 인진영
관리 이희문 이진아 고지수 **마케팅** 이영은
디자인 창포 031-955-2097
CTP출력·인쇄 예림 **제책** 경일제책사

제1판 제 1 쇄 2006년 10월 10일
제1판 제52쇄 2025년 11월 28일
전면개정판 제 1 쇄 2026년 2월 26일

값 30,000원

ISBN 978-89-356-7916-4 94080

한길그레이트북스 인류의 위대한 지적 유산을 집대성한다

●한길그레이트북스는 계속 간행됩니다.